Obras Selectas de Paul Ricœur
11/I

Tiempo y Narración

I

EDITORIAL DOCENCIA
BUENOS AIRES · ARGENTINA

Ilustración de Tapa

Imagen reloj antiguo

Paul Ricœur

Tiempo y Narración

I

Configuración del tiempo en el relato histórico

Ricœur, Paul

*Tiempo y Narración I,*1ª ed. - Buenos Aires : Docencia, 2018.
380 p. ; 20x14 cm.

1. Ciencias Políticas. . Título   CDD 190

Título original: *Temp et recit. I. L´histoire et le récit.* 1983 ©, Éditions du Seuil. París.
Primera edición en español 1987 © Ediciones Cristiandad, S. L. Madrid. España.
Traducción: Agustín Neira.

Agüero 2260 (1425) Buenos Aires Tel.: 4805-8333
Web: http://www.hernandarias.edu.ar
www.editorialdocencia.com.ar

CONTENIDO

Biblioteca Testimonial Del Bicentenario

Dirección: Eugenio Gómez de Mier

PAUL RICŒUR

Lo voluntario y lo involuntario

Contenido

PRESENTACION
DE LA EDICION ESPAÑOLA

La filosofía de Paul Ricœur accede a sus conclusiones tras una discusión lenta y rigurosa con los interlocutores que considera no más afines a sus propósitos, sino con aquellos que más los ponen en entredicho. Toda su filosofía está así elaborada desde una pluralidad de intervenciones que, dotándola de una evidente riqueza, la complica e incluso compromete.

El objeto de esta presentación, al publicarse en español el primer volumen de su última obra, es llamar la atención sobre la profunda unidad no sólo de su propósito ontológico fundamental, sino también de la pertinencia en la elección de interlocutores y temas. Tal llamada de atención me parece justificada teniendo en cuenta que una lectura de la obra de Ricœur, desde presupuestos no estrictamente ontológicos, dejaría su filosofía desposeída de su único objetivo. Nuestra intención es, precisamente, contribuir a señalar ese hilo conductor ontológico que no puede olvidarse al leer todos sus textos sobre el simbolismo, la lingüística, la poética, la historia, la narratividad, etc. Sin duda, el filósofo va a encontrar en la obra de Ricœur materiales heterogéneos y extraños al lenguaje ontológico tradicional que deberá pensar e integrar en la unidad del discurso sobre el ser del yo.

Y el no filósofo (lingüista, historiador, mitólogo, narratólogo, psicoanalista, teólogo, etc.) no podrá pasar por alto, a su vez, la intención ontológica de toda la obra.

Las páginas siguientes pretenden señalar los hitos de este itinerario progresivamente consecuente.

I. FENOMENOLOGIA Y HERMENEUTICA

Con sus palabras, podría la filosofía de Ricœur ser llamada «una filosofía sobre el sentido del sentido». ¿Qué significa tal redundancia? Rápida y vulgarmente dicho, significa que el lenguaje usufructúa el sentido que es patrimonio del yo. Por tanto, el sentido, dificultosamente buscado por la filosofía de Ricœur, no se agota en la interpretación neutra y desinteresada de los textos, movida por preocupaciones poéticas, históricas o literarias. Eso sería, desde el inicio, retirar de la reflexión «el aguijón de la lucha» y, por tanto, la auténtica significación de su empresa. Por el contrario, para su filosofía, el lenguaje, los signos, los textos... van a ser el polo objetivo en el que, abandonando a Husserl, se apoya la reflexión para identificar la realidad de la conciencia intencional.

La hermenéutica de Ricœur, injertada sin duda en la fenomenología de Husserl, viene a ser su subversión en la medida en que, como él mismo reconoce, es ella «su realización» al pretender hacer posible una fenomenología real que logre evitar la huida hacia un fundamento inalcanzable, como le sucede a Husserl.

Precisemos tales conceptos.

1. La fenomenología de Husserl, en polémica con el psicologismo, el naturalismo y la antropología, pretende fundar las condiciones de todo conocimiento absoluto y universal —de toda ciencia, por tanto— en una dimensión no psicológica que Husserl llama fenomenológica, libre de todo supuesto y de toda traza naturalista y positivista. La fenomenología se convierte así en una reivindicación del «fundamento último», recordando a Fichte. Fundamento que radica en la intuición del sujeto por sí mismo, convertido en polo intencional, que se enfrenta, como correlato objetivo, a un campo de significados esenciales. Por medio de la *epojé,* se pretende alcanzar así un ámbito de sentido que prescinde de las cosas y de cuestiones de hecho; esto es, del mundo.

Con este método, el *yo* se hace intelectualmente presente a sí mismo para considerar intuitivamente sus actos sin confundirse con ellos. O sea, que lo plenamente intuido es la subjetividad inmanente, resultando siempre dudosa toda trascendencia. De este modo, la fenomenología se confina en una búsqueda retroactiva —inacabada siempre— hacia el fundamento subjetivo. Y eso no sólo en las *Investigaciones lógicas* y en las *Meditaciones cartesianas,* sino incluso en el último Husserl, ya que su recurso postrero —la *Lebenswelt*— no deja de ser una realidad siempre supuesta y nunca encontrada.

Como consecuencia, la reflexividad del yo no logra alcanzar la inteligibilidad del sentido intencional de los actos noéticos. En efecto, *noésis* (polo subjetivo) y *noema* (polo objetivo) de la intencionalidad deben ser entendidos en unidad, y, por tanto, cada síntesis objetiva remite a una cada vez más radical síntesis subjetiva, con lo cual la reflexión noético-noemática no alcanzará jamás la adecuada comprensión de *sí* por *sí mismo*.

Husserl no escapa, pues, al idealismo.

2. Ricœur recurre entonces a Heidegger. En efecto, el ideal de una justificación última de toda ciencia encuentra su límite fundamental en la «condición ontológica de la comprensión». Radicalizando la distinción husserliana entre fundamentación trascendental y justificación última, la hermenéutica parte del reconocimiento de una relación de inclusión y pertenencia mutua del sujeto, pretendidamente autónomo, y del objeto que se le opone. De este modo, el sujeto que interroga debe ser considerado como perteneciente a la cosa sobre la que interroga. Porque primero pertenecemos participativamente a un mundo, «podemos luego preguntarnos por su sentido».

Se acepta así el presupuesto de Heidegger, según el cual «ser en el mundo» precede a la reflexión. Entonces, el «comprender» tiene una significación ontológica: pertenece al «Dasein». Esta *pertenencia ontológica yo-mundo* es anterior y previa a la constitución del yo como sujeto enfrentado con un mundo de objetos. Tal pertenencia, anterior a la constitución de la subjetividad, hace posible un segundo movimiento: la posibilidad de una *distancia* entre el yo y los actos en los que se objetiva. Distancia que es la exigencia dialéctica de la pertenencia y que hará posible el movimiento reflexivo que va del signo al acto y de éste al ser del yo.

Aquí se aparta también Ricœur de Heidegger.

3. Aceptando la ontología de la comprensión, no va a continuar la hermenéutica por la «vía corta» heideggeriana dirigiéndose hacia la analítica del «Dasein». Puesto que la comprensión que resulta de la analítica del «Dasein» es la misma por la que «este ser» se comprende como «ser», y es en el lenguaje donde aparece la comprensión como modo de ser, Ricœur considera necesario sustituir la «vía

corta» de la analítica del «Dasein» por la «vía larga» del análisis del lenguaje. De este modo, toda comprensión de *sí* deberá ir mediatizada por el análisis de los signos, los símbolos y los textos en general. O sea, la comprensión ontológica queda pendiente de la interpretación hermenéutica.

La obra de Ricœur comienza constatando el fracaso de la fenomenología. Una de sus primeras obras, *Le volontaire et l'involontaire,* iniciada con los presupuestos de la fenomenología de Husserl, cambia de método para buscar en el concepto de *misterio* de G. Marcel una nueva orientación.

Y todo el razonamiento de *L'homme faillible* conduce ya a reclamar el auxilio del lenguaje simbólico para identificar las categorías de la antropología fundamental. Su obra posterior no hará sino ampliar tal recurso hasta alcanzar los textos históricos y las narraciones de ficción, como prueban los tres volúmenes de *Temps et récit.*

Con este método, la identidad del yo se «deducirá» —en sentido kantiano— primero a partir de los símbolos, viniendo a ser una «identidad simbólica», mejor: «simbolizada» (*La symbolique du mal, De l'interprétation, Le conflit des interprétations*), puesto que el *ser del yo* viene «deducido» del *a priori* de los símbolos. Y, por último, *Temps et récit* va a concluir en una «identidad narrativa» o «narrada», puesto que la pregunta por el *ser del yo* se contesta narrando una historia, contando una vida. Podemos saber —en efecto— lo que es el hombre atendiendo la secuencia narrativa de su vida.

4. Ricœur reconoce, sin rodeos, que la hermenéutica paga un precio: la renuncia a toda *hybris* de la reflexión, a todo saber absoluto, a toda ontología definitiva, a toda fenomenología fundamental, a toda pretensión —en fin— del sujeto por fundarse y conocerse a sí mismo a través de una intuición que haga transparente el «sí» por «sí-mismo», en una triunfante identificación del fundamento trascendental y de la justificación última de toda ciencia. La ontología definitiva, por el contrario, es la tierra prometida jamás alcanzada por la hermenéutica, siempre militante, en la que la subjetividad ha abandonado la pretensión de ser fundamento último, puesto que la comprensión de *sí* coincide con la interpretación aplicada a los elementos mediadores: signos, símbolos y textos. Interpretación

siempre sujeta a una triple contingencia: la de los símbolos y textos escogidos —inevitablemente prisioneros de una cultura—, la de su carencia de univocidad significativa y la de la individualidad del intérprete. Tales son los riesgos de apostar por la contingencia del lenguaje. La filosofía de Ricœur es prueba de que tal apuesta no es una veleidad y que ella puede ser revalidada por un método riguroso. De ahí su cuidado en no pasar por alto a cuantos puedan discutir su propósito. Ello queda bien demostrado en *Temps et récit*.

II.   EXISTENCIALISMO Y FENOMENOLOGIA

Tras la publicación de artículos desde 1936, la primera obra de Ricœur, en colaboración con M. Dufrenne, es *Karl Jaspers et la philosophie de l'existence*, seguida por *Gabriel Marcel et Karl Jaspers. Philosophie du mystère et philosophie du paradoxe*. En ambas se advierte el impacto existencial en sus primeras preocupaciones.

1.   *La filosofía de la voluntad*

Tras la preocupación por Jaspers y Marcel, movido en gran parte por la obra de este último, Ricœur emprende *La philosophie de la volonté,* que él proyecta en tres partes, temática y metodológicamente distintas: *Eidética* de lo voluntario y lo involuntario, *Empírica* y *Poética* de la voluntad. A la primera parte responde *Le volontaire et l'involontaire. L'homme faillible* y *La symbolique du mal* (primera y segunda partes de *Finitude et culpabilité*) son sólo la introducción a la *Empírica,* que no será ya continuada. Y la *Poética* será de hecho desarrollada en numerosos artículos y es tema implícito a la *Métaphore vive* y *Temps et récit*.

En *Le volontaire et l'involontaire* el método reflexivo consiste en una descripción fenomenológica en cuanto que pretende extraer de la experiencia vivida los significados y estructuras esenciales de la intención, del proyecto, del motivo, del deseo, etc. Sin hablar de fenomenología, «para no investirme de la autoridad de Husserl», el método es una «descripción de estilo husserliano de las estructuras intencionales del *cogito* práctico y afectivo».

La reciprocidad de lo voluntario y de lo involuntario es el principio epistemológico que guía la descripción. Sólo es inteligible un discurso sobre la voluntad que explicite tal relación. Debemos por ello introducir en la reflexión tanto la decisión volitiva cuanto el involuntario corporal que la limita, tanto la moción voluntaria y la intencionalidad cuanto la espontaneidad corporal y sus condiciones, tanto el consentimiento cuanto la necesidad que emana de un carácter, de una vida (de esta vida de cada uno).

Una particularidad precisa esta metodología inicial: la abstracción de la culpa y de la trascendencia. Y ello porque la culpa «es un cuerpo extraño en la eidética del hombre. Ahora bien: la 'eidética' de la conciencia no puede contar más que con las únicas nociones que son susceptibles de ser descifradas en los actos de un sujeto».

La revolución metodológica exigida por la presencia de la culpa es debida a la calidad de cuerpo extraño de la falta en la eidética del hombre y, además, por su particular manera de manifestarse a través de un lenguaje indirecto. Mientras los rasgos de la ontología fundamental, tales como el motivo, proyecto, decisión, etc., los designamos mediante un lenguaje directo, la culpa, por el contrario, la expresamos a través de términos indirectos y en cierta manera alegóricos, tales como esclavitud, servidumbre, desvío... Esto impide una fenomenología directa y exige que, suprimida la abstracción, sólo sea posible una *descripción empírica* que proceda a través de *indicios concretos* del mal, por una parte, y fije su atención, por otra, en una «mítica concreta», esto es, en los modos simbólicos de la expresión del paso de la inocencia a la culpa. Ricœur no va a realizar ese análisis del mal en concreto y se va a detener en la mítica que expresa su llegada a la voluntad.

Es, por tanto, la introducción de temas existenciales lo que provoca este desplazamiento metodológico. Si en el existencialismo clásico finitud y culpabilidad parecen identificarse, Ricœur comienza en *L'homme faillible* el análisis de su diferencia y relación, evitando la tesis de su identificación. La finitud se manifiesta como labilidad o «desproporción del hombre consigo mismo». Tal realidad antropológica hace posible la culpa como ocasión, como origen y como capacidad de mal. Kant será el gran maestro en esta búsqueda de la finitud humana que posibilita el mal. Finitud-desproporción que se manifiestan tanto en la síntesis trascendental como en la síntesis práctica y en la afectiva.

2. *El lenguaje simbólico*

Concluyendo *L'homme faillible* en el concepto de finitud y en la posibilidad de la culpa, nada, por el momento, había exigido una preocupación especial por el lenguaje. El motivo era, sin duda, la suficiencia del lenguaje directo para hablar de los elementos voluntarios e involuntarios. Pero querer introducir la realidad del mal en la estructura de la voluntad exige una renovación fundamental del método descriptivo-empírico, ya que «el paso de la inocencia a la culpa no es susceptible de una descripción, sea ésta empírica, sino de una mítica concreta». *La symbolique du mal* obedece a esta convicción. Es preciso, pues, el recurso al medio de objetivación y exteriorización de tal realidad, al lenguaje del mal.

Pero ese lenguaje, como ya dijimos, es siempre indirecto. Se realiza a través de metáforas, símbolos tales como «mancha» «carga», «servidumbre», «esclavitud», etc. Todas ellas expresiones simbólicas no accesibles a primera vista. No podemos localizarlas si no es calando a través de los diversos estratos lingüísticos en que se manifiestan, ya sea en la explicación conceptualizada o en los mitos. Por este motivo, el lenguaje simbólico supone un problema lingüístico y un problema exegético.

Si la primera parte de *Finitude et culpabilité* conduce hasta la posibilidad del mal, el discurso filosófico recibe ahora del simbolismo «un impulso nuevo y un enriquecimiento considerable, pero al precio de una *revolución de método* representado por el recurso a una hermenéutica, esto es, a unas reglas de desciframiento aplicadas al mundo de los símbolos» que nos aproximen a la comprensión del mal.

Se hace así necesaria una hermenéutica propiamente filosófica que proceda a partir de una *descripción del simbolismo* (próxima a la de la fenomenología de la religión al estilo de Mircea Eliade) y que pase al nivel filosófico *participando en la dinámica* del simbolismo para culminar en una *interpretación creadora*. Ésta no es «una interpretación alegorizante que pretenda culminar en una filosofía enmascarada bajo el disfraz imaginativo del mito; es una filosofía a partir de los símbolos que busca promover, instaurar el sentido a través de una interpretación creadora. Yo me atrevería [...] a llamar a esta tarea una 'deducción trascendental del símbolo'».

El simbolismo se convierte así en el *a priori* de una deducción trascendental no sólo porque él es detector de la realidad humana, sino también porque una filosofía iluminada por los símbolos puede pretender «la transformación cualitativa de la conciencia» en cuanto que el símbolo nos revela nuestra relación con lo sagrado, nos hace comprender nuestra «situación» ontológica, nuestra relación con el ser que nos interpela en cada símbolo.

De lo dicho debemos deducir que el simbolismo no es un instrumento de demostración, pero sí un vehículo de comprensión. Idea firmemente arraigada en Ricœur, que no pretende explicar el mal ni demostrar las estructuras del *cogito,* sino comprender el estar del hombre en el mundo y su relación con el ser.

Vinculado al simbolismo aparece el primer concepto de hermenéutica en la obra de Ricœur, que sufrirá un enriquecimiento posterior. La evolución del concepto se adecúa a la variada problemática que él incorpora a su obra.

En *La symbolique du mal* e incluso en sus primeros comentarios sobre Freud, la hermenéutica está llamada a interpretar la semántica propia del lenguaje simbólico; debe descifrar la estructura de las expresiones de doble sentido. Puesto que nos enfrentamos con un lenguaje indirecto, debemos reconocer, recíprocamente, que tenemos planteado un problema hermenéutico. Y ello porque el símbolo puede ser definido como una expresión en la que «un sentido primario, literal, tomado de la experiencia cotidiana, designa otra cosa figurativamente, perteneciente sea la experiencia interior, a la vivencia de una experiencia existencial o, por el contrario, posee significaciones concernientes al origen del mundo, el origen de la totalidad de las cosas». Posee, pues, una doble expresividad: cósmica y psíquica, y un doble sentido. Ello reclama una hermenéutica.

III. PLURALIDAD HERMENEUTICA

Un nuevo centro de interés se ofrece a la reflexión de Ricœur: Freud. Y esto por un doble motivo: por la problemática del mal y de la culpa y por el problema del simbolismo o, lo que es lo mismo, los problemas específicos del lenguaje. El psicoanálisis está implicado en los problemas lingüísticos derivados del uso de las estructuras simbólicas de las que echa mano. Más allá del símbolo onírico, entendido como lenguaje indirecto, el psicoanálisis amplía su campo interpretativo hasta el ámbito universal de los símbolos culturales y mitos religiosos con la pretensión de convertirse en una interpretación general del yo y de la cultura.

El psicoanálisis, además de una energética, puede entenderse como una hermenéutica o exégesis del sentido aparente que se explica por el recurso a lo latente. Freud interpreta el símbolo a través de una reducción, lo que lleva a Ricœur no a desechar el concepto freudiano de interpretación, sino a contar con él a lo largo de toda su obra posterior.

Es así como se introduce un nuevo concepto de hermenéutica, ampliando su cometido más allá del mero análisis de las expresiones de doble sentido y acentuando la instancia reductiva del freudismo. En él, símbolos y lenguaje ocultan más que manifiestan. Por eso reconocerá Ricœur: «Actualmente estamos [...] divididos por dos grandes estilos de interpretación. Uno es el estilo de la sospecha, el estilo desmitificador: tal es el caso de las hermenéuticas nacidas en el siglo xix bajo la influencia de Marx, Nietzsche y Freud, que son los tres grandes maestros de la hermenéutica moderna».

En contra de esta hermenéutica «reductiva» de Marx, Nietzsche y sobre todo Freud, el otro estilo hermenéutico, hasta ahora patrocinado por nuestro autor, podría ser tildado de «remitificador», atento a la palabra que encierra el símbolo, a la escucha de su mensaje, que es dirigido como una proclama, «como un kerigma» incitante a una rica promoción de sentido. Es ésta la hermenéutica de la «escucha», nacida del magisterio de Husserl sobre todo.

El problema de Ricœur será entonces afrontar la relación y la dinámica entre ambos estilos hermenéuticos.

La hermenéutica fenomenológica nacida de Husserl introduce la dimensión de escucha, que tiende a un descentramiento de la conciencia hacia nuevos significados que el sentido primero sólo preconiza. La otra, por el contrario, descentra también la conciencia, pero hacia una dimensión regresiva que justifica lo aparente por lo oculto, lo actual por lo anterior. Ambas coinciden en reconocer la conciencia como lugar de llegada y no de partida. La conciencia no es abolida, pero tampoco es realidad primera. Ella no es dato inicial, sino tarea a realizar.

Hemos alcanzado así un punto clave de la filosofía de Ricœur. En definitiva, lo que se pretende es la formulación de una noción de conciencia que, tras la confrontación con sus ilusiones, posibilite una filosofía del sujeto ilustrada por las diversas interpretaciones. No es, por tanto, la adecuación de la conciencia a la crítica naturalista del freudismo lo que se busca, pero ésta debe tenerse también en cuenta para la formulación de una noción realista de conciencia. Ésta no será nunca adecuadamente conocida sin el recurso al juego de fuerzas y pulsiones arqueológicas que pone de manifiesto el análisis freudiano. Tal es la exigencia de la «hermenéutica de la sospecha».

A su vez, la interpretación como restauración de sentido apunta la otra posibilidad: la de una conciencia que, en su maduración, adquiere su sentido al final, en virtud de una progresión en que la figura posterior explicita la anterior, como sucede en la *Fenomenología del espíritu,* de Hegel. Un nuevo modelo reflexivo es así requerido en contrapunto con la regresión freudiana. Hegel señala el camino de la progresión de la conciencia, puesto que las figuras de su fenomenología impelen la conciencia hacia adelante, la alejan de su infancia en una dirección distinta de la freudiana: la conciencia es «la interiorización de este movimiento, que hay que encontrar en la estructura objetiva de las instituciones, de los monumentos, de las obras de arte y de cultura». No aceptará tampoco Ricœur la visión final de Hegel. No es posible, para él, ningún saber absoluto. El mal nos veta tal posibilidad, pero Hegel anuncia la polaridad teleológica contrapuesta a la arqueología freudiana.

La reflexión será, en definitiva, el medio en el que la pluralidad se unifica dialécticamente evitando la yuxtaposición de ambos modelos. No se trata, por tanto, de una inserción híbrida del discurso freudiano y hegeliano, sino de la voluntad de encontrar una posibilidad de comprensión unitaria del sujeto.

El concepto de interpretación nos ha ido acercando, en consecuencia, a una confrontación que sobrepasa lo metodológico. El yo *es* su arqueología y su teleología. No porque Freud y Hegel así lo hayan dicho. Ellos son escogidos sólo como modelos en la exploración de su realidad. Y son modelos, puesto que si el método del uno insiste en la dimensión arqueológica, en él existe una teleología implícita aunque no tematizada, pero que la práctica psicoanalítica pone de manifiesto. En el otro, por el contrario, se explicita una teleología que reclama la arqueología irreductible de la vida. La vida, en efecto, es en Hegel lo «dépassé indépassable».

Tal dualidad significante del simbolismo no permanece sólo en el plano lingüístico, sino que ella es manifestación de la realidad del yo identificado ahora como unidad dialéctica de ambas dimensiones.

La conclusión para la filosofía antropológica es entonces grave. No será una ontología sustancialista, hecha una vez por todas y definitivamente explicativa, la que dé razón del yo del *cogito*. Es una «ontología militante» que no se configura como sustancialismo ni se empequeñece en la fenomenología de la cosa, sino que se caracteriza por un análisis del ser entendido como *acto* más que como *forma,* como existencia viva del que no podremos dar razón si no es a través de la dialéctica de su naturaleza condicionante y sus posibilidades creativas y espirituales. El *ego* no es sólo lo que es, sino lo que puede llegar a ser por su relación con el mundo.

Regresión y *progresión* designan no dos procesos para la comprensión del yo y de la cultura, sino «los términos abstractos extraídos de un único proceso concreto» que pone en evidencia la dialéctica propia del yo en su totalidad. Tanto Freud como Hegel quieren dar cuenta del hombre entero. No es el uno maestro de las tinieblas y maestro de la luz el otro.

En esta ontología queda pendiente una comprensión definitiva del yo. Y esto, sin duda, sitúa a Ricœur entre cuantos profesan la finitud no sólo como modo de ser, sino también como modo de conocer. Toda la última parte del *De l'interprétation* obedece a tal convicción dialéctica a la par que evidencia su limitación.

De la analítica freudiana toma Ricœur otra conclusión metodológica importante: la vinculación del explicar y el comprender. Sobre la «explicación» psicoanalítica se articula la posibilidad de la «comprensión». El estructuralismo, a su vez, afirmará a Ricœur en este mismo convencimiento: toda interpretación hermenéutica debe ir precedida de la explicación estructural del texto.

IV. HERMENEUTICA Y ESTRUCTURALISMO

El encuentro con el estructuralismo, nacido de la lingüística de De Saussure, marca otra etapa importante en la obra de Ricœur.

La ampliación del modelo lingüístico estructural a la filosofía antropológica por obra, sobre todo de Lévi-Strauss, es fecundo en consecuencia para la hermenéutica. Los postulados estructuralistas son estudiados con atención y replanteados dentro del problema general del ser y la significación al pretender la hermenéutica alcanzar el sujeto a través del lenguaje.

1. *Estructuralismo y hermenéutica*

En primer lugar, el estructuralismo supone un desplazamiento de la subjetividad como lugar del sentido hacia las estructuras lingüísticas y semióticas. La primacía de lo personal se trasvasa, de este modo, a otro impersonal, a otro inconsciente, no psicoanalítico, sino categorial.

Las conclusiones estructuralistas no dejarían muchas posibilidades para la pretensión de llegar al yo por el lenguaje. Pero Ricœur tratará de incorporar el aporte estructural como una llamada a la objetividad. La relación entre el momento de la explicación objetiva del texto y la apropiación subjetiva se convierten en su preocupación con el reconocimiento del significado objetivo del texto. La hermenéutica no buscará ya la convergencia de dos subjetividades: la del autor y la del intérprete, sino la confluencia de dos discursos: el del texto y el del intérprete. El discurso deberá, en consecuencia, situarse a un nivel homogéneo de sentido que podríamos llamar «isotopía del discurso». Lo que exige ser interpretado en un texto es su sentido, siendo el acto de su apropiación más una fusión del mundo del lector y del mundo del texto que una proyección del intérprete sobre el texto. Se alcanza así el concepto de hermenéutica como «fusión de horizontes», patrocinada por H. G. Gadamer.

De este modo, se rectifica la primera acepción de interpretación considerada como arte de descifrar los significados segundos del lenguaje simbólico. En la primera etapa, la hermenéutica era todavía feudataria de la hermenéutica romántica de Schleiermacher y Dilthey, en la que el intérprete debe rehacer el camino desde la obra hasta su autor. El texto habla ahora por sí mismo, es un «en sí» del que parte la interpretación.

A la dualidad hermenéutica (arqueología/teleología) se añade ahora la dualidad metodológica nacida del estructuralismo. La pregunta inicial: ¿qué es interpretar el lenguaje simbólico?, debe ser reemplazada por la de ¿qué es interpretar un texto?

Planteado el problema metodológico entre una tendencia más romántica de la hermenéutica y otra más objetiva patrocinada por el estructuralismo, la filosofía hermenéutica encuentra su función en abrir *al ser* el lenguaje que, por exigencias de método, limita la lingüística al mundo de los signos y sus relaciones. La lingüística no rechaza, sino que reclama este otro nivel de comprensión que la hermenéutica le brinda. Y para justificar su convicción, Ricœur estudia ahora la lingüística posestructuralista.

Es, en primer lugar, E. Benveniste quien le facilita, desde dentro de la lingüística, motivos suficientes para mantener la referencia (al yo, al otro, al mundo) como carácter fundamental del lenguaje. Lengua y habla, disociadas por De Saussure, deben encontrar la unidad en su actualización temporal como *discurso*. El sujeto adquiere nuevamente vigencia en una «lingüística del discurso» y se restaura la vigencia que había perdido con la «lingüística de la lengua» de De Saussure y Hjelmslev.

La contribución de R. Jakobson será igualmente valiosa, puesto que para él lo metafórico es considerado como proceso ordinario de la lengua. El simbolismo encuentra así un *status* patrocinado por la misma lingüística.

De N. Chomsky admitirá Ricœur —retomando a Humboldt— la tesis del poder creativo del espíritu y la aceptación del transformacionalismo, que configuran el lenguaje como instrumento de extraordinaria utilidad para la exploración de los procesos mentales. De la tentativa de Chomsky, en su pretensión de relacionar pensamiento y lenguaje, está muy cerca la inquietud de Ricœur, aunque en el esquema voluntad-lenguaje.

La atención a los aspectos referenciales y creativos del lenguaje le aproximan igualmente a la escuela inglesa y americana del *lenguaje usual*, representada por Austin y Searle. La insistencia en la referencia, la aceptación del carácter polisémico irreductible de los términos y la variabilidad de los valores semánticos son tesis que se aceptan como fundamentales para una hermenéutica del simbolismo. Con razón puede afirmarse que su concepción lingüística se aproxima a la teoría del «Speech-Act» propia de la escuela del lenguaje usual.

2. *Análisis estructural y comprensión hermenéutica*

Cuanto acabamos de decir nos lleva a la discusión de Ricœur con Lévi-Strauss en torno a la interpretación del lenguaje mítico y de la cultura en general. El estructuralismo, para nuestro autor, no nos acerca más que al «cómo» del lenguaje y de la cultura: es un análisis sintáctico. La hermenéutica, por el contrario, debe conducirnos hasta el «qué» o significación de ambas realidades: es un análisis «semántico».

Cabe preguntarse, a su vez, hasta qué punto el análisis estructural no prescinde de la significación, sea de los elementos últimos como de los grupos de relaciones que aparecen en un texto. Si la significación es reducida a las relaciones resultantes, el significado de cada una de ellas es abandonado en aras de su articulación en el conjunto. Pero el mito, como el lenguaje en general, es discurso, y sus elementos simples (los «mitemas», diría Lévi-Strauss) son ya significativos, diría Benveniste y Ricœur con él. Dejar de lado tal realidad supone proceder a partir de una formalización y de una abstracción que parecen injustificadas.

El análisis estructural de los mitos es favorecido además por el área totémica que Lévi-Strauss escoge para sus investigaciones. En ella, el pensamiento es esencialmente clasificatorio.

En contrapunto con esta área totémica —área «sintáctica»—, podemos afirmar que muy otra es la suerte del pensamiento mítico en el área semítica y prehelénica, de la que precisamente se ha originado nuestra cultura. En ella, «la inteligencia estructural es quizá menos importante, en todo caso menos exclusiva, y requiere abiertamente su articulación con una hermenéutica aplicada a interpretar los mismos contenidos con el fin de prolongar su vida y de incorporar su eficacia a la reflexión filosófica».

En los mitos peculiares de esta parcela lingüística y cultural, aunque se presten al análisis estructural (como Lévi-Strauss enseñó en el mito de Edipo, único por él escogido de esta zona), descubrimos una riqueza semántica que deja un resto de significación del que no da razón el análisis estructural. Estos mitos no guardan ya la estrecha relación con las clasificaciones naturales y sociales; su *reinterpretación* es posible en lugares y tiempos muy distintos, adquiriendo significatividad en la historia que en éstos se realiza.

Su comprensión requiere un nuevo tratamiento intelectual, que es la comprensión hermenéutica. En este trabajo se articulan «las tres historicidades: de los acontecimientos fundantes o *tiempo oculto,* de la interpretación viviente por los escritores sagrados, que constituye la *tradición,* y la historicidad de la comprensión, la *historicidad hermenéutica».* La significación viene dada por la secuencia completa ligada al tiempo y al intérprete tanto como al autor.

V. METAFORA Y NARRACION

1. *El lenguaje metafórico*

La métaphore vive supone un aporte decisivo para la filosofía en sus relaciones con el lenguaje. El libro gira en torno a las tesis lingüísticas de Benveniste, que ya sirvieron a Ricœur para su aceptación del lenguaje como discurso referencial. Para Benveniste, como ya dijimos antes, era fundamental distinguir diversos niveles en el lenguaje, cada uno de los cuales se remite a una unidad mínima de significación. Si a un nivel semiótico la palabra es considerada como signo de un código, a otro nivel, el semántico, la frase es requerida como unidad mínima de significación. Palabra y frase se relacionan como unidades de distinto orden.

El orden semántico, reclamado por Benveniste, hace posible entender la metáfora no como sustitución, en el orden de las palabras, sino como *tensión* entre dos sentidos, obtenida en la totalidad de la frase considerada como un todo: es la *metáfora enunciado.* Así entendida, la metáfora se convierte en una significación emergente creada por el lenguaje.

La metáfora se presenta entonces como poder heurístico del discurso, desplegado en la ficción metafórica. Todo discurso poético es una «redescripción por la ficción», acercándose así Ricœur a Nelson Goodman y a Max Black. Para este último, la metáfora es al lenguaje poético lo que el modelo es al lenguaje científico. Ella es un instrumento de «re-descripción» y, lo mismo que el modelo científico, pertenece a la lógica del descubrimiento, de la invención, no a la lógica de la prueba. La ficción libra una verdad metafórica que reside, más que en los nombres o en las frases, en la tensión entre el «es» y un «no es» o «es como» que el «es» implica, tomando el verbo *es* no como determinación, sino como equivalencia. Cuando el poeta dice, por ejemplo, que «la naturaleza es un templo en el que vivientes pilares...», la cópula «es» no es solamente relacional, sino que ella redescribe lo que es y afirma que es de tal modo. Y en el «es» se implica el «no es» de cualquier otro modo.

Pero Ricœur no concluye en una poética. La cuestión epistemológica es desbordada por la cuestión fundamental sobre si la poética nos introduce por sus propios medios en el ámbito de la ontología. Su respuesta es explícita: el discurso poético no es el discurso especulativo y la filosofía no procede directamente de la poética; el discurso que pretende reasumir la verdad de la ontología implícita a la metáfora es de otro orden. Ello no supone la subordinación del discurso poético al discurso de la especulación filosófica, sino el reconocimiento de la pluralidad de discursos. Ambos se vivifican y animan mutuamente, pero cada uno se establece sobre lógicas diferentes. De hecho, el discurso especulativo se presupone como condición de posibilidad del discurso poético.

Ricœur no acepta, pues, la connivencia, común a Heidegger y Derrida, entre la díada metafórica del sentido «propio» y «figurado» con la díada metafísica «visible»/«invisible». Del mismo modo, entiende que las metáforas platónicas (sol, caverna...) no prejuzgan la metafísica platónica, sino que su vigencia reside en la elección que de ellas hace el discurso especulativo. Cierto que el discurso especulativo puede ser facilitado por el poético, pero lo que de él adquiere no es todavía el concepto, sino *una solicitación del concepto*. Es, pues, necesario un paso al concepto siguiendo la trayectoria del campo referencial desconocido de la enunciación metafórica, en cuyo origen debemos reconocer una «vehemencia ontológica» que desvincula la significación de su primer sentido y la informa de un sentido figurado. Pero, con Husserl, es preciso reconocer que «comprender una expresión lógica» no es lo mismo que «descubrir imágenes».

La interpretación encuentra, nuevamente, su función aplicándose a la intención constitutiva de la experiencia que se dice en la metáfora. Ésta es operativa entre lo especulativo y lo metafórico, llevando el discurso conceptual a «pensar más», a pensar «más allá». Y la metáfora es viva sólo cuando impele el *élan* de la imaginación hacia un pensar «más allá».

El discurso especulativo reasumirá, no obstante, con sus propios medios, la intención semántica del discurso poético, a través de la explicación ontológica del postulado de la referencia, situando a la realidad como condición de posibilidad de todo discurso. Ella es la categoría última a partir de la cual todo lenguaje puede ser pensado. Realidad que, con Aristóteles, conduce hasta los múltiples significados del ser como fundante de todo modo de decir y que remite, en consecuencia, la consistencia del discurso poético al discurso sobre el ser. Heidegger, como puede adivinarse, se entrecruza de nuevo en el camino de Ricœur. A pesar de todo, nuestro autor prefiere retener de la última obra de Heidegger no su ruptura con la metafísica, que él deplora, ni su inadmisible pretensión de poner fin a la historia del ser, sino la marcada diferencia entre pensamiento y poesía, a pesar de la turbadora apariencia que parece englobarlas.

En fin, por una parte, la poesía ofrece los rasgos de una concepción tensional de la verdad, articulando la experiencia de pertenencia que incluye al hombre en el discurso y a éste en el ser; por otra, el pensamiento especulativo apoya su trabajo sobre el dinamismo de la enunciación metafórica orientándola hacia un dominio de sentido que es propio del pensar por conceptos.

2. *Tiempo y narración*

La trilogía integrada *Tiempo y narración* viene a ser la continuidad lógica de las tesis de *La metáfora viva*. Allí, la metáfora establece una tensión cuya referencia se encuentra fuera de la experiencia ordinaria y, por tanto, inaccesible al lenguaje directamente descriptivo. En este sentido, el lenguaje metafórico suscita o sugiere una «redescripción» de la experiencia, revelando de ella categorías ontológicas no reductibles a la experiencia empírica. *Tiempo y narración* pretende situarse en el mismo orden: elucidar, clarificar y precisar el carácter temporal de la experiencia humana.

Ricœur retoma su tesis fundamental de la *pertenencia del yo a su mundo* y, por tanto, —en continuidad de Heidegger—, reconoce la temporalidad como el carácter determinante de la experiencia humana. Pero lo mismo que sucedía en la simbólica del mal, la conciencia subjetiva no puede ser alcanzada en su propia identidad si no es por el lenguaje. Allí, el lenguaje del mal era el medio adecuado. Aquí es el relato, la trama narrativa, el medio privilegiado para esclarecer la experiencia temporal inherente a la ontología del ser-en-el-mundo.

Pero también aquí Ricœur se aparta pronto de Heidegger, y la analítica «corta» del *Dasein* se sustituye por la «vía larga» del análisis de los relatos: tanto del relato histórico, que tiene la pretensión referencial de la verdad, como del relato de ficción o narración imaginativa. Ambos géneros tienen como referente común el carácter temporal de la experiencia. De este modo, la narración se eleva a condición identificadora de la existencia temporal. Y, a su vez, el tiempo como realidad abstracta o cosmológica adquiere significación antropológica en la medida en que pueda ser articulado en una narración. La narratividad, por tanto, «determina, articula y clarifica la experiencia temporal».

Tal presupuesto va a ser el hilo conductor de la trilogía que inicia el presente volumen. Trilogía que tiene como interlocutores a una amplísima historiografía (de Braudel a W. Dray) en el primer tomo, a la narratología y a la literatura de ficción en el segundo y a las fenomenologías de la conciencia temporal (de san Agustín a Hegel y Husserl) en el tercero.

Empresa tan amplia la aborda Ricœur con sus presupuestos ya enunciados: la aceptación del texto no como ámbito autónomo de sentido, al estilo estructuralista, sino, siguiendo la «lingüística del discurso» de Benveniste, reconociendo que a todo texto es inherente un sentido que no se agota en la analítica de su estructura.

Ricœur establece la hipótesis, que paulatinamente irá revalidando, de que tanto la historia (ciencia) como la narración ficticia obedecen a una única operación configurante que dota a ambas de inteligibilidad y establece entre ellas una analogía esencial. Tal operación mediadora en la *trama,* a través de la cual los acontecimientos singulares y diversos adquieren categoría de historia o narración. La trama confiere unidad e inteligibilidad a través de la «síntesis de lo heterogéneo». Nada puede ser considerado como acontecimiento si no es susceptible de «ser integrado en una trama», esto es, de ser integrado en una historia. Y de tal exigencia no puede alejarse la historia (ciencia) si quiere preservar su condición de ciencia humana.

No puede —sin duda— ser identificada la referencia del relato histórico y la de la narración ficticia. La pretensión de verdad del primero apunta a una realidad episódica ya acontecida que no tiene la segunda. Pero la ficción no está desposeída de referencia. Lo mismo que sucedía en la poética, la narración apunta ficticiamente a modos de ser nuevos, aunque lo narrado no haya acontecido o no vaya a realizarse. La vinculación historia-ficción obliga —sin duda— a replantear el problema de la referencia en términos de «redescripción», como sucedía con la metáfora, en cuanto que la narración apunta hacia modos «excéntricos» de la experiencia temporal, pero no por eso ajenos a ella. Incluso la narración de ficción es mucho más rica en informaciones sobre el tiempo que el mismo relato histórico. Todo ello exige la discusión con historiadores (I) y con narratólogos (II).

En el tercer tomo, abriéndose un largo camino en discusión con Aristóteles, san Agustín, Kant, Hegel, Husserl y Heidegger, Ricœur muestra cómo la perspectiva de cada uno oculta e invalida la de los otros. Las perspectivas fenomenológicas impiden una concepción cosmológica del tiempo. Pero, a su vez, Aristóteles se enfrenta a san Agustín, Kant a Husserl, Heidegger a la «concepción vulgar» del tiempo. Se concluye así en la exigencia de un «tercer tiempo», entre el cosmológico y el fenomenológico: el tiempo propio a la narración y a la historia, el tiempo que el relato —con la actividad mimética— genera a través de la configuración original de la «construcción de la trama». Es el tiempo verdaderamente humano que aparece como *competencia* para seguir una historia, un relato con pasado, presente y futuro. El relato, por tanto, hace llegar a la comprensión los aspectos de la experiencia temporal que el lenguaje conceptual no puede menos de confesar aporéticos. El tiempo, en efecto, de Aristóteles a san Agustín o Heidegger no es sino el signo de la contradicción y de la aporía para la reflexión.

Cierto que, fiel a su tesis de la finitud de la comprensión, tampoco aquí hemos alcanzado una «explicación» del tiempo. Pero sí se ha abierto una vía para su comprensión y para su apropiación humana. Se ha abierto una vía para la identificación subjetiva del hombre.

La identificación subjetiva a la que conduce la narración no es otra que una «identificación narrativa». Ello quiere decir que la narración identifica al sujeto en un ámbito eminentemente práctico: el del relato de sus actos. Sin narración no hay, pues, identificación posible ni del individuo ni de las comunidades, a no ser que toda identificación subjetiva se pierda o en la serie episódica de las acciones, haciendo imposible toda identidad subjetiva, o se confine en una ilusión sustancialista que no dará cuenta de la diversidad.

Por el relato, sin embargo, es posible responder a la pregunta por un sujeto, por un hombre, por una identidad, pero de forma «narrativa»: «La historia narrada dice el *quién* de la acción. La identidad del *quién* no es, pues, ella misma más que una identidad narrativa. Sin el recurso de la narración, el problema de la identidad personal está, en efecto, condenado a una antinomia sin solución: o bien se piensa un sujeto idéntico a sí mismo en la diversidad de sus estados, o bien se sostiene... que este sujeto no es sino una ilusión sustancialista...»

Ricœur alcanza así una de sus más viejas convicciones: la de que el *yo* del conocimiento *de sí* es el resultado de una vida examinada, contada y retomada por la reflexión aplicada a las obras, a los textos, a la cultura. Se alcanza aquí, al final de *Temps et récit,* la vieja tesis de la *Symbolique du mal.* Y, como allí, la identidad postulada no será sin resto: es una identidad comprendida, que no agota la *ipseidad,* vinculada a la finitud temporal, inaccesible a una comprensión en totalidad, renunciando, por tanto, a Hegel.

Contra la concepción del tiempo como totalidad, el relato introduce la experiencia de la totalización como resultado de la mediación narrativa que recoge el pasado, diseña el presente como iniciativa y establece un horizonte de espera vinculados por la intriga. Ello no supone que la intriga narrativa resuelva las aporías de la temporalidad, sino que las hace fecundas, a la par que pone de manifiesto sus propias limitaciones. La narratividad, en efecto, pone en evidencia la imposibilidad de *pensar el tiempo,* pero es, a la vez, el medio más adecuado para elucidar su experiencia.

Los límites de la forma narrativa para refigurar el tiempo apuntan hacia otras formas de discurso, distintos del relato, en las que se anuncia, de modo distinto, el profundo enigma de la temporalidad. Tanto en la lírica, en la épica y en la dramática, la refiguración del tiempo aparecerá bajo otras luces, sin que ellas agoten tampoco su enigma. Y Ricœur señala, a su vez, otros géneros en los que narrativo y no narrativo se entrelazan, como sucede en la Biblia. Otros discursos y lenguajes, como el lenguaje religioso, esclarecen vivencias distintas de la temporalidad. Todos esos lenguajes debieran ser explorados.

La filosofía de Ricœur queda así irremediablemente abierta.

Cierto que ya antes de estas últimas obras suyas la hermenéutica del lenguaje religioso y de sus símbolos había merecido atención preferente. Podrían citarse abundantísimos trabajos que lo testifican. Esta misma editorial Cristiandad recogió en el volumen dirigido por X. Léon-Dufour, *Exégesis y hermenéutica,* varios artículos sobre hermenéutica del lenguaje religioso de indudable interés y publicó, en 1980, la traducción de *La metáfora viva.* Otras recopilaciones como *Ermeneutica biblica* (Morcelliana, Brescia) y *Exégèse. Problèmes de méthode et exercices de lecture* (Delachaux et Niestlé, Neuchâtel) compendian trabajos que bien podrían figurar no ya como apéndices de la trilogía de *Temps et récit,* sino como estudios paralelos en los que no sólo la temporalidad, sino también otros aspectos de la vivencia, son esclarecidos a la luz de sus lenguajes. Todo ello no puede olvidarse en esta introducción, que pretendía señalar el hilo conductor de la obra de Ricœur.

Todo lo escrito por Ricœur sobre el lenguaje poético, la narración y el lenguaje religioso viene así a desarrollar una *Poética de la voluntad,* propuesta en su primer proyecto, pero incontenible en sus límites, puesto que la hermenéutica queda abierta a la pluralidad de lenguajes y de culturas.

Y confirmando sus propias convicciones, mientras el reino de los lenguajes no pueda ser vertebrado en una unidad significativa, tampoco el yo podrá ser identificado adecuadamente. Siendo la tarea de la reflexión incapaz de lo primero, lo será igualmente de lo segundo. El interrogante kantiano «¿qué es el hombre?» seguirá así animando la investigación de Ricœur.

Manuel Maceiras
Profesor Titular de Filosofía
Universidad Complutense, Madrid

Madrid, noviembre 1987.

Biblioteca Testimonial Del Bicentenario

Dirección: Eugenio Gómez de Mier

PAUL RICŒUR

Finitud y culpabilidad

INTRODUCCION

La metáfora viva y *Tiempo y narración* son dos obras gemelas. Publicadas consecutivamente, fueron, sin embargo, concebidas juntas. Si bien la metáfora se incluye tradicionalmente en la teoría de los «tropos» (o figuras del discurso) y la narración en la de los «géneros» literarios, los efectos de sentido producidos por ambas incumben al mismo fenómeno central de innovación semántica. En los dos casos, ésta sólo se produce en el plano del discurso, es decir, en el de los actos de lenguaje que tienen una dimensión igual o superior a la frase.

En la metáfora, la innovación consiste en la producción de una nueva pertinencia semántica mediante una atribución impertinente: «La naturaleza es un templo en el que pilares vivientes...» La metáfora permanece viva mientras percibimos, a través de la nueva pertinencia semántica —y en cierto modo en su densidad—, la resistencia de las palabras en su uso corriente y, por tanto, también su incompatibilidad en el plano de la interpretación literal de la frase. El desplazamiento de sentido que experimentan las palabras en el enunciado metafórico —al que reducía la retórica antigua la metáfora— no es lo importante en ella, sino sólo un medio al servicio del proceso que se sitúa en el plano de toda la frase, y tiene por función salvar la nueva pertinencia de la predicación «extraña», amenazada por la incongruidad literal de la atribución.

En la narración, la innovación semántica consiste en la invención de una trama, que también es una obra de síntesis: en virtud de la trama, fines, causas y azares se reúnen en la unidad temporal de una acción total y completa. Y es precisamente esta *síntesis de lo heterogéneo* la que acerca la narración a la metáfora. En ambos casos, lo nuevo —lo no dicho todavía, lo inédito— surge en el lenguaje: aquí, la metáfora *viva,* es decir, una nueva pertinencia en la predicación; allí, una trama *fingida,* o sea, una nueva congruencia en la disposición de los incidentes.

En uno y otro caso, la innovación semántica puede relacionarse con la imaginación creadora y, más exactamente, con el esquematismo, que es su matriz significante. En las metáforas nuevas, el nacimiento de la nueva pertinencia semántica muestra perfectamente lo que puede ser una imaginación que crea según normas: «Metaforizar bien —decía Aristóteles— es percibir lo semejante». Pero ¿qué es percibir lo semejante sino instaurar la semejanza misma acercando términos que, «alejados» al principio, aparecen «próximos» de pronto? Este cambio de distancia en el espacio lógico es obra de la imaginación creadora, que consiste en *esquematizar* la operación sintética, en *figurar* la asimilación predicativa de la que resulta la innovación semántica. La imaginación creadora que actúa en el proceso metafórico es así capaz de producir nuevas especies lógicas por asimilación predicativa, a pesar de la resistencia de las categorizaciones usuales del lenguaje. Pues bien, la trama de la narración es comparable a esta asimilación predicativa: ella «toma juntos» e integra en una historia total y completa los acontecimientos múltiples y dispersos, y así esquematiza la significación inteligible que se atribuye a la narración tomada como un todo.

Finalmente, en los dos casos, la inteligibilidad, puesta de manifiesto por este proceso de esquematización, se distingue tanto de la racionalidad combinatoria que la semántica estructural pone en juego, en el caso de la metáfora, como de la racionalidad legisladora utilizada por la teoría de la narración o por la historiografía erudita, en el caso de la narración. Esta racionalidad tiende más bien a simular, en el plano superior del metalenguaje, la inteligibilidad enraizada en el esquematismo.

En consecuencia, trátese de metáfora o de trama, explicar más es comprender mejor. Comprender, en el primer caso, es recuperar el dinamismo en virtud del cual un enunciado metafórico, una nueva pertinencia semántica, emerge de las ruinas de la pertinencia semántica tal como aparece en la lectura literal de la frase. Comprender, en el segundo caso, es recuperar la operación que unifica en una acción total y completa lo diverso constituido por las circunstancias, los objetivos y los medios, las iniciativas y las interacciones, los reveses de fortuna y todas las consecuencias no deseadas de los actos humanos. En gran parte, el problema epistemológico planteado, tanto por la metáfora como por la narración, consiste en relacionar la *explicación,* propia de las ciencias semiolingüísticas, con la comprensión previa que deriva de la familiaridad adquirida con la práctica del lenguaje, tanto poético como narrativo. En los dos casos se trata de explicar a la vez la autonomía de estas disciplinas racionales y su filiación directa o indirecta, próxima o lejana, a partir de la inteligencia poética.

El paralelismo entre metáfora y narración va más lejos: el estudio de la metáfora viva nos ha llevado a plantear, más allá del problema de la estructura o del sentido, el de la referencia o el de la pretensión a la verdad. En *La metáfora viva* he defendido la tesis de que la función poética del lenguaje no se limita a la exaltación del lenguaje por sí mismo, a expensas de la función referencial, tal como predomina en el lenguaje descriptivo. He sostenido que la suspensión de la función referencial directa y descriptiva no es más que el reverso, o la condición negativa, de una función referencial más disimulada del discurso, a la que de alguna forma libera la suspensión del valor descriptivo de los enunciados. Así, el discurso poético transforma en lenguaje aspectos, cualidades y valores de la realidad, que no tienen acceso al lenguaje directamente descriptivo y que sólo pueden decirse gracias al juego complejo entre la enunciación metafórica y la transgresión regulada de las significaciones corrientes de nuestras palabras. Por consiguiente, me he arriesgado a hablar no sólo de sentido metafórico, sino de referencia metafórica, para expresar este poder que tiene el enunciado metafórico de re-describir una realidad inaccesible a la descripción directa. Incluso he sugerido hacer del «ver-como», en el que se compendia el poder de la metáfora, el revelador de un «ser-como», en el plano ontológico más radical.

La función mimética de la narración plantea un problema exactamente paralelo al de la referencia metafórica. Incluso no es más que una aplicación particular de esta última a la esfera del *obrar* humano. La trama, dice Aristóteles, es la *mímesis* de una acción. Distinguiré, en su momento, tres sentidos, al menos, del término *mímesis:* reenvío a la pre-comprensión familiar que tenemos del orden de la acción, acceso al reino de la ficción y nueva configuración mediante la ficción del orden precomprendido de la acción. Por este último sentido, la función mimética de la trama se acerca a la referencia metafórica. Mientras que la redescripción metafórica predomina en el campo de los valores sensoriales, pasivos, estéticos y axiológicos, que hacen del mundo una realidad *habitable,* la función mimética de las narraciones se manifiesta preferentemente en el campo de la acción y de sus valores *temporales.*

Este último aspecto es el que estudiaré con detenimiento en

este libro. Veo en las tramas que inventamos el medio privilegiado por el que re-configuramos nuestra experiencia temporal confusa, informe y, en el límite, muda: «¿Qué es, entonces, el tiempo? —pregunta Agustín—. Si nadie me lo pregunta, lo sé; si quiero explicárselo a quien me lo pregunta, ya no lo sé». La función referencial de la trama reside precisamente en la capacidad que tiene la ficción de re-figurar esta experiencia temporal víctima de las aporías de la especulación filosófica.

Pero la frontera entre ambas funciones es inestable. En primer lugar, las tramas que configuran y transfiguran el campo práctico engloban no sólo el obrar, sino también el *padecer;* por tanto, también los personajes en cuanto agentes y en cuanto *víctimas.* La poesía lírica raya así con la poesía dramática. Además, las circunstancias que, como indica la palabra, rodean la acción y las consecuencias no queridas que forman una parte de lo trágico de ésta, implican también una dimensión de pasividad accesible, por otra parte, al discurso poético, en particular en formas como la elegía y la lamentación. De este modo, redescripción metafórica y *mímesis* narrativa se entrelazan estrechamente, hasta tal punto que se pueden intercambiar los dos vocabularios y hablar del valor mimético del discurso poético y del poder de redescripción de la ficción narrativa.

Se perfila así un vasto campo poético que incluye el enunciado metafórico y el discurso narrativo.

El núcleo inicial de ese libro está formado por las lecciones dadas en 1978 en las «Brich Lectures» de la Universidad de Missouri-Columbia. El original francés llena los tres primeros capítulos de *La Narrativité* (París, CNRS, 1980). Se añade a esas lecciones otra sobre *The Contribution of French Historiography to the Theory of History,* pronunciada en la «Zaharoff Lecture», dada en 1979 en la Taylor Institution, St. Giles (Oxford, Clarendon Press, 1980).

Diversas partes de la obra se elaboraron en forma esquemática con motivo de dos seminarios en la cátedra Northrop Frye y en el marco del «Programa de literatura comparada» de la Universidad de Toronto. Varios esbozos del conjunto me han proporcionado materia para mis seminarios en el Centre d'Études de Phénoménologie et d'Herméneutique, de París, y en la cátedra de John Nuveen, de la Universidad de Chicago.

Mi agradecimiento a los profesores John Bien y Noble Cunningham, de la Universidad de Missouri-Columbia; a G. P. V. Collyer, de la Taylor Institution, Oxford, y a Northrop Frye y Mario Valdés, de la Universidad de Toronto, por sus gentiles invitaciones. No puedo olvidar a mis colegas y estudiantes de la Universidad de Chicago por su acogida, su inspiración y sus exigencias críticas, al igual y de modo muy especial a cuantos participaron en los cursos del Centro de Estudios de Fenomenología y Hermenéutica, de París, que no sólo me acompañaron a lo largo de mi investigación, sino que colaboraron en la obra colectiva *La Narrativité*.

Estoy particularmente en deuda con François Wahl, de Ediciones du Seuil, cuya lectura minuciosa y atenta me permitió mejorar la argumentación y el estilo del libro.

P. Ricœur

Paul Ricœur

El conflicto de las interpretaciones

PRIMERA PARTE

*EL CIRCULO ENTRE
NARRACION Y TEMPORALIDAD*

Paul Ricœur

El discurso de la acción

La primera parte de esta obra intenta poner de manifiesto los principales presupuestos que el resto del libro debe someter al juicio de las diversas disciplinas que tratan de historiografía o del relato de ficción. Todos ellos poseen un núcleo común. Ya se trate de afirmar la identidad estructural entre historiografía y relato de ficción, como intentaremos demostrar en las partes segunda y tercera, ya de afirmar el parentesco profundo entre la exigencia de verdad de uno u otro modo narrativo, como haremos en la cuarta, un presupuesto domina sobre todos los demás: lo que está últimamente en juego, tanto en la identidad estructural de la función narrativa como en la exigencia de verdad de cualquier obra de este género, es el carácter *temporal* de la experiencia humana. El mundo desplegado por toda obra narrativa es siempre un mundo temporal. O, como repetiremos a menudo en el transcurso de este estudio, el tiempo se hace tiempo humano en cuanto se articula de modo narrativo; a su vez, la narración es significativa en la medida en que describe los rasgos de la experiencia temporal. Nuestra primera parte está consagrada a este importante presupuesto.

Es innegable que la tesis presenta un carácter circular. Después de todo, esto ocurre en todo aserto hermenéutico. Esta primera parte se ocupa de esta objeción. Intentaremos demostrar en el tercer capítulo que el círculo entre narratividad y temporalidad no es un círculo vicioso, sino un círculo bien construido, cuyas dos mitades se refuerzan mutuamente. Para preparar esta discusión me ha parecido necesario dar a la tesis de la correspondencia entre narratividad y temporalidad dos introducciones históricas independientes entre sí. La primera (capítulo I) está consagrada a la teoría del tiempo en san Agustín; la segunda (capítulo II), a la de la trama en Aristóteles.

La elección de estos dos escritores tiene una doble justificación.

En primer lugar, nos ofrecen dos accesos *independientes* al círculo de nuestro problema: el primero, por el lado de las paradojas del tiempo; el segundo, por el de la organización inteligible de la narración. Su independencia no consiste sólo en que las *Confesiones* de san Agustín y la *Poética* de Aristóteles pertenecen a universos profundamente diferentes, separados por varios siglos y por problemáticas que no se pueden superponer. Más importante para nuestro propósito es que el primero se pregunta por la naturaleza del tiempo, sin preocuparse aparentemente por fundar en esta búsqueda la estructura narrativa de la autobiografía espiritual desarrollada en los nueve primeros libros de las *Confesiones,* mientras que el otro construye su teoría de la trama dramática sin considerar las implicaciones temporales de su análisis, dejando para la *Física* el estudio del tiempo. Es en este preciso sentido como las *Confesiones* y la *Poética* ofrecen dos accesos, independientes entre sí, a nuestro problema circular.

Pero esta independencia de ambos análisis no es lo que retendrá más mi atención, ya que no se limitan a converger en la misma interrogación desde dos horizontes filosóficos radicalmente diferentes, sino que cada uno engendra la imagen invertida del otro. En efecto, el análisis agustiniano ofrece una representación del tiempo en la que la *discordancia* desmiente continuamente el deseo de *concordancia* del *animus.* El análisis aristotélico, en cambio, establece la preponderancia de la concordancia sobre la discordancia en la configuración de la trama. Creo que esta relación inversa entre concordancia y discordancia constituye el interés principal de la confrontación entre las *Confesiones* y la *Poética* —confrontación que puede parecer tanto más incongruente cuanto que va de Agustín a Aristóteles, sin tener en cuenta la cronología. Pero he pensado que la confrontación entre las *Confesiones* y la *Poética* en el ánimo del mismo lector se haría más dramática si fuese de la obra en que predomina la perplejidad engendrada por las paradojas del tiempo a aquella en que prevalece en cambio, la confianza en el poder del poeta y del poema de hacer triunfar el orden sobre el desorden.

En el capítulo III encontrará el lector el *leit-motiv* cuyo desarrollo, y a veces alteración, constituye el resto de la obra. Cada uno podrá comprender por sí mismo —sin otra preocupación de exégesis histórica— el juego invertido de la concordancia y de la discordancia que nos han legado los extraordinarios análisis del tiempo y de la trama hechos por Agustín y Aristóteles, respectivamente *.

---

* La elección del vocabulario debe aquí mucho a la obra de F. Kermode *The Sense of an Ending. Studies in the Theory of Fiction* (Oxford 1966), al que dedico un análisis particular en la tercera parte de este estudio. En breve aparecerá en «Libros Europa» de Ediciones Cristiandad.

CAPITULO PRIMERO

APORIAS DE LA EXPERIENCIA DEL TIEMPO

El libro XI de las
«Confesiones» de san Agustín

La antítesis principal en torno a la que va a girar nuestra reflexión encuentra su más aguda expresión hacia el final del libro XI de las *Confesiones* de san Agustín [1]. Ahí vemos enfrentados dos rasgos del alma humana, a los que el autor, con su característico gusto por las antítesis sonoras, llama *intentio* y *distentio animi*. Posteriormente compararé este contraste con el de *mythos* y *peripeteia* de Aristóteles.

Debemos hacer dos observaciones previas La primera es que yo comienzo la lectura de ese libro XI por el capítulo 14, 17, con la pregunta: «¿Qué es, en efecto, el tiempo?» No ignoro que su análisis se inserta en la meditación sobre las relaciones entre la

---

[1] He adoptado la traducción francesa de E. Tréhorel y G. Bouissou, sobre el texto de M. Skutella (Ed. Teubner, 1934), con introducción y notas de A. Solignac («Bibliothèque augustinienne» XIV, París 1962) 270-343. Mi estudio debe mucho al comentario erudito de E. P. Meijering *Augustin über Schöpfung, Ewigkeit und Zeit. Das Elfte Buch der Bekenntnisse* (Leiden 1979). Insisto más que él en el carácter aporético de la discusión y, sobre todo, en la dialéctica entre *distentio* e *intentio;* en cambio, A. Solignac subraya fuertemente este último aspecto en sus «Notas complementarias» a la traducción de Tréhorel/Bouissou, pp. 572-591. La obra de Jean Guitton, *Le temps et l'Éternité chez Plotin et saint Augustin* (París 1933, ⁴1971) no ha perdido nada de su agudeza. En las referencias a Plotino me he servido de la introducción y del comentario de Kerner Beierwaltes *Plotin über Ewigkeit und Zeit (Enneade III, 7)* (Francfort 1967). Consultar igualmente a E. Gilson, *Notes sur l'être et le temps chez Augustin:* «Recherches augustiniennes» (1929) 246-255, y a John C. Callahan, *Four Views of Time in Ancient Philosophy* (Harvard 1948) 149-204. Sobre la historia del problema del instante, cf. P. Duhem, *Le Système du Monde* I (París 1913) cap. V. [En nuestra traducción hemos tenido siempre presente la edición de las *Confesiones* publicadas en 1987 por Ediciones Cristiandad. *Nota del editor español*].

eternidad y el tiempo [2], suscitada por el primer versículo del Génesis: *In principio fecit Deus*... En este sentido, aislar el análisis del tiempo de esta meditación es violentar un tanto el texto, hecho que no basta para justificar la intención de situar en el mismo espacio de reflexión la antítesis agustiniana entre *intentio y distentio* y la antítesis aristotélica entre *mythos y peripeteia*. Con todo, esta violencia puede justificarse en cierto modo en la propia argumentación de Agustín, quien, al tratar del tiempo, sólo se refiere a la eternidad, para señalar con más fuerza la deficiencia ontológica característica del tiempo humano, y se centra directamente en las aporías que aquejan a la concepción del tiempo en cuanto tal. Para corregir un poco este perjuicio ocasionado al texto de Agustín, introduciré de nuevo la meditación sobre la eternidad en un estadio posterior del análisis con el fin de buscar ahí la *intensificación* de la experiencia del tiempo.

La segunda de las observaciones es que, aislado de la meditación sobre la eternidad por el artificio del método que acabo de señalar, el análisis agustiniano presenta un carácter lleno de interrogantes e incluso de aporías al que ninguna de las antiguas teorías sobre el tiempo, desde Platón a Plotino, consigue llevar a semejante grado de agudeza. Agustín (como Aristóteles) no sólo procede siempre desde aporías recibidas de la tradición, sino que la resolución de cada una de ellas da lugar a nuevas dificultades que reavivan continuamente la búsqueda. Este estilo, que hace que cualquier progreso de pensamiento suscite una nueva perplejidad, coloca a Agustín unas veces próximo a los escépticos, que no saben, y otras a los platónicos y neo-platónicos, que saben. Agustín inquiere (veremos cómo el verbo *quaerere* vuelve con insistencia a lo largo del texto). Quizá se deba afirmar incluso que la llamada tesis agustiniana sobre el tiempo, que se suele calificar fácilmente de tesis *psicológica* para oponerla a la de Aristóteles e incluso a la de Plotino, es más aporética de lo que admitiría el propio Agustín. Al menos eso intentaré mostrar.

Estas dos observaciones previas deben ir juntas: el engarce del análisis del tiempo en la meditación sobre la eternidad da a la búsqueda agustiniana el matiz singular de un «gemido» lleno de espe-

---

[2] Esta meditación comprende desde 1, 1 hasta 14, 17. Se reanuda en 29, 39, hasta el final, 31, 41.

ranza, que desaparece en un análisis que aísle el argumento propiamente dicho sobre el tiempo. Pero precisamente cuando se separa su análisis de su trasfondo de eternidad se hacen resaltar los rasgos aporéticos del tiempo. Es cierto que este modo aporético difiere del de los escépticos en cuanto que no impide alguna certeza firme; pero, a la vez, difiere del de los neo-platónicos en cuanto que el núcleo afirmativo no se deja nunca captar en su desnudez fuera de las nuevas aporías que engendra [3].

Este carácter aporético de la reflexión pura sobre el tiempo es de suma importancia para la presente investigación. Y esto desde dos puntos de vista.

En primer lugar hay que decir que, en Agustín, no hay fenomenología pura del tiempo. Quizá no la habrá nunca después de él [4]. Así, la «teoría» agustiniana del tiempo es inseparable de la operación *argumentativa* por la que el pensador corta, una tras otra, las cabezas de la hidra del escepticismo, que renacen continuamente. En consecuencia, no hay descripción sin discusión. Por eso es muy difícil —quizá imposible— aislar el núcleo fenomenológico de la ganga argumentativa. La «solución psicológica» atribuida a Agustín no es quizá ni una «psicología» que se pueda aislar de la retórica del argumento, ni siquiera una «solución» que se pueda sustraer definitivamente al régimen aporético.

Además, este estilo aporético adquiere una significación particular en la estrategia global de la presente obra. En mi libro será constante la tesis de que la especulación sobre el tiempo es una cavilación inconclusiva a la que sólo responde la actividad narrativa. No porque ésta resuelva por suplencia las aporías; si las resuelve, es en el sentido poético y no teorético. La construcción de la trama, diremos después, responde a la aporía especulativa con un hacer poético capaz de aclarar la aporía (tal será el sentido principal de la *catarsis* aristotélica), pero no de resolverla teóricamente.

[3] J. Guitton, atento al vínculo entre tiempo y conciencia en san Agustín, observa que la aporía del tiempo es también la aporía del yo (*op. cit.,* 224). Cita las *Confesiones* X, 16, 25: «Yo, a buen seguro, Señor, me fatigo aquí y me fatigo en mí mismo. Me he convertido en tierra de fatiga y de sudor intenso para mí [J. Guitton traduce con más elegancia: una tierra de dificultad y de sudor]. No estudiamos aquí las regiones del cielo ni medimos los intervalos de los astros, sino el espíritu (*ego sum, qui memini, ego animus)*».

[4] Esta audaz afirmación, empleada nuevamente al final de la primera parte, es objeto de una larga discusión en la cuarta.

En cierto sentido, el propio Agustín orienta hacia una solución al fundir el argumento con el himno (alabanza) en la primera parte del libro XI (que, en principio, pasaré por alto), dejando entrever así que únicamente la transfiguración poética, no sólo de la solución, sino también de la pregunta misma, libera la aporía del no-sentido a la que se aproxima.

1.   *Aporía del ser y del no-ser del tiempo*

La noción de *distentio animi,* unida a la *intentio,* sólo se desprende lenta y penosamente de la aporía principal, que pone a prueba al ingenio de Agustín: la de la medida del tiempo. Pero esta misma aporía se inscribe en el círculo de otra aún más fundamental: la del ser o del no-ser del tiempo, pues sólo puede medirse lo que, de alguna manera, *es.* Podemos, si se quiere, lamentarlo; la fenomenología del tiempo nace en el centro de una pregunta ontológica: «¿qué es, entonces, el tiempo?», *quid est enim tempus?* (XI, 14, 17) [5]. Apenas planteada la pregunta, surgen todas las antiguas dificultades sobre el ser y el no-ser del tiempo. Pero es significativo que, desde el principio, se imponga el estilo inquisitivo de Agustín: por un lado, la argumentación escéptica se inclina hacia el no-ser, mientras que una confianza comedida en el uso cotidiano del lenguaje obliga a decir que, de una manera que no sabemos todavía explicar, el tiempo es. El argumento escéptico es bien conocido: el tiempo no tiene ser, puesto que el futuro no es todavía, el pasado ya no es y el presente no permanece. Y, sin embargo, hablamos del tiempo como que tiene ser, afirmando que las cosas venideras serán, las pasadas han sido y las presentes pasan, e incluso que ese pasar no es nada. Es significativo que sea el uso del lenguaje el que sustente, provisionalmente, la resistencia a la tesis del no-ser. Hablamos del tiempo y lo hacemos de manera sensata, lo cual sostiene cierta aserción sobre el ser del tiempo: «Y, sin duda, lo entendemos cuando lo mencionamos y lo entendemos también cuando oímos a otro que lo mienta» (14, 17) [6].

---

[5] En lo sucesivo citaremos el capítulo XI de las *Confesiones* así: 14, 17; 15, 18; etc.

[6] Aquí, el contraste con la eternidad es decisivo: «En cuanto al presente, si siempre fuese presente y no pasara, no sería tiempo, sino eternidad»

Pero si es verdad que hablamos del tiempo de manera sensata y en términos positivos (será, fue, es), la impotencia para explicar el *cómo* de este uso nace precisamente de esta certeza. No cabe duda que el decir del tiempo resiste al argumento escéptico, pero la separación entre el «qué» y el «cómo» pone en tela de juicio al propio lenguaje. Conocemos de memoria el grito de Agustín en el umbral de su meditación: «¿Qué es, entonces, el tiempo? Si nadie me lo pregunta, lo sé, y si trato de explicárselo a quien me lo pregunta, no lo sé» (14, 17). Así, la paradoja ontológica opone no sólo el lenguaje al argumento escéptico, sino el lenguaje a sí mismo: ¿cómo conciliar la positividad de los verbos «haber pasado», «sobrevenir», «ser» y la negatividad de los adverbios «ya no...», «todavía no», «no siempre»? La pregunta queda, pues, delimitada: ¿cómo puede ser el tiempo si el pasado ya no es, el futuro todavía no es y el presente no es siempre?

A esta paradoja inicial se incorpora la paradoja central, de la que saldrá el tema de la distensión. ¿Cómo se puede medir lo que no es? La paradoja del ser y del no-ser del tiempo engendra directamente la de la medida. Una vez más, el lenguaje es un guía relativamente seguro: decimos un tiempo largo y un tiempo breve, y en cierta manera observamos la duración y la medimos [cf. el apóstrofe, en 15, 19, del alma humana a sí misma: «Se te ha dado la capacidad de apreciar la duración *(moras)* y la medida. ¿Qué me responderás?»].

Más aún, sólo del pasado y del futuro decimos que son largos o breves: para anticipar la «solución» de la aporía, es sin duda del futuro del que se dice que se acorta y del pasado que se alarga. Pero el lenguaje se limita a atestiguar el hecho de la medida; una vez más, el *cómo* le es inaccesible: «¿cómo es posible que?...» y «¿con qué título *(sed quo pacto)* puede ser largo o breve lo que no es?» (15, 18).

En un principio parece que Agustín va a dar la espalda a la

(ibíd.). Sin embargo, se puede observar que, cualquiera que sea la comprensión que podamos tener de la eternidad, el argumento puede limitarse a recurrir a nuestro uso del lenguaje que contiene la palabra «siempre». El presente no es siempre. Así, *pasar* requiere el contraste de *permanecer* (Meijering cita aquí el *Sermo* 108, en el que *pasar* se opone de múltiples maneras a *permanecer*). Veremos que, a lo largo del argumento, se hace más sutil la definición del presente.

certeza de que lo que se mide es el pasado y el futuro. Luego, al colocar el pasado y el futuro en el presente, por el sesgo de la memoria y de la espera, podrá salvar esta certeza inicial de un desastre aparente al trasladar a la espera y a la memoria la idea de un largo futuro y de un largo pasado. Pero esta certeza del lenguaje, de la experiencia y de la acción sólo se recuperará tras su pérdida y su transformación profunda. A este respecto, es un rasgo de la búsqueda agustiniana el anticipar la respuesta fija bajo diversas modalidades, que deben someterse inicialmente a la crítica antes de que surja su sentido verdadero [7]. En efecto, parece que en un principio renuncia Agustín a una certeza argumentada demasiado débilmente: «Señor mío, luz mía, ¿acaso en este punto tu verdad no se reirá del hombre?» (15, 18) [8]. Por tanto, va a examinar el presente en primer lugar. ¿No era largo el pasado precisamente «cuando todavía era presente» (15, 18)? También en esta pregunta se anticipa algo de la respuesta final, ya que memoria y espera aparecerán como modalidades del presente. Pero, en la fase actual del argumento, el presente se opone todavía al pasado y al futuro. La idea de un triple presente todavía no se ha abierto paso. Por eso la solución fundada sólo en el presente tiene que venirse abajo. El fracaso de esta solución proviene de la precisión de la idea de presente, que ya no se caracteriza sólo por lo que no permanece, sino también por lo que no tiene extensión.

Esta precisión, que lleva la paradoja al extremo, entronca con un argumento escéptico bien conocido: «¿Pueden cien años estar presentes al mismo tiempo?» (15, 19). Este argumento se dirige sólo contra la idea de duración que se atribuye al presente. Conocemos lo que sigue: sólo está presente el año en curso, y, dentro del año, el mes; en el mes, el día; en el día, la hora: «Pero es que esta hora a que aludimos se compone de partículas fugitivas, lo que de ella transcurrió es pasado, lo que falta es futuro» (15, 20) [9].

Es necesario, pues, concluir con los escépticos: «si se concibe (*intelligitur*) algún tiempo (*quid ... temporis*) que no puede divi-

---

[7] Meijering señala perfectamente en su comentario este papel de las anticipaciones.

[8] Sobre la risa de Dios, cf. Meijering, *op. cit.*, 60-61.

[9] Como los antiguos, Agustín carece de palabras para las unidades más pequeñas que la hora. Meijering (*op. cit.*, 64) remite a H. Michel, *La notion de l'heure dans l'Antiquité:* «Janus» 57 (1970) 115s.

dirse en momentos, aunque sean mínimos, eso es lo único que podría llamarse presente..., careciendo así el presente de espacio (*spatium*)» (*ibíd.*) [10]. En una fase posterior de la discusión, la definición del presente se precisará hasta la idea de instante puntual. Agustín da un giro dramático a la despiadada conclusión de la máquina argumentativa: «El tiempo presente gritaría que no puede ser largo» (15, 20).

¿Qué puede, pues, subsistir bajo la ráfaga del escepticismo? Ahora y siempre, la experiencia, articulada por el lenguaje e iluminada por la inteligencia: «Con todo, Señor, percibimos (*sentimus*) los intervalos del tiempo y los comparamos (*comparamus*) entre sí diciendo que unos son más largos y otros más cortos. Medimos (*metimur*) también en qué proporciones es un tiempo más largo o más corto que el otro» (16, 21). La afirmación del *sentimus, comparamus, metimur* es la de nuestras actividades sensoriales, intelectuales y pragmáticas relativas a la medida del tiempo. Pero esta obstinación en lo que, sin duda, hay que llamar la experiencia no nos ayuda a avanzar un paso en la cuestión del «cómo». Se mezclan continuamente falsas certezas con la evidencia auténtica.

Creemos dar un paso decisivo si sustituimos la noción de presente por la de paso, transición, en la huella de la afirmación anterior: «Luego el tiempo puede sentirse y medirse mientras pasa (*praetereuntia*)» (16, 21). Parece que la fórmula especulativa se adhiere a la certeza práctica. Sin embargo, también ella deberá someterse a la crítica antes de resurgir, precisamente, como *distentio*, merced a la dialéctica de los tres presentes. Hasta que no conozcamos la relación distendida entre espera, memoria y atención no nos entendemos a nosotros mismos cuando repetimos por segunda vez: «En el momento, pues, en que el tiempo pasa puede ser per-

---

[10] Sobre el argumento del instante indivisible, pero sin extensión, se encontrará en Meijering (*op. cit.*, 63-64) una evocación de los textos de Sextus Empiricus y una afortunada referencia a la discusión estoica, presentada por Victor Goldschmidt en *Le système stoïcien et le temps*, pp. 37s y 184s. Se habrá observado que Agustín es perfectamente consciente de la dependencia de su análisis de la argumentación especulativa: *si quid intelligitur temporis...* Nada puede aquí reivindicar una fenomenología pura. Además, se habrá observado de paso la aparición de la noción de extensión temporal; pero todavía no está en condiciones de echar raíz: «Porque si (el presente) se extiende, ya se dividirá en futuro y pasado» (*nam si extenditur, dividitur...*, 15, 20).

cibido y medido» *(ibíd.)*. La fórmula es a la vez un anticipio de la solución y un callejón sin salida provisional. No es, pues, casualidad que Agustín se pare en el momento en que parece más seguro: «Pregunto yo, Padre, no afirmo...» (17, 22) [11]. Más aún, no prosigue su búsqueda apoyado en el impulso de esta idea de paso, sino volviendo a la conclusión del argumento escéptico: «El presente no tiene extensión». Así, pues, para abrir paso a la idea de que lo que medimos es sin duda el futuro entendido más tarde como espera, y el pasado entendido como memoria, es necesario abogar por el ser del pasado y del futuro negado demasiado pronto, pero en un sentido que todavía somos incapaces de articular [12].

¿En nombre de qué afirmamos el derecho del pasado y del futuro a existir de alguna forma? Una vez más, en nombre de lo que decimos y hacemos a propósito de ellos. Pero ¿qué decimos y hacemos a este respecto? Narramos cosas que tenemos por verdaderas y predecimos acontecimientos que suceden como los hemos anticipado [13]. Por tanto, es el lenguaje, así como la experiencia y la acción que éste articula, los que resisten el asalto de los escépticos. Predecir es prever, y narrar es «discernir con el espíritu» *(cernere)*. El *De Trinitate* (15, 12, 21) habla en este sentido del doble «testimonio» (Meijering, *op. cit.*, 67) de la historia y de la previsión. Por eso, pese al argumento escéptico, Agustín concluye: «Existen, pues *(sunt ergo)*, cosas futuras y cosas pasadas» (17, 22).

[11] Meijering *(op. cit.*, 66) reconoce en el *quaero* agustiniano el *zêtein* griego, que constituye la diferencia entre la aporía agustiniana y la ignorancia total de los escépticos. J. Guitton distingue una fuente no griega del *zêtein* en la tradición sapiencial de los hebreos, que encuentra un eco en los Hch 17,26.

[12] Agustín volverá a emplear esta afirmación casi en los mismos términos sólo tras haber resuelto la primera paradoja (ser/no-ser): «Medimos el tiempo a medida que pasa» (21, 27). Por tanto, la idea de paso se impone siempre en relación con la noción de medida. Pero no tenemos todavía el medio para comprender aquélla.

[13] Hay que distinguir el argumento de la predicción, que concierne a todos los hombres, y el de la profecía, que sólo se refiere a los profetas inspirados: este segundo plantea un problema diferente, el del modo como Dios (o el Verbo) «instruye» a los profetas (19, 25). Sobre este punto, cf. Guitton, *op. cit.*, 261-270: el autor subraya el carácter liberador del análisis agustiniano de la *expectatio* con relación a toda la tradición pagana de la *adivinación* y de la *mántica*. La profecía sigue siendo, en esta medida, una excepción y un don.

Esta declaración no es la simple repetición de la afirmación descartada desde el principio de que el futuro y el pasado existen. Los términos futuro y pasado figuran en lo sucesivo como adjetivos: *futura* y *praeterita*. Este imperceptible deslizamiento abre en realidad el camino al desenlace de la paradoja inicial sobre el ser y el no-ser y, consiguientemente, de la paradoja central sobre la medida. En efecto, estamos en condiciones de considerar como seres no al pasado y al futuro en cuanto tales, sino a cualidades temporales que pueden existir en el presente sin que las cosas de que hablamos cuando las narramos o las predecimos existan todavía o existan ya. Se debe estar, pues, muy atento a las transiciones de Agustín.

En el umbral mismo de su respuesta a la paradoja ontológica, Agustín se para una vez más: «Permíteme proseguir mi investigación *(amplius quaerere)*, Señor y esperanza mía» (18, 23). Esto no es simple habilidad retórica ni piadosa invocación. En efecto, a esta pausa sigue un paso audaz que llevará de la afirmación que acabamos de hacer a la tesis del triple presente. Pero este paso, como ocurre muy a menudo, toma la forma de una pregunta: «Si existen pasado y futuro, quiero saber dónde están» (18, 23). Hemos comenzado por la pregunta *cómo*. Continuamos con la de *dónde*. La pregunta no es inocente: consiste en buscar un emplazamiento para las cosas futuras y pasadas, en cuanto son narradas y predichas. Todo el resto de la argumentación se mantendrá en el marco de esta cuestión, para llegar a situar «dentro» del alma las cualidades temporales implicadas en la narración y en la previsión. El paso por la pregunta *dónde* es esencial para comprender bien la primera respuesta: «Dondequiera que estén, son allí presente, ni pasado ni futuro» (18, 23). Parece que volvemos la espalda a la anterior afirmación de que lo que medimos es sólo el pasado y el futuro; más aún, parece que volvemos a negar la afirmación que el presente no tiene espacio. Pero se trata de un presente bien distinto, también él convertido en adjetivo plural *(praesentia)*, colocado junto a *praeterita* y *futura* y dispuesto a recibir una multiplicidad interna. Parece también que hemos olvidado el aserto de que «medimos las cosas cuando pasan». Pero lo encontraremos de nuevo más adelante, cuando volvamos sobre la cuestión de la medida.

Así, pues, reanudamos, para estudiarlas con más profundidad más adelante, las nociones de narración y de previsión dentro del marco de la cuestión *dónde*. Narración —diremos— implica memoria, y previsión, espera. Pero ¿qué es recordar? Es tener una imagen del pasado. ¿Cómo es esto posible? Porque esta imagen es una huella que dejan los acontecimientos y que permanece marcada en el espíritu [14].

Como vemos, de repente, todo se precipita tras la lentitud calculada que precede.

La previsión se explica de una manera apenas más compleja: las cosas futuras nos son presentes como venideras, gracias a la espera presente. Tenemos de ellas una «pre-percepción» (*praesensio*) que nos permite «anunciarlas con antelación» (*praenuntio*). La espera es así lo análogo de la memoria. Consiste en una imagen que existe ya, en el sentido de que precede al acontecimiento que todavía (*nondum*) no existe; pero esta imagen no es una huella dejada por las cosas pasadas, sino un «signo» y una «causa» de las cosas futuras, que de este modo son anticipadas, percibidas-con-antelación, anunciadas, predichas, proclamadas por anticipado (se observará la riqueza del vocabulario habitual de la espera). La solución es elegante; pero ¡cuán laboriosa, qué costosa y mal garantizada!

Solución elegante: al confiar a la memoria el destino de las cosas pasadas, y a la espera el de las futuras, se puede incluir memoria y espera en un presente ensanchado y dialectizado que no es ninguno de los términos rechazados anteriormente: ni el pasado, ni el futuro, ni el presente puntual, ni siquiera el paso del presente. Conocemos la famosa fórmula de la que se olvida demasiado fácilmente el vínculo con la aporía que se supone que resuelve: «Habría que decir que los tiempos son tres: presente de (*de*) las cosas pasadas, presente de (*de*) las cosas presentes y presente de (*de*)

---

[14] Hay que citar todo el párrafo: «Lo cierto es que cuando se cuentan hechos verídicos del pasado, lo que se extrae de la memoria no son los hechos acontecidos, sino las palabras creadas por la imaginación, impresas al pasar en el espíritu, como huellas grabadas en los sentidos» (18, 23). Es llamativa la abundancia de preposiciones de lugar: sácanse de (*ex*) la memoria... las palabras concebidas partiendo de (*ex*) las imágenes que están grabadas en (*in*) el espíritu; «mi niñez ya no existe, sino que pertenece al (*in*) tiempo pasado, que ha dejado de ser. Cuando la recuerdo y describo, contemplo en (*in*) el presente su imagen, que todavía perdura en (*in*) mi memoria» (*ibíd.*). La pregunta *dónde* [«si... existen las cosas futuras y las cosas pasadas, quiero saber dónde (*ubicumque*) están»] exige la respuesta «en».

las futuras. Las tres existen en cierto modo en *(in)* el espíritu y fuera de él *(alibi)* no creo que existan» (20, 26).

Al decir esto, Agustín es consciente de que se aleja un poco del lenguaje ordinario, en el que, no obstante, se apoyó, bien es verdad que con prudencia, para rebatir el argumento escéptico: «no se dice, pues, con propiedad que los tiempos son tres: pasado, presente y futuro» *(ibíd.)*. Pero añade, como marginalmente: «En realidad, son muy pocas las expresiones que usamos con propiedad, y en su mayoría son inexactas *(non proprie)*. Pero se entiende lo que queremos decir» *(ibíd.)*. Sin embargo, nada impide que se continúe hablando del presente, del pasado y del futuro: «No me importa ni me opongo ni lo repruebo, con tal que se entienda lo que se dice...» *(ibíd.)*. Así, pues, se sigue empleando el lenguaje corriente, sólo que reformulado de modo más riguroso.

Para que se comprenda el sentido de esta rectificación, Agustín se apoya en una triple equivalencia que —al parecer— se comprende por sí misma: «El presente de las cosas pasadas es la memoria; el de las cosas presentes, la visión *(contuitus)* [veremos luego el término *attentio*, que indica mejor el contraste con la *distentio*], y el de las cosas futuras, la expectación» (20, 26). ¿Cómo lo sabemos? Agustín responde lacónicamente: «Si es permitido hablar así, veo *(video)* tres tiempos, y aseguro *(fateorque)* que los tres existen» *(ibíd.)*. Esta visión y esta confesión constituyen sin duda un núcleo fenomenológico para todo el análisis; pero el *fateor,* unido al *video,* muestra de qué debate constituye esta visión el desenlace.

Solución elegante, pero laboriosa.

En lo que afecta a la memoria, es necesario dotar a ciertas imágenes del poder de hacer referencia a cosas pasadas (cf. la preposición latina *de);* extraño poder, en efecto. Por un lado, la huella existe ahora; por otro, vale para las cosas pasadas, que, por esta razón, existen «todavía» *(adhuc)* (18, 23) en la memoria. Esa palabra —«todavía» *(adhuc)*— es a la vez la solución de la aporía y el origen de un nuevo enigma: ¿cómo es posible que las imágenes-huellas, las *vestigia,* que son cosas presentes, grabadas en el alma, estén al tiempo «en el sujeto del» pasado? La imagen del futuro, por su parte, plantea una dificultad semejante; se dice que las imágenes-signos «existen ya» *(jam sunt,* 18, 24). Pero «ya» significa dos cosas: «lo que ya es, no el futuro, sino el presente»

(18, 24); en este sentido no se ven las cosas futuras que «todavía no» (*nondum*) son. Pero «ya» señala, al tiempo que la existencia presente del signo, su carácter de anticipación. Decir que las cosas «existen ya» es afirmar que por el signo yo anuncio cosas futuras, que puedo predecirlas; así, el futuro «se dice anticipadamente» (*ante dicatur*). Por tanto, la imagen anticipadora no es menos enigmática que la imagen-huella [15].

Lo que crea enigma es la propia estructura de la imagen, que vale unas veces como huella del pasado, otras como signo del futuro. Parece que para Agustín esta estructura se da pura y simplemente tal como aparece.

Lo que crea aún más enigma es el lenguaje cuasi espacial en el que se inscriben la pregunta y la respuesta: «Si existen pasado y futuro, quiero saber dónde están» (18, 23). A esto responde: «Las tres existen en cierto modo en (*in*) el espíritu, y fuera de él (*alibi*) no creo que existan» (20, 26). ¿Tenemos una respuesta en términos de «lugar» (en el espíritu, en la memoria) porque se ha planteado la pregunta en términos de «lugar»? (¿dónde están las cosas futuras y pasadas?) ¿O es más bien la cuasi espacialidad de la imagen-huella y de la imagen-signo, inserta en el espíritu, la que exige la pregunta del emplazamiento de las cosas futuras y pasadas? [16] No se puede responder en el momento actual del análisis.

Esta solución costosa de la aporía del ser y del no-ser del tiempo mediante la noción del triple presente queda todavía peor garantizada hasta que no se haya resuelto el enigma de la medida del tiempo. El triple presente no ha recibido aún el sello definitivo de la

---

[15] Quizá hasta lo es un poco más. Tomemos como ejemplo la premeditación de una acción futura: como toda espera, ella está presente, mientras que la acción futura no lo está todavía. Pero el «signo»-«causa» es más complicado que la simple previsión. Pues lo que anticipo es no sólo el comienzo de la acción, sino su acabamiento: colocándome de antemano más allá de su comienzo, veo su comienzo como el pasado de su acabamiento futuro; por eso hablamos de él en perfecto de subjuntivo: «Cuando la hayamos emprendido (*agressi fuerimus*), cuando lo que premeditamos haya recibido de nosotros un comienzo de realización (*agere coeperimus*), entonces existirá esa acción, porque entonces no será futura, sino presente» (18, 23). Harald Weinrich, en *Tempus,* estudia con amplitud y sistematicidad los tiempos verbales (cf. tercera parte, cap. III).

[16] El lenguaje cuasi cinético del paso del futuro al pasado a través del presente (cf. más adelante) consolidará aún más este lenguaje cuasi espacial.

distentio animi mientras no se haya reconocido en esta misma triplicidad la laguna que permite otorgar al propio espíritu una extensión distinta de la que se ha negado al presente puntual. Por su parte, el mismo lenguaje cuasi espacial permanece en suspenso hasta que no se haya privado a esta extensión del espíritu humano, fundamento de toda medida del tiempo, de cualquier soporte cosmológico. La inherencia del tiempo al espíritu humano sólo adquiere todo su sentido una vez eliminada, por vía argumentativa, cualquier tesis que coloque al tiempo dependiente del movimiento físico. En este sentido, el «lo veo, lo confieso» (20, 26) no está firmemente asegurado hasta que no se haya formado la noción de la *distentio animi*.

2. *La medida del tiempo*

Agustín llega a esta última caracterización del tiempo humano al resolver el enigma de la medida (21-31).

Reanuda el tema de la medida en el punto en que lo había dejado en 16, 21: «He dicho poco antes (cap. 16, 21) que nosotros medimos los tiempos cuando pasan *(praetereuntia)*» (21, 27). Este aserto, reanudado con fuerza [«Lo sé por el hecho de medirse, pues no se puede medir lo que no existe» *(ibíd.)*], se transforma inmediatamente en aporía. Lo que pasa, en efecto, es el presente. Pero, según hemos admitido, el presente no tiene extensión. El argumento, que una vez más nos lanza hacia los escépticos, merece analizarse con detalle. En primer lugar descuida la diferencia entre pasar y estar presente, en el sentido en que el presente es el instante indivisible o, como diremos más adelante, el «punto». Sólo la dialéctica del triple presente, interpretada como distensión, podrá salvar un aserto que antes debe perderse en el laberinto de la aporía. Pero, sobre todo, el argumento adverso es construido precisamente con los recursos de la imagen cuasi espacial de que se ha revestido la captación del tiempo como triple presente. Pasar, en efecto, es transitar. Es, pues, legítimo preguntarse: «¿de dónde *(unde)* viene, por dónde *(qua)* va y adónde *(quo)* pasa mientras lo medimos?» *(ibíd.)*. Estamos viendo que es el término «pasar» *(transire)* el que suscita esta aprehensión en la cuasi espacialidad. Y si seguimos la pendiente de esta expresión figurada, debemos decir que pasar es ir del *(ex)* futuro, por *(per)* el presente, hacia *(in)* el pasado. Este tránsito confirma que la medida del tiempo se hace «en algún espacio» *(in aliquo spatio)* y que todas las relaciones entre intervalos de tiempo conciernen a «espacios de tiempo» *(spatia temporum)* *(ibíd.)*. El atasco parece total: el tiempo no tiene espacio; ahora bien: «lo que no tiene espacio no lo medimos» *(ibíd.)*.

En este punto hace Agustín una pausa, como antes en cada momento crítico. Es aquí donde llega a pronunciar la palabra enigma: «Mi espíritu arde en deseos de conocer este enigma *(aenigma)* tan complicado» (22, 28). En efecto, son las nociones corrientes las que son abstrusas, como sabemos desde el inicio de esta investigación. Pero también aquí, a diferencia del escepticismo, la confesión del enigma va acompañada de un deseo ardiente, que, para Agustín, es una figura del amor: «Dame lo que amo, pues lo amo por un don que me otorgaste» *(ibíd.)* [17]. Aquí se manifiesta el lado hímnico de la búsqueda que la investigación sobre el tiempo debe a su engarce con la meditación sobre el Verbo eterno. Volveremos sobre esto más adelante. Limitémonos, por el momento, a subrayar la moderada confianza que Agustín otorga al lenguaje ordinario: «Y decimos..., ¿cuánto tiempo hace *(quam diu)?*..., ¡cuán largo tiempo *(quam longo tempore)!*... Lo decimos, lo oímos, somos comprendidos y comprendemos» (22, 28). Por eso —diremos nosotros— que hay enigma, pero no ignorancia.

Para resolver el enigma es necesario dejar de lado la solución cronológica a fin de forzar la investigación a buscar sólo en el espíritu; por tanto, en la estructura múltiple del triple presente, el fundamento de la extensión y de la medida. La discusión que concierne a la relación del tiempo con el movimiento de los astros y con el movimiento en general no constituye ni algo necesario ni un rodeo.

Menos que nunca, la visión de Agustín no es independiente de la polémica, cuya larga historia se extiende desde el *Timeo* de Platón y la *Física* de Aristóteles hasta la *Enéada* III, 7 de Plotino. La *distentio animi* se conquista arduamente en el transcurso y al tér-

---

[17] Meijering subraya aquí el papel de la concentración, que, al final del libro, se relacionará con la esperanza de la estabilidad, la cual da al presente humano cierta semejanza con el presente eterno de Dios. Se puede decir también que la narración de los libros I-IX es la historia de la búsqueda de esta concentración y de esta estabilidad. Sobre esto, cf. la cuarta parte.

mino de una argumentación rigurosa que pone en juego la difícil retórica de la *reductio ad absurdum*.

Primer argumento: si el movimiento de los astros es el tiempo, ¿por qué no decirlo también del movimiento de cualquier cuerpo (23, 29)? Este argumento anticipa la tesis de que el movimiento de los astros podría variar; por tanto, acelerarse o retardarse, lo cual es inimaginable para Aristóteles. De este modo, los astros se reducen a la categoría de los otros móviles, como la rueda del alfarero o la producción de las sílabas por la voz humana.

Segundo argumento: si las luminarias del firmamento se parasen y la rueda del alfarero siguiese dando vueltas, sin duda habría que medir el tiempo por otra cosa distinta del movimiento *(ibíd.)*. Una vez más, el argumento supone que la tesis de la inmutabilidad de los movimientos celestes es poco segura. Una variante del argumento: hablar del movimiento de la rueda del alfarero exige tiempo, que no se mide por el movimiento astral, supuestamente alterado o parado.

Tercer argumento: subyacente a las presuposiciones anteriores está la convicción, instruida por las Escrituras, de que los astros no son más que luminarias destinadas a marcar el tiempo *(ibíd.)*. Rebajados así de categoría, si se puede hablar de este modo, los astros no pueden constituir el tiempo por su movimiento.

Cuarto argumento: si preguntamos por el constituyente de la medida que llamamos «día», pensamos espontáneamente que sus veinticuatro horas se miden por el circuito total del sol (23, 30). Pero si el sol girase más de prisa e hiciese su recorrido en una hora, el «día» ya no se mediría por el movimiento del sol (23, 30). Meijering subraya cuánto se aleja Agustín de toda la tradición con la hipótesis de la velocidad variable del sol. Ni Aristóteles ni Plotino —quienes, sin embargo, distinguen tiempo y movimiento— emplearon este argumento. Para Agustín, Dios, al ser dueño de la creación, puede cambiar la velocidad de los astros como el alfarero la de su rueda o el recitador el cómputo de sus sílabas (la parada del sol por Josué va en el mismo sentido que la hipótesis de la aceleración de su movimiento, que, en cuanto tal, es independiente del argumento del milagro). Sólo Agustín se atreve a admitir que se puede hablar de espacio de tiempo —un día, una hora— sin referencia cronológica. La noción de *distentio animi* servirá precisamente de sustituto a este soporte cosmológico del espacio de tiempo [18].

En efecto, es fundamental observar que Agustín introduce por vez primera la noción de *distentio,* aunque sin otra calificación, al término del argumento que separa totalmente la noción de «día» de la de movimiento celeste: «Veo, pues, que el tiempo es una distensión o dilatación. Pero ¿lo veo, o sólo me parece verlo? Tú lo aclararás, ¡oh luz de la verdad!» (23, 30).

¿Por qué esta reticencia en el momento en que parece que está a punto de hacerse la ruptura? De hecho, no se ha terminado con la cosmología, a pesar de los argumentos precedentes. Sólo se ha dejado de lado la tesis extrema de que «el tiempo es el movimiento de un cuerpo» (24, 31). Pero Aristóteles la había rechazado igualmente al afirmar que, sin ser el movimiento, el tiempo era «algo del movimiento». ¿No podría ser el tiempo la medida del movimiento sin ser el movimiento? Para que el tiempo exista, ¿no basta con que el movimiento sea potencialmente mensurable? A primera vista parece que Agustín hace a Aristóteles esta concesión importante, cuando escribe: «Siendo, pues, el movimiento de un cuerpo diferente de la medida que le aplicamos en su duración, ¿señalará cuál de las dos cosas habrá de llamarse propiamente tiempo?» (24, 31) [19]. Cuando dice que el tiempo es más bien la medida

[18] Esta sustitución explica que Agustín no haga ya ningún uso de la distinción entre *motus* y *mora:* «Pregunto, pues, si el día es el mismo movimiento *(motus)* o su duración *(mora),* o ambas cosas a la vez» (23, 30). Descartadas las tres hipótesis y abandonada la investigación sobre el propio sentido de la palabra «día», la distinción no tiene ninguna consecuencia. No se puede decir, con Guitton *(op. cit.,* 229), que para Agustín «el tiempo no es ni *motus* ni *mora,* pero más *mora* que *motus*». La *distentio animi* no se vincula más a *mora* que a *motus.*

[19] Hay que relacionar esta vacilación de Agustín con otras dos afirmaciones: en primer lugar, que el movimiento de las grandes luminarias «marca» el tiempo; en segundo lugar, que para distinguir el momento en que un intervalo de tiempo comienza y aquel en que se para es preciso «señalar» *(notare)* el lugar de donde parte y aquel adonde llega el cuerpo en movimiento; si no, no podemos decir «cuánto tiempo tardó en efectuarse el movimiento del cuerpo, o de sus partes, desde tal punto hasta tal otro» (24, 31). Parece que esta noción de «señal» es el único punto de contacto que queda entre tiempo y movimiento en Agustín. Ahora el problema es saber si estas señales espaciales, para cumplir su función de señal de la longitud del tiempo, no obligan a vincular la medida del tiempo al movimiento regular de algún móvil distinto del alma. Volveremos más tarde sobre esta dificultad.

del movimiento que èl propio movimiento no está pensando en el movimiento regular de los cuerpos celestes, sino en la medida del movimiento del espíritu humano. En efecto, si se admite que la medida del tiempo se hace por comparación entre un tiempo más largo y otro más breve, hace falta un término fijo de comparación; pero éste no puede ser el movimiento circular de los astros, ya que se ha admitido que podía variar. El movimiento puede pararse, no el tiempo. En efecto, ¿no se miden las paradas lo mismo que los movimientos? (*ibíd.*).

Sin esta vacilación no se comprendería por qué, tras el argumento aparentemente victorioso contra la identificación del tiempo con el movimiento, Agustín se abandona, una vez más, a una confesión de total ignorancia: sé que mi discurso sobre el tiempo está en el tiempo; sé, pues, que el tiempo existe y que se mide. Pero no sé ni lo que es el tiempo ni cómo se le mide: «¡Ay de mí, que ni siquiera sé lo que no sé!» (25, 32).

Sin embargo, en la página siguiente surge la fórmula decisiva: «Por eso (*inde*) me ha parecido que el tiempo no es más que una distensión. Pero ¿distensión de qué? Lo ignoro. Maravilla será que no sea del espíritu mismo» (26, 33). Por eso... ¿qué es eso?... Y ¿por qué esa fórmula rebuscada (y sería sorprendente que no fuese...) para afirmar la tesis? Una vez más, si hay algún núcleo fenomenológico en esta aserción, éste es inseparable de la *reductio ad absurdum,* que ha descartado las otras hipótesis: puesto que unido el movimiento de un cuerpo por el tiempo y a la inversa; puesto que no se puede medir un tiempo largo más que por otro breve, y puesto que ningún movimiento físico ofrece una medida fija de comparación, dado por supuesto que el movimiento de los astros es variable, queda que la extensión del tiempo es una distensión del espíritu. Es cierto que Plotino lo había dicho antes que Agustín, pero él hablaba del espíritu del mundo, no del espíritu humano [20]. Por eso todo está resuelto y todo continúa en suspenso,

---

[20] Sobre este tema, cf. el comentario de Beierwaltes *ad loc.* (Plotino, *Ennea-de* III, 7, 11, 41) *diastasis zoês;* A. Solignac, *op. cit.,* «Notas complementarias», pp. 588-591; E. P. Meijering, *op. cit.,* 90-93. La adaptación libre de los términos plotinianos *diastèma-diastasis* al ambiente cristiano se remonta a Gregorio de Nisa; así lo afirma J. Callahan, autor de *Four Views of Time in Ancient Philosophy,* en su artículo *Gregory of Nyssa and the Psychological View of Time:* «Atti del XII Congresso internazionale di filosofia», Venecia

incluso tras haber pronunciado la palabra clave: *distentio animi*. Hasta que no hayamos relacionado la *distentio animi* con la dialéctica del triple presente no nos habremos entendido a nosotros mismos.

La continuación del libro XI (23, 33 - 28, 37) tiene por objeto asegurar esta unión entre los dos temas importantes de la investigación, entre la tesis del triple presente, que resolvería el primer enigma —la de un ser que carece de ser— y la de la distensión del espíritu, llamada a resolver el enigma de la extensión de una cosa que no tiene extensión. Queda, pues, por considerar el triple presente como distensión y la distensión como la del triple presente. Aquí se revela la genialidad del libro XI de las *Confesiones* de Agustín, tras cuyas huellas se lanzarán Husserl, Heidegger y Merleau-Ponty.

3.   «*Intentio*» y «*distentio*»

Para efectuar este último paso, Agustín lo reanuda con una aserción anterior (16, 21 y 21, 27), que no sólo quedó en suspenso, sino que pareció sumergida por el asalto escéptico: medimos el tiempo cuando pasa; no el futuro que no existe ni el presente que no tiene extensión, sino «los tiempos que pasan». En el paso mismo, en el tránsito, hay que buscar a la vez la multiplicidad del presente y su desgarramiento.

Compete a los tres ejemplos célebres de la voz —la que está sonando, la que acaba de sonar y la de las dos que suenan consecutivamente— mostrar este desgarramiento como si fuera el del triple presente.

1958 (Florencia 1960) p. 59. Lo confirma David L. Balás en su estudio *Eternity and Time in Gregory of Nyssa's «Contra Eunomium»*, en *Gregory von Nyssa und die Philosophie* (II Coloquio internacional sobre Gregorio de Nisa, 1972) (E. J. Brill, Leiden 1976). En el mismo coloquio, Paul Verghese establece que la noción de *diastèma* sirve fundamentalmente de criterio para distinguir la Trinidad divina de la criatura: en Dios no hay *diastèma* entre el Padre y el Hijo, ni intervalo, ni espacio. Por eso el *diastèma* caracteriza a la creación en cuanto tal y singularmente el intervalo entre el Creador y la criatura (T. Paul Verghese, *Diastema and Diastasis in Gregory of Nissa. Introduction to a Concept and the Posing of a Concept, ibíd.*, 234-258). Esta adaptación por la patrística griega de los términos plotinianos, suponiendo que haya alcanzado a Agustín, deja intacta la originalidad de este último; sólo él saca la *distentio* de la sola extensión del alma.

Estos ejemplos exigen gran atención, pues la variación de uno a otro es sutil.

Primer ejemplo (27, 34): supongamos una voz que empieza a sonar, sigue sonando y cesa. ¿Cómo hablar de ella? Para la comprensión de este pasaje es importante observar que está escrito totalmente en pasado; sólo se habla del sonido de la voz cuando ha cesado; «el todavía no» *(nondum)* del futuro se dice en pasado *(futura erat)*; el momento de sonar —su presente, por tanto— se cita como desaparecido; podía medirse cuando sonaba; «pero aún entonces *(sed et tunc)* esa voz no era estable *(non stabat)*: pasaba *(ibat)* y caminaba *(praeteribat)*» (27, 34).

Por tanto, se habla del paso mismo del presente en pasado. El primer ejemplo, lejos de proporcionar una respuesta tranquilizadora al enigma, parece agrandarlo. Pero, como siempre, la dirección de la solución está en el propio enigma tanto como el enigma está en la solución. Un detalle del ejemplo permite seguir el rumbo: «Porque *(enim)*, al pasar, se extendía *(tendebatur)* por cierto espacio de tiempo *(in aliquod spatium temporis)* en el que podía medirse, mientras que el presente carece de ese espacio» *(ibíd.)*. La clave hay que buscarla, sin duda, en el lado de lo que pasa, en cuanto distinto del presente puntual [21].

El segundo ejemplo explota esta abertura, pero haciendo variar la hipótesis (27, 34, continuación). No se hablará del paso en pasado, sino en presente. Supongamos que la voz empieza a sonar otra vez y sigue sonando *(adhuc)*: «Midámosla mientras *(dum)* suena». Seguidamente se habla en futuro anterior *(cessaverit)* de su cesación como de un futuro pasado: Y en cuanto cese de sonar ya no existirá *(non erit)*. ¿En virtud de qué podremos medirla? *(ibíd.)*. La pregunta del «cuánto tiempo» *(quanta sit)* se plantea entonces en el presente. ¿Dónde está, pues, la dificultad? En la imposibilidad de medir el paso cuando continúa en su «aún» *(adhuc)*. En

---

[21] Se observará la ligera variación de la expresión: un poco antes, Agustín ha negado la medida al presente puntual *quia nullo spatio tenditur*, «pues carece de extensión» (26, 33). A mi entender, *tenditur* anuncia la *intentio* cuyo reverso es la *distentio*. En efecto, el presente puntual no tiene ni tensión ni distensión: sólo pueden tenerla «los tiempos que pasan». Por eso, en el párrafo siguiente puede afirmar del presente, en cuanto pasa *(praeteriens)*, que «se extiende» en una especie de lapso de tiempo. No se trata del punto, sino del presente vivo, a la vez tendido y distendido.

efecto, es preciso que algo cese para que haya un comienzo y un fin y, por tanto, un intervalo mensurable.

Pero si sólo se mide lo que ha dejado de existir, se vuelve a caer en la aporía anterior. Ésta incluso se agranda un poco más si no se miden los tiempos que pasan ni cuando han cesado ni cuando continúan. La misma idea de tiempo que pasa, separada para el argumento, parece inmersa en las mismas tinieblas que la del futuro, el pasado y el presente puntual: «No medimos, pues, ni los tiempos futuros, ni los pasados, ni los presentes, ni los que están pasando» *(ibíd.)* [22].

¿De dónde proviene entonces nuestra seguridad de que medimos (la declaración «y, sin embargo, medimos» aparece dos veces en el mismo apartado dramático), si ignoramos el cómo? ¿Existe algún medio para medir los tiempos que están pasando, a la vez cuando han cesado y cuando continúan? El tercer ejemplo orienta, sin duda, la investigación en este sentido.

El tercer ejemplo (27, 35), el de la recitación memorizada de un verso —en este caso, el *Deus creator omnium,* tomado del himno ambrosiano—, comporta una complejidad mayor que la de la voz continua: la alternancia de cuatro sílabas largas y cuatro breves en una sola expresión, el verso *(versus)*. Precisamente esta complejidad del ejemplo obliga a introducir de nuevo la memoria y la retrospección ignoradas por el análisis de los dos ejemplos anteriores. Así, únicamente en el tercer ejemplo se realiza la unión entre la cuestión de la medida y la del triple presente. En efecto, la alternancia de las cuatro breves y las cuatro largas introduce un elemento de comparación que recurre inmediatamente al sentimiento: «Las pronuncio y las repito, y veo que es así, de acuerdo con la clara manifestación de los sentidos» *(quantum sensitur sensu manifesto)* [23]. Pero Agustín no introduce el sentir más que para avivar la aporía y guiar hacia su solución, no para cubrirla con el manto de

---

[22] A. Solignac subraya el carácter aporético de esta página al dar como subtítulo a la traducción de 27, 34: «Examen más detenido. Nuevas aporías» *(op. cit.,* 329).

[23] Si el *sensitur* fracasa ante los escépticos —observa Meijering *(op. cit.,* 95)—, el *quantum* marca una reserva respecto a los epicúreos, demasiado confiados en la sensación. Agustín seguiría en esto el camino intermedio del platonismo, el de una confianza mesurada en los sentidos controlados por la inteligencia.

la intuición. Pues si las breves y las largas sólo son tales por comparación, no tenemos la posibilidad de superponerlas como dos codos sobre uno. Es necesario poder retener *(tenere)* la breve y aplicarla *(applicare)* a la larga. Pero ¿qué es retener lo que ha cesado? La aporía permanece íntegra si se habla de las sílabas mismas, como se hablaba anteriormente de la voz misma, es decir, de las cosas pasadas y futuras. La aporía se resuelve si se habla no de sílabas que ya no existen o no existen todavía, sino de sus huellas en la memoria y de sus signos en la espera: «lo que mido no son realmente esas sílabas *(ipsas)*, que han dejado de existir, sino algo que quedó grabado en *(in)* mi memoria *(infixum manet)*» *(ibíd.)*.

Volvemos a encontrar el presente del pasado, heredado del análisis que cerraría el primer enigma, y con esta expresión todas las dificultades de la imagen-huella, del *vestigium.* Sin embargo, la ventaja es enorme: sabemos ahora que la medida del tiempo no debe nada a la del movimiento exterior. Además, hemos encontrado, en el propio espíritu, el elemento fijo que permite comparar los tiempos largos y los breves; en la imagen-huella, el verbo importante ya no es pasar *(transire)*, sino permanecer *(manet)*. En este sentido, los dos enigmas —el del ser no-ser y el de la medida de lo que no tiene extensión— se resuelven al mismo tiempo; por una parte hemos vuelto a nosotros mismos: «En ti, alma mía, mido yo los tiempos» (27, 36). ¿Y cómo? En cuanto permanece, tras su paso, la impresión *(affectio)* que las cosas marcan en el espíritu al pasar: «La impresión que dejan en ti las cosas al pasar, y que permanece *(manet)* apenas pasaron, esa presencia es la que mido, no las cosas que pasaron para producirla» (27, 36).

No hay que pensar que este recurso a la impresión cierra la investigación [24]. La noción de *distentio animi* no ha recibido lo que le

---

[24] En este punto, mi análisis difiere del de Meijering, que se limita casi exclusivamente al contraste entre la eternidad y el tiempo y no subraya la dialéctica interna del propio tiempo entre intención y distensión. Es cierto, como se dirá más tarde, que este contraste es acentuado por el objetivo de la eternidad que anima la *intentio.* En cambio, Guitton insiste principalmente en esta tensión del espíritu de la que la *distentio* es como el reverso: «San Agustín, por el progreso de su reflexión, ha debido atribuir al tiempo cualidades opuestas. Su extensión es una *extensio,* una *distentio* que envuelve en sí una *attentio,* una *intentio.* Por eso el tiempo se halla interiormente unido a la *actio,* de la que es su forma espiritual» *(op. cit.,* 232). Así, el instante es un «acto del espíritu» *(ibíd.,* 234).

corresponde hasta que no se haya contrastado la pasividad de la impresión con la actividad del espíritu atendido en direcciones opuestas, entre la espera, la memoria y la atención. Sólo un espíritu así, diversamente extendido, puede distenderse.

Este aspecto activo del proceso exige volver de nuevo al ejemplo anterior de la recitación, pero en su aspecto dinámico: componer de antemano, confiar en la memoria, comenzar, recorrer, tantas operaciones activas a las que duplican en su pasividad las imágenes-signos y las imágenes-huellas. Pero nos engañamos respecto a la función de estas imágenes si olvidamos subrayar que recitar es un acto que procede de la espera dirigida hacia el poema entero y luego hacia lo que queda del poema hasta que *(donec)* se agote la operación. En esta nueva descripción del acto de recitar, el presente cambia de sentido: ya no es un punto, ni siquiera un punto de paso, es una «intención presente» *(praesens intentio)* (27, 36). Si la atención merece así llamarse intención, es en la medida en que el tránsito por el presente se ha hecho transición activa: ya no sólo es atravesado el presente, sino que «la intención presente traslada *(traicit)* el futuro al pasado, mermando el futuro y aumentando el pasado, hasta que, consumido el futuro, todo se convierte en pasado» (27, 36).

Es cierto que no queda abolida la imagen cuasi-espacial del movimiento del futuro hacia el pasado por el presente. Sin duda, tiene su justificación última en la pasividad que duplica al proceso anterior. Pero dejamos de ser víctimas de la representación de dos lugares de los que uno se llena a medida que el otro se vacía tan pronto como dinamizamos esta representación y discernimos el juego de acción y de pasión que en ella se oculta. En efecto, no habría futuro que disminuye ni pasado que aumenta sin «el espíritu, que es quien lo realiza *(animus qui illud agit)*» (28, 37). La pasividad acompaña con su sombra a las tres acciones expresadas ahora con tres verbos: el espíritu «espera *(exspectat)*, atiende *(attendit;* este verbo trae a la mente la *intentio praesens)* y recuerda *(meminit)*» *(ibíd.).* El resultado es que «lo que espera, por medio de lo que atiende, pasa *(transeat)* a lo que recuerda» *(ibíd.).* Hacer pasar es también pasar. Aquí el vocabulario oscila constantemente entre la actividad y la pasividad. El espíritu espera y recuerda, y, sin embargo, la espera y la memoria están «en» el espíritu, como imágenes-huellas e imágenes-signos. El contraste se concentra en el presente. Por una parte, en cuanto pasa se reduce a un punto (*in puncto praeterit*): es la expresión más extrema de la ausencia de extensión del presente. Pero, en cuanto hace pasar, en cuanto que la atención «pasa (*pergat*) al no ser lo que es», hay que afirmar que «la atención perdura» (*perdurat attentio*).

Hay que saber discernir este juego del acto y de la afección en la fórmula compleja «larga expectación del futuro», que Agustín sustituye por la —absurda— de largo futuro, y en la «larga memoria del pasado», que ocupa el lugar de la de «largo pasado». La espera y la memoria tienen extensión en el espíritu, por tanto, como impresión. Pero la impresión sólo está en el espíritu en cuanto que éste actúa, es decir, espera, presta atención y recuerda.

¿En qué consiste, pues, la distensión? En el contraste mismo entre tres tensiones. Si los parágrafos 26, 33 - 30, 40 constituyen el tesoro del libro XI, el núm. 38 del capítulo 28 es por sí solo la joya de este tesoro. El ejemplo del canto, que engloba el de la voz que suena y cesa y el de las sílabas largas y breves es, en este momento, algo más que una aplicación concreta: señala el punto de articulación de la teoría de la *distentio* con la del triple presente. Ésta, formulada en términos de triple intención, hace brotar la *distentio* de la *intentio* estallada. Es necesario citar todo el párrafo: «Cuando deseo cantar una canción conocida, antes de comenzar, mi expectación abarca (*tenditur*) su totalidad, pero apenas comienzo, todo lo que voy recordando de ella relacionado con el pasado se amplía (*tenditur*) en mi memoria. Y la vitalidad de esta acción (*actionis*) mía se dilata (*distenditur*) en ella por lo que ya he recitado y en expectación por lo que aún recitaré. Pero mi atención (*attentio*) sigue estando presente, y por ella pasará (*transitur*) lo que era futuro para convertirse en pasado. Y a medida que esto se va realizando (*agitur et agitur*), disminuye la expectación y se prolonga la memoria. Al fin disminuye la expectación, al acabarse toda acción y pasar enteramente a la memoria» (28, 38).

El tema de este párrafo es la dialéctica de la espera, de la memoria y de la atención, consideradas no aisladamente, sino en interacción. Ya no se trata de imágenes-huellas ni de imágenes anticipadoras, sino de una acción que acorta la expectación y alarga la memoria. El término *actio* y la expresión verbal *agitur*, repetidas intencionadamente, traducen el impulso que rige el conjunto. Se dice que la expectación y la memoria mismas «se extienden»: la primera, hacia todo el poema antes del comienzo de la canción; la segunda, hacia la parte ya pasada. Toda la tensión de la atención consiste en el «tránsito» activo de lo que era futuro hacia lo que se convierte en pasado. Esta acción combinada de la expectación, la memoria y la atención es la que «avanza y avanza». Por tanto, la *distentio* no es más que el desfase, la no-coincidencia de las tres modalidades de la acción: «y la vitalidad de esta acción mía se dilata en ella (memoria) por lo que ya he recitado y en expectación por lo que aún recitaré».

¿Tiene algo que ver la *distentio* con la pasividad de la impresión? Esa impresión da, si relacionamos este hermoso texto —del que parece que la *affectio* ha desaparecido— con el primer esbozo de análisis del acto de recitar (27, 36).

La impresión aparece en él todavía concebida como el reverso pasivo de la propia «tensión» del acto —aunque fuera mudo— de recitar. Algo permanece *(manet)* en la medida en que «recitamos *(peragimus)* con el pensamiento poemas y versos y toda clase de discursos»; «la intención presente hace pasar el futuro al pasado» (27, 36).

Si relacionamos, pues, como creo que se puede, la pasividad de la *affectio* y la *distentio animi* es necesario decir que los tres objetivos temporales se disocian en la medida en que la actividad intencional tiene como contrapartida la pasividad engendrada por esta actividad misma, y que, a falta de otra cosa, se designa como imagen-huella o imagen-signo. No son sólo tres actos que no coinciden, sino la actividad y la pasividad que se contraponen, por no decir nada de la discordancia entre las dos pasividades, una de ellas vinculada a la expectación y la otra a la memoria. Por lo mismo, cuanto más se convierte el espíritu en *intentio* más sufre de *distentio*.

¿Está resuelta la aporía del tiempo largo o breve? Indudablemente, si se admite: 1) que lo que se mide no son las cosas futuras o pasadas, sino su expectación y su recuerdo; 2) que se trata de afecciones que presentan una espacialidad mensurable de género único; 3) que estas afecciones son como el reverso de la actividad del espíritu que avanza sin cesar, y, finalmente, 4) que esta misma acción es triple y se distiende a medida que se extiende.

A decir verdad, cada uno de estos estadios de la solución constituye un enigma:

1)   ¿Cómo medir la expectación o el recuerdo sin apoyarse en las «señales» que delimitan el espacio recorrido por un móvil, sin tomar, por tanto, en consideración el cambio físico que engendra el recorrido del móvil en el espacio?

2)   ¿Qué acceso independiente poseemos para llegar a la extensión de la huella mientras ésta esté sólo «en» el espíritu?

3)   ¿Tenemos algún otro medio para expresar el vínculo entre la *affectio* y la *intentio,* fuera de la dinamización progresiva de la metáfora de los lugares atravesados por la expectación, la atención y el recuerdo? A este respecto parece insuperable la metáfora del tránsito de los acontecimientos a través del presente: es una buena metáfora, una metáfora viva, en cuanto que mantiene juntas la idea de «pasar» en el sentido de cesar, y la de «hacer pasar» en el de acompañar. Parece que ningún concepto «sobrepasa» *(aufhebt)* a esta metáfora viva [25].

4)   La última tesis, si se puede llamar así, constituye el enigma más impenetrable; aquel a costa del cual Agustín «resuelve» la aporía de la medida: el espíritu se «distiende» en la medida en que «se extiende»: éste es el supremo enigma.

Sin embargo, la solución de la aporía de la medida es inestimable precisamente en cuanto enigma. El valioso hallazgo de Agustín al reducir la extensión del tiempo a la distensión del espíritu es haber unido esta distensión al desfase que continuamente se insinúa en el corazón del triple presente entre el del futuro, el del pasado y el del presente. Así ve nacer y renacer la discordancia de la propia concordancia de los objetivos de la expectación, la atención y la memoria.

A este enigma de la especulación sobre el tiempo responde precisamente el acto poético de la construcción de la trama. La *Poética* de Aristóteles no resuelve especulativamente el enigma ni lo resuelve de manera alguna. Lo hace actuar... poéticamente, al producir la figura invertida de la discordancia y de la concordancia. Para esta nueva travesía, Agustín nos deja una palabra de aliento: el frágil ejemplo del *canticus* recitado de memoria se convierte de pronto, hacia el final de la investigación, en un paradigma poderoso para

---

[25] Kant encontrará el mismo enigma de la pasividad activamente producida en la idea de *Selbstaffektion* en la segunda edición de la *Crítica de la razón pura* (B 67-69). Volveré sobre esto en la cuarta parte (cap. II).

otras acciones en las que el espíritu, al extenderse, sufre distensión:
«Y lo que digo de la canción en su totalidad se realiza también en
cada parte y en cada sílaba de la misma; como también en una acción más larga *(in actione longiore)*, de la que quizá es la canción
una parte. Esto mismo ocurre en toda la vida humana, de la que
forman parte todas las acciones *(actiones)* del hombre, y así pasa
igualmente en el curso de la vida de los hijos de los hombres, de
la que forman parte todas las vidas humanas» (28, 38). Aquí se
despliega virtualmente todo el campo de lo narrativo: desde el
simple poema, pasando por la historia de una vida entera, hasta la
historia universal. A estas extrapolaciones, simplemente sugeridas
por Agustín, se consagra la presente obra.

4. *El contraste de la eternidad*

Queda por ver la objeción formulada al principio de este estudio
contra la lectura del libro XI de las *Confesiones,* que aísla artificial-
mente las secciones 14, 17 - 28, 37 de la gran meditación sobre la
eternidad que las enmarca. Sólo se ha respondido parcialmente a
la objeción subrayando la autonomía que esta investigación debe a
su perpetuo enfrentamiento con los argumentos escépticos que se
referían esencialmente al tiempo. A este respecto, la propia tesis de
que el tiempo está «en» el espíritu y «en» él encuentra el principio
de su medida, se basta ampliamente por sí misma, por cuanto responde a aporías internas a la noción de tiempo. La noción de
distentio animi sólo necesita para su comprensión del contraste con
la *intentio* inmanente a la «acción» del espíritu [26].

[26] Podrían presentarse otras dos objeciones. ¿Qué es de la relación de la
distentio animi agustiniana con la *diastasis zoês* de Plotino? ¿Y de la relación de todo el libro XI con la narración de los nueve primeros de las *Confesiones?* A la primera objeción respondo que mi primera intención excluye que
yo trate como historiador de las ideas la relación de Agustín con Plotino. En
cambio, reconozco gustosamente que una buena comprensión de la mutación
experimentada por el análisis plotiniano del tiempo puede contribuir a en-
cauzar el enigma legado por Agustín a la posteridad. Unas cuantas notas a
pie de página no bastan evidentemente. Remito al comentario de A. Solignac
y de Meijering de las *Confesiones* para colmar esta laguna; también al estudio de Beierwaltes sobre *Ewigkeit und Zeit bei Plotin*. Me interesa sobre-
manera la relación entre la especulación sobre el tiempo y la narración de los

Y, sin embargo, al sentido pleno de la *distentio animi* le falta algo que sólo el contraste de la eternidad proporciona. Pero lo que falta no concierne a lo que llamaré el sentido suficiente de la *distentio animi:* me refiero al sentido que basta para replicar a las aporías del no-ser y de la medida. Lo que falta es de otro orden. Yo distingo tres incidencias importantes de la meditación de la eternidad sobre la especulación concerniente al tiempo.

Su primera función es colocar toda la especulación sobre el tiempo bajo el horizonte de una idea-límite que obliga a pensar a la vez el tiempo y lo otro del tiempo. La segunda es intensificar la experiencia misma de la *distentio* en el plano existencial. La tercera es exigir a esta misma experiencia que se supere en la línea de la eternidad y, por tanto, que se jerarquice interiormente en contra de la fascinación por la representación del tiempo rectilíneo.

Es incontestable que la meditación de Agustín se refiere de manera indivisible a la eternidad y al tiempo. El libro XI se abre con el primer versículo del Génesis (según una de las versiones latinas conocidas en África en la época de la redacción de las *Confesiones*): «In principio fecit Deus...». Además, la meditación que ocupa los primeros catorce capítulos del libro XI relaciona de manera indivisible la alabanza del salmista con una especulación de tipo platónico y neoplatónico [27]. En este doble aspecto, la meditación no permite

nueve primeros libros. Volveré sobre ella en la cuarta parte de la presente obra, en el marco de la reflexión sobre la *repetición*. Algo se adivinará ya al evocar la *confessio* que envuelve toda la obra de Agustín.

[27] A este respecto, no se puede considerar un simple adorno retórico la gran oración de 2, 3 (el traductor francés, con gran criterio, la ha traducido en verso): contiene la célula melódica que desplegarán después tanto la especulación como el himno:

> «Tuyo es el día y tuya la noche;
> A tu voluntad vuelan los instantes.
> Danos largos espacios de ese tiempo
> Para meditar los secretos de tu ley,
> Y no cierres la puerta a los que llaman».

La especulación y el himno se unen en la «confesión». Con el estilo de una confesión se invoca en la oración 2, 3 el *Principium* de Gn 1,1:

> «¡Pueda yo confesarte *(confitear tibi)* cuanto hallare en tus libros,
> Y oír la voz de tu alabanza,
> Y beberte y considerar la maravilla de tu ley,
> Desde el principio en que creaste el cielo y la tierra,
> Hasta el reino eterno contigo en tu santa ciudad!»

ninguna derivación, en ningún sentido propio de la palabra, de la eternidad partiendo del tiempo. Lo que se plantea, se dice y se piensa es, al mismo tiempo, el contraste de la eternidad y del tiempo. El trabajo de la inteligencia no se refiere en absoluto a la cuestión de saber si la eternidad existe. La anterioridad de la eternidad respecto al tiempo —en un sentido de anterioridad que queda todavía por determinar— se da en el contraste entre «todo lo que no ha sido creado y, sin embargo, existe» y el que tiene un antes y un después, que «cambia» y que «varía» (4, 6). Este contraste se expresa en un grito: «Ahí están el cielo y la tierra, proclamando que fueron creados al ser mudables y cambiantes» (*ibíd.*). Y Agustín subraya: «Y esto lo sabemos» (*ibíd.*) [28]. Dicho esto, el esfuerzo de la inteligencia proviene de las dificultades suscitadas por esta misma confesión de la eternidad: «Escuche yo y entienda cómo (*quomodo*) luciste en el principio el cielo y la tierra» (3, 5). (Cuestión planteada de nuevo al comienzo de 5, 7.) En este sentido ocurre con la eternidad como con el tiempo: que exista no constituye problema; el cómo es el que crea perplejidad. De esta perplejidad procede la primera función del aserto sobre la eternidad con respecto al tiempo: la función de la idea-límite.

Esta primera función proviene del encadenamiento mismo entre confesión y pregunta, en el transcurso de los catorce primeros capítulos del libro XI. A la primera pregunta: «¿Cómo (*quomodo*)

---

[28] En este saber se resumen el parentesco y la diferencia radical entre Plotino y Agustín. El tema de la creación origina esta diferencia. Guitton valora toda su profundidad en algunas densas páginas (*op. cit.*, 136-145): San Agustín, dice Guitton, «ha vaciado en el molde proporcionado por las *Enéadas* una inspiración extraña a Plotino, más aún, contraria a su espíritu, de tal modo que toda su dialéctica tendía a negarla, a impedir su nacimiento o a disolverla» (p. 140). De la idea de creación proviene el cosmos temporal, la conversión temporal, la religión histórica. Así, el tiempo se justifica y se funda. En cuanto al antropomorfismo al que parece escapar el inmanentismo plotiniano, podemos preguntarnos si los recursos *metafóricos* del antropomorfismo *material* de Agustín no son más preciosos, respecto al esquema de la causalidad creadora, que el ejemplarismo neo-platónico que queda en la identidad del mismo y no se libra de un antropomorfismo más sutil por puramente *formal*. La *metáfora* creacionista nos mantiene alerta y, al tiempo, en guardia, mientras que el ejemplarismo nos seduce por su carácter filosófico (sobre este punto, cf. Guitton, *op. cit.*, 198-199). Sobre «el creador eterno de la creación temporal», cf. el comentario exhaustivo de Meijering (*op. cit.*, 17-57). Todas las referencias se encontrarán en el *Timeo* y en las *Enéadas*.

hiciste el cielo y la tierra...?» (5, 7) se responde con el mismo espíritu de alabanza que antes: «Creadas todas ellas por su palabra» (*ibíd.*). Pero de esta respuesta nace una nueva pregunta: «¿Cómo hablaste?» (6, 8). Se responde, con la misma seguridad, que por la eternidad del *Verbum:* «... se dice todo *(omnia)* a un tiempo *(simul)* y de modo eterno *(sempiterne)*. De otra forma, habría tiempo y cambio, no germina eternidad y germina inmortalidad» (7, 9). Agustín confiesa: «Esto lo sé, Dios mío, por ello te doy gracias» *(ibíd.)*.

Examinemos, pues, esta eternidad del Verbo. Surge un doble contraste, que antes de ser fuente de nuevas dificultades lo es de negatividad en lo que concierne al tiempo.

En primer lugar, decir que las cosas son hechas en el Verbo es negar que Dios cree al modo del artesano que hace a partir de algo: «Ni hiciste el universo en el universo, pues no había donde hacerlo antes de ser creado para que existiese» (5, 7). Se anticipa aquí la creación *ex nihilo,* y esta nada de origen hiere desde este momento al tiempo de deficiencia ontológica.

Pero el contraste decisivo, generador de nuevas negaciones —y de nuevas perplejidades— es el que opone el *Verbum* divino a la *vox* humana: el Verbo creador no es como la voz humana que «comienza» y «termina», como las sílabas que «suenan» y «pasan» (6, 8). El Verbo y la voz son tan irreductibles el uno al otro y tan inseparables como lo son el oído interno, que escucha la palabra y recibe la instrucción del dueño interior, y el oído externo, que recoge las *verba* y las transmite a la inteligencia vigilante. El *Verbum* permanece; las *verba* desaparecen. Con este contraste (y la «comparación» que lo acompaña), el tiempo es afectado nuevamente por un síntoma negativo: si el *Verbum* permanece, las *verba* «ni siquiera son, puesto que huyen y pasan» (6, 8) [29]. En este sentido, las dos funciones del no-ser se recubren.

---

[29] Es cierto que esta deficiencia ontológica tiene en la argumentación una función distinta que el no-ser del argumento escéptico sobre el tiempo, unido al «todavía no» del futuro y al «ya no» del pasado; sin embargo, pone sobre este no-ser el sello de la carencia de ser propia del estatuto de criatura: «Sabemos, Señor, sabemos que, en la medida en que no es lo que era, y es lo que no era, muere y nace todo ser» (7, 9). En lo sucesivo, los dos adjetivos «eterno» (y su sinónimo «inmortal») y «temporal» se oponen. Temporal significa no eterno. Nos preguntaremos más tarde si la negación no actúa en los dos

En lo sucesivo, la progresión de la negación acompañará sin cesar a la de la pregunta que, a su vez, duplica la confesión de eternidad. Una vez más, en efecto, la interrogación surge de la respuesta precedente: «No lo haces de otro modo, sino diciéndolo. Sin embargo *(nec tamen)*, no se realizan a un tiempo y siempre todas las cosas que creas con tu palabra» (7, 9). Dicho de otro modo: ¿cómo una criatura temporal puede ser hecha por y en el Verbo eterno? «¿Por qué así? Te ruego, Señor, Dios mío, que me lo digas. De algún modo lo veo, pero no sé cómo explicarlo» (8, 10). La eternidad, en este sentido, crea tantos enigmas como el tiempo.

A esta dificultad responde Agustín atribuyendo al Verbo una «razón eterna» que hace que las cosas creadas comiencen a ser y dejen de ser [30]. Pero esta respuesta contiene en germen la principal dificultad que estimulará ampliamente la sagacidad de Agustín respecto al *antes* de la creación: en efecto, esta asignación de un comienzo y de un fin por la razón eterna implica que ésta conozca «el momento cuando» *(quando)* esa cosa ha tenido que comenzar o acabar. Este *quando* nos vuelve a arrojar en la perplejidad.

En primer lugar hace respetable y plausible el interrogante de los maniqueos y de algunos platónicos, que otros pensadores cristianos habrían considerado ridículo y tratado con burla.

casos. Ya aquí, en 7, 9, ser eterno implica *no* «ceder el lugar», *no* «suceder». En cuanto a los sinónimos de eternidad *(immortalitas, incorruptibilitas, incommutabilitas,* cf. Meijering, *op. cit.,* 32, que remite, en esta ocasión, a *Timeo,* 29c). Retengamos, pues, estos dos primeros momentos de la función-límite de la idea de eternidad contenida en las dos negaciones: el Verbo no crea, como un artesano, con un material anterior; el Verbo habla, pero no con una voz que resuena *en el tiempo.*

[30] El traductor y el intérprete de las *Confesiones* en la «Bibliothèque augustinienne» señalan una cesura entre 9, 11 y 10, 12, y dividen así el libro XI: I. «La creación y el Verbo creador» (3, 5-10, 12). II. «El problema del tiempo»: *a)* El antes de la creación (10, 12-14, 17); *b)* El ser del tiempo y su medida (14, 17-29, 39). Mi propio análisis me ha llevado a reagrupar I y II *a)* bajo el mismo título de la intensificación de la *distentio animi* por su contraste con la eternidad. Además, la pregunta, aparentemente descabellada, que comienza en 10, 12 pertenece al mismo estilo aporético marcado por las preguntas ¿cómo? (5, 7) y ¿por qué? (6, 8), que nos han parecido suscitadas por la propia confesión de la eternidad. En fin, la aporía y las respuestas a la aporía darán lugar a un mismo estudio del tratamiento negativo de la temporalidad comenzada en 3, 5.

Vemos, pues, a Agustín enfrentado a las acuciantes objeciones del adversario, que toman la forma de una triple pregunta: «¿qué hacía Dios antes *(antequam)* de crear el cielo y la tierra?» «Si estaba inactivo, dicen, y sin hacer nada, ¿por qué no continuó siempre en ese ocio, como hasta entonces había estado?» «Pero si la voluntad de Dios de que existiese la criatura era eterna, ¿por qué no es eterna también la criatura?» (10, 12). Nos interesaremos, en las respuestas de Agustín, por el progreso de la negatividad ontológica que afecta a la experiencia, negativa en el plano psicológico, de la *distentio animi*.

Antes de presentar su respuesta personal a estas dificultades que, una vez más, resultan de la confesión de la eternidad, Agustín precisa, por última vez, su noción de eternidad. La eternidad es «siempre estable» *(semper stans)* en contraste con las cosas, que no son «nunca estables». Esta estabilidad consiste en que «en la eternidad nada es pasajero, sino que todo está presente *(tutum esse praesens)*. Al contrario del tiempo, que nunca está presente en su totalidad» (11, 13). La negatividad llega aquí a su cima: para pensar hasta el fondo la *distentio animi* —el desfase del triple presente— es necesario «compararla» con un presente sin pasado ni futuro[31]. Es esta negación extrema la que subyace a la respuesta al argumento de apariencia frívola.

Si Agustín se preocupa tanto por refutarlo es porque constituye una aporía engendrada por la propia tesis de la eternidad[32].

[31] Ya Platón, en *Timeo,* 37c, había excluido el pasado y el futuro de la eternidad sin hablar aún de eterno presente. Meijering *(op. cit.,* 46) cita otros textos de Agustín que interpretan el *stare* y el *manere* de Dios como eterno presente. Meijering (p. 43) subraya insistentemente que Agustín acepta la parte del argumento de 10, 12, que afirma que «la voluntad de Dios no es nada de lo creado, sino anterior a lo creado... La voluntad de Dios pertenece, pues, a su propia sustancia». El propio comentarista relaciona este texto con Plotino, *Enéadas* VI, 8, 14; VI, 9, 13. Identifica la primera expresión del eterno presente con el platonismo medio de Numenius, antes de su formulación en Plotino (sobre este punto remite a Beierwaltes, *op. cit.,* 170-173) y luego en Gregorio de Nisa y en Atanasio.

[32] Hoy no podemos hacernos idea de la vehemencia, por no decir violencia, de las disputas suscitadas por la idea de la creación temporal; Guitton muestra cómo éstas eran exacerbadas además por el conflicto entre exégesis literal y exégesis alegórica, suscitado por el relato bíblico de la creación «en seis días» y más especialmente por el sentido que hay que dar a los «tres días» que preceden a la creación de las grandes luminarias. Sobre este punto, cf. Guitton, *op. cit.,* 177-191.

La respuesta a la primera formulación es franca y clara: «Antes de que hicieras el cielo y la tierra no hacías nada» (12, 14). Es cierto que la respuesta deja intacta la suposición de un «antes», pero lo importante es que este «antes» sea afectado por la nada: el «nada» de «no hacer nada» es el «antes» de la creación. Hay, pues, que pensar «nada» para pensar el tiempo como comenzando y terminando. Así, el tiempo existe como rodeado de nada.

La respuesta a la segunda formulación es más notable aún; no hay «antes» con relación a la creación, porque Dios ha creado los tiempos al crear el mundo: «Siendo, pues, tú el promotor de todos los tiempos». «Tú habrías creado ese tiempo sin que pudieran transcurrir esos tiempos si tú no los hubieras hecho». Al mismo tiempo, la respuesta suprime la pregunta: «No es posible 'un antes' *(non erat tunc)* si no existía el tiempo» (13, 15). Este «no-entonces» es de igual grado negativo que el nada del no hacer nada. Se otorga, pues, al pensamiento la formación de la idea de la ausencia de tiempo para pensar hasta el fin el tiempo como paso. Debe pensarse como transitorio para vivirse plenamente como transición.

Pero la tesis de que el tiempo ha sido creado con el mundo —tesis que se lee ya en Platón, *Timeo,* 38d— deja abierta la posibilidad de que haya otros tiempos antes del tiempo (*Confesiones* XI, 30, 40 final, evoca esta posibilidad, ya como hipótesis especulativa, ya para reservar a los seres angélicos una dimensión temporal propia). Sea como fuere, Agustín da a su tesis el giro de la *reductio ad absurdum* para hacer frente a esta posibilidad: aunque hubiera un tiempo antes del tiempo, sería también éste una criatura, ya que Dios es el hacedor de todos los tiempos. Un tiempo antes de toda creación es, pues, impensable. Este argumento basta para desechar la suposición de la ociosidad de Dios antes de la creación. Decir que Dios estuvo ocioso equivale a decir que hubo un tiempo en el que no hizo jamás antes de hacer. Las categorías temporales son, pues, impropias para caracterizar un «antes del mundo».

La respuesta a la tercera objeción del adversario proporciona a Agustín la ocasión de dar el último toque a su oposición entre tiempo y eternidad. Para descartar cualquier idea de «novedad» en la voluntad de Dios es necesario dar a la idea de un «antes» de la creación una significación que elimine de ella cualquier temporalidad. Debe pensarse la antecedencia como superioridad, como excelencia, como altura: «Tú precedes a todos los tiempos pasados por la magnitud *(celsitudine)* de la eternidad, siempre presente» (13, 16). Las negaciones se acentúan: «Tus años ni van ni vienen» *(ibíd.)*. «Existen todos a la vez *(simul stans)*» *(ibíd.)*. El *simul stans* de los «años de Dios», como el «hoy» de que habla el Éxodo, asume la significación no temporal de lo que sobrepasa sin preceder. Pasar es menos que sobrepasar.

Si he insistido tanto en la negatividad ontológica que el contraste entre la eternidad y el tiempo pone de manifiesto en la experiencia psicológica de la *distentio animi,* no es ciertamente para encerrar la eternidad según Agustín dentro de la función kantiana de la idea-límite. La conjunción del hebraísmo y del platonismo en la interpretación del *ego sum qui sum* del Éxodo (3, 20) en la traducción latina [33] nos prohíbe interpretar el pensamiento de la eternidad como un pensamiento sin objeto. Además, la conjunción de la alabanza y de la especulación demuestra que Agustín no se limita a pensar la eternidad; se dirige al Eterno, lo invoca en segunda persona. El propio presente eterno se declara en primera persona: *sum* y no *esse* [34]. También aquí la especulación es inseparable del reconocimiento de aquel que se manifiesta. En esto es inseparable del himno. Así, se puede hablar de una experiencia de eternidad en Agustín con las reservas que diremos después. Pero precisamente esta experiencia de eternidad es la que asume la función de idea-límite, puesto que la inteligencia «compara» el tiempo con la eternidad. Y la incidencia de esta «comparación» sobre la experiencia viva de la *distentio animi* es la que hace del pensamiento de la eternidad la idea-límite en cuyo horizonte la experiencia de la *distentio*

---

[33] El problema no radica en la fidelidad de la traducción latina al hebreo, sino en su eficacia en la tradición filosófica.

[34] A. Solignac *(op. cit.,* 583-584) remite a Étienne Gilson, *Philosophie et Incarnation chez Augustin,* donde se estudian los principales textos de la obra de Agustín sobre el famoso versículo del Éxodo y sobre otros versículos de los Salmos, en particular el *Sermo* 7. Solignac comenta: «La trascendencia de la eternidad respecto al tiempo, para Agustín, es la trascendencia de un Dios personal que crea personas y dialoga con ellas. Es, pues, la trascendencia de un *ser* que se posee en un presente sin fin con relación a la *existencia* de seres cuya contingencia se manifiesta en las vicisitudes del tiempo» *(op. cit.,* 584).

animi se ve afectada, en el plano ontológico, por el índice negativo de la falta o del defecto de ser [35].

La repercusión —como diría Eugène Minkovski— de esta negación, pensada sobre la experiencia viva de la temporalidad, va a asegurarnos ahora que el defecto de eternidad no es sólo un límite pensado, sino una carencia sentida en el corazón de la experiencia temporal. La idea-límite se convierte entonces en la tristeza de lo negativo.

Al unir el pensamiento del tiempo al de lo «otro» del tiempo, el contraste ante éste y la eternidad no se limita a rodear de negatividad la experiencia del tiempo. La traspasa enteramente de negatividad. Intensificada así en el plano existencial, la experiencia de distensión es llevada al plano de la *queja*. Este nuevo contraste se contiene en germen en la admirable plegaria de 2, 3, ya evocada anteriormente. El himno engloba la queja, y la *confessio* lleva a los dos juntos al lenguaje [36].

En el horizonte de la eternidad estable, la queja despliega sin rubor sus propios efectos. «¿Qué es eso que ilumina *(interlucet)* mi interior y hiere *(percutet)* mi corazón sin lastimarlo? Me horroriza e inflama. Me horroriza en cuanto soy muy diferente y me inflama en cuanto soy muy semejante» (9, 11). Ya en el transcurso

---

[35] No discuto ahora la cuestión de saber si la idea de eternidad es enteramente positiva, como dan a entender los términos *manere, stans, semper, totum esse praesens*. En la medida en que «comenzar», «cesar», «pasar» son términos positivos, la eternidad es también lo negativo del tiempo, lo otro del tiempo. La memoria y la espera son experiencias positivas por la presencia de las imágenes-vestigios y de las imágenes-signos. Parece que el presente eterno sólo es una noción puramente positiva gracias a su homonimia con el presente que pasa. Para decir que es eterno hay que negar que sea el paso, pasivo y activo, del futuro hacia el pasado. Es estable en cuanto no es un presente *atravesado*. También la eternidad es pensada negativamente como lo que no implica tiempo, lo que no es temporal. En este sentido, la negación es doble: es preciso que yo pueda negar los rasgos de mi experiencia del tiempo para percibir a ésta como en falta respecto a lo que niega. Es esta doble y mutua negación por la que la eternidad es lo otro del tiempo, la que, más que otra cosa, *intensifica* la experiencia del tiempo.

[36] Pierre Courcelle, *Recherches sur les Confessions de saint Augustin* (París 1970) cap. I, insiste en que el término «confesión», en san Agustín, se extiende más allá de la confesión de los pecados y engloba la confesión de fe y la de alabanza. El análisis del tiempo y la elegía de la *distentio animi* se remontan a este segundo y este tercer sentido de la *confessio* agustiniana. La narración, como diremos más adelante, está también ahí incluida.

narrativo de las *confesiones,* con ocasión de la exposición de los vanos intentos de éxtasis plotiniano, Agustín se lamenta: «Descubrí que estaba lejos de ti, en una región de desemejanza *(in regione dissimilitudinis)*» (lib. VII, 10, 16). La expresión, que proviene de Platón *(Pol.,* 273d) y se había transmitido al ambiente cristiano por mediación de Plotino *(Enéadas* I, 8, 13, 16-17), adquiere ahora un realce sorprendente: ya no se refiere, como en Plotino, a la caída en el ciénago oscuro; señala, al contrario, la diferencia ontológica radical que separa la criatura del creador, diferencia que el alma descubre precisamente en su movimiento de retorno y en su esfuerzo mismo por conocer el principio [37].

Pero si la discriminación de lo semejante y de lo desemejante proviene de la inteligencia que «compara» (6, 8), su repercusión sacude con violencia el sentir en su extensión y en su profundidad. Es significativo, a este respecto, que las páginas finales del libro XI, que concluyen el análisis del tiempo en el horizonte de la meditación sobre las relaciones entre él y la eternidad (29, 39 - 31, 41), propongan una última interpretación de la *distentio animi,* marcada por el mismo tono de alabanza y de queja que los primeros capítulos del libro. La *distentio animi* ya no significa sólo la «solución» de las aporías de la medida del tiempo; expresa también el desgarro del alma privada de la estabilidad del eterno presente. «Pero así como tu misericordia es mejor que cualquier vida (Sal 62,4), la mía no es más que disipación *(distentio est vita mea)*» (29, 39). De hecho, se vuelve a retomar toda la dialéctica, interna al tiempo mismo, de la *intentio-distentio,* bajo el signo del contraste entre eternidad y tiempo. Mientras que la *distentio* se hace sinónimo de la dispersión en la multiplicidad y de la errancia del hombre viejo, la *intentio* tiende a identificarse con la concentración del hombre interior [«vincularme a su unidad» *(ibíd.)*]. Entonces, la *intentio* ya no es la anticipación del poema completo antes de la recitación que

[37] La expresión *in regione dissimilitudinis* ha dado lugar a numerosos trabajos: véase la importante nota complementaria número 16 de A. Solignac *(op. cit.,* 689-693). El éxito de esta expresión, desde Platón a la Edad Media cristiana, lo ha recalcado Étienne Gilson *(Regio dissimilitudinis de Platon à saint Bernard de Clairvaux:* «Mediaev. Stud.» 9 [1947] 108-130) y Pierre Courcelle *(Traditions néo-platoniciennes et traditions chrétiennes de la région de dissemblance:* «Archives d'histoire littéraire et doctrinale du Moyen Âge» 24 [1927] 5-33, repetido como apéndice en las *Recherches sur les Confessions de saint Augustin).*

lo hace pasar del futuro al pasado, sino la esperanza de las cosas últimas, en la medida en que el pasado que hay que olvidar no es ya el libro de la memoria, sino el emblema del hombre viejo según san Pablo en Filipenses 1,12-14: «Olvidado de las cosas pasadas y no distraído por las futuras y transitorias, me pegue *(non distentus sed extentus)* solamente a las presentes. Porque no será por la dispersión, sino por la atención *(non secundum distentionem sed secundum intentionem)*, como yo alcanzaré la palma de la suprema vocación...» *(ibíd.)*. Vuelven las mismas palabras de *distentio* e *intentio;* pero no en el contexto puramente especulativo de aporía y de búsqueda, sino en la dialéctica de la alabanza y de la queja [38]. Con este cambio de sentido, que afecta a la *distentio animi,* se franquea tácitamente la frontera que separa la condición del ser creado y la del ser caído: «Yo me disperso *(dissilui)* en tiempos, cuyo orden desconozco...» *(ibíd.)*. Los «gemidos» en que transcurren nuestros años son por igual los del pecador y los de la criatura.

Bajo el mismo horizonte de eternidad adquieren sentido todas las expresiones por las que otras obras de Agustín ofrecen los recursos de la metáfora a la metáfora central de la *distentio.*

En un importante ensayo sobre *Las categorías de la temporalidad en san Agustín* [39], donde estudia preferentemente las *Enarrationes in Psalmos* y los Sermones, el padre Stanislas Boros presenta cuatro «imágenes sintéticas», cada una de las cuales empareja lo que yo he llamado antes la tristeza de lo finito con la celebración de lo absoluto: con la temporalidad como «disolución» se relacionan

---

[38] ¿Es necesario llegar hasta distinguir, con J. Guitton *(op. cit.,* 237), «dos movimientos interiores que se separan para la conciencia, aunque se interfieren mutuamente: la *expectatio futurorum,* que nos lleva hacia el futuro, y la *extensio ad superiora,* que, en definitiva, nos orienta hacia lo eterno»? ¿Existen ahí «dos formas del tiempo» *(ibíd.)* de las que el éxtasis de Ostia ilustraría la segunda? No lo creo, si se considera la tercera incidencia de la eternidad dentro de la experiencia del tiempo, de la que hablaré luego. También J. Guitton lo reconoce: lo que distingue fundamentalmente a Agustín de Plotino y de *Spinoza* es la imposibilidad de «separar ontológicamente» (p. 243) la *extensio ad superiora,* que en Spinoza se llamará *amor intellectualis,* de la *expectatio futurorum,* que en Spinoza se convierte en *duratio.* El éxtasis de Ostia lo confirma en cuanto es, a diferencia del éxtasis neo-platónico, tanto un desfallecimiento como una ascensión. Volveré sobre ello en la cuarta parte; la narración es posible allí donde la eternidad atrae y exalta al tiempo, no donde lo anula.

[39] «Archives de philosophie» 21 (1958) 323-385.

las imágenes de ruina; desvanecimiento, desmoronamiento progresivo, final no colmado, dispersión, alteración, copiosa indigencia; de la temporalidad como «agonía» provienen las imágenes de camino hacia la muerte, enfermedad y fragilidad, guerra intestina, cautividad en el llanto, envejecimiento, esterilidad; la temporalidad como «destierro» reagrupa las imágenes de tribulación, exilio, vulnerabilidad, errancia, nostalgia, deseo inútil; el tema de la «noche», en fin, crea las imágenes de ceguera, oscuridad, opacidad. No hay ninguna de estas cuatro imágenes-clave ni de sus variantes que no reciba su fuerza significativa *a contrario* del símbolo opuesto de la eternidad, bajo las figuras de la recolección, de la plenitud viviente, del hogar, de la luz.

Separada de este simbolismo arborescente, engendrado por la dialéctica de la eternidad y del tiempo, la *distentio animi* seguiría siendo el simple esbozo de una respuesta especulativa dada a las aporías que la argumentación escéptica suscita constantemente. Reintegrada en la dinámica de la alabanza y de la queja, la *distentio animi* se hace experiencia viva, que reviste de carne el esqueleto de un contra-argumento.

No es menos considerable la tercera incidencia de la dialéctica de eternidad y tiempo sobre la interpretación de la *distentio animi;* ella, en efecto, suscita en el corazón mismo de la experiencia temporal una jerarquía de temporalización, según que esta experiencia se aleje o se aproxime a su polo de eternidad.

Aquí se subraya no tanto la desemejanza cuanto la semejanza entre la eternidad y el tiempo en la «comparación» que la inteligencia hace de una y de otro (6, 8). Esta semejanza se expresa en la capacidad de aproximación de la eternidad que Platón había inscrito en la propia definición del tiempo, y que los primeros pensadores cristianos habían comenzado a reinterpretar en función de las ideas de creación, de encarnación, de salvación. Agustín da a esta reinterpretación un acento singular al unir los dos temas, el de la instrucción por el verbo interior y el del retorno. Entre el verbo eterno y la voz humana no hay sólo diferencia y distancia, sino también instrucción y comunicación: el verbo es el dueño interior buscado y oído «dentro» *(intus).* «Allí oigo tu voz, Señor, que me dice que nos habla aquel que nos enseña *(docet nos)*... y ¿quién nos enseña sino la verdad inmutable?» (8, 10). Así, nuestra primera relación con el lenguaje no es el que hablemos, sino el que escuchemos y el que, más allá de las palabras exteriores, oigamos la palabra interior. El retorno no es más que esta escucha: pues si al principio «no permaneciese, cuando nos desviamos, no tendríamos adónde volver. Mas cuando regresamos de los errores lo hacemos por el conocimiento y él es quien nos comunica ese conocimiento al indicarnos que es el Principio y es a nosotros a quienes habla» (8, 10). Así se encadenan instrucción [40], reconocimiento y retorno. Se podría decir que la instrucción franquea el abismo que se abre entre la Palabra eterna y la voz temporal. Eleva el tiempo hacia la eternidad.

Este movimiento es el mismo del que hablan los nueve primeros libros de las *Confesiones*. En este sentido, la narración realiza de hecho el recorrido cuyas condiciones de posibilidad describe el libro XI. En efecto, este libro demuestra que la atracción de la experiencia temporal por la eternidad del verbo no es tal que anule la narración todavía temporal en una contemplación libre de las presiones del tiempo. A este respecto, es definitivo el fracaso de los intentos de éxtasis plotiniano, referidos en el libro VII. Ni la conversión narrada en el VIII, ni siquiera el éxtasis de Ostia, que señala el punto culminante de la narración del libro IX, suprimen la condición temporal del alma. Estas dos experiencias culminantes ponen fin sólo a la errancia, forma debilitada de la *distentio animi*. Pero para suscitar una peregrinación relanza el alma sobre los caminos del tiempo. Peregrinación y narración se fundan en la aproximación a la eternidad por el tiempo, la cual, lejos de abolir la diferencia, la acrecienta continuamente. Por eso, sin duda, cuando Agustín fustiga la frivolidad de los que atribuyen a Dios una voluntad nueva en el momento de la creación y opone a su «corazón que revolotea» el «corazón estable» de quien escucha el Verbo (11, 13), sólo evoca esta estabilidad, semejante a la del presente eterno, para reiterar la diferencia entre el tiempo y la eternidad: «¿Quién lo apresará y lo fijará para que se estabilice un poco (*ut paululum stet*) y capte ligeramente el esplendor de la eternidad siempre estable (*semper stantis*), comparándolo con los tiempos en continuo cambio, para ver que no existe posible comparación?» (*ibíd.*). Al tiempo que se agranda la distancia, la proximidad reitera la función de límite de la eternidad en relación al tiempo: «¿Quién detendrá

[40] A esto hay que añadir la advertencia (*admonitio*), que comenta A. Solignac, *op. cit.*, 562.

el corazón del hombre para que tenga estabilidad y vea cómo la eternidad, que no es futuro ni pasado, se mantiene inmóvil y dicta *(dictet)* los tiempos futuros y pasados?» *(ibíd.)*.

Ciertamente, cuando la dialéctica de la *intentio* y de la *distentio* se sitúa definitivamente en la de la eternidad y el tiempo, la tímida interrogación proclamada dos veces (¿quién detendrá...?) da paso a una afirmación más decidida: «Me mantendré *(stabo)* y consolidaré *(solidabor)* en ti, según mi modo de ser, pero en tu verdad» (30, 40). Pero esta estabilidad sigue estando en el futuro, tiempo de la esperanza. El deseo de permanencia se pronuncia todavía desde el centro de la experiencia de distensión: «hasta el día en que *(donec)* me funda contigo, purificado y limpio por el fuego de tu amor» (29, 39).

Así, sin perder la autonomía que le confiere la discusión de las aporías antiguas que conciernen al tiempo, el tema de la distensión y de la intención recibe de su engarce en la meditación sobre la eternidad y el tiempo una intensificación de la que se hará eco sin interrupción el presente libro. Esta intensificación no consiste sólo en pensar el tiempo como abolido bajo la perspectiva de la idea-límite de una eternidad que lo hiere con la nada. Tampoco se reduce a transferir al registro de la queja y del gemido lo que no era todavía más que un argumento especulativo. Intenta fundamentalmente extraer de la propia experiencia del tiempo recursos de jerarquización interna, cuyo provecho no será abolir la temporalidad, sino profundizarla.

La incidencia de esta última observación sobre todo nuestro estudio será considerable. Si es cierto que la principal propensión de la teoría moderna de la narración —tanto en historiografía como en el arte de narrar— es «descronologizar» la narración, la lucha contra la concepción lineal del tiempo no tiene necesariamente como única salida «logicizar» la narración, sino profundizar su temporalidad. La cronología —o la cronografía— no tiene un único adversario, la acronía de las leyes o de los modelos. Su verdadero adversario es la propia temporalidad. Sin duda, era preciso confesar lo «otro» del tiempo para estar en condiciones de hacer justicia plena a la temporalidad humana y para proponerse no abolirla, sino profundizarla, jerarquizarla, desarrollarla, según planos de temporalización cada vez menos «distendidos» y más «extendidos», *non secundum distentionem, sed secundum intentionem* (29, 39).

Paul Ricœur

La filosofía y las filosofías de hoy

CAPITULO II

LA CONSTRUCCION DE LA TRAMA

Una lectura de la «Poética» de Aristóteles

El segundo texto importante que ha puesto en movimiento mi investigación es la *Poética* de Aristóteles. La razón de esta elección es doble.

Por una parte, he encontrado en el concepto de construcción de la trama *(mythos)* [1] la réplica invertida de la *distentio animi* de Agustín. Éste gime bajo el aprieto existencial de la discordancia; Aristóteles divisa en el acto poético por excelencia —la composición del poema trágico— el triunfo de la concordancia sobre la discordancia. Ni que decir tiene que soy yo, lector de Agustín y de Aristóteles, quien establece esta relación entre la experiencia viva, en la que la discordancia rompe la concordancia y la actividad eminentemente verbal en la que la concordancia restablece la discordancia.

Por otra, el concepto de actividad mimética *(mímesis)* me ha puesto en el camino del segundo problema: el de la imitación creadora de la experiencia temporal viva mediante el rodeo de la trama. Este segundo tema difícilmente puede distinguirse del primero en Aristóteles, en cuanto en él la actividad mimética tiende a confundirse con la construcción de la trama. Este tema, por tanto, mostrará su envergadura y conquistará su autonomía sólo en la continuación de esta obra [2]. La *Poética,* en efecto, no dice nada sobre la relación entre la actividad poética y la experiencia temporal. Ni la propia actividad poética tiene, en cuanto tal, ningún carácter temporal específico. Sin embargo, el silencio total de Aristóteles sobre este punto no carece de ventajas, en cuanto que coloca desde el principio nuestra investigación al abrigo del reproche de circularidad tautológica y así instaura, entre las dos cuestiones del tiempo

---

[1] Veremos más adelante por qué traducimos así.

[2] Nos interesaremos, sin embargo, sin supervalorarlas, por todas las anotaciones del texto de Aristóteles que sugieren una relación de referencia entre el texto «poético» y el mundo real «ético».

y de la narración, la distancia más favorable para la investigación de las operaciones mediadoras entre la experiencia viva y el discurso.

Estas breves observaciones dejan ya entrever que no pretendo en absoluto emplear el modelo aristotélico como norma exclusiva en la prosecución de este estudio. Evoco en Aristóteles la estructura melódica de una doble reflexión, cuyo desarrollo es tan importante como su impulso inicial. Este desarrollo afectará a los dos conceptos tomados de Aristóteles: el de la construcción de la trama (*mythos*) y el de la actividad mimética (*mímesis*). Respecto a la primera, será necesario salvar algunas restricciones y prohibiciones que son inherentes al privilegio concedido por la *Poética* al drama (tragedia y comedia) y a la epopeya. No se puede dejar de señalar de entrada la paradoja aparente que consiste en erigir la actividad narrativa en categoría que engloba el drama, la epopeya y la historia, cuando, por una parte, lo que Aristóteles llama historia (*historia*) en el contexto de la poética desempeña más bien la función de contra-ejemplo, y por otra, la narración —o, al menos, lo que él llama poesía diegética— se opone al drama, dentro de la única categoría englobante de la *mímesis;* más aún, no es la poesía diegética, sino la trágica la que eleva a la máxima perfección las virtudes estructurales del arte de componer. ¿Cómo podría convertirse la narración en término englobante cuando en su punto de partida no es más que una especie? Debemos decir hasta qué punto el texto de Aristóteles autoriza a disociar el modelo estructural de su primera acepción trágica y suscita, progresivamente, la reorganización de todo el campo narrativo. Cualesquiera que sean, por lo demás, los márgenes que ofrece el texto de Aristóteles, el concepto aristotélico de construcción de la trama no puede ser para nosotros más que el germen de un desarrollo considerable. Para conservar su función rectora deberá pasar la prueba de otros contra-ejemplos más temibles, proporcionados tanto por el relato moderno de ficción (la novela) como por la historia contemporánea (la historia no narrativa).

Por su parte, el pleno desarrollo del concepto de *mímesis* exige que se dé menos importancia a la relación referencial al dominio «real» de la acción, y que este dominio reciba otras determinaciones distintas de las «éticas» —por lo demás, considerables— que le asigna Aristóteles, para que podamos hacerle alcanzar la problemática establecida por Agustín referente a la experiencia discordante del tiempo. Habrá un largo camino más allá de Aristóteles. No podrá decirse cómo la narración se relaciona con el tiempo antes de que se haya podido plantear, en toda su amplitud, el problema de la *referencia cruzada* —cruzada sobre la experiencia temporal viva— del relato de ficción y del relato histórico. Si el concepto de actividad mimética es primero en la *Poética,* nuestro concepto de referencia cruzada —heredero lejano de la *mímesis* aristotélica— no puede ser sino último y debe retroceder al horizonte de toda nuestra empresa. Por eso sólo se estudiará de modo sistemático en la cuarta parte.

1. *La melódica: el binomio «mímesis»-«mythos»*

No es mi intención hacer un comentario de la *Poética.* Mi reflexión es de segundo grado y supone cierta familiaridad con los grandes comentarios de Lucas, Else, Hardison y, *last but not least,* el de Roselyne Dupont-Roc y Jean Lallot [3]. Los lectores que hayan hecho el mismo recorrido laborioso que yo reconocerán fácilmente lo que mi meditación debe a cada uno de ellos.

No es indiferente abordar el binomio *mímesis-mythos* por el término que a la vez abre y sitúa todo el análisis: el adjetivo «poética» (con el sustantivo «arte» sobrentendido). Él solo pone el sello de la producción, de la construcción y del dinamismo en todos los análisis, y en primer lugar, en los dos términos de *mythos* y *mímesis,* que deben tenerse por operaciones y no por estructuras. Cuando Aristóteles, al sustituir el definidor por lo definido, diga que *mythos* es «la disposición de los hechos en sistema» (*he ton pragmaton systasis*) (50a, 5), habrá que entender por *systasis* (o por el término equivalente *synthesis,* 50a, 5) no el sistema (como

---

[3] G. F. Else, *Aristotle's «Poetics»: The Argument* (Harvard 1957); Lucas, *Aristotle «Poetics»* (Oxford 1968); L. Golden/O. B. Hardison, *Aristotle's «Poetics». A Translation and Commentary for Students of Literature* (Prentice-Hall 1968); *Aristote, «Poétique»,* texto y traducción de J. Hardy (París 1969); *Aristote, la «Poétique»,* texto, traduc. y notas por Roselyne Dupont-Roc y Jean Lallot (París 1980). Igualmente estoy en deuda con la obra de James M. Redfield *Natura and Culture in the Iliad. The tragedy of Hector* (Chicago 1975).

traducen Dupont-Roc y Lallot, *op. cit.,* 55), sino la disposición (si se quiere, en sistema) de los hechos, para señalar el carácter operante de todos los conceptos de la *Poética.* Por eso, sin duda, desde las primeras líneas, el *mythos* se pone como complemento de un verbo que quiere decir componer. La poética se identifica de este modo, sin otra forma de proceso, con el arte de «componer las tramas» (47*a*, 2)[4]. El mismo criterio debe emplearse en la traducción de *mímesis:* dígase imitación o representación (según los últimos traductores franceses), lo que hay que entender es la actividad mimética, el proceso activo de imitar o de representar. Se trata, pues, de imitación o representación en su sentido dinámico de puesta en escena, de trasposición en obras de representación. Y siguiendo la misma exigencia, cuando Aristóteles enumere y defina, en el capítulo VI, las «partes» de la tragedia, habrá que entender no las «partes» del poema, sino las del arte de componer[5].

Mi insistencia incesante sobre este carácter dinámico, impuesto por el adjetivo «poético» a todo el análisis posterior, es, sin duda, intencionada. Cuando, en la segunda y en la tercera parte de esta obra, abogue por la primacía de la comprensión narrativa, ya en relación con la explicación (sociológica u otra) en historiografía, ya en relación con la explicación (estructuralista u otra) en la narración de ficción, abogaré por la primacía de la actividad creadora de tramas respecto a cualquier clase de estructuras estáticas, de paradigmas acrónicos, de invariantes intemporales. No añado nada más sobre esto aquí. Lo que sigue aclarará suficientemente mi propósito.

Pero volvamos al binomio *mímesis-mythos.*

La *Poética* de Aristóteles sólo tiene un concepto globalizador:

---

[4] Adopto la traducción de Dupont-Roc, que corrijo sólo en un punto: vierto *mythos* por *trama,* siguiendo el modelo del término inglés *plot.* La traducción por *historia* se justifica; sin embargo, no la he conservado por la importancia que en mi obra tiene la historia, en el sentido de historiografía. La palabra *historia* no permite distinguir, como en inglés, entre *story* e *history.* En cambio, la palabra *trama* orienta en seguida hacia su equivalente: la disposición de los hechos, cosa que no hace la traducción de J. Hardy por *fábula.*

[5] G. Else, *ad* 47*a*, 8-18. El comentarista sugiere incluso traducir el término *mímesis,* cuando aparece en plural (47*a*, 16), por *imitatings,* para manifestar que el proceso mimético expresa la propia actividad poética. La terminación en *-sis,* común a *poiesis, systasis, mímesis,* subraya el carácter de proceso de cada uno de estos términos.

el de la *mímesis*. Este concepto sólo aparece definido contextual-
mente y en uno solo de sus usos, el que nos interesa aquí: la imitación o la representación de la acción. Más concretamente aún: la
imitación o la representación de la acción en el *medium* del lenguaje métrico; por tanto, acompañado de ritmos (a los que se añaden, en el caso de la tragedia, ejemplo, *princeps,* además el espectáculo y el canto) [6]. Pero aquí sólo se tiene en cuenta la imitación
o la representación de la acción propia de la tragedia, de la comedia
y de la epopeya. Todavía no es definida según su propio plano de
generalidad. Sólo se define expresamente la imitación o la representación de la acción propia de la tragedia [7]. No acometeremos
directamente esta seria dificultad de la definición de la tragedia;
seguiremos más bien el hilo que Aristóteles nos ofrece en el propio
capítulo VI, cuando nos da la clave de la construcción de esta definición. Ésta no se hace genéricamente —por diferencia específica—,
sino por articulación en «partes»: «Toda tragedia implica necesariamente seis partes, y de ellas recibe su calidad. Y son: la trama, los
caracteres, la expresión, el pensamiento, el espectáculo y el canto»
(50*a*, 7-9).

Conservo para mi trabajo esta cuasi identificación entre las dos
expresiones: imitación o representación de acción y disposición de
los hechos. La segunda expresión es, como hemos dicho, el definidor que Aristóteles sustituye por el definido *mythos,* trama. Se
garantiza esta cuasi identificación mediante una primera jerarquización entre las seis partes, que da la prioridad al «qué» (objeto) de
la representación —intriga, carácter, pensamiento—, respecto al
«por lo que» (medio) —la expresión y el canto— y al «cómo»
(modo) —el espectáculo—; luego, mediante una segunda jerarquización dentro del «qué», que sitúa la acción por encima de los caracteres y del pensamiento [«es, ante todo, representación de una ac-

[6] Sin embargo, las «representaciones en imágenes» (7*a*, 1) evocadas en el
capítulo I —consagrado al «cómo de la representación» y no a su «qué» y
a su «modo» (véase *infra*)— proporcionan continuamente paralelos ilustrati-
vos tomados de la pintura.

[7] «La tragedia es la representación de una acción noble y completa, de
cierta amplitud, en lenguaje sazonado, separada cada una de las especies [de
aderezos] en distintas partes, actuando los personajes y no mediante relato
(apangelia), y que mediante compasión y temor lleva a cabo la purgación de
tales acciones» (cap. VI, 49*b*, 24-28).

ción (*mimesis praxeos*) y, sólo por eso, de hombres que actúan», 50*b*, 3]. Al término de esta doble jerarquización, la acción aparece como la «parte principal», el «fin buscado», el «principio» y, si se puede hablar así, el «alma» de la tragedia. Esta cuasi identificación queda garantizada por la afirmación: «La trama es la representación de la acción» (50*a*, 1).

Este texto será en lo sucesivo nuestro guía. Él nos exige pensar juntos y definir recíprocamente la imitación o la representación de la acción y la disposición de los hechos. En principio, esta equivalencia excluye cualquier interpretación de la *mímesis* de Aristóteles en términos de copia, de réplica de lo idéntico. La imitación o la representación es una actividad mimética en cuanto produce algo: precisamente, la disposición de los hechos mediante la construcción de la trama. Salimos de pronto del uso platónico de la *mímesis,* tanto en su sentido metafísico como en el técnico empleado en *República* III, que opone la narración «por *mímesis*» a la narración «simple». Dejemos este segundo punto para la discusión del nexo entre narración y drama. Conservemos de Platón el sentido metafísico dado a la *mímesis,* en conexión con el concepto de participación, según el cual las cosas imitan a las ideas, y las obras de arte a las cosas. Mientras que la *mímesis* platónica aleja la obra de arte bastante del modelo ideal, que es su fundamento último [8], la *mímesis* de Aristóteles sólo tiene un punto de distanciamiento: el hacer humano, las artes de composición [9].

Por tanto, si reservamos a la *mímesis* el carácter de actividad que le confiere la *poiesis,* y si, además, mantenemos el sentido de la

---

[8] Aquí Aristóteles replica a Platón, que a su vez hace lo mismo con Gorgias (Redfield, *op. cit.,* 45ss). Éste elogia al artista y al pintor por su arte de engañar *(Dissoi logoi* y *Elogio de Helena).* Sócrates saca de aquí argumento contra el arte y el poder que da de manipular la opinión. Esta desconfianza domina toda la discusión de la *mímesis* en el libro X de la *República.* Conocemos la famosa definición de arte como «imitación de la imitación, alejada dos grados de lo que es» *(República* X, 596*a*-597*b)* y además condenada a «imitar el *pathos* de los demás» (604*e*). El legislador no puede, pues, ver en la poesía más que lo contrario de la filosofía. La *Poética* es así una réplica a *República* X: la imitación, para Aristóteles, es una actividad y una actividad que *enseña.*

[9] Los «medios» de la representación, a los que ya hemos aludido, aunque más numerosos que los que emplean la tragedia, la comedia y la epopeya, no permiten nunca salirse de las artes de composición.

definición de la *mímesis* por el *mythos,* entonces no se debe dudar en entender la acción —complemento de objeto en la expresión: *mimesis praxeos* (50*b,* 3)— como el correlato de la actividad mimética regida por la disposición de los hechos (en sistema). Discutiremos más tarde otras maneras posibles de construir la relación de la imitación con su «qué» (trama, carácter y pensamiento). La estricta correlación entre *mímesis* y *mythos* aconseja dar al genitivo *praxeos* el sentido dominante, aunque quizá no exclusivo, de correlato neomático de una noesis práctica [10]. La acción es lo «construido» de la construcción en que consiste la actividad mimética. Mostraré más tarde que no se debe forzar demasiado esta correlación, que tiende a cerrar el texto poético sobre sí mismo; veremos que la *Poética* no supone nada de esto en absoluto. Además, la única instrucción que nos da Aristóteles es la de construir el *mythos* —por tanto, la disposición de los hechos— como el «qué» de la *mímesis.* Así, pues, la correlación noemática se realiza entre *mímesis praxeos,* tomada como un sintagma único, y la disposición de los hechos, como otro sintagma. Trasladar la misma relación de correlación dentro del primer sintagma, entre *mímesis* y *praxis,* es a la vez plausible, fecundo y arriesgado.

No abandonemos el binomio *mímesis-mythos* sin decir una palabra de las constricciones adicionales, que tienden a explicar los géneros ya constituidos de la tragedia, de la comedia y de la epopeya y, además, a justificar la preferencia de Aristóteles por la tragedia. Hay que estar muy atentos a estas constricciones adicionales. Pues, en cierta manera, hay que suprimirlas para extraer de la

---

[10] Prefiero este vocabulario husserliano al más saussuriano escogido por los últimos traductores franceses, que consideran la *mímesis* como el significante y la *praxis* como el significado, con exclusión de cualquier referencia extralingüística (Dupont-Roc/Lallot, *ad* 51*a,* 35, pp. 219-220). En primer lugar, el binomio significante-significado no me parece apropiado, por razones que explico en *La metáfora viva,* y que tomo de Benveniste, al orden semántico del discurso-frase y *a fortiori* al del texto, que es una composición de frases. Además, la relación noético-noemática no excluye un desarrollo referencial, representado en Husserl por la problemática del *llenado.* Espero demostrar más tarde que la *mímesis* aristotélica no se agota en la estricta correlación noético-noemática entre representación y representado, sino que abre el camino a una investigación de los referentes de la actividad poética buscados a que apunta la construcción de la trama antes y después de la *mímesis-mythos.*

Poética el modelo de construcción de la trama que intentamos extender a toda composición que llamamos narrativa.

La primera constricción limitativa intenta explicar la distinción entre comedia por una parte y tragedia y epopeya por otra. No se refiere a la acción en cuanto tal, sino a los caracteres, que Aristóteles subordina rigurosamente a la acción, como veremos más adelante. Sin embargo, aparece introducida desde el capítulo II de la *Poética:* en efecto, la primera vez que Aristóteles debe dar un correlato determinado a la actividad de «los que representan», lo define por la expresión «actuantes»: «los que representan personajes en acción» (48*a*, 1). Si no acude directamente a la fórmula, la única canónica para la *Poética,* de la *mímesis* —«representación de acción»—, es porque necesita introducir muy pronto en el campo de la representación articulada por el lenguaje rítmico un criterio *ético* de nobleza o de bajeza, el cual se aplica a los personajes en cuanto que tienen tal o cual carácter. Sobre la base de esta dicotomía, se puede definir la tragedia como la que representa a los hombres «mejores», y la comedia, «peores» [11].

La segunda constricción limitativa es la que separa la epopeya, por una parte, de la tragedia, y por otra, de la comedia, las cuales se hallan esta vez en el mismo lado de la línea divisoria. Esta limitación merece la máxima atención, ya que va en contra de nuestra intención de considerar la narración como el género común y la epopeya como la especie narrativa. El género, aquí, es la imitación o la representación de la acción, de la que la narración y el drama son especies coordinadas. ¿Qué constricción obliga a oponerlas? En primer lugar, es claro que no es una constricción la que divide los objetos, el «qué» de la representación, sino su «cómo», su «modo» [12]. Sin embargo, si los tres criterios de los medios, del modo y

---

[11] ¿Mejores o peores que qué cosa? El texto lo dice: mejores «que los hombres reales» (48*a*, 18). Discutiré más tarde esta referencia de la *Poética* a un rasgo de la acción ética en el mundo «real». Relacionaré esta referencia con el empleo del término *mímesis* regido menos estrictamente por la correlación noemática con el *mythos*. Hay que anotar que esa referencia a la ética se aplica en realidad a todo el campo de la actividad mimética, en particular a la pintura. La distinción entre comedia y tragedia no es, en este sentido, más que la aplicación del criterio del «cómo» a las artes del lenguaje versificado (48*a*, 1-18).

[12] En su comentario al capítulo III, consagrado al *modo* de la *mímesis,* Else observa que los tres modos —narrativo, mixto y dramático— constitu-

del objeto son en principio de igual valor, todo el peso del análisis posterior está del lado del «qué». La equivalencia entre *mímesis* y *mythos* reside en el «qué». De hecho, en el orden del argumento, la epopeya sigue las reglas de la tragedia, con una sola variante, la de su «extensión», que puede obtenerse de la propia composición y que no tiene por qué afectar a las reglas fundamentales de la disposición de los hechos. Lo esencial es que el poeta —narrador o dramaturgo— sea «compositor de tramas» (51*b*, 27). Además, es importante observar que la diferencia de modo, ya relativizada como simple modo, sufre constantemente, en su propio campo de aplicación, numerosas atenuaciones en el transcurso de los análisis posteriores de la *Poética*.

Al comienzo (cap. III), la diferencia es clara y tajante: una cosa es, para el que imita —por tanto, para el autor de la actividad mimética, cualquiera que sea el arte y a propósito de caracteres de cualquier cualidad—, conducirse como «narrador» (*apangelia, apangelionta*), y otra hacer de los personajes «los autores de la representación», «como operantes y actuantes» (48*a*, 23)[13]. Es, pues, ésta una distinción tomada de la actitud del poeta respecto a sus personajes (en esto constituye un «modo» de representación), o bien el poeta habla directamente, y en este caso narra lo que sus personajes hacen, o bien les da la palabra y habla indirectamente a través de ellos, y entonces ellos «hacen el drama» (48*a*, 29).

¿Nos prohíbe esta distinción reunir epopeya y drama bajo el título de narración? En absoluto. En primer lugar, no caracterizaremos la narración por el «modo» —por la actitud del autor—, sino por el «objeto», ya que llamamos narración exactamente a lo que Aristóteles llama *mythos,* la disposición de los hechos. No diferimos, pues, de Aristóteles en el plano en el que él se coloca, el del «modo». Para evitar cualquier confusión, distinguiremos la

yen una progresión que hace del modo dramático la imitación por excelencia, en virtud del carácter directo de la expresión de la verdad humana, realizando los propios personajes la acción representada o imitada (*op. cit.,* 101).

[13] Aristóteles emplea simultáneamente *apangelia* (cap. III) y *diegesis* (capítulos XXIII y XXVI): «La epopeya, que es una narración (*en de te epopoiia dia to diegesin)*» (59*b*, 26). El vocabulario viene de Platón (*República* III, 392*c*-394*c*). Pero mientras en Platón la narración «por *mímesis*» se oponía a la narración «simple», en cuanto delegada a un personaje de narración directa, con Aristóteles la *mímesis* se convierte en la gran categoría, que engloba la composición dramática y la composición diegética.

narración en sentido amplio, definida como el «qué» de la actividad mimética, y la narración en el sentido estricto de la *diegesis* aristotélica, que llamaremos en lo sucesivo composición diegética [14]. Además, la traslación terminológica apenas fuerza las categorías de Aristóteles, ya que éste minimiza continuamente la diferencia, ya la considere del lado del drama, ya del de la epopeya. Del drama se dice que lo que tiene la epopeya (intriga, carácter, pensamiento, ritmo) lo tiene también la tragedia. Lo que tiene de más (el espectáculo y la música) no le es realmente esencial. El espectáculo, en particular, es, sin duda, una «parte» de la tragedia, pero «muy ajena al arte y la menos propia de la poética, pues la fuerza de la tragedia existe también sin representación y sin actores» (50*b*, 17-19). Más adelante en la *Poética,* al entregarse al clásico ejercicio de distribución de los premios (cap. XXVI), Aristóteles atribuye a la tragedia el mostrar algo; pero es para retractarse en seguida: «La tragedia produce su propio efecto también sin movimiento, igual que la epopeya: sólo con leerla se puede ver su calidad» (62*a*, 12) [15].

Respecto a la epopeya, la relación del poeta con sus personajes en el acto de narrar no es tan directa como quiere la definición. Una primera atenuación se incorpora a él incluso desde el principio: Aristóteles añade un paréntesis a su definición del poeta en cuanto narrador: «Ya convirtiéndose hasta cierto punto en otro (como hace Homero), ya como uno mismo y sin cambiar» (48*a*, 21-23). Precisamente se alaba a Homero más tarde (cap. XXIII)

[14] Dupont-Roc/Lallot, *op cit.,* 370, no dudan, en su comentario en el capítulo XXIII, en hablar de «relato diegético» y de «relato narrativo» para designar la narración contada por el narrador (según la definición del capítulo III de la *Poética).* Se debe, pues, poder hablar también de relato dramático y así conceder al término relato (narración) un carácter genérico con respecto a sus dos especies (dramático y diegético).

[15] Sé puede atenuar como sigue la contradicción de los dos juicios sobre el espectáculo y al mismo tiempo la ligera mala fe de Aristóteles, que quiere que se acepte su preferencia por la tragedia sin transigir con su modelo formal, que excluye la escenificación efectiva. Puede afirmarse, por una parte, con Dupont-Roc y Lallot *(op. cit.,* 407-408), que el libreto de teatro contiene todos los rasgos constitutivos de la actividad mimética, sin la existencia del espectáculo; y, por otra, que el tipo de enunciación del texto dramático contiene la exigencia de ser representado. Con otras palabras: el libreto, sin espectáculo, es una prescripción de espectáculo. El espectáculo efectivo no es necesario para que esta prescripción exista. Este estatuto es también el de la partitura de orquesta.

por su arte de perderse tras sus personajes dotados de caracteres, de dejarlos actuar, hablar en su propio nombre; en una palabra: llenar la escena. En esto, la epopeya imita al drama. Aristóteles puede escribir, sin paradoja, al comienzo del capítulo consagrado al «arte de representar mediante la narración en verso» (59*a*, 17): «Es evidente que, como en la tragedia, las tramas deben estructurarse de manera dramática, etc.» (59*a*, 19). Así, en el binomio drama-narración, el primero califica lateralmente a la segunda hasta el punto de servirle de modelo. De múltiples maneras, pues, Aristóteles atenúa la oposición «modal» ente imitación (o representación) diegética e imitación (o representación) dramática, oposición que, de todas formas, no afecta al objeto de la imitación, a la construcción de la trama.

Una última constricción limitativa merece situarse en el título del binomio *mímesis-mythos,* ya que permite precisar el uso aristotélico de la *mímesis:* me refiero a la que subordina la consideración de los caracteres a la de la propia acción. La construcción parece limitativa si se considera el desarrollo moderno de la novela y la tesis de Henry James [16], que otorga al desarrollo del carácter igual derecho, si no superior, que al de la trama. Como observa Frank Kermode [17], para desarrollar un carácter hay que narrar más, y para desarrollar una trama hay que enriquecer un carácter. Aristóteles es más exigente: «La tragedia es representación no de personas, sino de acción, de vida y de felicidad (la infelicidad reside también en la acción), y el fin buscado es una acción, no una cualidad... Además, sin acción no puede haber tragedia; pero sin caracteres, sí» (50*a*, 16-24). Es cierto que se puede atenuar el rigor de las jerarquías al observar que se trata sólo de ordenar las «partes» de la tragedia. Además, la diferencia entre la tragedia y la comedia se basa en las

[16] Henry James, Prefacio a *The Portrait of a Lady* (1906), en *The Art of the Novel* (Nueva York 1934) 42-48.

[17] Frank Kermode, *The Genesis of Secrecy* (Harvard 1978) 81ss. En el mismo sentido, James Redfield observa que la *Ilíada* está construida en torno a la cólera de Aquiles y también al destino trágico de Héctor. Pero, en una epopeya en la que los personajes no tienen interioridad afirmada, sólo importa la interacción de los caracteres. Por eso el carácter sólo adquiere significación al engendrar una trama (*ibíd.,* 22). Ya no hay disputa de prioridad si, además, se entiende por trama, según Karmode, «la implícita unidad conceptual que ha dado a la obra su forma actual» (*ibíd.,* 23). Es la opinión a la que, de mi parte, me adhiero en todo mi estudio.

diferencias éticas que afectan a los caracteres. Por tanto, la atribución de segundo rango a los caracteres no tiene nada que descalifique la categoría del personaje. Por lo demás, encontraremos en la semiótica narrativa contemporánea —nacida de Propp— intentos comparables al de Aristóteles para reconstruir la lógica narrativa a partir no de los personajes, sino de las «funciones», de los segmentos abstractos de acción.

Pero lo esencial no es eso: al dar así la preeminencia a la acción sobre el personaje, Aristóteles establece el estatuto mimético de la acción. En ética (cf. *Etic a Nic.* II, 1105*a*, 30ss), el sujeto precede a la acción en el orden de las cualidades morales. En poética, la composición de la acción por el poeta determina la cualidad ética de los caracteres. La subordinación del carácter a la acción no es, pues, una constricción de la misma naturaleza que las dos precedentes; confirma la equivalencia entre las dos expresiones: «representación de acción» y «disposición de los hechos». Si se debe acentuar la disposición, entonces la imitación o la representación debe serlo de acción más que de hombres.

2.   *La trama: un modelo de concordancia*

Pasemos temporalmente por alto la cuestión del estatuto de la *mimesis,* por cuanto no se define sólo por la construcción de la trama, y adentrémonos sin vacilación en la teoría del *mythos* para estudiar en él el punto de partida de nuestra propia teoría de la composición narrativa.

No podemos olvidar que la teoría del *mythos* se saca de la definición de la tragedia, que se lee en el capítulo VI de la *Poética,* que hemos citado antes. Aristóteles sólo crea, pues, la teoría del *mythos* trágico.

El problema, que no nos abandonará hasta el final de esta obra, es saber si el paradigma de orden, característico de la tragedia, es susceptible de extensión y de transformación, hasta el punto de poder aplicarse al conjunto del campo narrativo. Sin embargo, esta dificultad no debe retenernos. El rigor del modelo trágico posee la ventaja de colocar muy alto la exigencia de orden al inicio de nuestra investigación de la comprensión narrativa. Se instaura, sin más, el contraste más radical con la *distentio animi* agustiniana. Así, el *mythos* trágico aparece como la solución poética de la paradoja especulativa del tiempo en cuanto que la propia invención del orden se manifiesta excluyendo cualquier característica temporal. Nuestra tarea y nuestra responsabilidad será sacar las implicaciones temporales del modelo, en conexión con el despliegue de la teoría de la *mímesis* que presentamos más tarde. Pero la empresa de pensar conjuntamente la *distentio animi* de Agustín y el *mythos* trágico de Aristóteles parecerá al menos plausible si tenemos a bien considerar que la teoría aristotélica no hace sólo hincapié en la concordancia, sino también, de un modo muy sutil, en el juego de la discordancia dentro de la concordancia. Precisamente esta dialéctica interna a la composición poética hace del *mythos* trágico la figura invertida de la paradoja agustiniana.

La definición del *mythos* como disposición de los hechos subraya, en primer lugar, la concordancia. Y esta concordancia se caracteriza por tres rasgos: plenitud, totalidad y extensión apropiada [18].

La noción de «todo» (*holos*) es el eje del análisis que sigue. Éste, lejos de orientarse hacia la investigación del carácter temporal de la disposición, se atiene exclusivamente a su carácter lógico [19].

---

[18] «Nuestra tesis es que la tragedia consiste en la representación de una acción llevada hasta su término (*teleias*), que forma un todo (*holes*) y tiene cierta extensión (*megethos*)» (50*b*, 23-25).

[19] Else apoya decididamente esta disyunción de lo lógico y de lo cronológico (cf. comentario *ad* 50*b*, 21-34). Sólo cuenta la necesidad interna que hace de lo verosímil o de lo necesario la norma principal de la poética (*op. cit.*, 282). El comentarista llega incluso a ver en este esquema temporal, idealmente denso, un hijo del «on» parmenidiano en el ámbito del arte (p. 294). Se apoya en que, hablando de la epopeya en el cap. XXIII, Aristóteles se pone en guardia contra los tipos de «crónicas que son necesariamente la expresión no de una acción sola, sino de un período único (*henos khronou*)» (59*a*, 22-23). A esta «crónica de un tiempo único», Aristóteles opondría sus universales, que son «intemporales» (p. 574). No creo que sea necesario llevar tan lejos esta oposición entre lo lógico y lo cronológico, a menos que se renuncie al parentesco entre la *Poética* y la *Ética*. Intentaré, por mi parte, en el capítulo siguiente, elaborar una noción no cronológica de la temporalidad narrativa. ¿No habla el propio Else de los acontecimientos contenidos en el drama como de «eventos que no están en el tiempo, al menos en el sentido habitual»? (p. 574). Por eso no puede ignorarse del todo el tiempo dramático, desde el momento en que se otorga a la epopeya el privilegio de poder «narrar varias partes de la trama que se realizan simultáneamente (*hama*)» (59*b*, 27). La *perspectiva temporal única* impuesta por una acción ejecutada por los propios personajes merece sin duda que se reflexione sobre el tiempo de la narración dramática como distinto de la narración diegética y sobre el tiempo de la trama que rige a ambos.

Y es precisamente en el momento en que la definición roza la idea de tiempo cuando se mantiene más alejada de él: «Un todo —se dice— es lo que tiene principio, medio y fin» (50*b*, 26). Ahora bien, sólo en virtud de la composición poética algo tiene valor de comienzo, medio o fin: lo que define el comienzo no es la ausencia de antecedente, sino la ausencia de necesidad en la sucesión. Respecto al fin, éste es, sin duda, lo que sigue a otra cosa, pero «en virtud, sea de la necesidad, sea de la probabilidad» (50*b*, 30). Sólo el medio parece definido por la simple sucesión: «Viene después de otra cosa, y después de él viene otra cosa» (50*b*, 31). Pero, en el modelo trágico, él tiene su lógica propia: la del «cambio» (*metabole, metaballein*, 51*a*, 14; *metabasis*, 52*a*, 16) de la dicha en infortunio. La teoría de la trama «compleja» hará una tipología de los cambios con efecto propiamente trágico. Con el análisis de esta idea de «todo» se acentúa, pues, la ausencia de azar y la conformidad con las exigencias de necesidad o de probabilidad que regulan la sucesión. Ahora bien: si la sucesión puede subordinarse de este modo a alguna conexión lógica, es porque las ideas de comienzo, de medio y de fin no se toman de la experiencia: no son rasgos de la acción efectiva, sino efectos de la ordenación del poema.

Lo mismo ocurre con la extensión. Sólo dentro de la trama tiene la acción un contorno, un límite (*horos*, 51*a*, 6) y, en consecuencia, una extensión. Volveremos más tarde, al tratar de la estética de la recepción, en germen en Aristóteles, sobre la función de la mirada o de la memoria en la definición de este criterio de conveniencia. Cualquiera que sea la capacidad del espectador para abarcar la obra de un solo golpe de vista, este criterio externo se combina con una exigencia interna en la obra, que únicamente interesa en este momento: «La extensión que permite la transición desde el infortunio a la dicha o desde la dicha al infortunio, desarrollándose los acontecimientos en sucesión verosímil o necesaria, proporciona suficiente límite (*horos*) de la longitud» (51*a*, 12-15). Es cierto que esta extensión sólo puede ser temporal: el cambio exige tiempo. Pero es el tiempo de la obra, no el de los acontecimientos del mundo: el carácter de necesidad se aplica a acontecimientos que la trama hace contiguos (*ephexes; ibíd.*). Los tiempos vacíos no entran en cuenta. No se pregunta por lo que el héroe hizo entre dos acontecimientos que en la vida estarían separados: en *Edipo Rey* —observa Else—, el mensajero vuelve en el instante preciso en que la intriga requiere su presencia: «Ni antes ni después» *(no sooner and no later; op. cit.,* 293). También por razones internas a la composición, la epopeya admite una extensión mayor: más tolerante respecto a los acontecimientos episódicos, exige también más amplitud, pero sin incumplir la exigencia de límite.

Respecto al tiempo, no sólo no lo tiene en cuenta, sino que lo excluye: así, a propósito de la epopeya (cap. XXIII), sujeta a las exigencias de plenitud y totalidad ilustradas excelentemente por la tragedia, Aristóteles opone dos clases de unidades: por una parte, la unidad temporal *(henos khronou),* que caracteriza «un período *único* con todos los acontecimientos que durante él sucedieron a uno o a varios hombres y que mantienen entre sí relaciones contingentes» (59*a,* 23-24); por otra, la unidad dramática, que caracteriza a «una *única* acción» (59*a,* 22) (que forma un todo y llega hasta su término, con un comienzo, un medio y un fin). Por tanto, las numerosas acciones que sobrevienen en un único período de tiempo no forman una *sola* acción. Por eso se alaba a Homero, por haber escogido en la historia de la guerra de Troya —aunque ésta tenga un comienzo y un fin— «una parte única», de la que sólo su arte determina el comienzo y el fin. Estas observaciones confirman que Aristóteles no muestra ningún interés por la construcción del tiempo que puede ser implicada en la construcción de la trama.

Si, pues, el vínculo interno de la trama es más lógico que cronológico, ¿de qué lógica se trata? A decir verdad, no se pronuncia el término 'lógico', salvo que necesidad y probabilidad son categorías familiares al *Organon.* Y no se pronuncia porque se trata de una inteligibilidad apropiada al campo de la *praxis* y no de la *theoria,* próxima, pues, a la *phronesis,* que es la inteligencia de la acción. La poesía, en efecto, es un «hacer» y un «hacer» sobre un «hacer» —los «actuantes» del cap. II—. Sólo que no es un hacer efectivo, ético, sino precisamente inventado, poético. Por eso es necesario distinguir los rasgos específicos de esta inteligencia mimética y mítica, en el sentido aristotélico de estos dos términos.

Que se trata sin duda de inteligencia, Aristóteles nos lo advierte desde el capítulo IV, donde establece por vía genética sus conceptos directivos. ¿Por qué —se pregunta— nos gusta mirar las imágenes de cosas en sí mismas repugnantes —animales innobles o cadáveres—? «La razón es que aprender agrada mucho no sólo a los filósofos, sino también a los demás hombres (...) En efecto, si disfrutan viendo las imágenes es porque, al contemplarlas, aprenden y deducen qué es cada cosa, como cuando se dice: éste es aquél» (48*b*, 12-17). Aprender, deducir, reconocer la forma: éste es el esqueleto inteligible del placer de la imitación (o de la representación) [20]. Pero, si no se trata de los universales de los filósofos, ¿qué pueden ser estos universales «poéticos»? Que son universales, no hay ninguna duda, puesto que se puede caracterizarlos por la doble oposición de lo posible a lo efectivo y de lo general a lo particular. El primer binomio se ilustra, como se sabe, por la conocida oposición entre la poesía y la historia, como hace Herodoto [21]: «Pues el historiador y el poeta no se diferencian por decir las cosas en verso o en prosa (sería posible versificar las obras de Herodoto, y no serían menos historia en verso que en prosa); la diferencia está en que uno dice lo que ha sucedido y el otro lo que podría suceder; por eso la poesía es más filosófica y elevada que la historia; pues la poesía dice más bien lo general, y la historia, lo particular» (51*b*, 1-7).

Sin embargo, la cuestión no está del todo dilucidada, pues Aristóteles se cuida bien en oponer a «lo que realmente sucede (...) lo que podría suceder, según la verosimilitud o la necesidad» (51*a*, 37-38). Y más tarde: «Lo general es lo que cierto tipo de hombres hace o dice verosímil o necesariamente» (51*b*, 9). Con otras palabras: lo posible, lo general no hay que buscarlo en otro sitio distin-

[20] Sobre la «respuesta intelectual» a las imitaciones del artista, cf. G. Else (comentario *ad* 48*b*, 4-24). James Redfield insiste igualmente con fuerza en esta función *docente* de la imitación *(op. cit.,* 52-55): lo probable es universal a su modo (pp. 55-60); la trama da a conocer (pp. 60-67). Por eso la *Poética* guarda un vínculo estrecho con la retórica del siglo v y su cultura de la argumentación. Pero mientras en el tribunal el argumento se añade a la narración, abandonada a lo contingente, el drama incluye el argumento en la narración y construye las condiciones del acontecimiento desde la trama: «Podemos definir la ficción como resultado de una hipotética investigación sobre las causas intermedias de la acción, investigación que ha conducido al poeta al descubrimiento y la comunicación en una historia de algunas formas universales de probabilidad y necesidad humanas» (pp. 59-60). Así, «la ficción es el resultado de una especie de investigación» (p. 79). ¿Cómo ha podido ocurrir esto? ¿Quién actuaría así? En el mismo sentido escribe Golden: «Mediante la imitación o representación, los acontecimientos reciben forma, y así, aunque impuros en sí mismos, los eventos representados son purificados —clasificados— dentro de una inteligibilidad» *(op. cit.,* 236).

[21] Los últimos traductores franceses dicen «la crónica», ya que han reservado el término «historia» para traducir *mythos*. Esta elección tiene, por lo demás, la ventaja de permitir un juicio menos negativo sobre la historiografía.

to de la disposición de los hechos, ya que es este encadenamiento el que debe ser necesario o verosímil. En una palabra: es la trama la que debe ser típica. Se comprende, una vez más, por qué la acción es más importante que los personajes: la universalización de la trama universaliza a los personajes, aun cuando conserven un nombre propio. De ahí el precepto: concebir en primer lugar la trama; luego, dar nombres.

Se puede objetar entonces que el argumento es circular: lo posible y lo general caracterizan lo necesario o lo verosímil; pero lo necesario y lo verosímil condicionan, a su vez, lo posible y lo general. ¿Hay, pues, que suponer que la disposición como tal —un vínculo relacionado con la causalidad— hace típicos los hechos dispuestos? Intentaré por mi parte, siguiendo a teóricos narrativistas como Louis O. Mink [22], hacer recaer todo el peso de la inteligibilidad sobre la conexión en cuanto tal establecida entre acontecimientos; en una palabra: en el acto judicativo de «tomar juntos». Pensar un vínculo de causalidad, incluso entre acontecimientos singulares, es ya universalizar.

Esto viene confirmado por la oposición entre trama única y trama episódica (51*b*, 33-35). Aristóteles no reprueba los episodios: la tragedia no puede economizarlos so pena de hacerse monótona, y la epopeya saca de ellos la mejor parte. Lo que condena es la falta de ilación de los episodios: «Llamo episódica a la trama en que la sucesión (*met'allela*) [y no el encadenamiento] de los episodios no es ni verosímil ni necesaria» (*ibíd.*). Ahí reside la oposición clave: «Uno después de otro», «uno, causa de otro» (*di'allela*, 52*a*, 4). Uno después de otro es la sucesión episódica y, por tanto, lo inverosímil; uno a causa de otro es el encadenamiento causal y, por tanto, lo verosímil. Ya no cabe duda: la universalidad que comporta la trama proviene de su ordenación; ésta constituye su plenitud y su totalidad. Los universales engendrados por la trama no son ideas platónicas. Son universales próximos a la sabiduría práctica; por tanto, a la ética y a la política. La trama engendra tales universles cuando la estructura de la acción descansa en el vínculo interno a la acción y no en accidentes externos. La conexión interna es el inicio de la universalización. Sería un rasgo de la *mimesis* buscar en el *mythos* no su carácter de fábula, sino el de coherencia.

---

[22] Cf. *infra,* segunda parte, cap. II.

Su «hacer» sería de entrada un «hacer» universalizante. Aquí se contiene en germen todo el problema del *Verstehen* narrativo. Componer la trama es ya hacer sugir lo inteligible de lo accidental, lo universal de lo singular, lo necesario o lo verosímil de lo episódico. ¿No es esto, en definitiva, lo que dice Aristóteles en 51*b*, 29-32: «De esto resulta claro que el poeta debe serlo de historias más que de versos, ya que es poeta por la representación, y representa las acciones. Y si en algún caso compone poemas sobre acontecimientos reales, no es menos poeta; pues nada impide que algunos sucesos sean tales que se ajusten a lo verosímil y a lo posible, gracias a lo cual es poeta» (51*b*, 27-32)? [23] Los dos términos de la ecuación se equilibran: hacedor de intriga/imitador de acción; eso es el poeta.

Sin embargo, la dificultad sólo se resuelve parcialmente: se puede verificar un encadenamiento causal en la realidad; pero ¿qué sucede en la composición poética? Pregunta embarazosa: si la actividad mimética «compone» la acción, instaura lo necesario al componer. No ve lo universal, lo hace surgir. ¿Cuáles son entonces sus criterios? Tenemos una respuesta parcial en la expresión evocada anteriormente: «al contemplar las imágenes aprenden a conocerlas y deducen qué es cada cosa, como cuando se dice: éste es aquél» (48*b*, 16-17). Este placer del reconocimiento, como afirman los últimos comentaristas franceses, presupone, a mi modo de ver, un concepto prospectivo de verdad, para el que inventar es re-encontrar. Pero este concepto prospectivo de verdad no tiene cabida en una teoría más formal de la estructura de trama y supone una teoría más desarrollada de la *mimesis* que la que la identifica simplemente con el *mythos*. Volveré sobre ello al final de este estudio.

3. *La discordancia incluida*

El modelo trágico no es simplemente un modelo de concordancia, sino de concordancia discordante. En este aspecto, ofrece un frente a la *distentio animi*. La discordancia está presente en cada estadio

[23] Else exclama: «El constructor de lo que ha sucedido. No el constructor de la actualidad de los acontecimientos, sino de su estructura lógica, de su sentido: su haber sucedido es accidental respecto a su ser compuesto» (*op. cit.*, 321).

del análisis aristotélico, aunque sólo es tratada temáticamente bajo el título de la trama «compleja» (*vs.* «simple»). Se anuncia desde la definición canónica de la tragedia: ésta debe ser la representación de una acción noble «llevada a su término...» (*teleios*) (49a, 25)[24]. La plenitud no es un rasgo desdeñable, dado que el término de la acción es dicha o desdicha y la cualidad ética de los caracteres fundamenta la plausibilidad de uno u otro desenlace. Por tanto, la acción sólo llega a su término cuando produce uno u otro. Así se señala el negativo de los «episodios» que llevan la acción a su término. Aristóteles no dice nada contra los episodios. Proscribe no los episodios, sino la textura episódica, la trama en la que los episodios se encadenan al azar. Los episodios, controlados por la trama, dan amplitud a la obra y, por lo mismo, una «extensión».

Pero la definición de la tragedia contiene otra advertencia: «... mediante la compasión y el temor lleva a cabo la purgación (*catharsis*) de tales afecciones» (49b, 26-27). Dejemos por ahora el problema espinoso de la *catharsis* y centrémonos en el medio (*dia*) de la *catharsis*. Creo que Else y Dupont-Roc/Lallot han comprendido perfectamente la intención de Aristóteles, reflejada en la construcción de la frase: la respuesta emocional del espectador se construye en el drama, en la calidad de los incidentes destructores y dolorosos para los propios personajes. Lo confirmará el tratamiento posterior del término *pathos,* como tercer componente de la trama compleja. Por eso la *catharsis,* cualquiera que sea el significado de este término, la realiza la propia intriga. Por consiguiente, los incidentes de temor y de compasión son la discordancia primera. Constituyen la amenaza principal para la coherencia de la trama. Por eso Aristóteles vuelve a hablar de ellos junto a lo necesario y lo verosímil, y en el mismo contexto que la crítica de la obra en episodios (cap. IX). Y entonces ya no menciona los sustantivos compasión y temor, sino sus adjetivos respectivos (52a, 2), que califican los incidentes representados por el poeta por medio de la trama.

Se busca la concordancia discordante todavía más directamente mediante el análisis del efecto de sorpresa. Aristóteles caracteriza

---

[24] Hemos citado anteriormente: «Una acción completa y entera, de cierta extensión» (50b, 24-25). En el contexto próximo, Aristóteles sólo comenta «entera» y «extensión».

a éste con una extraordinaria expresión en forma de anacoluto: «Contra lo esperado / uno a causa de otro» (*para ten doxan di'allela*) (52a, 4). Lo «sorprendente» (*to thaumaston*) (*ibíd.*) —cumbre de lo discordante— son entonces los golpes del azar que parecen llegar adrede.

Pero llegamos al corazón de la concordancia discordante, todavía común a las tramas simples y complejas, con el fenómeno central de la acción trágica que Aristóteles llama «cambio» (*metabole*) (cap. XI). En la tragedia, el cambio se hace de la dicha al infortunio, pero su dirección puede ser inversa: la tragedia no explota este recurso debido, sin duda, al papel de los incidentes de temor o de compasión. Este cambio adquiere temporalidad y regula la extensión de la obra. El arte de componer consiste en mostrar concordante esta discordancia: el «uno a causa (*dia*) del otro» prevalece sobre el «uno después (*meta*) del otro» (52a, 18-22)[25]. Es en la vida donde lo discordante destruye la concordancia, no en el arte trágico.

Los cambios característicos de la trama compleja son, como se sabe, la *peripecia (peripeteia)* y la *agnición (anagnorisis)*, a las que hay que añadir el *lance patético (pathos)*. Leemos las definiciones de estas modalidades de cambio en el capítulo XI, y los comentarios son perfectamente conocidos[26]. Lo importante para nosotros es que Aristóteles multiplica las constricciones del argumento trágico y de este modo hace a su modelo a la vez más fuerte y más limitado. Más limitado, en cuanto que la teoría del *mythos* tiende a identificarse con la de la trama trágica: el problema consistirá, pues, en saber si lo que llamamos 'lo narrativo' puede obtener el efecto de sorpresa de procedimientos distintos de los que enumera Aristóteles y, por tanto, engendrar constricciones diferentes de las de lo trá-

---

[25] Redfield traduce 52a, 1-4: «La imitación no es sólo de una acción completa, sino de cosas lamentables y temerosas; tales cosas suceden generalmente cuando suceden, contrariamente a lo esperado, una a causa de la otra». Else traduce: «Contrariamente a la experiencia, pero uno a causa del otro». Léon Golden: «Inesperadamente, pero uno a causa del otro».

[26] ¿Guarda la tragedia de Edipo todavía para nosotros, que conocemos la trama y el desenlace, su carácter de *peripecia*? Sí, si no definimos la sorpresa mediante algún conocimiento exterior, sino por la relación con la *espera* creada por el curso interno de la intriga: el cambio está en *nuestra* espera, pero lo crea la *intriga* (cf. *infra*, la discusión de la relación entre la estructura y las disposiciones del auditorio).

gico. Pero el modelo se hace también más fuerte, en la medida en que peripecia, agnición y lance patético —sobre todo cuando se juntan en la misma obra, como en el *Edipo* de Sófocles— lleva a su más alto grado de tensión la fusión de lo «paradójico» y del encadenamiento «causal», de la sorpresa y de la necesidad [27]. Pero toda teoría de la narratividad intenta preservar esta fuerza del modelo por otros medios distintos de los del género trágico. A este respecto podemos preguntarnos si no nos saldríamos de lo narrativo si abandonásemos la constricción principal constituida por el cambio, tomado en su definición más amplia, como el que «invierte el efecto de las acciones» (52*a*, 22). Encontraremos de nuevo esta cuestión cuando nos preguntemos más adelante por «aquello que extrae una historia (o historias) de la acción», según el título del ensayo de H. Lübbe [28]. El papel de los efectos no queridos y, más aún, el de los efectos «perversos» en la teoría de la historiografía, nos planteará un problema análogo. Sus implicaciones son numerosas: si el cambio es tan esencial a cualquier historia en la que lo insensato amenaza a lo sensato, ¿no guarda la conjunción del cambio y de la agnición una universalidad que sobrepasa el caso de la tragedia? ¿No intentan también los historiadores poner lucidez donde hay perplejidad? Y ¿no es mayor la preplejidad donde los cambios de fortuna son más inesperados? Hay otra implicación más coercitiva todavía: ¿no será preciso conservar con el cambio la referencia a la dicha y al infortunio? ¿No tiene, en definitiva, cualquier historia narrada algo que ver con reveses de fortuna, tanto para mejor como para peor? [29] No sería necesario conceder al *lance patético (pathos)*

---

[27] Es función de la *agnición,* en cuanto cambio de la ignorancia en conocimiento, dentro de los límites de que hablaremos luego (siguiente nota), *compensar* el efecto de sorpresa contenido en la *peripecia* por medio de la lucidez que instaura. Al escapar a la auto-decepción, el héroe entra en su verdad y el espectador en el *conocimiento* de esta verdad. En este sentido, Else tiene tal vez razón en relacionar el problema de la falta trágica con el de la agnición. La falta, al menos en cuanto implica ignorancia y error, es realmente lo inverso de la agnición. Trabajo importante será, en la cuarta parte de esta obra, tender un puente entre la agnición aristotélica, la agnición de Hegel y la repetición según Heidegger.

[28] Hermann Lübbe, *Was aus Handlungen Geschichten macht,* en Jürgen Mittelstrass/Manfred Riedel (eds), *Vernünftiges Denken* (Berlín 1978) 237-250.

[29] Los límites del modelo son quizá más claros en el caso de la agnición, en la que el paso de la ignorancia al conocimiento se hace en el seno de las

la parte congruente en este análisis de las modalidades de cambio: Aristóteles da —es cierto— una definición de ellas bastante limitativa al final del capítulo XI. El lance patético debe vincularse a estos «incidentes de temor y de compasión» inherentes a la trama y supremos generadores de discordancia. «El lance patético» —«the thing suffered», interpreta Else— pone sólo el culmen a la compasión y al temor dentro de la trama compleja.

Esta consideración de la cualidad emocional de los incidentes no es ajena a nuestra investigación: no creemos que la preocupación por la inteligibilidad propia de la búsqueda de plenitud y de totalidad deba implicar un «intelectualismo» que hubiese que oponer a un «emocionalismo». Los incidentes de compasión y de temor son cualidades estrechamente unidas a los más inesperados cambios de fortuna y orientados hacia el infortunio. Precisamente, la trama tiende a hacer necesarios y verosímiles estos incidentes discordantes. Y así los purifica o, mejor aún, los depura. Volveremos sobre esto más tarde. Al incluir lo discordante en lo concordante, la trama incluye lo conmovedor en lo inteligible. De este modo, Aristóteles llega a decir que el *pathos* es un ingrediente de la imitación o de la representación de la *praxis*. La ética opone estos términos, la poesía los une [30].

Es necesario ir más lejos: si los aspectos de compasión y de temor permiten así su incorporación a lo trágico, es que estas emociones tienen, como dice Else (*op. cit.,* 375), su *rationale,* el cual, a su vez, sirve de criterio para la cualidad trágica de cada cambio de fortuna. Aristóteles dedica dos capítulos (XII y XIV) a este efecto de criba que la compasión y el temor ejercen respecto a la

relaciones de «amistad o de odio entre los que son designados para la felicidad» (52*a*, 31). Es cierto que la amistad abarca más que los vínculos de sangre, pero constituye una coacción muy estricta. Podemos preguntarnos, sin embargo, si la novela moderna, al menos en la forma que ha tomado en la *Pamela* de Richardson, al hacer del amor el único resorte de la acción, no reconstituye lo equivalente de la coacción de la amistad o del odio gracias a un trabajo de lucidez, equivalente, a su vez, a la agnición aristotélica (cf. *infra,* tercera parte, cap. I).

[30] J. Redfield: «*Pathe* e instrucción conjuntamente constituyen para nosotros el valor característico de una narración bien hecha. Sospecho que Aristóteles entendía por *catharsis* exactamente esta combinación de emoción e instrucción» (*op. cit.,* 67).

propia estructura de la trama. En efecto, en la medida en que estas emociones son incompatibles con lo repugnante y lo monstruoso, igual que con lo inhumano (la falta de esa «filantropía» que nos hace reconocer en los personajes a «semejantes»), desempeñan el papel principal en la tipología de las tramas. Ésta se construye sobre dos ejes: nobleza o bajeza en los caracteres, final feliz o desgraciado. Son las dos emociones trágicas que regulan la jerarquía de las combinaciones posibles: «ya que una —la compasión— se refiere al que no merece su desdicha, y la otra —el temor— a la desdicha de un semejante» (53*a*, 3-5).

Finalmente, las emociones trágicas exigen que una «falta» impida al héroe sobresalir en el orden de la virtud y de la justicia, sin que, sin embargo, el vicio o la maldad lo hagan caer en la desdicha: «Queda, pues, el caso intermedio. Y se halla en tal caso el que ni sobresale por su virtud y justicia ni cae en la desdicha por su bajeza y maldad, sino por algún yerro (*hamartia*)...» (53*a*, 7ss) [31]. Así, incluso el discernimiento de la falta trágica se realiza por la cualidad emocional de la compasión, del temor y del sentido de lo humano [32]. La relación es, pues, circular. La composición de la trama juzga las emociones, al llevar a la representación los incidentes de compasión y de temor, y las emociones purificadas regulan el discernimiento de lo trágico. Apenas se puede llevar más lejos la inclusión de los aspectos de temor y de compasión en la textura dramática. Aristóteles concluye el tema con estas palabras: «Y, puesto que el poeta debe proporcionar por *(dia)* la representación el placer que nace de *(apo)* la compasión y del temor, es claro

---

[31] La *hamartia* no es sólo un caso extremo de discordancia; contribuye, en grado sumo, al carácter de *investigación* de la obra trágica. *Problematiza* la desdicha inmerecida. Interpretar el error trágico es la misión de la tragedia, en cuanto «investigación del poder y la debilidad de la cultura» (Redfield, *op. cit.*, 89). Volveremos más tarde sobre esta función de la obra poética como reveladora de las «disfunciones» de la cultura (*ibíd.*, 111, n. 1).

[32] Else observa con razón que este discernimiento nos convierte en jueces: pero emitimos juicio «no como ministros de la ley, sino como compañeros de humanidad igualmente falibles». La purgación de la piedad y del temor sirve entonces de condenación y de execración. Ni siquiera somos nosotros quienes realizamos la purificación, sino la trama (*op. cit.*, 437). Encontramos de nuevo el vínculo sugerido anteriormente entre la falta trágica y la agnición. La *catharsis* es todo el proceso regido por la estructura y que culmina en la agnición.

que esto hay que introducirlo en *(en)* los hechos al componer *(empoieteon)*» (53*b*, 12-13) [33].

Éstas son las constricciones crecientes a las que Aristóteles somete su modelo trágico. Podemos, pues, preguntarnos si, al aumentar las constricciones de la trama trágica, no ha hecho su modelo más fuerte y más limitado a la vez [34].

4.   *El antes y el después de la configuración poética*

Para terminar, quiero volver a la cuestión de la *mímesis,* segundo centro de mi interés en la lectura de la *Poética.* El problema no me parece solucionado por la equiparación de las expresiones «imitación (o representación) de acción» y «disposición de los hechos». No es que exista algo que suprimir en esta ecuación. No hay duda que el sentido predominante de la *mímesis* es precisamente el fundado en su acercamiento al *mythos:* si seguimos traduciendo *mímesis* por imitación es necesario entender todo lo contrario del calco de una realidad preexistente y hablar de imitación creadora. Y si la traducimos por representación, no se debe entender por esta palabra un redoblamiento presencial, como podría ocurrir con la *mímesis* platónica, sino el corte que abre el espacio de ficción. El creador de palabras no produce cosas, sino sólo cuasi-cosas; inventa el como-si. En este sentido, el término aristotélico de *mímesis* es el emblema de esta desconexión, que, con palabras de hoy, instaura la literalidad de la obra literaria.

[33] Golden traduce: «Puesto que el poeta debería producir placer de *(apo)* la compasión y del temor por medio de *(dia)* la imitación, está claro que esta función debe ser introducida en los incidentes *(en tois pragmasin empoieteon)*» *(op. cit.,* 23). Else comenta: «por medio de la creación de la obra *fuera* de las emociones».

[34] Se habrá observado que no he comentado la distinción entre «nudo» *(desis)* y «desenlace» *(lysis)* del cap. XVIII. El solo hecho de que Aristóteles incluya en la fase de anudamiento acontecimientos «exteriores» a la trama hace pensar que no hay que colocar esta distinción en el mismo plano que los demás rasgos de la trama compleja, ni siquiera considerarla como un rasgo de la trama, cuyos criterios son todos «internos». Por eso la crítica del concepto de cerco narrativo que sacase argumento de las aporías de este análisis (cf. tercera parte) sólo alcanzaría a una categoría periférica, heterogénea y quizá tardíamente añadida por Aristóteles (Else, *op. cit.,* 520), no al núcleo de su concepto de trama.

Sin embargo, la ecuación entre *mimesis* y *mythos* no colma el sentido de la expresión *mimesis praxeos*. Es cierto que se puede construir —como, por otra parte, ya hemos hecho— el genitivo de objeto como el correlato noemático de la imitación (o de la representación) y emparejar este correlato con la expresión completa «disposición de los hechos», que para Aristóteles constituye el «qué» —el objeto— de la *mimesis*. Pero la pertenencia del término *praxis* a la vez al dominio real, propio de la *ética,* y al imaginario, propio de la *poética,* sugiere que la *mimesis* no tiene sólo una función de corte, sino de unión, que establece precisamente el estatuto de transposición «metafórica» del campo práctico por el *mythos*. Si esto es cierto, es necesario mantener en la propia significación del término *mimesis* una referencia al «antes» de la composición poética. Llamo a esta referencia *mimesis* I, para distinguirla de *mimesis* II —la *mimesis*-creación—, que sigue siendo la función-base. Espero mostrar en el propio texto de Aristóteles los indicios dispersos de esta referencia al «antes» de la composición poética. Pero no es todo: la *mimesis,* que es —él nos lo recuerda— una actividad, la actividad mimética, no encuentra el término buscado por su dinamismo sólo en el texto poético, sino también en el espectador o en el lector. Hay, pues, un «después» de la composición poética, que llamo *mimesis* III, cuyas huellas intentaré buscar también en el texto de la *Poética*. Al enmarcar así el salto de lo imaginario por las dos operaciones que constituyen el antes y el después de la *mimesis*-invención, no creo debilitar, sino enriquecer, el propio sentido de la actividad mimética del *mythos*. Espero mostrar que ella obtiene la inteligibilidad de su función mediadora, que consiste en conducir del antes al después del texto por su poder de refiguración.

No faltan en la *Poética* las referencias a la comprensión de la acción —y de las pasiones— que la *Ética* articula. Estas referencias son tácitas; en cambio, la *Retórica* inserta en su propio texto un verdadero «Tratado de las pasiones». Se comprende la diferencia: la retórica explota estas pasiones, mientras que la poética convierte en poema el obrar y el padecer humanos.

El capítulo siguiente dará una idea más completa de la comprensión del orden de la acción implicada en la actividad narrativa. El modelo trágico, incluso como modelo limitado de narratividad, recibe préstamos, también limitados, de esta precomprensión. El *mythos* trágico, que gira en torno a los cambios de fortuna —y exclusivamente desde la dicha hacia la desdicha—, es una exploración de los caminos por los que la acción arroja a los hombres de valor, contra toda esperanza, en la desgracia. Sirve de contrapunto a la ética, que enseña cómo la acción, por el ejercicio de las virtudes, conduce a la dicha. Al mismo tiempo, sólo toma del saber-con-anterioridad de la acción sus rasgos éticos [35].

En primer lugar, desde siempre supo el poeta que los personajes que representa son «actuantes» (48*a*, 1); que «los caracteres son aquello según lo cual decimos que los que actúan son tales o cuales» (50*a*, 6); que «estos personajes son esforzados o de baja calidad» (48*a*, 2). El paréntesis que sigue a esta frase es un paréntesis ético: «(Los caracteres casi siempre se reducen a éstos solos, pues todos sobresalen, en cuanto al carácter, por el vicio o por la virtud)» (48*a*, 2-4).

La expresión «todos» (*pantes*) es la señal de *mímesis* I en el texto de la *Poética*. En el capítulo consagrado a los caracteres (capítulo XV), el hombre, según la ética, «constituye el objeto de la representación» (54*a*, 27). Las calificaciones éticas vienen de lo real. De la imitación o de la representación proviene la exigencia lógica de coherencia. Igualmente se dice que la tragedia y la comedia difieren en que «ésta tiende a representar a los personajes peores, y aquélla mejores que los hombres reales *(tou nun)*» (48*a*, 16-18): segunda señal de *mímesis* I. Por tanto, el poeta sabe y presupone que los caracteres pueden mejorar o deteriorarse: «Los caracteres son aquello según lo cual decimos que los que actúan son tales o cuales» (50*a*, 6) [36].

---

[35] J. Redfield insiste con fuerza en este vínculo entre ética y poética, garantizado visiblemente por los términos comunes a las dos disciplinas: *praxis* = «acción» y *ethos* = «caracteres». Dicho vínculo concierne, más profundamente, a la realización de la dicha. La ética, en efecto, sólo trata de la dicha en forma potencial: considera sus condiciones (sus virtudes); pero el vínculo entre las virtudes y las circunstancias de la dicha sigue siendo aleatorio. Al construir sus tramas, el poeta hace inteligible este vínculo contingente. De ahí la aparente paradoja: «La ficción versa sobre dicha y desdicha irreales, pero en su actualidad» *(op. cit.,* 63). Es a este precio cómo narrar «enseña» sobre la dicha y sobre *la vida,* nombrada en la definición de la tragedia: «representación, no de personas, sino de acción, de vida y de felicidad (la infelicidad reside también en la acción)» (50*a*, 17-18).

[36] Veremos más adelante (tercera parte, cap. II) el uso que Claude Bremond hace de estas nociones de mejora y de deterioro dentro de su «lógica

En pocas palabras: para que pueda hablarse de «desplazamiento mimético», de «transposición» cuasi metafórica de la ética a la poética es necesario concebir la actividad mimética como vínculo y no sólo como ruptura. Ella es el movimiento mismo de *mímesis* I a *mímesis* II. Si no hay duda que el término *mythos* señala la discontinuidad, la propia palabra *praxis,* por su doble vasallaje, asegura la continuidad entre los dos regímenes, ético y poético, de la acción [37].

Una relación parecida de identidad y de diferencia podría reconocerse sin duda entre los *pathe,* descritos con amplitud en *Retórica* II, y el *pathos* —«efecto violento»—, «parte» de la trama, según el arte trágico (52*b,* 9ss).

Quizá hay que llevar más lejos la reasunción o el relevo de la ética en la poética. El poeta no encuentra sólo en su caudal cultural la categorización implícita del campo práctico, sino también la primera formalización narrativa de ese campo. Si los poetas trágicos, a diferencia de los autores de comedia, que se permiten usar como soporte de su trama nombres tomados al azar, «se atienen a nombres que han existido *(genomenon)*» (51*b,* 15), recibidos de la tradición, es que lo verosímil —rasgo objetivo— debe ser además

de los posibles narrativos». Podemos seguir a Dupont-Roc y Lallot cuando afirman que la *Poética* invierte la relación de prioridad que la ética establece entre la acción y los caracteres; en la ética —dicen—, los caracteres son prioritarios; en la poética, pasan a segundo rango; «la inversión de la relación de prioridad entre agente y acción proviene directamente de la definición de la poesía dramática como representación *de acción*» (p. 196; igualmente, pp. 202-204). Sin embargo, se puede observar con Else *(ad* 48*a,* 1-4) que, también para la ética, es la acción la que confiere su cualidad moral a los caracteres. De todas formas, ¿cómo se percibiría este cambio alegado si el orden de precedencia que la *Poética* invierte no fuera preservado por el cambio? Nuestros autores lo admitirían, sin duda. Según ellos, el objeto de la actividad mimética guarda, no sólo en este capítulo, sino quizá hasta el final, el sentido ambiguo de objeto-modelo (el objeto natural que se imita) y de objeto-copia (el objeto artificial que se crea). Afirman, *ad* 48*a,* 9: «La actividad mimética *(los que representan)* establece entre los dos objetos, modelo y copia, una relación compleja; implica a la vez semejanza y diferencia, identificación y transformación, en un solo y único movimiento» (p. 157).

[37] 51*a,* 16-20 es, a este respecto, sorprendente, hablando de las acciones que sobrevienen en la vida de un individuo *único,* que no forman en absoluto una acción *una.*

convincente (*pithanon*) (51*b*, 16) —rasgo subjetivo—. La conexión lógica de lo verosímil no puede, pues, separarse de las coacciones culturales de lo aceptable. Es cierto que el arte, también aquí señala una ruptura: «y si en algún caso [el poeta] compone un poema sobre cosas sucedidas (*genomena*), no es menos poeta» (51*b*, 29-30). Pero sin mitos transmitidos no habría tampoco nada que transponer poéticamente. ¿Quién contará el inagotable manantial de violencia recibida de los mitos, que el poeta transforma en efecto trágico? Y ¿dónde es más denso este trágico potencial sino en las historias recibidas que conciernen a algunas casas célebres: los Atridas, Edipo y los suyos...? No es, pues, casualidad que Aristóteles, por lo demás tan preocupado por la autonomía del acto poético, aconseje al poeta que siga sacando de este tesoro la materia del temor y de la compasión [38].

Respecto al criterio de lo verosímil, por el que el poeta distingue sus tramas de las historias recibidas —hayan sucedido realmente o sólo existan en el tesoro de la tradición—, se puede dudar que él se deje encerrar en la pura «lógica» poética. La referencia que acabamos de hacer a su unión con lo «persuasivo» da a entender que esto último es en cierto modo también recibido. Pero este problema pertenece más bien a la problemática de *mímesis* III, de la que voy a ocuparme en seguida.

A primera vista, poco hay que esperar de la *Poética* por lo que concierne al «después» de la composición poética. A diferencia de la *Retórica,* que subordina el orden del discurso a sus efectos sobre el auditorio, la *Poética* no revela ningún interés explícito por la comunicación de la obra al público. Deja incluso traslucir siempre una real preocupación respecto a las constricciones vinculadas a la institución de los concursos (51*a*, 7) y más todavía respecto al mal gusto del público vulgar (cap. XXV). La acogida de la obra no es, pues, la principal categoría de la *Poética.* Ésta es un tratado relativo a la composición, sin apenas ningún miramiento hacia el que la recibe.

---

[38] Redfield observa (*op. cit.,* 31-35) que las historias de héroes, recibidas de la tradición, son, a diferencia de las de los dioses, historias de desastres y de sufrimientos, a veces superados, las más sorportados. No hablan de la fundación de las ciudades, sino de su destrucción. El poeta épico recoge su «fama», el *kleos,* y redacta su memorial. De este caudal bebe, a su vez, el poeta trágico; con la reserva de que «las historias pueden copiarse, las tramas no» (p. 58).

Las anotaciones que reúno bajo el título de *mímesis* III son tanto más valiosas cuanto más raras. Muestran la imposibilidad, para una poética que hace hincapié en las estructuras internas del texto, de encerrarse en él.

Éste es mi punto de partida: la *Poética* no habla de estructura, sino de estructuración; y ésta es una actividad orientada que sólo alcanza su cumplimiento en el espectador o en el lector.

Desde el comienzo, el término *poiesis* pone el sello de su dinamismo en todos los conceptos de la *Poética* y hace de ellos conceptos operativos: la *mímesis* es una *actividad* representativa; la *systasis* (o *synthesis*) es la operación de ordenar los hechos en sistema y no el sistema mismo. Además, el dinamismo *(dynamis)* de la *poiesis* se enfoca, desde las primeras líneas de la *Poética*, como exigencia de acabamiento (47*a*, 8-10); exige, en el capítulo VI, que la acción se lleve hasta su término *(teleios)*. Es cierto que este acabamiento es el de la obra, de su *mythos;* pero sólo es atestiguado por «el placer propio» (53*b*, 11) de la tragedia, al que Aristóteles llama su *ergon* (52*b*, 30), su «efecto propio» (Golden, *op. cit.,* traducido: *the proper function*). Por eso todos los esbozos de *mímesis* III en el texto de Aristóteles tienen relación con este «placer propio» y con las condiciones de su creación. Quiero mostrar cómo este placer se construye en la obra y se efectúa fuera de la obra a la vez. Une lo interior con lo exterior y exige que se trate de modo dialéctico esta relación de lo exterior con lo interior, que la poética moderna reduce con demasiada ligereza a una simple disyunción, en nombre de una supuesta prohibición lanzada por la semiótica contra todo lo que es tenido por extra-lingüístico [39]. ¡Como si, desde siempre, la vehemencia ontológica no arrojara al lenguaje fuera de sí mismo! Poseemos en la *Ética* un excelente guía para articular correctamente lo interior y lo exterior de la obra. Es la propia teoría del placer. Si se aplica a la obra literaria lo que Aristóteles afirma del placer en el libro VII y en el X de la *Ética a Nicómaco* —a saber: que procede de una acción no impedida y se añade a la realizada como un suplemento que es su colofón—, es necesario articu-

---

[39] Mi postura, que argumentaré en el próximo capítulo, está próxima de la de H. R. Jauss, en *Pour une esthétique de la réception* (París 1978) 21-80. Respecto al «goce», puede leerse del mismo autor *Aesthetische Erfahrung und Literarische Hermeneutik* (Munich 1977) 24-211.

lar de igual manera la finalidad interna de la composición y la externa de su acogida [40].

El placer de aprender es, en efecto, el primer componente del placer del texto. Aristóteles lo considera un corolario del placer que experimentamos en las imitaciones o representaciones, el cual es una de las causas naturales del arte poético, según el análisis genético del capítulo IV. Aristóteles asocia al acto de aprender el de «deducir qué es cada cosa; por ejemplo, que éste es aquél» (48*b*, 17). El placer de aprender es, pues, el de reconocer. Eso hace el espectador cuando reconoce en el Edipo lo universal que la trama engendra por su sola composición. Así, pues, el placer del reconocimiento se construye en la obra y, a la vez, lo experimenta el espectador.

A su vez, este placer del reconocimiento es el fruto del placer que el espectador siente en la composición según lo necesario y lo verosímil. Estos mismos criterios «lógicos» se construyen en la obra y se ejercen por el espectador a la vez. Ya hemos hecho alusión, con motivo de los casos extremos de consonancia disonante, al vínculo establecido por Aristóteles entre lo verosímil y lo aceptable —lo «convincente»—, principal categoría de la *Retórica*. Así ocurre cuando lo para-dójico debe incluirse en la cadena causal del «uno por medio de otro». Y aún más cuando la epopeya acoge lo *alogon*, lo irracional, que la tragedia debe evitar. Entonces lo verosímil, bajo la presión de lo inverosímil, se estira hasta llegar a la rotura. No se ha olvidado el sorprendente precepto: «se debe preferir lo imposible verosímil a lo posible increíble» (60*a*, 26-27). Y cuando, en el capítulo siguiente (XXV), Aristóteles establece las normas que deben guiar al crítico en la resolución de los «problemas», clasifica

---

[40] El estatuto mixto del placer, en la flexión de la obra y del público, explica sin duda por qué el espectáculo ocupa un lugar tan fluctuante en el curso de la *Poética*. Por un lado, se dice que es «totalmente extraño al arte»: «pues la tragedia alcanza su finalidad incluso sin concurrencia y sin actores» (50*b*, 16); por otro, es una de las «partes» de la tragedia; *inesencial*, no puede, en efecto, excluirse, pues el texto es para representarlo o, si no, para leerlo. La lectura, cuya teoría no hace Aristóteles, no es sino el sustituto del espectáculo. Pues ¿quién, si no el espectador o su sustituto, el lector, puede apreciar la «adecuada extensión» de una obra, si se define a ésta como «lo que debe poderse contemplar simultáneamente desde el principio hasta el final» (59*b*, 19)? El placer de aprender pasa por la «contemplación».

las cosas representables en tres apartados: «o bien como eran o son, o bien como se dice o se cree que son, o bien como deben ser» (60*b*, 10-11).

Pero ¿qué designan la realidad presente (y pasada), la opinión y el deber-ser sino la propia soberanía de lo creíble disponible? Abordamos aquí uno de los aspectos más encubiertos del placer de reconocer: el criterio de lo «convincente», cuyos contornos son los mismos que los de lo imaginario social (los últimos comentaristas franceses dicen con razón: «Lo convincente no es más que lo verosímil considerado en su efecto sobre el espectador, y, por consiguiente, el último criterio de la *mímesis*», p. 328). Verdad es que Aristóteles hace explícitamente de lo conveniente un atributo de lo verosímil, que a su vez es la medida de lo posible en poesía («lo posible es convincente», 51*b*, 16). Pero cuando lo imposible —figura extrema de lo discordantte— amenaza a la estructura, ¿no se convierte lo convincente en la medida de lo imposible aceptable? «En orden a la poesía, es preferible lo imposible convincente a lo posible increíble» (61*b*, 10-11). La «opinión» (*ibíd.*) es, en este caso, el único guía: «En orden a lo que se dice, debe explicarse lo irracional» (61*b*, 14).

Así, por su misma naturaleza, la inteligibilidad característica de la consonancia disonante, la misma que Aristóteles coloca bajo el concepto de verosímil, es el resultado común de la obra y del público. Lo «convincente» nace de su intersección.

Una vez más, las emociones propiamente trágicas alcanzan su pleno desarrollo en el espectador. Así, el placer propio de la tragedia es el placer engendrado por el temor y la compasión. En ninguna parte mejor que aquí se descubre la flexión de la obra al espectador. En efecto, por una parte, lo horroroso y lo compasivo —como adjetivos— caracterizan los propios «hechos» que el *mythos* compone simultáneamente. En este sentido, el *mythos* imita o representa lo horroroso y lo compasivo. Y ¿cómo los lleva a la representación? Precisamente haciéndolos surgir de *(ex)* la disposición de los hechos. De esta forma, el temor y la compasión se inscriben *en* los hechos *por* la composición, en cuanto que ésta pasa *por* el tamiz de la actividad representativa (53*b*, 13). Lo que experimenta el espectador debe construirse antes en la obra. De este modo, se podría decir que el espectador ideal de Aristóteles es un *implied spectator,* en el sentido en que Wolfgang Iser habla de un *implied reader* [41]; pero un espectador sensible capaz de goce.

A este respecto, estoy de acuerdo con las interpretaciones convergentes de la *catharsis* de Else, Golden, James Redfield, Dupont-Roc y Jean Lallot [42]. La *catharsis* es una purificación —o, mejor, como proponen estos últimos, una purgación que tiene lugar en el espectador. Consiste precisamente en que el «placer propio» de la tragedia procede de la compasión y del temor. Estriba, pues, en la transformación en placer de la pena inherente a estas emociones. Pero esta alquimia subjetiva se construye también *en* la obra *por* la actividad mimética. Proviene de que los incidentes de compasión y de temor son llevados, como acabamos de decir, a la representación. Pero esta representación poética de las emociones resulta a su vez de la propia composición. En este sentido, no es excesivo afirmar, con los últimos comentaristas, que la purgación consiste, en primer lugar, en la construcción poética. Yo mismo he sugerido en otra parte que hay que considerar la *catharsis* como parte integrante del proceso de metaforización, que une cognición, imaginación y sentimiento [43]. En este sentido, la dialéctica de lo interior y de lo exterior alcanza su punto culminante en la *catharsis:* el espectador la experimenta; pero se construye en la obra. Aristóteles puede por eso incluirla en su definición de la tragedia, sin consagrarle

[41] Wolfgang Iser, *The Implied Reader* (Baltimore/Londres 1974) 274-294.

[42] G. Else: el propio proceso de la imitación realiza la purificación. Y como la trama *es* la imitación, ella misma realiza la purificación. La alusión a la *catharsis* en el capítulo VI no constituye, pues, una adición, sino que presupone toda la teoría de la trama. En el mismo sentido, cf. Léon Golden, art. *Catharsis:* «Transactions of the Am. Philological Assoc.» 43 (1962) 51-60. Por su parte, J. Redfield escribe: «El arte..., en cuanto realiza la forma, es una purificación... Cuando la obra llega a su fin, vemos que cada cosa es como debería ser, que nada podría añadirse o quitarse. Pues la obra nos conduce a la pureza a través de la impureza, ésta ha sido combatida y superada por el poder del arte formal» (p. 161), según una expresión tomada de Lévi-Strauss: «La señal de esta reducción es el cierre artístico» (p. 165). «El arte, al imitar la vida, puede hacer inteligibles (al precio de la reducción) situaciones ininteligibles en la vida», porque el mundo de la obra literaria es *self-contained* (p. 166). Así, pues, la traducción de *catharsis* por «purgación» de Dupont-Roc y Lallot está plenamente justificada (cf. su comentario, pp. 188-193).

[43] *The Metaphorical Process as Congition, Imagination and Feeling:* «Critical Inquiry» 5 (1978) 143-159.

un análisis aparte: «al *(dia)* representar la compasión y el temor, lleva a cabo la purgación de tales afecciones» (49*b*, 28).

Confieso gustosamente que las alusiones que hace la *Poética* al placer obtenido al comprender y el obtenido al experimentar temor y compasión —los cuales, en la *Poética,* forman un solo goce— constituyen sólo el esbozo de la teoría de *mímesis* III. Ésta adquiere su verdadera amplitud cuando la obra despliega *un mundo* que el lector hace suyo. Este mundo es un mundo cultural. Así, pues, el eje principal de la teoría de la referencia al «después» de la obra pasa por la relación entre poesía y cultura. Como afirma James Redfield en su obra *Nature and Culture in the Iliad,* las dos relaciones mutuamente inversas que pueden establecerse entre estos dos términos «deben ser interpretadas... a la luz de una tercera relación: el poeta en cuanto hacerdor de cultura» (Prefacio, p. xi) [44].

[44] Este tema de la incidencia de la inteligencia poética sobre la cultura orienta toda la obra de James Redfield. Define la cultura en estos términos: «Aquellas cosas que pueden ser hechas de otro modo por elección, esfuerzo y aplicación de conocimiento constituyen la esfera de la cultura» *(op. cit.,* 70). La oposición entre naturaleza y cultura consiste esencialmente en la oposición entre necesidad y contingencia: «Valores y normas no son... coacciones para la acción, sino (teleológicamente) fuentes para la acción» *(ibíd.).* «La necesidad constituye la esfera de la naturaleza; en ella, las cosas no pueden ser hechas de otro modo» (p. 71). De ello se deduce que el sentido de una obra de arte sólo se completa en su efecto sobre la cultura. Para J. Redfield, esta incidencia es, sobre todo, crítica: el drama nace de las ambigüedades de los valores y de las normas culturales. Con sus ojos fijos en la norma, el poeta presenta a su auditorio una historia problemática con un carácter desviante (p. 84): «El poeta trágico prueba de este modo los límites de la cultura. En la tragedia, la cultura misma se hace problemática» (p. 84). Antes que ella, la epopeya desempeñó esta función gracias a la «distancia épica»: «La épica describe el mundo heroico a una audiencia que vive en otro mundo, en el mundo ordinario» (p. 36). El poeta ejercita su magisterio comenzando por *desorientar* a su auditorio, luego ofreciéndole una *representación ordenada* de los temas de desolación y de desorden de sus conatos heroicos. Pero no resuelve los dilemas de la vida. Así, en la *Ilíada,* la ceremonia fúnebre de reconciliación no revela ningún sentido, pero muestra la carencia de sentido de toda empresa guerrera: «El arte dramático parte de los dilemas y contradicciones de la vida, pero no promete resolverlos; por el contrario, el arte trágico alcanza su perfección formal más alta en el momento en que nos revela estos dilemas como universales, convincentes y necesarios» (p. 219). «La poesía no ofrece (a los hombres) gratificación, sino inteligibilidad» (p. 220). Es el caso del sufrimiento no merecido, agravado por la culpa trágica: «A través del sufrimiento inmerecido de los caracteres de la tragedia se nos hace sentir el

La *Poética* de Aristóteles no hace ninguna incursión en este campo. Pero sitúa al espectador ideal, y aún más al lector ideal: su inteligencia, sus emociones «purgadas», su goce, unidos a la obra y a la cultura que ésta crea. Por eso la *Poética* de Aristóteles, pese a su casi exclusivo interés por la *mímesis*-invención, ofrece el esbozo de la actividad mimética en toda su envergadura.

problema de la cultura» (p. 87). La *hamartia*, punto ciego de la discordancia, es también el punto ciego de la «enseñanza trágica». Sólo en este sentido podemos arriesgarnos a llamar al arte «la negación de la cultura» (pp. 218-223). Volveremos en la cuarta parte, con ayuda de Hans Robert Jauss, sobre esta función que tiene la obra literaria de problematizar la vivencia de la cultura.

CAPITULO III

TIEMPO Y NARRACION

La triple «mímesis»

Ha llegado el momento de relacionar los dos estudios independientes que preceden y poner a prueba mi hipótesis de análisis: entre la actividad de narrar una historia y el carácter temporal de la existencia humana existe una correlación que no es puramente accidental, sino que presenta la forma de necesidad transcultural. Con otras palabras: el tiempo se hace tiempo humano en la medida en que se articula en un modo narrativo, y la narración alcanza su plena significación cuando se convierte en una condición de la existencia temporal.

El abismo cultural que separa el análisis agustiniano del tiempo en las *Confesiones* y el aristotélico de la trama en la *Poética* me obliga a construir por mi cuenta y riesgo los eslabones intermedios que articulan la correlación. En efecto, se ha dicho que las paradojas de la experiencia del tiempo según Agustín no deben nada a la actividad de narrar una historia. El ejemplo privilegiado de la recitación de un verso o de un poema sirve para avivar la paradoja más que para resolverla. Por su parte, al análisis de la trama que hace Aristóteles le ocurre lo mismo con su teoría del tiempo, la cual compete exclusivamente a la física; más aún, en la *Poética,* la «lógica» de la construcción de la trama descarta cualquier consideración sobre el tiempo, aun cuando entrañe conceptos tales como comienzo, medio y fin, o se ocupe de la extensión o de la duración de la trama en el discurso.

La construcción de la *mediación* que voy a proponer lleva intencionadamente el mismo título que el conjunto de la obra: *Tiempo y narración*. Sin embargo, en este estadio de la investigación sólo puede tratarse de un esbozo que exige todavía desarrollo, crítica y revisión. En efecto, el presente estudio no tiene en cuenta la bifurcación fundamental entre narración histórica y narración de ficción, que dará origen a los estudios más técnicos de la segunda y tercera partes de esta obra. De la investigación separada de estos dos campos nacerán las más comprometidas discusiones de toda mi empresa, tanto en el plano de la pretensión de verdad como en el de la estructura interna del discurso. Por tanto, lo que aquí se esboza no es más que una especie de modelo reducido de la tesis, que el resto de la obra deberá poner a prueba.

Tomo como hilo conductor de este análisis de la *mediación entre tiempo y narración* la articulación evocada antes, e ilustrada ya parcialmente por la interpretación de la *Poética* de Aristóteles, entre los tres momentos de la *mímesis* que llamo *mímesis* I, *mímesis* II y *mímesis* III. Doy por sabido que *mímesis* II constituye el eje del análisis; por su función de ruptura, abre el mundo de la composición poética e instituye, como ya he sugerido, la literalidad de la obra literaria. Pero mi tesis es que el sentido mismo de la operación de configuración constitutiva de la construcción de la trama resulta de su posición intermedia entre las dos operaciones que yo llamo *mímesis* I y *mímesis* III, y que constituyen «el antes» y «el después» de *mímesis* II. Con esto me propongo mostrar que *mímesis* II consigue su inteligibilidad de su facultad de mediación, que consiste en conducir del antes al después del texto, transfigurar el antes en después por su poder de configuración. Reservo para la parte de esta obra consagrada a la narración de ficción la confrontación entre esta tesis y la que considero característica de la semiótica del texto: que la ciencia del texto puede establecerse en la sola abstracción de *mímesis* II y puede tener en cuenta únicamente las leyes internas de la obra literaria, sin considerar el antes y el después del texto. En cambio, incumbe a la hermenéutica reconstruir el conjunto de las operaciones por las que una obra se levanta sobre el fondo opaco del vivir, del obrar y del sufrir, para ser dada por el autor a un lector que la recibe y así cambia su obrar. Para la semiótica, el único concepto operativo sigue siendo el del texto literario. La hermenéutica, en cambio, se preocupa de reconstruir toda la gama de operaciones por las que la experiencia práctica intercambia obras, autores y lectores. No se limita a colocar *mímesis* II entre *mímesis* I y *mímesis* III. Quiero caracterizar *mímesis* II por su función de mediación. Lo que está en juego, pues, es el proceso concreto por el que la configuración textual media entre la prefiguración del campo práctico y su refiguración por la recepción de la obra. Como corolario, se verá, al término del análisis, que el lector es el operador por excelencia que asume por su hacer —acción de leer— la unidad del recorrido de *mímesis* I a *mímesis* III a través de *mímesis* II.

Esta contemplación de la dinámica de la construcción de la trama es, a mi juicio, la clave del problema de la relación entre tiempo y narración. Lejos de sustituir un problema por otro, pasando de la cuestión inicial de la *mediación* entre tiempo y narración a la nueva del encadenamiento de los tres estadios de la *mímesis,* baso toda la estrategia de mi obra en la subordinación del segundo problema al primero. La mediación entre tiempo y narración la constituyo precisamente al construir la relación entre los tres modos miméticos. Esta misma mediación es la que pasa por las tres fases de la *mímesis.* Con otras palabras: para resolver el problema de la relación entre tiempo y narración debo establecer el papel mediador de la construcción de la trama entre el estadio de la experiencia práctica que la precede y el que la sucede. En este sentido, el argumento del libro consiste en construir la mediación entre tiempo y narración demostrando el papel mediador de la construcción de la trama en el proceso mimético. Aristóteles —lo hemos visto— ignoró los aspectos temporales de la construcción de la trama. Me propongo excluirlos del acto de configuración textual y mostrar el papel mediador de este tiempo de la construcción de la trama entre los aspectos temporales prefigurados en el campo práctico y la refiguración de nuestra experiencia temporal por este tiempo construido. *Seguimos, pues, el paso de un tiempo prefigurado a otro refigurado por la mediación de uno configurado.*

En el horizonte de la investigación se plantea la objeción de círculo vicioso entre el acto de narrar y el ser temporal. ¿Condena este círculo a toda la empresa a no ser más que una vasta tautología? Parece que hemos eludido la objeción al escoger dos puntos de partida alejados entre sí lo más posible: el tiempo en Agustín y la construcción de la trama en Aristóteles. Pero ¿no volvemos a reforzar la objeción al buscar un término medio para estos dos extremos y al asignar un papel mediador a la construcción de la trama y al tiempo que ella estructura? No intento negar el carácter circular de la tesis según la cual la temporalidad es llevada al lenguaje en la medida en que éste configura y refigura la experiencia temporal. Pero espero mostrar, hacia el final del capítulo, que el círculo puede ser algo muy distinto de una tautología muerta.

I. MIMESIS I

Cualquiera que pueda ser la fuerza de la innovación de la composición poética en el campo de nuestra experiencia temporal, la composición de la trama se enraíza en la pre-comprensión del mundo de la acción: de sus estructuras inteligibles, de sus recursos simbólicos y de su carácter temporal. Estos rasgos se describen más que se deducen. En este sentido, nada exige que su lista sea cerrada. Sin embargo, su enumeración sigue una progresión fácil de establecer. En primer lugar, si es cierto que la trama es una imitación de acción, se requiere una competencia previa: la de identificar la acción *en general* por sus rasgos estructurales; la semántica de la acción explica esta primera competencia. Además, si imitar es elaborar la significación *articulada* de la acción, se requiere una competencia suplementaria: la aptitud para identificar lo que yo llamo *mediaciones simbólicas* de la acción, en el sentido clásico que Cassirer da a la palabra símbolo y que ha adoptado la antropología cultural, de la que tomaré algunos ejemplos. Finalmente, estas articulaciones simbólicas de la acción son portadoras de caracteres *temporales* de donde proceden más directamente la propia capacidad de la acción a ser contada y quizá la necesidad de hacerlo. Un primer préstamo de la fenomenología hermenéutica de Heidegger acompañará la descripción de este tercer rasgo.

Consideraremos sucesivamente estos tres rasgos: estructurales, simbólicos, temporales.

La inteligibilidad engendrada por la construcción de la trama encuentra el primer *anclaje* en nuestra competencia para utilizar de manera significativa la *red conceptual,* que distingue estructuralmente el campo de la *acción* del del movimiento físico [1]. Hablo de red conceptual más que de concepto de acción para subrayar el hecho de que el propio término de acción, tomado en el sentido estricto de *lo que* alguien hace, obtiene su plena significación de los demás términos de toda la red. Las acciones implican *fines,* cuya anticipación no se confunde con algún resultado previsto o predicho, sino que compromete a aquel de quien depende la acción. Las acciones, además, remiten a *motivos,* que explican por qué alguien hace o ha

[1] Cf. mi contribución a *La sémantique de l'action* (París 1977) 21-63.

hecho algo, de un modo que distinguimos claramente de aquel por el que un acontecimiennto físico conduce a otro acontecimiento físico. Las acciones tienen también *agentes,* que hacen y pueden hacer cosas que se consideran como obra *suya,* como *su* hecho; por consiguiente, se puede considerar a estos agentes responsables de algunas consecuencias de sus acciones. En la red, la regresión infinita abierta por la pregunta «¿por qué?» no es incompatible con la regresión finita abierta por la pregunta «¿quién?» Identificar un agente y reconocerle motivos son operaciones complementarias. Sabemos también que estos agentes actúan y sufren en *circunstancias* que ellos no han producido y que, sin embargo, pertenecen al campo práctico, precisamente en cuanto circunscriben su intervención de agentes históricos dentro del transcurso de los acontecimientos físicos y ofrecen a su acción ocasiones favorables o desfavorables. A su vez, esta intervención supone que obrar es hacer coincidir lo que un agente puede hacer —en cuanto «acción de base»— y lo que sabe, sin observación, que es capaz de hacer, con el estadio inicial de un sistema físico cerrado [2]. Además, obrar es siempre obrar «con» otros: la interacción puede tomar la forma de la cooperación, de la competición o de la lucha. Las contingencias de la interacción se juntan entonces con las de las circunstancias, por su carácter de ayuda o de adversidad. Finalmente, el *resultado* de la acción puede ser un cambio de suerte hacia la felicidad o hacia la desgracia.

En pocas palabras: estos términos u otros parecidos sobrevienen en respuesta a preguntas sobre el «qué», el «por qué», el «quién», el «cómo», el «con» o el «contra quién» de la acción. Pero el hecho decisivo es que emplear, de modo significante, uno u otro de estos términos en una situación de pregunta y de respuesta es ser capaz de unirlo a cualquier otro miembro del mismo conjunto. En este sentido, todos los miembros del conjunto están en una relación de intersignificación. Dominar la red conceptual en su conjunto, y cada término como miembro del conjunto, es tener la competencia que se puede llamar *comprensión práctica.*

[2] Para el concepto de acción de base, cf. A. Danto, *Basic Actions:* «Am. Phil. Quarterly» (1965). Respecto al saber sin observación, cf. E. Anscombe, *Intention* (Oxford 1957). Finalmente, sobre el concepto de intervención en su relación con la noción de sistema físico cerrado, cf. H. von Wright, *Explanation and Understanding* (Londres 1971).

¿Cuál es, entonces, la relación de la *comprensión narrativa* con la comprensión práctica tal como la acabamos de organizar? La respuesta a esta pregunta exige la relación que puede establecerse entre teoría narrativa y teoría de la acción, en el sentido dado a este término en la filosofía analítica de lengua inglesa. A mi entender, esta relación es doble. Es, a la vez, una relación de *presuposición* y de *transformación*.

Por un lado, toda narración presupone, por parte del narrador y de su auditorio, familiaridad con términos como agente, fin, medio, circunstancia, ayuda, hostilidad, cooperación, conflicto, éxito, fracaso, etc. En este sentido, la frase narrativa mínima es una frase de acción de la forma «*X* hace *A* en tales o tales circunstancias» y teniendo en cuenta que «*Y* hace *B* en circunstancias idénticas o diferentes». Las narraciones tienen como tema, finalmente, obrar y sufrir. Lo hemos visto y dicho al hablar de Aristóteles. Se verá más tarde hasta qué punto, desde Propp a Greimas, el análisis estructural de la narración en términos de funciones y de actantes verifica esta relación de presuposición que establece el discurso narrativo teniendo como base la frase de acción. En este sentido, no existe análisis estructural de la narración que no recurra a la fenomenología implícita o explícita del «hacer» [3].

Por otro lado, la narración no se limita a hacer uso de nuestra familiaridad con la red conceptual de la acción. Ella añade los rasgos *discursivos* que la distinguen de una simple secuencia de frases de acción. Estos rasgos ya no pertenecen a la red conceptual de la semántica de la acción; son rasgos sintácticos, cuya función es engendrar la composición de las modalidades de discursos dignos de llamarse narrativos, ya se trate de narración histórica, ya de narración de ficción. Se puede explicar la relación entre la red conceptual de la acción y las reglas de composición narrativa recurriendo a la distinción, familiar en simiótica, entre orden paradigmático y orden sintagmático. En cuanto provienen del orden paradigmático, todos los términos relativos a la acción son sincrónicos, en el sentido de que las relaciones de intersignificación que existen entre fines, medios, agentes, circunstancias y lo demás son perfectamente reversibles. En cambio, el orden sintagmático del discurso entraña

---

[3] Sobre la relación entre fenomenología y análisis lingüístico, cf. mi trabajo *La sémantique de l'action*, op. cit., 113-132.

el carácter irreductiblemente diacrónico de cualquier historia narrada. Aunque esta diacronía no impide la lectura al revés de la narración, característica —como veremos— del acto de narrar de nuevo, esta lectura, que asciende desde el final hacia el comienzo de la historia, no anula la diacronía fundamental de la narración.

Sacaremos más tarde las consecuencias de esto, cuando discutamos las tentativas estructuralistas de derivar la lógica de la narración de modelos fundamentalmente a-crónicos. Digamos por ahora que comprender lo que es narración es dominar las reglas que rigen su orden sintagmático. En consecuencia, la inteligencia narrativa no se limita a suponer la familiaridad con la red conceptual constitutiva de la semántica de la acción; requiere, además, familiarizarse con las reglas de composición que gobiernan el orden diacrónico de la historia. La trama, entendida en el sentido amplio que hemos adoptado en el capítulo anterior —la disposición de los hechos (y, por tanto, el encadenamiento de las frases de acción) en la acción completa constitutiva de la historia narrada—, es el equivalente literario del orden sintagmático que la narración introduce en el campo práctico.

Podemos resumir como sigue la doble relación entre inteligencia narrativa e inteligencia práctica. Al pasar del orden paradigmático de la acción al sintagmático de la narración, los términos de la semántica de la acción adquieren integración y actualidad. Actualidad: términos que sólo tenían una significación virtual en el orden paradigmático —simple capacidad de uso— reciben una significación efectiva gracias al encadenamiento a modo de secuencia que la intriga confiere a los agentes, a su hacer y a su sufrir. Integración: términos tan heterogéneos como agentes, motivos y circunstancias se vuelven compatibles y operan conjuntamente dentro de totalidades temporales efectivas. En este sentido, la doble relación entre reglas de construcción de la trama y términos de acción constituye a la vez una relación de presuposición y una relación de transformación. Comprender una historia es comprender a la vez el lenguaje del «hacer» y la tradición cultural de la que procede la tipología de las tramas.

El segundo «anclaje» que la composición narrativa encuentra en la comprensión práctica reside en los recursos *simbólicos* del campo práctico. Este rasgo determinará *qué aspectos* del hacer, del poder-hacer y del saber-poder-hacer derivan de la transposición poética. Si, en efecto, la acción puede contarse, es que ya está articulada en signos, reglas, normas: desde siempre está *mediatizada simbólicamente*. Como se ha dicho anteriormente, me apoyo aquí en los trabajos de antropólogos que apelan, desde diferentes puntos de vista, a la sociología comprensiva, entre otros, Clifford Geertz, autor de *The Interpretation of Cultures* [4]. En esta obra se toma la palabra símbolo en una acepción, digamos, media, a mitad de camino de su identificación con la simple notación (tengo presente ahora la oposición leibniziana entre el conocimiento intuitivo por visión directa y el conocimiento simbólico por signos abreviados, sustituidos por una larga cadena de operaciones lógicas) y de su identificación con las expresiones de doble sentido según el modelo de la metáfora, incluso con significaciones ocultas, sólo accesibles a un saber esotérico. Entre una acepción demasiado pobre y otra demasiado rica, he optado personalmente por un uso cercano al de Cassirer en su *Philosophie des formes symboliques*, en la medida en que, para éste, las formas simbólicas son procesos culturales que articulan toda la experiencia. Si hablo más concretamente de *mediación simbólica*, es para distinguir, entre los símbolos de naturaleza cultural, aquellos que sirven de base a la acción, hasta el punto de constituir su primera significación, antes de desprenderse del plano práctico de los conjuntos simbólicos autónomos que se refieren a la palabra o a la escritura. En este sentido se podría hablar de un simbolismo implícito o inmanente, por oposición a otro explícito o autónomo [5].

Para el antropólogo y el sociólogo, el término símbolo subraya de entrada el carácter *público* de la articulación significante. Según Clifford Geertz, «la cultura es pública porque la significación lo es». Adopto con gusto esta primera caracterización, que muestra perfectamente que el simbolismo no está en la mente, no es una

---

[4] Clifford Geertz, *The interpretation of Cultures* (Nueva York 1973).

[5] En el ensayo del que extraigo la mayoría de las anotaciones dedicadas a la mediación simbólica de la acción, distinguía yo entre un simbolismo *constituyente* y otro *representativo* (*La structure symbolique de l'action*, en *Symbolisme*, Estrasburgo 1977, 29-50). Hoy este vocabulario me parece inadecuado. Para un estudio complementario, remito también a mi ensayo *L'imagination dans le discours et dans l'action*, en *Savoir, faire, espérer: les limites de la raison* (Bruselas 1976) 207-228.

operación psicológica destinada a guiar la acción, sino una significación incorporada a la acción y descifrable gracias a ella por los demás actores del juego social.

Además, el término símbolo —o mejor, mediación simbólica— señala el carácter *estructurado* del conjunto simbólico. Clifford Geertz habla en este sentido de un «sistema de símbolos en interacción», de «modelos de significaciones sinérgicas». Antes de ser texto, la mediación simbólica tiene una textura. Comprender un rito es situarlo en un ritual, éste en un culto y, progresivamente, en el conjunto de convenciones, creencias e instituciones que forman la red simbólica de la cultura.

Un sistema simbólico proporciona así un *contexto de descripción* para acciones particulares. Con otras palabras: podemos interpretar tal gesto *como* significando esto o aquello, «con arreglo... a» tal convención simbólica; el mismo gesto de levantar el brazo puede entenderse, según el contexto, *como* saludo, llamada de un taxi o acción de votar. Antes de someterse a la interpretación, los símbolos son «interpretantes» internos a la acción [6].

De esta forma, el simbolismo confiere a la acción la primera *legibilidad*. Al decir esto no podemos confundir la textura de la acción con el texto que *escribe* el etnólogo, con el texto etnográfico, escrito en categorías, con conceptos y sobre la base de principios nomológicos que son la aportación propia de la ciencia misma y que, por consiguiente, no pueden confundirse con las categorías bajo las cuales una cultura se comprende a sí misma. Si se puede hablar, sin embargo, de la acción como un cuasi-texto, es sólo en cuanto que los símbolos, entendidos como interpretan-

---

[6] Es en este punto donde el sentido de la palabra símbolo, que he privilegiado, roza con los dos sentidos que he descartado. Como intérprete de conducta, un simbolismo es también un sistema de *notación* que compendia, a modo del simbolismo matemático, numerosas acciones particulares y prescribe, como el simbolismo musical, la serie de ejecuciones o acciones capaces de efectuarlo. Pero también en cuanto intérprete regulador de lo que Clifford Geertz llama una «descripción densa», el símbolo introduce una relación de doble sentido en el gesto, en la conducta, cuya interpretación regula. Se puede considerar la configuración empírica del gesto como el sentido literal portador de otro figurado. En último término, este sentido puede aparecer, en ciertas condiciones próximas a lo secreto, como sentido oculto que hay que descifrar. Para un profano, así se manifiesta cualquier ritual social, sin que se necesite llevar la interpretación hacia el esoterismo y el hermetismo.

tes, proporcionan las reglas de significación según las cuales se puede intepretar tal conducta [7].

El término símbolo introduce además la idea de *regla* no sólo en el sentido que acabamos de decir —reglas de descripción y de interpretación para acciones singulares—, sino en el de *norma*. Algunos autores como Peter Winch [8] incluso privilegian este rasgo, al caracterizar la acción significante como *rule-governed-behaviour*. Se puede clarificar esta función de regulación social comparando los códigos culturales con los genéticos. Como estos últimos, aquéllos son «programas» de comportamiento; como ellos, dan forma, orden y dirección a la vida. Pero, a diferencia de los códigos genéticos, los culturales se han edificado en las zonas derrumbadas de la regulación genética, y sólo prolongan su eficacia a costa de una reordenación completa del sistema de codificación. Las costumbres, los hábitos y todo lo que Hegel colocaba bajo el nombre de sustancia ética, de la *Sittlichkeit,* previa a cualquier *Moralität* de orden reflexivo, toman así el relevo de los códigos genéticos.

De este modo se pasa sin dificultad, con el concepto común de mediación simbólica, de la idea de significación inmanente a la de regla, tomada en el sentido de regla de descripción; luego a la de norma, que equivale a la idea de regla tomada en el sentido prescriptivo del término.

Con arreglo a las normas inmanentes a una cultura, las acciones pueden valorarse o apreciarse, es decir, juzgarse según una escala preferentemente moral. Adquieren así un valor relativo, que hace decir que tal acción *vale más* que tal otra. Estos grados de valor, atribuidos en primer lugar a las acciones, pueden extenderse a los propios agentes, que son tenidos por buenos, malos, mejores o peores.

Llegamos de este modo, por el rodeo de la antropología cultural, a algunos de los presupuestos «éticos» de la *Poética* de Aristóteles, que puedo relacionar así con el plano de *mímesis* I. La *Poética* no supone sólo «agentes», sino caracteres dotados de cualidades éticas que los hacen nobles o viles. Si la tragedia puede

[7] Cf. mi artículo *The Model of the Text. Meaningful Action Considered as a Text:* «Social Research» 38 (1971) 529-562, reproducido en «New Literary History» 5 (1973) 91-117.

[8] Peter Winch, *The Idea of a Social Science* (Londres 1958) 40-65.

representarlos «mejores» y la comedia «peores» que los hombres actuales, es que la comprensión práctica que los autores comparten con su auditorio implica necesariamente una evaluación de los caracteres y de su acción en términos de bien y de mal. No hay acción que no suscite, por poco que sea, aprobación o reprobación, según una jerarquía de valores cuyos polos son la bondad y la maldad. Discutiremos, llegado el momento, la cuestión de saber si es posible la modalidad de lectura que suspenda totalmente cualquier evaluación de carácter ético. ¿Qué quedaría, en particular, de la compasión que Aristóteles nos ha enseñado a relacionar con la desgracia inmerecida si el placer estético llegase a disociarse de toda simpatía y de toda antipatía por la cualidad ética de los caracteres? En cualquier caso, es necesario saber que esta eventual neutralidad ética habría que conquistarla con gran esfuerzo en contra de un rasgo originariamente inherente a la acción: precisamente, el de no poder ser jamás éticamente neutra. Una razón para pensar que esta neutralidad no es ni posible ni deseable es que el orden efectivo de la acción no ofrece sólo al artista convenciones y convicciones que hay que deshacer, sino también ambigüedades y perplejidades que hay que resolver según el modo hipotético. Muchos críticos contemporáneos, al reflexionar sobre la relación entre el arte y la cultura, han subrayado el carácter conflictivo de las normas que la cultura ofrece a la actividad mimética de los poetas [9]. Hegel los ha precedido en este punto en la conocida meditación sobre la *Antígona* de Sófocles. Al mismo tiempo, ¿no suprimiría la neutralidad ética del artista una de las funciones más antiguas del arte, la de constituir un laboratorio en el que el artista busca, al estilo de la ficción, una experimentación con los valores? Sea lo que fuere de la respuesta a estas cuestiones, la poética recurre continuamente a la ética, aun cuando aconseje la suspensión de cualquier juicio moral o su inversión irónica. El propio proyecto de neutralidad presupone la cualidad originariamente ética de la acción anterior a la ficción. Esta misma cualidad ética no es más que un corolario del carácter principal de la acción: estar desde siempre mediatizada simbólicamente.

[9] Hemos dado un ejemplo de esto al hablar de cómo relaciona James Redfield el arte y la cultura en *Nature and Culture in the Iliad,* op. cit. Cf. *supra,* pp. 115s.

El tercer rasgo de la pre-comprensión de la acción que la actividad mimética del plano II presupone es el tema mismo de nuestra investigación. Concierne a los caracteres *temporales,* sobre los que el tiempo narrativo viene a incorporar sus configuraciones. En efecto, la comprensión de la acción no se limita a una familiaridad con la red conceptual de la acción y con sus mediaciones simbólicas; llega hasta reconocer en la acción estructuras temporales que exigen la narración. En este plano permanece implícita la ecuación entre narrativo y tiempo. Sin embargo, no llevaré el análisis de estos caracteres temporales de la acción hasta el extremo en que se podría hablar de una estructura narrativa, o al menos de una estructura pre-narrativa de la experiencia temporal, como lo sugiere nuestro modo familiar de hablar de historias que nos suceden o de historias en las que nos hallamos inmersos, o simplemente de la historia de una vida. Reservo para el final del capítulo el examen de la noción de estructura pre-narrativa de la experiencia; ofrece, en efecto, una excelente ocasión para hacer frente a la objeción de círculo vicioso que persigue a todo el análisis. Por ahora me limito al examen de los rasgos temporales que han permanecido implícitos a las mediaciones simbólicas de la acción, y que se pueden considerar como inductores de narración.

No me detendré en la *correlación,* demasiado evidente, que puede establecerse, de alguna forma término por término, entre tal miembro de la red conceptual de la acción y tal dimensión temporal considerada aisladamente. Es fácil observar que el proyecto tiene que ver con el futuro, pero de un modo específico que lo distingue del futuro de la previsión o de la predicción. No es menos evidente el estrecho parentesco entre la motivación y la aptitud para movilizar en el presente la experiencia heredada del pasado. Finalmente, el «puedo», el «hago», el «sufro» contribuyen claramente al sentido que damos espontáneamente al presente.

Más importante que esta débil correlación, entre algunas categorías de la acción y las dimensiones temporales, consideradas una por una, es el *intercambio,* que la acción efectiva pone de manifiesto entre las dimensiones temporales. La estructura discordante-concordante del tiempo según Agustín desarrolla en el plano del pensamiento reflexivo algunos rasgos paradójicos, cuyo primer esbozo puede iniciarlo efectivamente la fenomenología de la acción. Al afirmar que no hay un tiempo futuro, un tiempo pasado y un tiempo presente, sino un triple presente —un presente de las cosas futuras, un presente de las cosas pasadas y un presente de las cosas presentes—, Agustín nos ha encaminado hacia la investigación de la estructura temporal más primitiva de la acción. Es fácil re-escribir cada una de las tres estructuras temporales de la acción en los términos del triple presente. ¿Presente del futuro? *En adelante,* es decir, a partir de ahora, me comprometo a hacer esto *mañana.* ¿Presente del pasado? Tengo *ahora* la intención de hacer esto porque *acabo de* pensar que... ¿Presente del presente? *Ahora* hago esto porque *ahora* puedo hacerlo: el presente efectivo del hacer testifica el presente potencial de la capacidad de hacer y se constituye en presente del presente.

Pero la fenomenología de la acción puede avanzar más que esta correlación término a término por el camino que abrió la meditación de Agustín sobre la *distentio animi.* Lo importante es el modo como la praxis cotidiana *ordena* uno con respecto al otro el presente del futuro, el presente del pasado y el presente del presente. Pues esta articulación práctica constituye el inductor más elemental de la narración.

En este momento, el relevo del análisis existencial de Heidegger puede desempeñar un papel decisivo, pero bajo ciertas condiciones, que deben establecerse con claridad. No ignoro que una lectura de *El ser y el tiempo* en sentido puramente antropológico puede echar a perder el sentido de toda la obra en cuanto que se ignoraría su objetivo ontológico: el *Dasein* es el «lugar» en el que el ser que somos se constituye por su capacidad de plantear el problema del ser y del sentido del ser. Aislar la antropología filosófica de *El ser y el tiempo* es, pues, olvidar esta importante significación de su categoría existencial central.

En *El ser y el tiempo,* la cuestión del ser se abre precisamente por un análisis que debe tener en primer lugar cierta consistencia en el plano de la antropología filosófica, para ejercer la función de apertura ontológica que se le asigna. Más aún, esta antropología filosófica se organiza sobre la base de una temática: la del *cuidado* (*Sorge*), que, sin jamás agotarse en una praxeología, saca, sin embargo, en descripciones tomadas del orden práctico, la fuerza subversiva que le permite quebrar la primacía del conocimiento y desvelar la estructura del ser-en-el-mundo, más fundamental que cualquier relación de sujeto a objeto. De este modo, el recurso a la práctica tiene, en *El ser y el tiempo,* un alcance indirectamente ontológico. Se conocen a este respecto los análisis del instrumento, del «con-vistas-a-lo-cual», que proporcionan la primera trama de la relación de significancia (o capacidad de significación), antes de cualquier proceso cognoscitivo explícito y de cualquier expresión proposicional desarrollada.

Es el mismo poder de ruptura que encuentro en los análisis que cierran el estudio de la temporalidad en la segunda sección de *El ser y el tiempo.* Estos análisis se centran en nuestra relación con el tiempo como aquello «en» lo que actuamos cotidianamente. Me parece que esta estructura de la *intra-temporalidad (Innerzeitigkeit)* es precisamente la que mejor caracteriza la temporalidad de la acción en el plano en que tiene lugar el presente análisis, que es también el que conviene a la fenomenología de lo voluntario y de lo involuntario y a la semántica de la acción.

Se puede objetar que es muy peligroso adentrarse en *El ser y el tiempo* por su capítulo final. Pero se debe comprender por qué razones es el último en la economía de la obra. Son dos. En primer lugar, la meditación sobre el tiempo, que ocupa la segunda sección, se sitúa precisamente en una posición que se puede caracterizar como de *espera.* En efecto, la primera sección se recapitula bajo el signo de una pregunta que se enuncia así: ¿qué es lo que hace del *Dasein* un todo? Se supone que la meditación sobre el tiempo responde a esta problemática por razones sobre las que volveré en la cuarta parte. A su vez, la organización jerárquica que Heidegger imprime a la meditación sobre el tiempo retrasa el estudio de la *intra-temporalidad,* lo único que me interesa en la fase actual de mi propio análisis. Esta organización jerárquica sigue un orden de derivación y de autenticidad decrecientes a la vez. Como se sabe, Heidegger reserva el término *temporalidad (Zeitligkeit)* a la forma más originaria y más auténtica de la experiencia del tiempo: la dialéctica entre ser-por-venir, habiendo-sido y hacer-presente. En esta dialéctica, el tiempo se de-sustancializa completamente. Las palabras futuro, pasado y presente desaparecen, y el tiempo mismo figura como unidad rota de estos tres éxtasis temporales. Esta dialéctica es la constitución temporal del *cuidado.* Como se sabe también, el ser-para-la-muerte impone, contrariamente a Agustín, la primacía del futuro sobre el presente y el cierre de ese futuro por un límite interno a cualquier espera y a cualquier proyecto. Heidegger reserva luego el término de *historicidad (Geschichtlichkeit)* para el plano inmediatamente contiguo de derivación. Dos rasgos se subrayan: la extensión del tiempo entre nacimiento y muerte y el desplazamiento del acento del futuro sobre el pasado. En este plano, Heidegger intenta relacionar el conjunto de las disciplinas históricas merced a un tercer rasgo —la repetición—, que indica la derivación de esta historicidad con respecto a la temporalidad profunda [10].

Así, pues, la *intra-temporalidad,* sobre la que quiero detenerme seguidamente, viene sólo en tercer lugar [11]. Esta estructura temporal se coloca en última posición, ya que es la más apta para ser nivelada con la representación lineal del tiempo, como simple sucesión de *ahoras* abstractos. Si me intereso por ella aquí es debido precisamente a los rasgos por los que esta estructura se distingue de la representación lineal del tiempo y resiste a la nivelación que la reduciría a esa representación que Heidegger llama la concepción «vulgar» del tiempo.

La *intra-temporalidad* es definida por una característica básica del *cuidado:* la condición de ser arrojado entre las cosas tiende a hacer la descripción de nuestra temporalidad dependiente de la descripción de las cosas de nuestro *cuidado.* Este rasgo reduce el *cuidado* a las dimensiones de la preocupación *(Besorgen) (op. cit.,* 121). Pero por inauténtica que sea esta relación, presenta aún rasgos que la apartan del dominio externo de los objetos de nuestro *cuidado* y la vincula secretamente al propio *cuidado* en su constitución fundamental. Se observa que, para discernir estos caracteres propiamente existenciales, Heidegger se dirige gustosamente a lo que decimos y hacemos con respecto al tiempo. Este procedimiento no está lejos del que encontramos en la filosofía del lenguaje ordinario. No es extraño, pues el plano en el que nos apoyamos en este estadio inicial de nuestro recorrido es precisamente aquel en el que el lenguaje ordinario es realmente lo que J.-L. Austin y otros han dicho que es, a saber: el tesoro de las expresiones más apropiadas para lo que es propiamente humano en la experiencia. Es, pues, el

[10] Volveré extensamente sobre el papel de la «repetición» en la discusión de conjunto que consagraré a la fenomenología del tiempo en la cuarta parte.
[11] Heidegger, *Sein und Zeit* (Tubinga [10]1963) 78-83, 404-437; trad. española por J. Gaos, *El ser y el tiempo* (México 1951). Traduzco *Innerzeitigkeit* por intra-temporalidad o ser-«en»-el tiempo.

lenguaje, con su reserva de significaciones corrientes, el que impide a la descripción del *cuidado* en la modalidad de la preocupación convertirse en la víctima de la descripción de las cosas de nuestro *cuidado*.

De esta forma, la intra-temporalidad, o el ser-«en»-el-tiempo, manifiesta rasgos irreductibles a la representación del tiempo lineal. El ser-«en»-el-tiempo es ya otra cosa que medir intervalos entre instantes-límites. Ser-«en»-el-tiempo es, ante todo, contar con el tiempo y, en consecuencia, calcular. Pero debemos recurrir a la medida, precisamente, porque contamos con el tiempo y hacemos cálculos; no a la inversa. Debe, pues, ser posible dar una descripción existencial de este «contar con» antes de la medida que reclama. Son muy reveladoras expresiones tales como «tener tiempo para», «tomarse tiempo para», «perder el tiempo...», etc. Sucede lo mismo con la red gramatical de los tiempos del verbo y con la de los adverbios de tiempo, muy ramificada: entonces, después, más tarde, más temprano, hasta que, mientras que, mientras, siempre que, ahora que, etc. Todas estas expresiones, de extrema sutileza y fina diferenciación, orientan hacia el carácter datable y público del tiempo de la preocupación. Pero es siempre la preocupación la que determina el sentido del tiempo, no las cosas de nuestro *cuidado*. Sin embargo, el ser-«en»-el-tiempo se interpreta tan fácilmente según la representación ordinaria del tiempo, porque sus primeras medidas se toman del medio natural, y en primer lugar del juego de la luz y de las estaciones. A este respecto, el día es la medida más natural [12]. Pero el día no es una medida abstracta, es una magnitud que corresponde a nuestro *cuidado* y al mundo en el que hay «tiempo para» hacer algo, en el que «ahora» significa «ahora que...». Es el tiempo de los trabajos y de los días.

Es importante, pues, ver la diferencia de significado que distin-

---

[12] «El *Dasein*, por el hecho de que interpreta el tiempo al datarlo..., se historializa *de día en día*» (*Sein Geschehen ist auf Grund der... datierenden Zeitauslegung ein Tagtägliches*, op. cit., 413; trad. española, 445). Recordamos las reflexiones de Agustín sobre el «día»: no consiente en reducirlo pura y simplemente a una revolución del sol. Heidegger no lo sigue por este camino: coloca la diferencia entre la medida «más natural» del tiempo (*ibíd.*) y todas las medidas instrumentales y artificiales. El tiempo «en» el que estamos es *Weltzeit* (*op. cit.*, 419; trad. española, 452): «más objetivo» que cualquier sujeto posible. Así no está ni dentro ni fuera.

gue el «ahora», propio de este tiempo de la preocupación, del «ahora» en el sentido del instante abstracto. El «ahora» existencial se determina por el presente de la preocupación, que es un «hacer-presente», inseparable de «esperar» y de «retener» (*op. cit.*, 416). El «ahora», así aislado, puede convertirse en la presa de su representación como un momento abstracto sólo porque, en la preocupación, el *cuidado* tiende a contraerse en el hacer-presente y a anular su diferencia respecto a la espera y a la retención.

Para evitar que el significado del «ahora» pueda reducirse a una abstracción es importante observar en qué ocasiones «decimos-ahora» en la acción y en el sufrimiento cotidianos: «Decir-ahora —escribe Heidegger— es la articulación en el discurso de un *hacer-presente* que se temporaliza en unión de una espera que retiene» [13]. Y también: «Llamamos 'tiempo' al hacer-presente que se interpreta a sí mismo, es decir, lo que es interpretado y considerado en el 'ahora'» [14]. Se comprende cómo, en algunas circunstancias prácticas, esta interpretación puede derivar hacia la representación del tiempo lineal: decir-ahora se hace para nosotros sinónimo de leer la hora en el reloj. Pero mientras la hora y el reloj se sigan percibiendo como derivaciones del día, que, a su vez, une el *cuidado* con la luz del mundo, decir-ahora retiene su significación existencial. Sólo cuando las máquinas que sirven para medir el tiempo son despojadas de esta referencia primaria a las medidas naturales, decir-ahora retorna a la representación abstracta del tiempo.

A simple vista, parece muy lejana la relación entre este análisis de la intra-temporalidad y la narración; parece que el texto de Heidegger —como comprobaremos en la cuarta parte— no le deja ninguna posibilidad, en cuanto que el vínculo entre la historiografía y el tiempo se hace, en *El ser y el tiempo*, en el plano de la historicidad y no de la intra-temporalidad. La ventaja del análisis de la intra-temporalidad está en otra parte: reside en la ruptura que opera este análisis con la representación lineal del tiempo, entendida como simple sucesión de *ahoras*. Con la primacía dada al *cuidado* se franquea así el primer umbral de temporalidad. Reconocer este

[13] «Das Jetzt-sagen aber ist die redende Artikulation eines Gegenwärtigens, das in der Einheit mit einem behaltenden Gewärtigen sich zeitigt» (*op. cit.*, 416; trad. española, 449).

[14] «Das sich auslegende Gegenwärtigen, das heisst das im 'jetzt' angesprochene Ausgelegte nennen wir 'Zeit'» (*op. cit.*, 508; trad. española, 439s).

umbral es tender, por vez primera, un puente entre el orden de la narración y el *cuidado*. Sobre el pedestal de la intra-temporalidad se edificarán conjuntamente las configuraciones narrativas y las formas más elaboradas de temporalidad que les corresponden.

Se percibe cuál es la riqueza del sentido de *mímesis* I: imitar o representar la acción es, en primer lugar, comprender previamente en qué consiste el obrar humano: su semántica, su realidad simbólica, su temporalidad. Sobre esta pre-comprensión, común al poeta y a su lector, se levanta la construcción de la trama y, con ella, la mimética textual y literaria. -

Es verdad que, bajo el régimen de la obra literaria, esta comprensión previa del mundo de la acción retrocede al rango de «repertorio», para hablar como Wolfgang Iser en *Der Akt des Lesens* [15], o al de «mención», para emplear otra terminología más familiar a la filosofía analítica. Pero, pese a la ruptura que crea, la literatura sería para siempre incomprensible si no viniese a configurar lo que aparece ya en la acción humana.

II.   MIMESIS II

Con *mímesis* II se abre el reino del *como si*. Hubiera podido decir el reino de la *ficción,* según el uso corriente en crítica literaria. Me privo, sin embargo, de las ventajas de esta expresión perfectamente apropiada al análisis de *mímesis* II para evitar el equívoco que crearía el uso del mismo término en dos acepciones diferentes: en la primera, como sinónimo de las configuraciones narrativas; en la segunda, como antónimo de la pretensión de la narración histórica de constituir una narración «verdadera». La crítica literaria no conoce esta dificultad al no tener en cuenta la escisión que divide el discurso narrativo en dos grandes clases. Por eso puede ignorar la diferencia que afecta a la dimensión *referencial* de la narración y limitarse a los caracteres *estructurales comunes* a la narración de ficción y a la histórica. La palabra ficción queda entonces disponible para designar la configuración del relato cuyo paradigma es la construc-

---

[15] Wolfgang Iser, *Der Akt des Lesens* (Munich 1976) II parte, cap. III.

ción de la trama, sin tener en cuenta las diferencias que conciernen sólo a la pretensión de verdad de las dos clases de narración. Cualquiera que sea la amplitud de las revisiones a las que será necesario someter la distinción entre ficticio o «imaginario» y «real», siempre existirá una diferencia entre relato de ficción y relato histórico, cuya reformulación habrá de hacerse precisamente en la cuarta parte. Entre tanto, quiero reservar el término de ficción para la segunda de las acepciones consideradas anteriormente y oponer «relato de ficción» a «relato histórico». Hablaré de composición o de configuración según la primera de las acepciones, que no pone en juego los problemas de referencia y de verdad. Es el sentido del *mythos* aristotélico, que la *Poética* —ya lo hemos visto— define como «disposición de los hechos».

Me propongo seguidamente deslindar esta actividad configuradora de las coacciones restrictivas que el paradigma de la tragedia impone al concepto de construcción de la trama en Aristóteles. Quiero, además, completar el modelo por medio de un análisis de sus estructuras temporales. Sabemos que la *Poética* no habla para nada de este análisis. Espero demostrar luego (segunda y tercera partes) que, con un mayor grado de abstracción y con la adición de rasgos temporales apropiados, las amplificaciones y correcciones de la teoría de la historia y la del relato de ficción no alterarán radicalmente el modelo aristotélico.

Ese modelo de construcción de la trama, que se pondrá a prueba en el resto de esta obra, responde a una exigencia fundamental, ya evocada en el capítulo anterior. Al situar *mímesis* II entre una fase anterior y otra posterior de la *mímesis,* no trato sólo de localizarla y de enmarcarla. Quiero comprender mejor su función de mediación entre el «antes» y el «después» de la configuración. *Mímesis* II ocupa una posición intermedia sólo porque tiene una función de mediación.

Esta función de mediación proviene del carácter dinámico de la *operación de configuración,* que nos ha hecho preferir el término de construcción de la trama al de trama simplemente, el de disposición al de sistema. Todos los conceptos relativos a este plano designan, efectivamente, operaciones. Este dinamismo consiste en que la trama desempeña ya, en su propio campo textual, una función de integración y, en este sentido, de mediación, que le permite operar, fuera de este mismo campo, una mediación de mayor alcance entre la pre-comprensión y —valga la expresión— la pos-comprensión del orden de la acción y de sus rasgos temporales.

La trama es mediadora por tres razones al menos. En primer lugar, media entre *acontecimientos* o incidentes individuales y una *historia* tomada como un todo. A este respecto se puede decir equivalentemente que extrae una historia sensata *de* una serie de acontecimientos o de incidentes (los *pragmata* de Aristóteles); o que transforma estos acontecimientos o incidentes *en* una historia. Las dos relaciones recíprocas expresadas por el *de* y por el *en* caracterizan la intriga como mediación entre acontecimientos e historia narrada. En consecuencia, un acontecimiento debe ser algo más que una ocurrencia singular. Recibe su definición de su contribución al desarrollo de la trama. Por otra parte, una historia debe ser más que una enumeración de acontecimientos en serie; ella debe organizarlos en una totalidad inteligible, de modo que se pueda conocer a cada momento el «tema» de la historia. En resumen: la construcción de la trama es la operación que extrae de la simple sucesión la configuración.

En segundo lugar, la construcción de la trama *integra* juntos factores tan· *heterogéneos* como agentes, fines, medios, interacciones, circunstancias, resultados inesperados, etc. Aristóteles anticipa este carácter mediador de varias formas: en primer lugar, crea un sub-conjunto de tres «partes» de la tragedia —trama, caracteres y pensamiento— bajo el título del «qué» (de la imitación). Nada impide,·pues, extender el concepto de trama a toda la tríada. Esta primera extensión proporciona al concepto de trama el valor inicial que va a permitirle recibir nuevos enriquecimientos.

El concepto de trama admite, realmente, una extensión más amplia: al incluir en la trama compleja los incidentes que producen compasión o temor, la peripecia, la agnición y los efectos violentos, Aristóteles *equipara la trama a la configuración,* que nosotros hemos caracterizado como *concordancia-discordancia.* Es este rasgo el que, en último término, constituye la función mediadora de la trama. Lo hemos anticipado en la sección anterior, cuando decíamos que la narración pone de manifiesto, en el orden sintagmático, todos los componentes capaces de figurar en el cuadro paradigmático establecido por la semántica de la acción. Este paso de lo paradigmático a lo sintagmático constituye la transición misma de *mímesis* I a *mímesis* II. Es el fruto de la actividad de configuración.

La trama es mediadora por un tercer motivo: el de sus *caracteres temporales* propios. Por generalización, ellos nos autorizan a llamar a la trama la *síntesis de lo heterogéneo* [16].

Aristóteles no tuvo en cuenta estos *caracteres temporales*. Sin embargo, están directamente implicados en el dinamismo constitutivo de la configuración narrativa. De este modo, dan sentido pleno al concepto de concordancia-discordancia del capítulo anterior. A este respecto puede decirse de la operación de la construcción de la trama que, a la vez, refleja la paradoja agustiniana del tiempo y la resuelve no según el modo especulativo, sino según el poético.

La refleja en cuanto que el acto de construcción de la trama combina en proporciones variables dos dimensiones temporales: una cronológica, otra no cronológica. La primera constituye la dimensión episódica de la narración: caracteriza la historia como hecha de acontecimientos. La segunda es la dimensión configurante propiamente dicha: por ella, la trama transforma los acontecimientos *en* historia. Este acto configurante [17] consiste en «tomar-juntas» las acciones individuales o lo que hemos llamado los incidentes de la historia; de esta variedad de acontecimientos consigue la unidad de la totalidad temporal. No se puede indicar con más fuerza el parentesco entre este «tomar-juntas», propio del acto configurante, y la operación del juicio según Kant. Recordemos que, para Kant, el sentido trascendental del juicio no consiste tanto en unir un sujeto y un predicado como en colocar una diversidad intuitiva bajo la regla de un concepto. La afinidad es mayor aún con el juicio que Kant opone al juicio determinante, en cuanto que sobre el trabajo del

[16] A costa de esta generalización, un historiador como Paul Veyne podrá definir la intriga como la combinación, en proporción variable, de fines, causas y casualidades, y hacer de ella el hilo director de su historiografía en *Comment on écrit l'histoire* (cf. *infra,* segunda parte, cap. II). De otra manera, complementaria pero no contradictoria, H. von Wright ve en el razonamiento histórico una combinación de silogismos prácticos y de encadenamientos de causalidad regidos por coacciones sistémicas (cf. igualmente *infra,* segunda parte, cap. II). Por consiguiente, la trama compone series heterogéneas de múltiples maneras.

[17] Tomo de Louis O. Mink la expresión *configurational act* —acto configurante—, que aplica a la comprensión histórica y que yo extiendo a todo el campo de la inteligencia narrativa (Louis O. Mink, *The Autonomy of Historical Understanding:* «History and Theory» 5, 1965, 24-47. Cf. *infra,* segunda parte, cap. II).

pensamiento que actúa en el juicio estético del gusto y en el teleológico aplicado a totalidades orgánicas. El acto de la trama tiene una función similar, en cuanto extrae la configuración de la sucesión [18].

Pero la *poiesis* hace más que reflejar la paradoja de la temporalidad. Al mediatizar los dos polos del acontecimiento y de la historia, la construcción de la trama aporta a la paradoja una solución: el propio acto poético. Este acto, del que acabamos de decir que extrae una figura de una sucesión, se revela al oyente o al lector en la capacidad que tiene la historia de ser continuada [19].

Continuar una historia es avanzar en medio de contingencias y de peripecias bajo la égida de la espera, que halla su cumplimiento en la *conclusión*. Algunas de las premisas anteriores no implican lógicamente esta conclusión. Ésta da a la historia un «punto final», que, a su vez, proporciona la perspectiva desde la que puede percibirse la historia como formando un todo. Comprender la historia es comprender cómo y por qué los sucesivos episodios han llevado a esta conclusión, la cual, lejos de ser previsible, debe ser, en último análisis, aceptable, como congruente con los episodios reunidos.

Esta capacidad de la historia para ser seguida constituye la solución poética de la paradoja de distensión-intención. El que la historia se deje continuar convierte a la paradoja en dialéctica viva.

Por un lado, la dimensión episódica de la narración lleva al tiempo narrativo de diversas formas del lado de la representación lineal. En primer lugar, el «entonces-y-entonces», por el que respondemos a la pregunta «¿y luego?», sugiere que las fases de la acción están en una relación de exterioridad. Además, los episodios constituyen una serie abierta de acontecimientos que permite añadir al «entonces-y-entonces» un «y así sucesivamente». Finalmente, los episodios se siguen sucesivamente de acuerdo con el orden irreversible del tiempo común a los acontecimientos físicos y humanos.

La dimensión configurante, en cambio, presenta rasgos tempo-

---

[18] Veremos más adelante otras implicaciones del carácter reflexivo del juicio en historia. Cf. segunda parte, cap. III.

[19] Tomo el concepto de *follo ability* de W. B. Gallie, *Philosophy and the Historical Understanding* (Nueva York 1964). Reservo para la segunda parte la discusión de la tesis central de la obra de Gallie de que la historiografía (*History*) es una especie del género de «historia narrada» (*Story*).

rales contrarios a los de la dimensión episódica. Y esto también de varias maneras.

En primer lugar, la disposición configurante transforma la sucesión de los acontecimientos en una totalidad significante, que es el correlato del acto de reunir los acontecimientos y hace que la historia se deje seguir. Merced a este acto reflexivo, toda la trama puede traducirse en un «pensamiento», que no es otro que su «punta» o su «tema». Pero nos equivocaríamos totalmente si considerásemos este pensamiento como atemporal. El tiempo de la «fábula-y-del-tema», para emplear la expresión de Northrop Frey, es el tiempo narrativo que media entre el aspecto episódico y el configurante.

En segundo lugar, la configuración de la trama impone a la sucesión indefinida de los incidentes «el sentido del punto final» (traduciendo el título de la obra de Kermode, *The Sense of an Ending*). Hemos hablado antes del «punto final» como aquel desde el que puede verse la historia como una totalidad. Podemos añadir ahora que esta función estructural del cierre puede discernirse, más que en el acto de narrar, en el de narrar-de-nuevo. En cuanto se conoce perfectamente una historia —y tal es el caso de la mayoría de los relatos tradicionales o populares, lo mismo que el de las crónicas nacionales que relatan los acontecimientos fundacionales de una comunidad—, seguir la historia es no tanto incluir las sorpresas o los descubrimientos en el reconocimiento del sentido atribuido a la historia, tomada como un todo, como aprehender los propios episodios bien conocidos como conduciendo a este fin. Una nueva cualidad del tiempo emerge de esta comprensión.

Finalmente, la reconsideración de la historia narrada, regida como totalidad por su manera de acabar, constituye una alternativa a la representación del tiempo como transcurriendo del pasado hacia el futuro, según la metáfora bien conocida de la «flecha del tiempo». Es como si la *recolección* invirtiese el llamado orden «natural» del tiempo. Al leer el final en el comienzo y el comienzo en el final, aprendemos también a leer el tiempo mismo al revés, como la recapitulación de las condiciones iniciales de un curso de acción en sus consecuencias finales.

En una palabra: el acto de narrar, reflejado en el de continuar una historia, hace productivas las paradojas que inquietaron a Agustín hasta el punto de llevarlo al silencio.

Me quedan por añadir al análisis del acto configurante dos rasgos complementarios que aseguran la continuidad del proceso que une *mímesis* III a *mímesis* II. Más claramente que los precedentes, estos rasgos exigen, como se verá después, el soporte de la lectura para su reactivación. Se trata de la *esquematización* y de la *tradicionalidad* característica del acto configurante; ambas tienen una relación específica con el tiempo.

Recordemos que se ha relacionado constantemente el «tomar-juntos», característico del acto configurante, con el juicio según Kant. Dentro de una perspectiva también kantiana, no se debe dudar en relacionar la producción del acto configurante con el trabajo de la imaginación creadora. Por ésta, hay que entender una facultad no psicologizante, sino trascendental. La imaginación creadora no sólo no existe sin regla, sino que constituye la matriz generadora de las reglas. En la primera *Crítica,* las categorías del entendimiento son esquematizadas, ante todo, por la imaginación creadora. El esquematismo posee este poder porque la imaginación creadora tiene fundamentalmente una función sintética. Une el entendimiento y la intuición engendrando síntesis a la vez intelectuales e intuitivas. La construcción de la trama engendra igualmente la inteligibilidad mixta entre lo que hemos llamado la punta, el tema, el «pensamiento» de la historia narrada, y la presentación intuitiva de las circunstancias, de los caracteres, de los episodios y de los cambios de fortuna que crean el desenlace. Así, se puede hablar del *esquematismo* de la función narrativa. Como cualquier esquematismo, éste se presta a una tipología como la que, por ejemplo, elabora Northrop Frey en su *Anatomie de la critique*[20].

Este esquematismo se constituye a su vez en una historia que

---

[20] Pero esta tipología no anula el carácter eminentemente temporal del esquematismo. No hemos olvidado el modo con que Kant relaciona su constitución con lo que él llama determinaciones de tiempo *a priori:* «Los esquemas no son, pues, otra cosa que determinaciones de tiempo *a priori,* hechas según reglas, y estas determinaciones, según el orden de las categorías, conciernen a la *serie del tiempo,* al *contenido del tiempo,* al *orden del tiempo,* en fin, al *conjunto del tiempo,* respecto a todos los objetos posibles» (*Crítica de la razón pura,* A 145, B 184). Kant no reconoce que las determinaciones del tiempo concurren en la constitución objetiva del mundo físico. El esquematismo de la función narrativa implica determinaciones de un género nuevo: precisamente, las que acabamos de designar por el nombre de dialéctica de los caracteres episódicos, y que configuran la construcción de la trama.

tiene todos los caracteres de una *tradición*. Entendemos por ésta no la transmisión inerte de un depósito ya muerto, sino la transmisión viva de una innovación capaz de reactivarse constantemente por el retorno a los momentos más creadores del hacer poético. Así entendida, la *tradicionalidad* enriquece con un rasgo nuevo la relación de la intriga con el tiempo.

En efecto, la constitución de una tradición descansa en el juego de la innovación y de la sedimentación. A la sedimentación —comencemos por ella— deben referirse los paradigmas que constituyen la tipología de la construcción de la trama. Estos paradigmas proceden de la historia sedimentada cuya génesis se ha borrado.

Esta *sedimentación* se produce en múltiples planos, que exigen de nosotros gran discernimiento en el uso del término paradigmático. Así, hoy nos parece que Aristóteles hizo dos cosas a la vez, si no tres. Por un lado, establece el concepto de trama en sus rasgos más *formales:* los que hemos identificado con la concordancia discordante. Por otro, describe el *género* de la tragedia griega (y, accesoriamente, el de la epopeya, pero ajustado a los criterios del modelo trágico); este género cumple a la vez con las condiciones formales que hacen de él un *mythos*, y con las condiciones restrictivas que lo convierten en *mythos* trágico: cambio de la fortuna en infortunio, incidentes lastimosos y horribles, desgracia inmerecida, falta trágica de un carácter marcado, sin embargo, por la grandeza y exento de vicio o maldad, etc. Este género ha dominado en gran medida el desarrollo posterior de la literatura dramática en Occidente, aunque no hay que olvidar que nuestra cultura es heredera de varias tradiciones narrativas: hebrea y cristiana, y también celta, germánica, islandesa, eslava [21].

Pero no es todo: crean como paradigma no sólo la *forma* de la concordancia discordante o el modelo que la tradición posterior ha identificado como un *género* literario estable, sino también las obras singulares: *La Ilíada, Edipo Rey,* la *Poética* de Aristóteles. En

---

[21] Scholes y Kellog, en *The Nature of Narrative* (Oxford 1968), han hecho bien en hacer preceder su análisis de las categorías narrativas de otro de la historia del arte de narrar en Occidente. Lo que llamo esquematización de la construcción de la intriga sólo existe en este desarrollo histórico. Por eso también Eric Auerbach, en su magnífica obra *Mímesis,* opta por apoyar su análisis y su apreciación de la representación de la realidad en la cultura occidental en muestras de textos numerosos, aunque estrictamente limitados.

efecto, en la medida en que, en la disposición de los hechos, el vínculo causal (uno por causa de otro) prevalece sobre la simple sucesión (uno después de otro), emerge un universal que es, según lo hemos interpretado, la propia disposición erigida en *tipo*. De este modo, la tradición narrativa ha sido marcada no sólo por la sedimentación de la *forma* de concordancia discordante y por la del *género* trágico (y de los demás modelos del mismo nivel), sino también por la de los *tipos* nacidos lo más cerca de las obras singulares. Si englobamos *forma, género* y *tipo* bajo el título de *paradigma,* diremos que los paradigmas nacen del trabajo de la imaginación creadora en estos diversos planos.

Ahora bien: estos paradigmas, nacidos a su vez de una innovación anterior, proporcionan reglas para la experimentación posterior en el campo narrativo. Estas reglas cambian por la presión de nuevas invenciones, pero lo hacen lentamente, e incluso resisten al cambio en virtud del propio proceso de sedimentación.

El estatuto del otro polo de la tradición, la *innovación,* es correlativo del de la sedimentación. Siempre hay lugar para la innovación en la medida en que lo que, en último término, se produce, en la *poiesis* del poema, es siempre una obra singular, esta obra. Por eso los paradigmas constituyen sólo la gramática que regula la composición de obras nuevas —nuevas, antes de hacerse típicas—. Así como la gramática de la lengua regula la producción de frases bien formadas, cuyo número y contenido son imprevisibles, la obra de arte —poema, drama, novela— es una producción original, una existencia nueva en el reino del lenguaje [22]. Pero lo inverso no es menos verdadero: la innovación sigue siendo una conducta regida por reglas; el trabajo de la imaginación no nace de la nada. Se relaciona, de uno u otro modo, con los paradigmas de la tradición. Pero puede mantener una relación variable con estos paradigmas. El abanico de soluciones es amplio; se despliega entre los dos polos de la aplicación servil y de la desviación calculada, pasando por todos los grados de la «deformación regulada». El cuento, el mito y, en general, el relato tradicional se mantienen muy cerca del primer polo. Pero conforme uno se aleja del relato

---

[22] Aristóteles observa que *conocemos* sólo universales: lo singular es inefable. Pero *hacemos* cosas singulares. Cf. G.-G. Granger, *Essai d'une philosophie du style* (París 1968) 5-16.

tradicional, la desviación, la separación se convierten en regla. Así, una gran parte de la novela contemporánea puede definirse como anti-novela, en cuanto que el rechazo prevalece sobre el gusto de variar simplemente la aplicación.

Además, la desviación puede actuar en todos los planos: con relación a los tipos, a los géneros y al propio principio formal de la concordancia-discordancia. Parece que el primer tipo de desviación es constitutivo de cualquier obra singular: cada obra está en desviación con relación a cada obra. Menos frecuente es el cambio de género: equivale a la creación de un nuevo género, la novela, por ejemplo, respecto al drama o al relato maravilloso; o la misma historiografía respecto a la crónica. Pero más radical es el rechazo del principio formal de la concordancia-discordancia. Examinaremos después la amplitud del espacio de variación permitido por el paradigma formal. Indagaremos si este rechazo, erigido en cisma, no significa la muerte de la propia forma narrativa. En todo caso, la posibilidad de la desviación se inscribe en la relación entre paradigmas sedimentados y obras efectivas. Ella es sólo, bajo la forma extrema del cisma, lo contrario de la aplicación servil. La deformación regulada constituye el eje medio alrededor del cual se reparten las modalidades de cambio de los paradigmas por aplicación. Esta variedad en la aplicación es la que proporciona una historia a la imaginación creadora y la que, al hacer contrapunto con la sedimentación, hace posible la tradición narrativa. Éste es el último enriquecimiento con el que la relación de la narración, con el tiempo, se acrecienta en el plano de *mímesis* II.

III. MIMESIS III

Quisiera mostrar seguidamente cómo *mímesis* II, llevada a su inteligibilidad primera, exige como complemento una tercera fase representativa, que merece llamarse también *mímesis*.

Permítaseme recordar, una vez más, que el interés mostrado aquí por el desarrollo de la *mímesis* no tiene su objetivo en sí mismo. La explicación de la *mímesis* sigue estando hasta el fin subordinada a la investigación de la mediación entre tiempo y narración. Sólo al término del recorrido de la *mímesis* adquiere un contenido concreto la tesis enunciada al inicio de este capítulo: la narración tiene su pleno sentido cuando es restitutida al tiempo del obrar y del padecer en la *mímesis* III.

Este estadio corresponde a lo que H.-G. Gadamer, en su hermenéutica filosófica, llama «aplicación». El propio Aristóteles sugiere este último sentido de la *mimesis praxeos* en diversos pasajes de su *Poética,* aunque se preocupa menos del auditorio en su *Poética* que en su *Retórica,* en la que la teoría de la persuasión se amolda enteramente a la capacidad receptiva de los oyentes. Pero cuando afirma que la poesía «enseña» lo universal, que la tragedia, «al representar la compasión y el temor..., realiza la purgación de esta clase de emociones», o cuando evoca el placer que experimentamos al ver los incidentes horribles o lastimosos concurrir en el cambio de fortuna que la tragedia... Aristóteles está significando que el recorrido de la *mímesis* tiene su cumplimiento, sin duda, en el oyente o en el lector.

Generalizando más allá de Aristóteles, diré que *mímesis* III marca la intersección del mundo del texto y del mundo del oyente o del lector: intersección, pues, del mundo configurado por el poema y del mundo en el que la acción efectiva se despliega y despliega su temporalidad específica.

Procederé en cuatro etapas:

1.   Si es cierto que la mediación entre tiempo y narración se constituye al encadenar los tres estadios de la *mímesis,* se plantea una cuestión previa: saber si este encadenamiento señala realmente una progresión. Se responderá aquí a la objeción de *circularidad* suscitada desde el principio de este capítulo.

2.   Si es cierto que el acto de lectura es el vector de la aptitud de la trama para modelar la experiencia, es necesario mostrar cómo se articula este acto en el dinamismo propio del acto configurante, cómo lo prolonga y lo lleva a su término.

3.   Al abordar de frente la tesis de la re-figuración de la experiencia temporal por la construcción de la trama, se mostrará cómo la entrada de la obra, por la lectura, en el campo de la *comunicación,* señala al mismo tiempo su entrada en el campo de la *referencia.* Volviendo sobre el problema donde lo habíamos dejado en *La metáfora viva,* quisiera esbozar las principales dificultades que se relacionan con la noción de referencia en el orden narrativo.

4. Finalmente, en la medida en que el mundo re-figurado por la narración es un mundo *temporal,* se plantea la cuestión de saber qué ayuda puede esperar de la *fenomenología del tiempo* la hermenéutica del tiempo narrado. La respuesta a esta pregunta pondrá de manifiesto una circularidad mucho más radical que la que engendra la relación de *mímesis* III con *mímesis* I a través de *mímesis* II. El estudio de la teoría agustiniana del tiempo por la que hemos comenzado esta obra nos ha dado ya la ocasión de anticiparlo. Concierne a la relación entre una fenomenología que no deja de engendrar aporías y lo que hemos llamado anteriormente la «solución» *poética* de estas aporías. El problema de la relación entre tiempo y narración culmina en esta dialéctica entre la aporética y la poética de la temporalidad.

1. *El círculo de la «mímesis»*

Antes de adentrarme en el problema central de *mímesis* III quiero afrontar la sospecha de circularidad viciosa, que no deja de suscitar el paso de la primera a la tercera a través de la segunda. Ya se considere la estructura semántica de la acción, sus recursos de simbolización o su carácter temporal, el punto de llegada parece conducir al punto de partida, o, peor aún, el de llegada parece anticipado en el de partida. Si esto es cierto, el círculo hermenéutico de la narratividad y de la temporalidad se resolvería en el círculo vicioso de la *mímesis.*

No se puede negar que el análisis sea circular. Pero puede refutarse que el círculo sea vicioso. A este respecto, preferiría hablar más bien de una espiral sin fin que hace pasar la meditación varias veces por el mismo punto, pero a una altura diferente. La acusación de círculo vicioso procede de la seducción por una u otra de las dos versiones de la circularidad. La primera subraya la *violencia* de la interpretación; la segunda, su *redundancia.*

1) Por un lado, podemos caer en la tentación de decir que la narración pone la consonancia allí donde sólo hay disonancia. De este modo, la narración da forma a lo que es informe. Pero este dar forma mediante la narración puede someterse a la sospecha de engaño. En el mejor de los casos, facilita el «como si» propio de toda ficción, que, como sabemos, no es más que artificio literario. Es así

como consuela frente a la muerte. Pero tan pronto como dejamos de engañarnos a nosotros mismos con el recurso al consuelo ofrecido por los paradigmas, nos damos cuenta de la violencia y de la mentira; estamos a punto de sucumbir a la fascinación por lo informe absoluto y por la defensa de esta radical honestidad intelectual que Nietzsche llamaba *Redlichkeit*. Sólo gracias a una cierta nostalgia del orden resistimos a esta fascinación y nos adherimos desesperadamente a la idea de que el orden es nuestro mundo, *a pesar de todo*. Por eso la consonancia narrativa impuesta a la disonancia temporal sigue siendo obra de lo que conviene llamar violencia de la interpretación. La solución narrativa de la paradoja no es más que el brote de esta violencia.

No niego que semejante dramatización de la dialéctica entre narratividad y temporalidad revele de modo apropiado el carácter de concordancia discordante con que se designa la relación entre tiempo y narración. Pero mientras pongamos de modo unilateral la consonancia sólo del lado de la narración y la disonancia sólo del de la temporalidad, como sugiere el argumento, perdemos el carácter propiamente dialéctico de la relación.

Primeramente, la experiencia de la temporalidad no se reduce a la simple discordancia. Como hemos visto en san Agustín, *distentio* e *intentio* se enfrentan mutuamente dentro de la experiencia más auténtica. Es necesario preservar la paradoja del tiempo de la nivelación operada por su reducción a la simple discordancia. Más bien habría que preguntarse si la defensa de la experiencia temporal radicalmente informe no es ella misma producto de la fascinación por lo informe que caracteriza a la modernidad. En una palabra: cuando pensadores o críticos parecen ceder a la simple nostalgia del orden o, peor aún, al terror del caos, lo que los emociona, en último término, es el reconocimiento auténtico de las paradojas del tiempo, por encima de la *pérdida* de significación propia de una cultura particular, la nuestra.

En segundo lugar, debe moderarse también el carácter de consonancia de la narración, que estamos tentados de oponer de forma no dialéctica a la disonancia de nuestra experiencia temporal. La construcción de la trama no es nunca el simple triunfo del «orden». Hasta el paradigma de la tragedia griega deja espacio al papel perturbador de la *peripateia*, de las contingencias y de los reveses de fortuna que suscitan espanto y compasión. Las propias tramas coordinan distensión e intención. Lo mismo habría que decir del otro paradigma que, según Frank Kermode, ha reinado sobre el «sentido del punto final» en nuestra tradición occidental; estoy pensando en el modelo apocalíptico que subraya magníficamente la correspondencia entre el comienzo —el *Génesis*— y el fin —el *Apocalipsis*—; el propio Kermode no deja de subrayar las innumerables tensiones originadas por este modelo en lo que afecta a los acontecimientos que suceden «entre los tiempos» y, sobre todo, en los «últimos tiempos». El modelo apocalíptico engrandece la inversión en la medida en que el fin es la catástrofe que anula el tiempo y prefigura los «terrores de los últimos días». Pero el modelo apocalíptico, pese a su persistencia atestiguada por su resurgir actual en forma de utopías o, mejor, de ucronías, sólo es *un* paradigma entre muchos, que no agota en absoluto la dinámica narrativa.

El proceso mismo de la formación de tradiciones, que hemos relacionado anteriormente con el poder de esquematización propio de la imaginación creadora, no deja de engendrar otros paradigmas distintos de los de la tragedia griega o del apocalipsis. Veremos en la tercera parte que este renacimiento de los paradigmas no anula la dialéctica fundamental de la concordancia discordante. Hasta el rechazo de todo paradigma, ilustrado por la anti-novela actual, nace de la historia paradójica de la «concordancia». Gracias a las frustraciones originadas por su desprecio irónico de todo paradigma, y merced al placer más o menos perverso que el lector experimenta en ser excitado y provocado, estas obras satisfacen a la vez a la tradición que ellas inculpan y a las experiencias desordenadas que finalmente imitan de tanto no imitar los paradigmas recibidos.

La sospecha de violencia interpretativa no es menos legítima en este caso extremo. Ya no es la «concordancia» la que se impone por la fuerza a la «discordancia» de nuestra experiencia del tiempo. Ahora es la discordancia engendrada en el discurso por la distancia irónica con respecto a cualquier paradigma la que viene a minar desde el interior el deseo de «concordancia» que sirve de base a nuestra experiencia temporal y a destruir la *intentio,* sin la cual no habría *distentio animi.* Se puede, pues, presumir con fundamento que la pretendida discordancia de nuestra experiencia temporal no es más que un artificio literario.

De este modo, la reflexión sobre los límites de la concordancia no pierde nunca sus derechos. Se aplica a todos los «casos de figura» de concordancia discordante y de discordancia concordante, tanto en el plano de la narración como en el del tiempo. En todos los casos, el círculo es inevitable sin ser vicioso.

2) La objeción de círculo vicioso puede revestir otra forma. Tras haber hecho frente a la violencia de la interpretación, es necesario hacerlo ahora a la posibilidad inversa: a la *redundancia* de la interpretación. Esto ocurriría si la propia *mímesis* I fuese desde siempre un efecto de sentido de *mímesis* III. Entonces la segunda no haría más que restituir a la tercera lo que habría tomado de la primera, ya que ésta sería obra de la tercera.

La objeción de redundancia parece sugerida por el análisis mismo de *mímesis* I. Si no existe experiencia que no esté ya mediatizada por sistemas simbólicos y, entre ellos, por narraciones, parece inútil decir, como hemos hecho, que la acción demanda narración. ¿Cómo podríamos hablar, en efecto, de una vida humana como de una historia incipiente, dado que no tenemos acceso a los dramas temporales de la existencia fuera de las historias narradas a este respecto por otros o por nosotros mismos?

A esta objeción opondré una serie de situaciones que, a mi juicio, nos fuerzan a otorgar a la experiencia temporal como tal una narratividad incoativa que no procede de la proyección —como se dice— de la literatura sobre la vida, sino que constituye una auténtica demanda de narración. Para caracterizar estas situaciones no vacilaré en hablar de una estructura pre-narrativa de la experiencia.

El análisis de los rasgos temporales de la acción en el plano de *mímesis* I ha conducido al umbral de este concepto. Si no lo he franqueado ahora es porque pienso que la objeción de círculo vicioso por redundancia depararía una ocasión más propicia para señalar la importancia estratégica de las situaciones de las que hablaremos en el círculo de la *mímesis*.

Sin abandonar la experiencia cotidiana, ¿no somos propensos a ver en tal encadenamiento de episodios de nuestra vida historias «no narradas (todavía)», historias que piden ser contadas, historias que ofrecen puntos de *anclaje* a la narración? No ignoro lo incongruente que es la expresión «historia no narrada (todavía)». La historia, ¿no es, por definición, algo narrado? Ciertamente si hablamos de historias efectivas. Pero ¿es inaceptable la noción de historia potencial?

Me gustaría detenerme en dos situaciones menos cotidianas en las que la expresión de historia no narrada (todavía) se impone con una fuerza sorprendente. El paciente que visita al psicoanalista le presenta migajas de historias vividas, sueños, «escenas primitivas», episodios conflictuales; con razón se puede decir de las sesiones de análisis que tienen como finalidad y como resultado el que el analizador saque de estas migajas de historia una narración que sería a la vez más insoportable y más inteligible. Roy Schafer[23] nos ha enseñado incluso a considerar el conjunto de las teorías metapsicológicas de Freud como un sistema de reglas para volver-a-narrar las historias de vida y elevarlas a la categoría de historias de casos. Esta interpretación narrativa de la teoría psicoanalítica implica que la historia de una vida procede desde historias no contadas e inhibidas hacia historias efectivas que el sujeto podría hacer suyas y considerarlas como constitutivas de su identidad personal. La búsqueda de esta identidad personal asegura la continuidad entre la historia potencial o incoativa y la historia expresa cuya responsabilidad asumimos.

Hay otra situación a la que parece convenir la noción de historia no narrada. Wilhelm Schapp, en su obra *In Geschichten verstrickt* (1967)[24] —*Enredado en historias*—, describe el caso en el que un juez intenta comprender un curso de acción, un carácter, desenmarañando el enredo de tramas en el que está preso el sospechoso. Se hace hincapié en el «estar-enredado» *(verstricktsein)* (p. 85), verbo cuya voz pasiva subraya que la historia «ocurre» a alguien antes de que nadie la cuente. El estar enredado aparece más bien como la «prehistoria» de la historia narrada, cuyo comienzo lo sigue escogiendo el narrador. Esta «prehistoria» de la historia es lo que une a ésta con un todo más amplio y le proporciona un «segundo plano». Este segundo plano se hace con la «imbricación viva» de todas las historias vividas, unas dentro de otras. Así, pues, es necesario que las historias narradas «emerjan» *(auftauchen)* de este segundo plano. Con esta «emergencia», el sujeto implicado emerge también. Se puede decir entonces: «La historia responde del hombre» *(die Geschichte steht für den Mann)* (p. 100). La consecuencia principal de este análisis existencial del hombre como «ser enredado

[23] Roy Chafer, *A New Language for Psychoanalysis* (Yale 1976).
[24] Wilhelm Schapp, *In Geschichten verstrickt* (Wiesbaden 1976).

en historias» es ésta: narrar es un proceso secundario, el del «ser-conocido de la historia» (*das Bekanntwerden der Geschichte*) (p. 101). Narrar, seguir, comprender historias no es más que la «continuación» de estas historias no dichas.

El crítico literario formado en la tradición aristotélica, para la cual la historia es un artificio creado por el escritor, apenas se sentirá satisfecho con esta noción de una historia narrada que estaría en «continuidad» con la implicación pasiva de los sujetos dentro de historias que se pierden en un horizonte brumoso. Sin embargo, la prioridad dada a la historia todavía no narrada puede servir de instancia crítica frente a cualquier énfasis sobre el carácter artificial del arte de narrar. Contamos historias porque, al fin y al cabo, las vidas humanas necesitan y merecen contarse. Esta observación adquiere toda su fuerza cuando evocamos la necesidad de salvar la historia de los vencidos y de los perdedores. Toda la historia del sufrimiento clama venganza y pide narración.

Pero la crítica sentirá menos aversión a aceptar la noción de historia como aquello en lo que estamos enredados si repara en una sugerencia que proviene de su propio campo de competencia. En *The Genesis of Secrecy* [25], Frank Kermode introduce la idea de que algunas narraciones pueden intentar no aclarar, sino oscurecer y disimular. Tal sería el caso, entre otros, de las parábolas de Jesús, que, según la interpretación del evangelista Marcos, son dichas para que «los de fuera» no las comprendan, y que, según F. Kermode, expulsan, con la misma severidad, a «los de dentro» de su situación de privilegio. Pero existen otras muchas narraciones que poseen ese poder enigmático de «echar a los intérpretes de sus lugares secretos». Es cierto que éstos son lugares dentro del texto. Señalan, con todo, en vacío su inexhaustibilidad. Pero ¿se puede afirmar que el «potencial hermenéutico» (*ibíd.*, 40) de las narraciones de este tipo encuentra, si no una consonancia, al menos una resonancia en las historias no dichas de nuestras vidas? ¿No hay una complicidad oculta entre el *Secrecy* engendrado por la propia narración —o, al menos, por narraciones próximas a las de Marcos o de Kafka— y las historias no dichas aún de nuestras vidas, que constituyen la prehistoria, el segundo plano, la imbricación viva, de las que emer-

[25] Frank Kermode, *The Genesis of Secrecy — On the Interpretation of Narrative* (Harvard 1976).

ge la historia narrada? Con otras palabras: ¿no existe una afinidad oculta entre el secreto *del que* emerge la historia y aquel al que la historia vuelve?

Cualquiera que pueda ser la fuerza coactiva de esta sugerencia, podemos encontrar en ella un refuerzo para nuestro argumento principal, según el cual la circularidad manifiesta de todo análisis de la narración —que interpreta siempre, una por otra, la forma temporal inherente a la experiencia y la estructura narrativa— no es una tautología muerta. Más bien hay que ver en ella un «círculo sano» en el que los argumentos expuestos sobre las dos vertientes del problema se prestan mutua ayuda.

2. *Configuración, refiguración y lectura*

El círculo hermenéutico de la narración y del tiempo renace así sin cesar del círculo que forman los estadios de la *mímesis*. Ha llegado el momento de centrar nuestra reflexión en la transición entre *mímesis* II y *mímesis* III, operada por el acto de lectura.

Si este acto puede considerarse, según se ha dicho anteriormente, como el *vector* de la aptitud de la trama para modelizar la experiencia, es porque recobra y concluye el acto configurante, del que se ha subrayado también el parentesco con el juicio que «comprende» —que «toma juntos»— lo diverso de la acción en la unidad de la trama.

Nada lo demuestra mejor que los dos rasgos con los que acabamos de caracterizar la trama en el estadio de *mímesis* II: la esquematización y la tradicionalidad. Estos rasgos contribuyen particularmente a superar el prejuicio que opone un «dentro» y un «fuera» del texto. En efecto, esta oposición está estrechamente ligada a una concepción estática y cerrada de la estructura del texto solo. La noción de la actividad estructurante, visible en la operación de la construcción de la trama, trasciende esta oposición. Esquematización y tradicionalidad son, de entrada, categorías de la interacción entre la operatividad de la escritura y la de la lectura.

Por un lado, los paradigmas recibidos estructuran las *expectativas* del lector y le ayudan a reconocer la regla formal, el género o el tipo ejemplificados por la historia narrada. Proporcionan líneas directrices para el encuentro entre el texto y su lector. En una palabra: regulan la capacidad que posee la historia para dejarse seguir. Por otro lado, el acto de leer acompaña la configuración de la narración y actualiza su capacidad para ser seguida. Seguir una historia es actualizarla en lectura.

La construcción de la trama sólo puede describirse como un acto del juicio y de la imaginación creadora en cuanto que este acto es obra conjunta del texto y de su lector, igual que Aristóteles decía que la sensación es obra común de lo sentido y del que siente.

El acto de leer también acompaña al juego de la innovación y de la meditación de los paradigmas que esquematizan la construcción de la trama. En dicho acto, el destinatario juega con las coerciones narrativas, efectúa las desviaciones, toma parte en el combate de la novela y de la anti-novela, y en ello experimenta lo que Roland Barthes llamaba el placer del texto.

Finalmente, es el lector el que remata la obra en la medida en que, según Roman Ingarden en *La Structure de l'oeuvre littéraire* y Wolfgang Iser en *Der Akt des Lesens,* la obra escrita es un esbozo para la lectura; el texto, en efecto, entraña vacíos, lagunas, zonas de indeterminación e incluso, como el *Ulises* de Joyce, desafía la capacidad del lector para configurar él mismo la obra que el autor parece querer desfigurar con malicioso regocijo. En este caso extremo, es el lector, casi abandonado por la obra, el que lleva sobre sus hombros el peso de la construcción de la trama.

El acto de lectura se convierte así en el agente que une *mímesis* III a *mímesis* II. Es el último vector de la refiguración del mundo de la acción bajo la influencia de la trama. Uno de los problemas críticos que nos ocupará en la cuarta parte será coordinar a partir de ahí las relaciones de una teoría de la lectura, al modo de Wolfgang Iser, y una de la recepción, como la de Robert Jauss. Limitémonos por ahora a decir que ambas tienen en común el ver en el efecto producido por el texto sobre el receptor, individual o colectivo, un componente intrínseco de la significación actual o efectiva del texto. Para las dos, el texto es un conjunto de *instrucciones* que el lector individual o el público *ejecutan* de forma pasiva o creadora. El texto sólo se hace obra en la interacción de texto y receptor. Sobre este fondo común se destacan las dos aproximaciones diferentes: la del *acto de lectura* y la de la *estética de la recepción.*

3. *Narratividad y referencia*

Completar la teoría de la escritura por la de la lectura constituye sólo el primer paso en el camino de *mímesis* III. La estética de la recepción no puede comprometer el problema de la *comunicación* sin hacer lo mismo con el de la *referencia*. Lo que se comunica, en última instancia, es, más allá del sentido de la obra, el mundo que proyecta y que constituye su horizonte. En este sentido, el oyente o el lector lo reciben según su propia capacidad de acogida, que se define también por una situación a la vez limitada y abierta sobre el horizonte del mundo. El término horizonte y el correlativo de mundo aparecen así dos veces en la definición sugerida anteriormente de *mímesis* III: intersección entre el mundo del texto y el del oyente o del lector. Esta definición, próxima a la noción de «fusión de horizontes» de H.-G. Gadamer, descansa en tres presupuestos que sirven de base, respectivamente, a los actos de discurso en general, a las obras literarias entre los actos de discurso y, finalmente, a las obras narrativas entre las obras literarias. Como se ve, el orden que enlaza estas tres presuposiciones es el de una *especificación* creciente.

Respecto al primer punto, me limito a repetir la tesis, ampliamente razonada en *La metáfora viva*, tocante a la relación entre sentido y referencia en todo discurso. Según esta tesis, si, siguiendo a Benveniste más que a De Saussure, se toma la frase como unidad de discurso, la *intención* del discurso deja de confundirse con el significado correlativo de cada significante dentro de la inmanencia de un sistema de signos. En la frase, el lenguaje se orienta más allá de sí mismo: dice algo *sobre* algo. Este objetivo del referente del discurso es rigurosamente sincrónico con su carácter de acontecimiento y con su funcionamiento dialogal. Es la otra vertiente de la instancia de discurso. El acontecimiento completo no sólo consiste en que alguien tome la palabra y se dirija a un interlocutor; también en que desee llevar al lenguaje y compartir con otro una nueva *experiencia*, que, a su vez, tiene al mundo por horizonte. Referencia y horizonte son correlativos, como lo son la forma y el fondo. Toda experiencia posee un contorno que la circunscribe y la distingue, y se levanta a la vez sobre un horizonte de potencialidades que constituyen su horizonte interno y externo: interno, en cuanto que siempre es posible detallar y precisar la cosa considerada en el interior de un contorno estable; externo, en cuanto que la cosa buscada mantiene relaciones potenciales con cualquier otra cosa bajo el horizonte de un mundo total, el cual no figura nunca como objeto de discurso. En este doble sentido de la palabra horizonte, situación y horizonte siguen siendo nociones correlativas. Este presupuesto general implica que el lenguaje no constituye un mundo por sí mismo. Ni siquiera es un mundo. Por estar en el mundo y por soportar situaciones, intentamos orientarnos sobre el modo de la comprensión y tenemos algo que decir, una experiencia que llevar al lenguaje, una experiencia que compartir.

Ésta es la presuposición ontológica de la referencia, reflejada en el interior del propio lenguaje como un postulado desprovisto de justificación inmanente. El lenguaje es por sí mismo del orden de lo «mismo»; el mundo es su «otro». La atestación de esta alteridad proviene de la reflexibilidad del lenguaje sobre sí mismo, que, así, se sabe *en* el ser para referirse *al* ser.

Esta presuposición no proviene ni de la lingüística ni de la semiótica; al contrario, estas ciencias rechazan por postulado de método la idea de un objetivo intencional orientado hacia la extralingüística. Lo que acabo de llamar atestación ontológica debe parecerles, una vez puesto su postulado de método, como un salto injustificable e inadmisible. En realidad, esta atestación ontológica sería un salto irracional si la exteriorización que exige no fuera la contrapartida de una moción previa y más originaria, que proviene de la experiencia de estar en el mundo y en el tiempo y que procede desde esta condición ontológica hacia su expresión en el lenguaje.

Hay que coordinar esta primera presuposición con las reflexiones que preceden sobre la recepción del texto: aptitud para comunicar y capacidad de referencia deben plantearse simultáneamente. Toda referencia es co-referencia, referencia dialógica o dialogal. No hay, pues, que escoger entre la estética de la recepción y la ontología de la obra de arte. Lo que el lector recibe no sólo es el sentido de la obra, sino también, a través de éste, su referencia: la experiencia que ésta trae al lenguaje y, en último término, el mundo y su temporalidad que despliega ante ella.

La consideración de las «obras de arte», entre todos los actos de discurso, exige una *segunda presuposición,* que no anula la primera, sino que la complica. Según la tesis que he defendido en *La metá-*

fora viva y que me limito a recordar ahora, también las obras *literarias* aportan al lenguaje una experiencia, y así ven la luz como cualquier discurso. Esta segunda presuposición choca de frente con la
teoría dominante en la poética contemporánea que rechaza cualquier
consideración de la referencia a lo que ella considera como extra-
lingüístico, en nombre de la estricta inmanencia del lenguaje literario a sí mismo. Cuando los textos literarios contienen alegaciones
que conciernen a lo verdadero y a lo falso, a lo falaz y a lo secreto,
las cuales conducen ineluctablemente a la dialéctica del ser y del
parecer [26], esta poética se esfuerza por considerar como un simple
efecto de sentido lo que ella decide, por decreto metodológico, llamar ilusión referencial. Pero el problema de la relación de la literatura con el mundo del lector no se anula por ello. Simplemente, se
aplaza. Las «ilusiones referenciales» no son cualquier efecto de sentido del texto: requieren una teoría detallada de las modalidades
de veridicción. Y estas modalidades, a su vez, se recortan sobre el
fondo de un horizonte de mundo que constituye el mundo del texto. Es cierto que se puede incluir la misma noción de horizonte en
la inmanencia del texto y considerar el concepto del mundo del texto como una excrecencia de la ilusión referencial. Pero la lectura
plantea de nuevo el problema de la fusión de dos horizontes, el del
texto y el del lector, y, por tanto, la intersección del mundo del texto con el del lector.

Se puede intentar negar el problema mismo y considerar como
no pertinente la cuestión del impacto de la literatura sobre la experiencia cotidiana. Pero entonces, por una parte, se ratifica paradóji-
camente el positivismo que generalmente se está combatiendo, a
saber: el prejuicio de que sólo es real el dato que puede observarse
empíricamente y describirse científicamente, y por otra, se encierra
la literatura en un mundo en sí y se rompe la punta subversiva que
lanza contra el orden moral y social. Se olvida que la ficción es precisamente lo que hace del lenguaje ese supremo peligro del que
Walter Benjamin, tras Hölderlin, habla con temor y admiración.

Este fenómeno de interacción abre todo un abanico de casos:

---

[26] El concepto de *veridicción* en Greimas nos proporcionará un ejemplo excelente del retorno de esta dialéctica, en el interior mismo de una teoría que
excluye sin concesión cualquier recurso a un referente externo. Cf. A.-J. Grei-
mas/J. Courtés, art. *Véridiction,* en *Sémiotique, dictionnaire raisonné de la
théorie du langage,* p. 417.

desde la confirmación ideológica del orden establecido, como en el arte oficial o la crónica del poder, hasta la crítica social e incluso la burla de todo «real». Incluso la extrema alienación en relación con lo real es también un caso de intersección. Esta fusión conflictual de los horizontes se relaciona con la dinámica del texto, en particular con la dialéctica de la sedimentación y de la innovación. El conflicto de lo posible, que no es menor que el de lo real, se amplifica por el juego interno, en las obras mismas, entre los paradigmas recibidos y la producción de desviaciones por la desviación de las obras singulares. De este modo, la literatura narrativa, entre todas las obras poéticas, modela la efectividad práxica tanto por sus desviaciones como por sus paradigmas.

Por tanto, si no se rechaza el problema de la fusión de los horizontes del texto y del lector, o de la intersección entre el mundo del texto y el del lector, es preciso encontrar en el funcionamiento mismo del lenguaje poético el medio de franquear el abismo abierto entre los dos mundos por el propio método de inmanencia de la poética antirreferencial. He intentado mostrar en *La metáfora viva* que la capacidad de referencia del lenguaje no se agota en el discurso descriptivo y que las obras poéticas se refieren al mundo según un régimen referencial propio, el de la referencia metafórica [27]. Esta tesis abarca todos los usos no descriptivos del lenguaje; por tanto, todos los textos poéticos, sean líricos o narrativos. Supone que también los textos poéticos hablan *del* mundo, aunque no lo hagan de modo descriptivo. La referencia metafórica —recuerdo una vez más— consiste en que la supresión de la referencia descriptiva —que, en una primera aproximación, reenvía el lenguaje a sí mismo— se revela, en una segunda aproximación, como la condición negativa para que sea liberado un poder más radical de referencia a aspectos de nuestro ser-en-el-mundo que no se pueden decir de manera directa. Estos aspectos son apuntados, de modo indirecto, pero positivamente afirmativo, gracias a la nueva pertinencia que el enunciado metafórico establece en el plano del sentido, sobre las ruinas del sentido literal abolido por su propia impertinencia. Esta articulación de la referencia metafórica sobre el sentido metafórico sólo reviste un alcance ontológico pleno si se llega hasta metafori-

---

[27] *La metáfora viva* (Ed. Cristiandad, Madrid 1980) séptimo estudio, páginas 293-343, «Metáfora y referencias».

zar el propio verbo ser y a percibir en el «ser-como...» el correlato de «ver-como...», en el que se resume el trabajo de la metáfora. Este «ser-como...» lleva la segunda presuposición al plano ontológico de la primera. Y, al mismo tiempo, la enriquece. El concepto de horizonte y de mundo no concierne sólo a las referencias descriptivas, sino también a las no descriptivas, las de la dicción poética.

Volviendo a una afirmación anterior[28], diré que, para mí, el mundo es el conjunto de las referencias abiertas por todo tipo de textos descriptivos o poéticos que he leído, interpretado y que me han gustado. Comprender estos textos es interpolar entre los predicados de nuestra situación todas las significaciones que, de un simple entorno *(Umwelt)*, hacen un mundo *(Welt)*. En efecto, a las obras de ficción debemos en gran parte la ampliación de nuestro horizonte de existencia. Lejos de producir sólo imágenes debilitadas de la realidad, «sombras» como quiere el tratamiento platónico del *eikon* en el orden de la pintura o de la escritura *(Fedra,* 274e-277e), las obras literarias sólo pintan la realidad *agrandándola* con todas las significaciones que ellas mismas deben a sus virtudes de abreviación, de saturación y de culminación, asombrosamente ilustradas por la construcción de la trama.

En *Écriture et iconographie,* François Dagognet, respondiendo al argumento de Platón dirigido contra la escritura y contra cualquier *eikon,* caracteriza como *ampliación icónica* la estrategia del pintor que reconstruye la realidad teniendo como base un alfabeto óptico a la vez limitado y denso. Este concepto merece extenderse a todas las modalidades de iconicidad, es decir, a lo que nosotros llamamos aquí ficción. En un sentido próximo, Eugen Fink compara el *Bild,* al que distingue de las simples presentificaciones de realidades enteramente percibidas, con una «ventana» cuya estrecha abertura da a la inmensidad de un paisaje. Por su parte, H.-G. Gadamer reconoce en el *Bild* el poder de otorgar un acrecentamiento de ser a nuestra visión del mundo empobrecido por el uso cotidiano[29].

El postulado subyacente a este reconocimiento de la función de

---

[28] Sobre todo esto, cf., además del séptimo estudio de *La metáfora viva,* el resumen de mis tesis en *Interpretation Theory* (Texas 1976) 36-37, 40-44, 80, 88.

[29] Eugen Fink, *De la phénoménologie* (1966) § 34; H.-G. Gadamer, *Wahrheit und Methode* I/2 (Tubinga 1960; trad. española, Salamanca 1984).

refiguración de la obra poética en general es el de una hermenéutica que mira no tanto a restituir la intención del autor detrás del texto como a explicitar el movimiento por el que el texto despliega un mundo, en cierto modo, delante de sí mismo. Me he explicado ampliamente en otro lugar [30] sobre este cambio de perspectiva de la hermenéutica posheideggeriana respecto a la hermenéutica romántica. He defendido continuamente estos últimos años que lo que se interpreta en un texto es la propuesta de un mundo en el que yo pudiera vivir y proyectar mis poderes más propios. En *La metáfora viva* he sostenido que la poesía, por su *mythos, re-describe* el mundo. De igual modo, diré en esta obra que el hacer narrativo *re-significa* el mundo en su dimensión temporal, en la medida en que narrar, recitar, es rehacer la acción según la invitación del poema [31].

Aquí entra en juego una *tercera presuposición:* si la capacidad referencial de las obras narrativas debe poder subsumirse bajo la de las obras poéticas en general. En efecto, el problema planteado por la narratividad es a la vez más sencillo y más complicado que el planteado por la poesía lírica. Más sencillo, porque aquí el mundo es aprehendido desde la perspectiva de la *praxis* humana más que desde la del *pathos* cósmico. La narración re-significa lo que ya se ha pre-significado en el plano del obrar humano. Recordemos que la pre-comprensión del mundo de la acción, en el régimen de *mimesis* I, se caracteriza por el dominio de la red de intersignificaciones constitutiva de la *semántica de la acción,* por la familiaridad con las *mediaciones simbólicas* y con los *recursos pre-narrativos* del obrar humano. El ser-en-el-mundo es, según la narratividad, un ser en el mundo marcado ya por la práctica del lenguaje correspondiente a esta pre-comprensión. La ampliación icónica de la que aquí se trata consiste en *la ampliación de la legibilidad* previa que la acción debe a los intérpretes que trabajan ya en ella. La acción humana puede

---

[30] *La tâche de l'herméneutique,* en *Exegèsis: Problèmes de méthode et exercices de lecture* (Neuchâtel 1975) 179-200.

[31] La afirmación de Nelson Goodman, en *The Languages of Art,* de que las obras literarias hacen y rehacen continuamente el mundo, vale particularmente para las obras narrativas, en cuanto que la *poiesis* de la construcción de la trama es un hacer que, además, descansa en el hacer. En ninguna parte es más apropiada la fórmula del primer capítulo de la obra de Goodman, *Reality Remade,* así como su máxima: pensar las obras en términos de mundos y los mundos en términos de obras.

ser sobre-significada porque ya es pre-significada por todas las modalidades de su articulación simbólica. En este sentido, el problema de la referencia es más sencillo en el caso del modo narrativo que en el del modo lírico de la poesía. Por eso elaboré en *La metáfora viva,* por extrapolación, partiendo del *mythos* trágico, la teoría de la referencia poética que relaciona *mythos* y redescripción, ya que, en efecto, la metaforización del obrar y del padecer es la más fácil de descifrar.

Pero el problema planteado por la narratividad, respecto al objetivo referencial y a la pretensión de verdad, es en otro sentido más complicado que el planteado por la poesía lírica. La existencia de dos grandes clases de discursos narrativos —la narración de ficción y la historiografía— plantea una serie de problemas específicos que estudiaremos en la cuarta parte de esta obra. Me limito aquí a enumerar algunos. El más evidente, y quizá también el más difícil de tratar, procede de la asimetría innegable entre los modos referenciales del relato histórico y del de ficción. Sólo la historiografía puede reivindicar una referencia que se inscribe en la *empiria* en la medida en que la intencionalidad histórica se centra en acontecimientos que han tenido lugar *efectivamente.* Aunque el pasado ya no exista y, según la expresión de Agustín, sólo pueda ser alcanzado en el presente del pasado —a través de las huellas del pasado, convertidas en documentos para el historiador—, sigue siendo un hecho que el pasado ha tenido lugar. El acontecimiento pasado, por ausente que esté de la percepción presente, no por eso deja de regir la intencionalidad histórica, confiriéndole una nota realista que ninguna literatura igualará nunca, aunque sea de pretensión «realista».

La referencia por huellas a lo real pasado exige un análisis específico al que se le dedicará un capítulo entero de la cuarta parte. Habrá que precisar, por una parte, lo que esta referencia por huellas toma de la referencia metafórica común a todas las obras poéticas, ya que el pasado sólo puede reconstruirse por la imaginación; por otra, lo que ella le añade, puesto que es polarizada por lo real pasado. Inversamente, se planteará el problema de saber si la narración de ficción no toma a su vez de la referencia por huellas una parte de su dinamismo referencial. ¿No se cuenta todo relato como si hubiese tenido lugar, según atestigua el uso común de los tiempos verbales del pasado para narrar lo irreal? En este sentido, la ficción recibiría tanto de la historia como ésta de aquélla. Precisamente, este préstamo recíproco me autoriza a plantear el problema de la *referencia cruzada* entre la historiografía y la narración de ficción. El problema sólo podría eludirse en una concepción positivista de la historia que ignorase la parte de la ficción en la referencia por huellas y en una concepción anti-referencial de la literatura que ignorase el alcance de la referencia metafórica en toda poesía. El problema de la referencia cruzada constituye una de las principales tareas de la cuarta parte de esta obra.

Pero *¿dónde* se cruzan la referencia por huellas y la metafórica sino en la *temporalidad* de la acción humana? La historiografía y la ficción literaria, ¿no refiguran *en común* el tiempo humano al cruzar *sobre* él sus modos referenciales?

4. *El tiempo narrado*

Me quedan por esbozar los rasgos *temporales* del mundo refigurado por el acto de configuración para precisar un poco más el marco en el que situaré, en la última parte de esta obra, el problema de la referencia cruzada entre historiografía y narración.

Me gustaría partir otra vez de la noción de ampliación icónica introducida anteriormente. Podríamos así considerar nuevamente cada uno de los rasgos con los que hemos caracterizado la pre-comprensión de la acción: la red de intersignificación entre categorías prácticas, la simbólica inmanente a esta pre-comprensión y, sobre todo, su temporalidad propiamente práctica. Se podría decir que cada uno de estos rasgos se intensifica, se amplía icónicamente.

Hablaré poco de los dos primeros rasgos: la trama, tal como la hemos definido ya —síntesis de lo heterogéneo—, ordena muy especialmente la intersignificación entre proyecto, circunstancias y azar. La obra narrativa es una invitación a *ver* nuestra praxis *como*..., está ordenada por tal o tal trama articulada en nuestra literatura. Respecto a la simbolización interna a la acción, se puede decir con exactitud que ella es re-simbolizada o des-simbolizada —o re-simbolizada por des-simbolización— gracias al esquematismo unas veces convertido en tradición y otras subvertido por la historicidad de los paradigmas. En último término, es el *tiempo* de la acción el que realmente es refigurado por su representación.

Pero se impone un largo rodeo en estos momentos. Una teoría

del tiempo refigurado —o del tiempo narrado— no puede sacarse adelante sin la mediación del tercer miembro del diálogo ya entablado entre la epistemología de la historiografía y la crítica literaria aplicada a la narratividad dentro de la discusión de la referencia cruzada.

Este tercer miembro es la *fenomenología del tiempo,* de la que sólo hemos considerado la fase inaugural en el estudio del tiempo en san Agustín. Lo que sigue de esta obra, de la segunda a la cuarta parte, no será más que una larga y difícil *conversación triangular* entre la historiografía, la crítica literaria y la filosofía fenomenológica. La dialéctica del tiempo y de la narración no puede ser más que el envite último de esta confrontación, sin precedente a mi entender, entre tres miembros que de ordinario se ignoran mutuamente.

Para dar toda su fuerza a la palabra del tercer miembro será importante desarrollar la fenomenología del tiempo desde Agustín a Husserl y Heidegger, no para escribir su historia, sino para dar cuerpo a una observación lanzada sin más justificación en el curso del estudio del libro XI de las *Confesiones:* no hay —decíamos— fenomenología pura del tiempo en Agustín. Y añadíamos: quizá no la habrá nunca después de él. Esta imposibilidad de la fenomenología *pura* del tiempo es, precisamente, la que habrá que demostrar. Entiendo por fenomenología pura una aprehensión *intuitiva* de la estructura del tiempo que no sólo pueda aislarse de los procedimientos de *argumentación* con los que la fenomenología intenta resolver las aporías recibidas de la tradición anterior, sino que no tenga que pagar sus descubrimientos con nuevas aporías a un precio cada vez más elevado. Mi tesis es ésta: los auténticos hallazgos de la fenomenología del tiempo no pueden sustraerse definitivamente al régimen aporético que caracteriza tan fuertemente a la teoría agustiniana del tiempo. Será, pues, necesario reanudar el examen de las aporías creadas por el propio Agustín y demostrar su carácter ejemplar. A este respecto, el análisis y la discusión de las *Lecciones* de Husserl sobre la *fenomenología de la conciencia íntima del tiempo* constituirán la contraprueba principal de la tesis del carácter definitivamente aporético de la fenomenología pura del tiempo. De manera algo inesperada, al menos para mí, la discusión nos conducirá a la tesis, *kantiana por excelencia,* de que el tiempo no puede observarse directamente, de que es propiamente *invisible.* En este

11

sentido, las innumerables aporías de la fenomenología pura del tiempo serían el precio que habría que pagar por cualquier intento de *mostrar el tiempo mismo,* ambición que define como pura a la fenomenología del tiempo. Constituirá una etapa importante de la cuarta parte el demostrar el carácter esencialmente aporético de la fenomenología pura del tiempo.

Esta demostración es necesaria si se debe tener como universalmente válida la tesis de que la poética de la narratividad responde y corresponde a la aporética de la temporalidad. El acercamiento entre la *Poética* de Aristóteles y las *Confesiones* de Agustín sólo ha ofrecido verificación parcial y en cierto modo circunstancial de esta tesis. Si se pudiese argumentar de forma al menos plausible el carácter aporético de cualquier fenomenología pura del tiempo, el círculo hermenéutico de la narratividad y de la temporalidad se ampliaría más allá del círculo de la *mímesis,* al que ha tenido que limitarse la discusión en la primera parte de esta obra, hasta tanto la historiografía y la crítica literaria no hayan dicho su palabra sobre el tiempo histórico y sobre los juegos de la ficción con el tiempo. Sólo al término de lo que acabo de llamar conversación triangular, en la que la fenomenología del tiempo habrá unido su voz a las de las dos disciplinas anteriores, el círculo hermenéutico podrá emparejarse con el de la poética de la narratividad (que culmina a su vez en el problema de la referencia cruzada evocada anteriormente) y de la aporética de la temporalidad.

A la tesis del carácter universalmente aporético de la fenomenología pura del tiempo se podría objetar ahora que la hermenéutica de Heidegger marca una ruptura decisiva con la fenomenología subjetivista de Agustín y de Husserl. Al fundar su fenomenología sobre la ontología del *Dasein* y del ser-en-el-tiempo, ¿no está Heidegger en su derecho de afirmar que la temporalidad, tal como la describe, es «más subjetiva» que cualquier sujeto y «más objetiva» que cualquier objeto en cuanto que su ontología se sustrae a la dicotomía del sujeto y del objeto? No lo niego. El análisis que dedicaré a Heidegger hará plena justicia a la originalidad que puede alegar una fenomenología fundada en la ontología y que se presenta al mismo tiempo como una hermenéutica.

Para decirlo ya, la originalidad propiamente *fenomenológica* del análisis heideggeriano del tiempo —originalidad que se debe enteramente a su *anclaje* en una ontología del cuidado— consiste en la *jerarquización* de los planos de temporalidad o más bien de temporalización. Después de todo, podemos encontrar en Agustín un presentimiento de este tema. En efecto, al interpretar la extensión del tiempo en términos de distensión y al describir el tiempo humano como elevado desde el interior por la atracción de su polo de eternidad, Agustín ha dado solvencia de antemano a la idea de una pluralidad de planos temporales. Los lapsos no encajan simplemente unos en otros según cantidades numéricas, los días en los años, los años en los siglos. En general, los problemas relativos a la extensión del tiempo no agotan la cuestión del tiempo humano. En la medida en que la extensión refleja una dialéctica de intención y de distensión, la extensión del tiempo no tiene sólo un aspecto cuantitativo como respuesta a las preguntas ¿desde cuándo?, ¿durante cuánto tiempo?, ¿dentro de cuánto tiempo? Tiene también un aspecto cualitativo de *tensión graduada.*

Desde el estudio consagrado al tiempo en san Agustín, he señalado la principal incidencia epistemológica de esta noción de jerarquía temporal: parece que la historiografía, en su lucha contra la historia episódica *(événementielle),* y la narratología, en su afán de descronologizar la narración, sólo dejan opción a una sola alternativa: la cronología o las relaciones sistémicas acrónicas. Ahora bien, la cronología tiene otro contrario: la propia temporalidad, llevada a su mayor grado de *tensión.*

Es en el análisis heideggeriano de la temporalidad —en *El ser y el tiempo*— donde la brecha abierta por Agustín es explotada de modo más decisivo, aunque sea, como se dirá luego, desde la meditación sobre el ser-para-la-muerte y no, como en Agustín, desde la estructura del triple presente. Considero un hallazgo inapreciable del análisis heideggeriano el haber establecido, con los recursos de la fenomenología hermenéutica, que la experiencia de la temporalidad puede desplegarse en varios planos de radicalidad y que pertenece a la analítica del *Dasein* el recorrerlos, ya de arriba abajo, según el orden seguido en *El ser y el tiempo* —desde el tiempo auténtico y mortal hacia el tiempo cotidiano y público en que todo sucede «dentro del» tiempo—, ya de abajo arriba, como en los *Grundprobleme der Phänomenologie* [32]. La dirección que señala el recorri-

---

[32] Martin Heidegger, *Die Grundprobleme der Phänomenologie* (Francfort 1975) § 19.

do de temporalización importa menos que la propia jerarquización de la experiencia temporal [33].

En este camino ascendente o regresivo, me parece de la máxima importancia una parada en el plano medio, entre la intratemporalidad y la temporalidad radical, que señala el ser-para-la-muerte. Por razones que explicaremos en su momento, Heidegger le asigna el nombre de *Geschichtlichkeit* —historialidad—. En este plano es donde más se acercan los dos análisis —el de Agustín y el de Heidegger— antes de diverger radicalmente —al menos, en apariencia— hacia la esperanza paulina el primero y hacia la resolución cuasi estoica frente a la muerte el segundo. Expondremos en la cuarta parte una razón intrínseca para volver a este análisis de la *Geschichtlichkeit*. A él se remonta, en efecto, el análisis de la repetición —*Wiederholung*—, en el que buscaremos una respuesta de carácter ontológico a los problemas epistemológicos planteados por la referencia cruzada entre la intencionalidad histórica y el objetivo de verdad de la ficción literaria. Por eso señalamos ahora mismo su punto de inserción.

No se trata, pues, de negar la originalidad propiamente fenomenológica que la descripción heideggeriana de la temporalidad debe a su anclaje en la ontología del cuidado. Sin embargo, sin llegar al trastrocamiento —*Kehre*—, del que proceden las obras posteriores a *El ser y el tiempo,* hay que confesar que la ontología del *Dasein* sigue siendo empleada en una fenomenología que plantea problemas análogos a los que suscita la fenomenología de Agustín y de Husserl. También aquí la brecha abierta en el plano fenomenológico crea dificultades de un tipo nuevo que aumentan todavía más el carácter aporético de la fenomenología pura. Este agravamiento está en proporción con la ambición de esta fenomenología, que es no sólo no deber nada a la epistemología de las ciencias físicas y humanas, sino servirles de *fundamento.*

La paradoja consiste en que la aporía descansa precisamente en las relaciones entre la fenomenología del tiempo y las ciencias humanas: la historiografía principalmente y también la narratología

---

[33] Al homologar más tarde el tiempo práxico de *mímesis* I con la última de las formas derivadas de la temporalidad según *El ser y el tiempo* —la *Innerzeitigkeit,* la «intra-temporalidad» o el «ser en el tiempo»—, hemos elegido en realidad el orden inverso de *El ser y el tiempo,* es decir, el de los *Grundprobleme.*

contemporánea. Sí, la paradoja es que Heidegger ha hecho más difícil la conversación triangular entre historiografía, crítica literaria y fenomenología. En efecto, se puede dudar que haya conseguido derivar el concepto de historia, familiar a los historiadores especialistas, así como la temática general de las ciencias humanas recibidas de Dilthey, de la historialidad del *Dasein*, que, para la fenomenología hermenéutica, constituye el plano medio en la jerarquía de los grados de temporalidad. Con mayor razón, si la temporalidad más radical lleva la huella de la muerte, ¿cómo se podrá pasar de una temporalidad tan fundamentalmente privatizada por el ser-para-la-muerte al tiempo común exigido por la interacción entre múltiples personajes en toda narración y, con mayor razón, al tiempo público exigido por la historiografía?

En este sentido, el paso por la fenomenología de Heidegger exigirá un esfuerzo suplementario, que a veces nos alejará de Heidegger, para mantener la dialéctica de la narración y del tiempo. Será una de las principales apuestas de nuestra cuarta parte mostrar cómo, pese al abismo que parece abrirse entre los dos polos, la narración y el tiempo se jerarquizan simultánea y mutuamente. Unas veces será la fenomenología hermenéutica del tiempo la que proporcione la clave de la jerarquización de la narración; otras serán las ciencias de la narración histórica y de la de ficción las que nos permitan resolver poéticamente —según una expresión ya empleada anteriormente— las aporías de más difícil acceso especulativo de la fenomenología del tiempo.

Así, la dificultad misma de derivar las ciencias históricas del análisis del *Dasein* y la dificultad aún más seria de pensar juntos el tiempo *mortal* de la fenomenología y el tiempo *público* de las ciencias de la narración nos servirán de acicate para *pensar mejor* la relación del tiempo y de la narración. Pero la reflexión preliminar, que constituye la primera parte de esta obra, nos ha conducido ya, de una concepción en la que el círculo hermenéutico se identifica con el de los estadios de la *mímesis*, a otra que integra esta dialéctica en el círculo más amplio de la poética de la narración y de la aporética del tiempo.

Un último problema que se presenta es el del *límite superior* del proceso de jerarquización de la temporalidad. Para Agustín y toda la tradición cristiana, la interiorización de las relaciones puramente extensivas del tiempo remite a una eternidad en la que todas las cosas están presentes al mismo tiempo. La aproximación a la eternidad por el tiempo consiste, pues, en la *estabilidad* de un alma en reposo: «Me mantendré y consolidaré en ti, según mi modo de ser, pero en tu verdad» (*Confesiones* XI, 30, 40). La filosofía del tiempo de Heidegger, al menos en la época de *El ser y el tiempo,* donde desarrolla con gran rigor el tema de los planos de temporalización, orienta la meditación no hacia la eternidad divina, sino hacia la finitud sellada por el ser-para-la-muerte. ¿Son estas dos maneras irreductibles de reconducir la duración más extensiva hacia la más tensa? ¿O es la alternativa sólo aparente? ¿Hay que pensar que sólo un mortal puede tener la idea de «dar a las cosas de la vida una dignidad que las eterniza»? La eternidad que las obras de arte oponen a la fugacidad de las cosas, ¿puede sólo constituirse en una historia? ¿Y la historia, a su vez, sigue siendo histórica sólo si, transcurriendo por encima de la muerte, se guarda del olvido de la muerte y de los muertos y sigue siendo un recuerdo de la muerte y una memoria de los muertos? La cuestión más grave que podría plantear este libro es saber hasta qué punto la reflexión filosófica sobre la narratividad y el tiempo puede ayudar a pensar juntas la eternidad y la muerte.

HISTORIA Y NARRACION

Biblioteca Testimonial Del Bicentenario

PAUL RICŒUR

Educación y Política

Hemos intentado, en la primera parte de esa obra, caracterizar el discurso narrativo sin tener en cuenta las dos ramas que comparten hoy su ámbito: la historiografía y el relato de ficción. De este modo hemos admitido tácitamente que la historiografía pertenece realmente a este ámbito. Ahora debemos someter a discusión esta pertenencia.

Dos convicciones de igual fuerza motivan la presente investigación. La primera afirma que hoy es causa perdida vincular el carácter narrativo de la historia a la supervivencia de una forma particular de historia, la historiografía. A este respecto, mi tesis sobre el carácter narrativo último de la historia no se confunde en absoluto con la defensa de la historia narrativa. La segunda convicción es ésta: si la historia rompiese todo vínculo con la capacidad básica que tenemos para seguir una historia y con las operaciones cognitivas de la comprensión narrativa, tal como las hemos descrito en la primera parte de esta obra, perdería su carácter distintivo en el concierto de las ciencias sociales: dejaría de ser histórica. Pero ¿de qué naturaleza es este vínculo? En esto radica el problema.

Para resolverlo no he querido ceder a la fácil solución de decir que la historia es una disciplina ambigua, semi-literaria, semi-científica, y que a la epistemología de la historia sólo le queda dar fe con pesar de esta realidad, con riesgo de trabajar por una historia que ya no sería bajo ningún concepto una forma de narración. Este eclecticismo perezoso es lo contrario de mi pretensión. Mi tesis es ésta: la historia más alejada de la forma narrativa sigue estando vinculada a la comprensión narrativa por un vínculo de *derivación,* que se puede reconstruir paso a paso, punto por punto, mediante un método apropiado. Este método no proviene de la metodología de las ciencias históricas, sino de una reflexión de segundo grado sobre las condiciones últimas de inteligibilidad de una disciplina que, en virtud de su ambición científica, tiende a olvidar el vínculo de derivación que, sin embargo, sigue conservando tácitamente su especificidad de ciencia histórica.

Esta tesis tiene una implicación inmediata, que concierne al tiempo histórico. No dudo que el historiador tenga el privilegio de construir puntos de referencia temporales apropiados a su objeto y a su método. Sólo sostengo que la significación de estas construcciones es prestada; que proviene indirectamente de la de las configuraciones narrativas que hemos descrito con el título de *mimesis* II y, a través de ellas, se enraíza en la temporalidad característica del mundo de la acción. De este modo, *la construcción del tiempo histórico* será una de las principales apuestas de nuestra empresa. Una apuesta, es decir, a la vez una consecuencia y una piedra de toque.

Mi tesis se aleja, pues, igualmente de otras dos: de la que dedujese del retroceso de la historia narrativa la negación de cualquier vínculo entre historia y narración e hiciese del tiempo histórico una construcción sin apoyo en el tiempo de la narración y en el de la acción; y de la que estableciese entre historia y narración una relación tan directa, por ejemplo, como la de la especie con el género y una continuidad directamente legible entre el tiempo de la acción y el tiempo histórico. Mi tesis descansa en la afirmación de un vínculo indirecto de derivación por el que el saber histórico procede de la comprensión narrativa sin perder nada de su ambición científica. En este sentido, no es una tesis del justo medio [1].

Reconstruir los vínculos indirectos de la historia con la narración es, en definitiva, esclarecer la *intencionalidad* del pensamiento historiador por el que la historia continúa buscando oblicuamente el campo de la acción humana y su temporalidad básica.

Gracias a ese objetivo oblicuo, la historiografía viene a inscribirse en el gran círculo mimético que hemos recorrido en la primera parte de este trabajo. También ella, aunque de un modo derivado, se enraíza en la capacidad pragmática, con su manejo de los acontecimientos que suceden «en» el tiempo, según nuestra descripción de *mímesis* I; también ella configura el campo práxico mediante el rodeo de las construcciones temporales de rango superior, que la historiografía inserta en el tiempo de la narración, característico de *mímesis* II, y, en fin, también ella culmina su sentido en la refiguración del campo práxico y contribuye a la recapitulación de la existencia en la que culmina *mímesis* III.

Éste es el horizonte más lejano de mi empeño. No lo llevaré a su término en esta parte. Debo reservar para una investigación distinta el último segmento correspondiente a *mímesis* III. En efecto,

---

[1] Esto no excluye que la explicación histórica sea descrita como un «mixto». Asumo, en este aspecto, la tesis de Henrik von Wright, a la que dedico una parte del capítulo II. Pero «mixto» no quiere decir ni confuso ni ambiguo. Un «mixto» es cualquier cosa menos un «compromiso», puesto que es construido cuidadosamente como «mixto» en el plano epistemológico que le es apropiado.

la inserción de la historia en la acción y en la vida, su capacidad de reconfigurar el tiempo, ponen en juego la cuestión de la verdad en historia. Ésta es inseparable de lo que yo llamo *referencia cruzada* entre la pretensión de verdad de la historia y la de la ficción. Por tanto, la investigación a la que se dedica la segunda parte de esta obra no abarca todo el campo de la problemática histórica. Utilizando los términos de *La metáfora viva*, podemos decir que ella separa el problema del «sentido» de la «referencia». O, siendo fieles al vocabulario de la primera parte, la presente investigación intenta unir, según el modo de la *oratio obliqua*, la explicación con la comprensión narrativa descrita con el título de *mímesis* II.

El argumento de la tesis que acabamos de esbozar encabeza el orden de las cuestiones tratadas en esta segunda parte.

En el primer capítulo, «El eclipse de la narración», se comprueba el alejamiento de la historia moderna respecto de la forma expresamente narrativa. Me he dedicado a establecer la convergencia, en el ataque contra la historia-narración, entre dos corrientes de pensamiento muy independientes entre sí. La primera, más próxima a la práctica histórica, por tanto, más metodológica que epistemológica, me ha parecido la mejor ilustrada por la historiografía francesa contemporánea. La segunda proviene de las tesis del positivismo lógico sobre la unidad de la ciencia; es, por lo mismo, más epistemológica que metodológica.

En el segundo, «Alegatos en favor de la narración», doy cuenta de diversas tentativas —tomadas, en su mayoría, de autores de lengua inglesa— para extender *directamente* la competencia narrativa al discurso filosófico. Pese a mi gran simpatía por estos análisis, que intento integrar en mi propio proyecto, debo confesar que no me parecen alcanzar plenamente su objetivo en cuanto que sólo dan cuenta de las formas de historiografía, cuya relación con la narración es directa y, por tanto, visible.

El tercero, «La intencionalidad histórica», contiene la tesis principal de esta segunda parte: la de la derivación *indirecta* del saber histórico desde la inteligencia narrativa. En este marco vuelvo, una vez más, sobre el análisis, ya realizado en otra parte, de las relaciones entre explicar y comprender [2]. Para terminar, doy una respuesta

---

[2] *Expliquer et comprendre:* «Revue philosophique de Louvain» 75 (1977) 126-147.

parcial a la cuestión que inicia la primera sección, la del estatuto del acontecimiento. La respuesta no puede ser completa, en cuanto que el estatuto *epistemológico* del acontecimiento —el único objeto de discusión en esta segunda parte— es inseparable de su estatuto *ontológico*, que es uno de los objetivos de la cuarta parte.

Pido al lector mucha paciencia. Debe saber que sólo podrá encontrar, en las tres secciones que siguen, un análisis *preparatorio* respecto a la cuestión central del tiempo y de la narración. Es necesario, en primer lugar, esclarecer la relación entre la *explicación* histórica y la *comprensión* narrativa para poder preguntarse válidamente sobre la contribución del relato histórico a la *refiguración* del tiempo. Pero este esclarecimiento exige un largo recorrido; es necesario que la teoría nomológica y la narrativista hayan revelado, bajo la presión de argumentos apropiados, su insuficiencia respectiva para que la relación *indirecta* entre historiografía y narración pueda restablecerse paso a paso y gradualmente. Sin embargo, esta larga preparación epistemológica no debe hacernos perder de vista la apuesta ontológica final. Una razón suplementaria aboga por la prolongación de las líneas del frente de combate: la refiguración del tiempo por la narración es, a mi juicio, obra *conjunta* de la narración histórica y de la de ficción. Por tanto, sólo al término de la tercera parte, consagrada a la narración de ficción, podrá estudiarse *en su conjunto* la problemática del *tiempo narrado*.

CAPITULO PRIMERO

EL ECLIPSE DE LA NARRACION

La historiografía de lengua francesa y la epistemología neopositivista pertenecen a dos universos de discurso muy diferentes. Por tradición, la primera desconfía constantemente de la filosofía, a la que identifica fácilmente con la filosofía de la historia de estilo hegeliano, que a su vez se confunde por comodidad con las especulaciones de Spengler o de Toynbee. En cuanto a la filosofía crítica de la historia, heredada de Dilthey, Rickert, Simmel y Max Weber, y continuada por Raymond Aron y Henri Marrou, no ha sido nunca integrada verdaderamente en la corriente principal de la historiografía francesa [3]. Por eso no se encuentra en las obras más cuidadas de metodología una reflexión comparable a la de la escuela alemana de comienzos de siglo y a la del actual positivismo lógico o de sus adversarios de lengua inglesa sobre la estructura epistemológica de la explicación en historia. Su fuerza está en otra parte: en la estricta adherencia al oficio de historiador. Lo mejor que ofrece la escuela histórica francesa es la metodología de hombres conocedores del tema. A este respecto, ella da tanto más que pensar al filósofo cuanto que no toma nada de él. En cambio, la superioridad de los trabajos nacidos del neo-positivismo estriba en su constante preocupación por medir la explicación en historia por los modelos que presumen de definir el saber científico, la unidad profunda de su proyecto y de sus éxitos. En este sentido, estos trabajos proceden más de la epistemología que de la metodología. Pero su fuerza constituye muy a menudo su debilidad: tan ausente está la práctica his-

---

[3] Pierre Chaunu escribía en 1960: «La epistemología es una tentación que hay que alejar resueltamente. La experiencia de los últimos años, ¿no parece probar que puede ser la solución fácil para los que gustan obcecarse en ella —una o dos excepciones brillantes no hacen más que confirmar la regla—, señal de una búsqueda que se estanca y se esteriliza? A lo sumo, es oportuno que algunos jefes de fila se consagren a ella —cosa que no somos en absoluto ni pretendemos ser— para preservar a los valerosos artífices de un conocimiento en construcción —único título al que aspiramos— de las peligrosas tentaciones de esta mórbida Capua» (*Histoire quantitative, Histoire sérielle,* París 1978, 10).

toriadora de la discusión de los modelos de explicación. Desgraciadamente, este defecto afecta también a los adversarios del positivismo lógico. Como veremos luego, en el examen de los argumentos «narrativistas», los ejemplos que toma la epistemología, tanto positivista como anti-positivista, de los historiadores rara vez alcanza el nivel de complejidad de las disciplinas históricas actuales.

Pero, por heterogéneas que sean las dos corrientes de pensamiento, poseen en común, al menos, además de su negación de la filosofía de la historia, que no nos concierne ahora, la negación del carácter narrativo de la historia tal como se escribe hoy.

Esta convergencia en el resultado es tanto más sorprendente cuanto que su argumentación es diferente. En la historiografía francesa, el eclipse de la narración procede principalmente del desplazamiento del objeto de la historia: ya no es el individuo agente, sino el hecho social en su totalidad. En el positivismo lógico, el eclipse de la narración procede más bien de la ruptura epistemológica entre la explicación histórica y la narrativa.

En el capítulo siguiente haremos hincapié en la convergencia de las dos impugnaciones, tomando como hilo conductor el destino del acontecimiento y de la duración histórica en ambas perspectivas.

1. *Eclipse del acontecimiento en la historiografía francesa* [4]

La elección del concepto de acontecimiento como piedra de toque de la discusión es muy apropiada para el examen de la contribución de la historiografía francesa a la teoría de la historia, en la medida en que la crítica de la «historia del acontecimiento» ocupa en ella el lugar de todos sabido y en cuanto esta crítica es considerada como equivalente del rechazo de la categoría de la narración.

Al comienzo de cualquier reflexión, el concepto de acontecimiento histórico comparte la evidencia engañosa de la mayoría de las nociones de sentido común. Implica dos series de aserciones no criticadas: ontológicas y epistemológicas, éstas fundadas en aquéllas.

[4] Algunos análisis de esta sección presentan abreviados los puntos de mi ensayo *The Contribution of French Historiography to the Theory of History:* «The Zaharoff Lecture» (1978-1979) (Clarendon Press, Oxford 1980). En cambio, en el capítulo III podrán leerse análisis de obras de historiadores franceses que no han tenido cabida en la *Zaharoff Lecture.*

En sentido ontológico, se entiende por acontecimiento histórico lo que realmente se ha producido en el pasado. Esta misma aserción tiene varios aspectos. En primer lugar, se admite que la propiedad de haber sucedido ya difiere radicalmente de la de no haber sucedido todavía; en este sentido, la actualidad pasada de lo que sucedió se considera una *propiedad absoluta* (del pasado), independiente de nuestras construcciones y reconstrucciones. Este primer rasgo es común a los acontecimientos físicos e históricos. Otro rasgo delimita el campo del acontecimiento histórico: entre todas las cosas que han sucedido, algunas son obra de agentes semejantes a nosotros; por tanto, los acontecimientos históricos son aquellos que los seres actuantes hacen que acontezca o padecen: la definición ordinaria de la historia como conocimiento de las acciones de los hombres del pasado procede de esta restricción del interés a la esfera de los acontecimientos asignables a *agentes humanos.* Un tercer rasgo proviene de la delimitación, dentro del campo práctico, de la esfera posible de comunicación: a la noción de pasado humano se añade como obstáculo constitutivo la idea de una *alteridad* o de una diferencia *absoluta,* que afecta a nuestra capacidad de comunicación. Parece que sea una implicación de nuestra capacidad para buscar la alianza y el consenso, donde Habermas ve la norma de una pragmática universal; parece que nuestra capacidad de comunicar encuentre la extrañeza de lo extraño como un desafío y un obstáculo, y que no pueda esperar comprenderla más que a costa de reconocer su irreductible alteridad.

A este triple presupuesto ontológico —haber-sido absoluto, acción humana absolutamente pasada, alteridad absoluta— corresponde otro triple presupuesto epistemológico. En primer lugar, oponemos la *singularidad* no repetible del acontecimiento físico o humano a la universalidad de la ley; ya se trate de alta frecuencia estadística, de conexión causal o de relación funcional, el acontecimiento es lo que sólo sucede una vez. Luego oponemos *contingencia práctica* a necesidad lógica o física: el acontecimiento es lo que hubiera podido hacerse de otro modo. Finalmente, la alteridad tiene su contrapartida epistemológica en la noción de *desviación* respecto a cualquier modelo construido o a cualquier invariante.

Éstos son, a grandes rasgos, los presupuestos tácitos de nuestro empleo no crítico de la noción de acontecimiento histórico. Al comienzo de la investigación ignoramos lo que procede del prejuicio, de la sedimentación filosófica o teológica o de coacciones normativas universales. La selección sólo puede provenir de la crítica operada por la propia práctica historiadora. En las páginas que siguen se apreciará la historiografía francesa por su contribución a esta crítica de los presupuestos del acontecimiento.

Sólo evocaré brevemente el libro clave de Raymond Aron, *Introduction à la philosophie de l'histoire: Essai sur les limites de l'objectivité historique* (1938)[5], que apareció poco antes de que Lucien Febvre y Marc Bloch fundasen los «Annales d'historie économique et sociale» (1939), que, después de 1945, se convirtieron en «Annales, Économies, Sociétés, Civilisations». Volveré más adelante sobre el libro de Aron cuando hablemos de la dialéctica entre explicar y comprender. Pero merece citarse aquí por su gran contribución a resolver la primera suposición de sentido común: la aserción del carácter absoluto del acontecimiento, como aquello que ha sucedido realmente. Al plantear los límites de la objetividad histórica, Aron llega a proclamar lo que él llama «disolución del objeto» (p. 120). Esta conocida tesis ha suscitado desgraciadamente más de un equívoco. Tenía como mira mucho más el positivismo reinante bajo la égida de Langlois y Seignobos[6] que cualquier otra tesis ontológica. Sólo significa esto: en la medida en que el historiador está implicado en la comprensión y en la explicación de los acontecimientos pasados, un acontecimiento absoluto no puede atestiguarse por el discurso histórico. La comprensión —incluso la comprensión de otro singular en la vida cotidiana— no es nunca una intuición directa, sino una reconstrucción. La compresión es siempre más que la simple simpatía. En pocas palabras: «No hay una *realidad histórica* totalmente hecha antes de la ciencia, a la que simplemente convendría reproducir con fidelidad» (p. 120).

Que «Juan sin Tierra haya pasado por allí» sólo es un hecho histórico en virtud del haz de intenciones, de motivos y de valores que incorpora a un conjunto inteligible. Por eso las diversas reconstrucciones no hacen más que acentuar la división que separa la objetividad —a la que aspira el trabajo de comprensión— de la experiencia viva no repetible. Si la «disolución del objeto» se realiza ya

---

[5] Cito por la segunda edición (París 1957).

[6] Charles-Victor Langlois y Charles Seignobos, *Introduction aux études historiques* (París 1898).

por el más humilde entendimiento, su desaparición es más completa en el plano del pensamiento causal, empleando las palabras de Aron (volveremos sobre este punto en el capítulo III: para Aron, igual que para Max Weber, la causalidad histórica es una relación de lo particular a lo particular, pero mediante la probabilidad retrospectiva). En la escala de la probabilidad, la graduación más baja define lo accidental, y la más alta, lo que Max Weber llama adecuación. Así como la adecuación difiere de la necesidad lógica o física, lo accidental tampoco es lo equivalente de la singularidad absoluta. «La probabilidad que nace del carácter parcial de los análisis históricos y de las relaciones causales está en nuestra mente y no en las cosas» (p. 168). A este respecto, la apreciación histórica de la probabilidad difiere de la lógica del erudito y se acerca a la del juez. Por tanto, la apuesta filosófica era, para Aron, la destrucción de cualquier ilusión retrospectiva de fatalidad y la apertura de la teoría de la historia a la espontaneidad de la acción orientada hacia el futuro.

Para la presente investigación, el libro de Aron ofrece esta conclusión clara: el pasado, concebido como el conjunto de lo que realmente ha sucedido, está fuera del alcance del historiador.

Encontramos en H.-I. Marrou, *De la connaissance historique* (1954)[7], un argumento semejante al de Raymond Aron. Además, en él la práctica del historiador es más visible. Dejaré aquí de lado por el momento un problema sobre el que volveré en la cuarta parte: el de la filiación entre comprensión del *otro* y el conocimiento del *pasado* humano[8].

La continuidad entre tiempo moral y tiempo público, evocada al final de nuestra primera parte, está implicada directamente en él. De este recurso a la comprensión del otro sólo tendré en cuenta sus implicaciones metodológicas principales, que se relacionan con el axioma de Raymond Aron concerniente a la «disolución del objeto».

En primer lugar, el conocimiento histórico, que descansa en el

---

[7] H.-I. Marrou, *De la connaissance historique* (París 1954).

[8] «No hay nada específico en la comprensión relativa al pasado; es el mismo proceso puesto en juego por la comprensión del otro en el presente, y en particular (ya que, lo más a menudo y en el mejor de los casos, el documento considerado es un 'texto') en la comprensión del lenguaje articulado» (p. 83). Para Marrou, el paso de la memoria individual al pasado histórico no constituye problema en la medida en que el verdadero corte se realiza entre el apego a sí mismo y la apertura al otro.

testimonio de otro, «no es una ciencia propiamente hablando, sino sólo un conocimiento de fe» (p. 137). La comprensión abarca todo el trabajo del historiador, en cuanto que «la historia es una aventura espiritual donde la personalidad del historiador se compromete totalmente; en pocas palabras: está dotada para él de un valor existencial, y ahí radica su verdad, su significación y su valor» (p. 197). Y Marrou añade: «Ahí está el centro mismo de nuestra filosofía crítica, el punto de vista central en el que todo se ordena y se ilumina» *(ibíd.).* La comprensión se incorpora así a «la verdad de la historia» (cap. IX), a la verdad de la que la historia es capaz. No es ella el lado subjetivo cuya explicación sería su lado objetivo. La subjetividad no es una prisión ni la objetividad la liberación de esta prisión. Subjetividad y objetividad no se enfrentan; se complementan. «De hecho, en la verdad de la historia [es el título del penúltimo capítulo del libro], cuando la historia es verdadera, su verdad es doble: hecha a la vez de verdad sobre el pasado y de testimonio sobre el historiador» (p. 221).

Por otra parte, al estar el historiador implicado en el conocimiento histórico, no puede pretender la tarea imposible de re-actualizar el pasado [9]. Imposible, por dos razones. En primer lugar, la historia sólo es conocimiento por la *relación* que establece entre el pasado vivido por los hombres de otro tiempo y el historiador de hoy. El conjunto de los procedimientos de la historia forma parte de la ecuación del conocimiento histórico. De ello se deduce que el pasado realmente vivido por la humanidad sólo puede ser postulado como sucede con el noúmeno kantiano en el origen del fenómeno empíricamente conocido. Además, el pasado vivido nos sería accesible, pero no sería objeto de conocimiento, pues, cuando era presente, ese pasado era como nuestro presente: confuso, multiforme, ininteligible. Ahora bien: la historia tiene como objetivo un saber, una visión ordenada, establecida sobre cadenas de relaciones causales, o finalistas, sobre significaciones y valores. En lo esencial, Marrou se acerca así a Aron, precisamente cuando éste habla de la «disolución del objeto», en el sentido expuesto anteriormente [10].

---

[9] En este punto, Marrou se aleja de uno de los pensadores que él admira más: Collingwood. Pero quizá una nueva lectura de Collingwood lo situaría más cerca de la tesis sostenida aquí (cf. más adelante, cuarta parte).

[10] Citando precisamente a Aron, Marrou escribe: «'Claro que no; no existe una *realidad histórica* totalmente construida antes de la ciencia, que habría que

El mismo argumento, que prohíbe concebir la historia como reminiscencia del pasado, condena también el positivismo, al que la nueva historiografía francesa considera como su pesadilla. Si la historia es la relación del historiador con el pasado, no se puede hablar de aquél como de un factor perturbador que se añadiese al pasado y que habría que eliminar. El argumento metodológico —lo estamos viendo— dobla exactamente al argumento sacado de la comprensión: aunque el hipercrítico atribuye más valor a la sospecha que a la simpatía, su talante moral está, sin duda, de acuerdo con la ilusión metodológica para la cual el hecho histórico existiría de modo latente en los documentos y el historiador sería el parásito de la ecuación histórica. Contra esta ilusión metodológica hay que afirmar que la iniciativa en historia no pertenece al documento (cap. III), sino a la cuestión planteada por el historiador. Ésta tiene la prioridad lógica en la investigación histórica.

De este modo, la obra de Marrou refuerza la de Aron en su lucha contra el prejuicio del *pasado en sí*. Al mismo tiempo, garantiza la unión con la orientación anti-positivista de la escuela de los «Annales».

La contribución de esta escuela a nuestro problema difiere mucho de la de Raymond Aron, filósofo, e incluso de la de Henri Marrou, historiador-filósofo, marcadas por la problemática alemana del *verstehen*. Con esta escuela [11] estamos en contacto con la metodología de historiadores profesionales, muy ajenos a la problemática de la «comprensión». Los ensayos más teóricos de los historiadores de esta escuela son tratados de *artesanos* que reflexionan sobre su oficio.

Marc Bloch había llevado la voz cantante en *Apologie pour l'histoire ou Métier d'historien* [12], obra escrita lejos de las biblio-

reproducir simplemente con fidelidad' (Aron, p. 120). La historia es el resultado del esfuerzo, en un sentido creador, por el que el historiador, el sujeto conocedor, establece esta relación entre el pasado que evoca y el presente que es el suyo» (pp. 50-51).

[11] Para una breve historia de la fundación, de los antecedentes y del desarrollo de la escuela de los «Annales», puede leerse el artículo *L'histoire nouvelle*, de Jacques Le Goff, en «La nouvelle histoire», enciclopedia dirigida por Jacques Le Goff, Roger Chartier y Jacques Revel (París 1978), 210-241.

[12] La obra ha conocido hasta siete ediciones: la última contiene un importante prefacio de Georges Duby (París 1974).

tecas e interrumpida, cuando quedaba una tercera parte de su redacción, por el pelotón nazi de ejecución en 1944. Este libro inconcluso quiere ser «el manual de un artesano a quien siempre le ha gustado meditar sobre su tarea cotidiana, el cuaderno de notas de un obrero, que ha manejado mucho tiempo la toesa y el nivel, sin creerse por ello un matemático» (p. 30). Las vacilaciones, las audacias y las prudencias del libro constituyen hoy su valor. Además, se complace en subrayar las «irresoluciones» de la propia historiografía [13].

Es cierto que las narraciones constituyen sólo la categoría de los «testigos voluntarios», cuyo poderío sobre la historia es necesario limitar con la ayuda de esos «testigos *a pesar suyo*», como son todas las demás huellas familiares al arqueólogo y al historiador de la economía y de las estructuras sociales. Pero esta ampliación ilimitada de las fuentes documentales no quita para que la noción de testimonio englobe la de documento y siga siendo el modelo de toda observación «sobre huellas» (p. 37). De ello se deduce que la «crítica» será esencialmente, si no exclusivamente, una crítica del testimonio: una prueba de veracidad, una persecución de la impos-

[13] Volveré, en la cuarta parte, sobre el problema que preocupa a Marc Bloch, en su capítulo I, sobre la relación entre «la historia, los hombres y el tiempo». Que el historiador sólo conoce del pasado lo que en él es humano y se deja definir como «ciencia de los hombres en el tiempo» (p. 50); que el tiempo histórico es a la vez lo continuo y lo desemejante; que la historia debe sustraerse a la obsesión de los orígenes; que el conocimiento del presente es imposible sin el del pasado y *recíprocamente*. Todos estos temas volverán al primer plano cuando nos preguntemos por los referentes de la historia. Por ahora, sólo nos limitaremos a generalidades epistemológicas que Marc Bloch vincula a sus rápidas reflexiones sobre el objeto y, en primer lugar, al estatuto de las nociones de *huella* y de *testimonio*. Su audacia estriba seguramente en haber vinculado sus principales nociones metodológicas a la definición de la historia como «conocimiento por huellas», según la feliz expresión de François Simiand. Ahora bien: las huellas sobre las que se establece una ciencia de los hombres en el tiempo son esencialmente las «relaciones de los testigos» (p. 57). Por eso, la «observación histórica» —título del capítulo II— y la «crítica» —título del III— serán dedicadas esencialmente a la tipología y a la criteriología del *testimonio*. Es digno de observación que, en la *Apologie pour l'histoire,* la narración no aparezca más que como uno de los tipos de testimonios de los que el historiador hace la crítica, a saber: los testimonios intencionales, destinados a la información del lector y nunca como forma literaria de la obra que el historiador escribe (cf. los casos de la palabra *narración,* pp. 55, 60, 97, 144).

tura, ya sea engaño respecto al autor y la fecha (falsedad en sentido jurídico) o respecto al fondo (plagio, invención, modificación, propalación de prejuicios y de rumores).

Este importante puesto otorgado a la crítica del testimonio, a expensas de las cuestiones de causa y de ley, estudiadas en la misma época por la epistemología de lengua inglesa, tiende fundamentalmente [14] a la especificación de la noción de huella por el carácter *psíquico* de los fenómenos históricos: las condiciones sociales son, «en su naturaleza profunda, mentales» (p. 158); de ello se deduce que «la crítica del testimonio que trabaja sobre realidades psíquicas seguirá siendo siempre un arte de agudeza..., pero es también un arte racional que descansa en la práctica metódica de algunas importantes operaciones del espíritu» (p. 97). Las prudencias, incluso las timideces, de la obra son la contrapartida de esta sumisión de la noción de documento a la de testimonio; de hecho, incluso la subsección titulada «Ensayo de una lógica del método crítico» (pp. 97-116) sigue siendo prisionera del análisis psico-sociológico del testimonio, por lo demás muy sutil: aunque ponga los testimonios en contradicción mutua o dosifique los motivos de la mentira, este arte racional sigue siendo el heredero de los métodos eruditos creados por Richard Simon, los bolandistas y los benedictinos. No es que el autor no haya percibido y, en este sentido, anticipado el papel de la crítica estadística, sino que no se ha dado cuenta de que la lógica de la probabilidad, estudiada veinte años antes por Max Weber y reanudada después por Raymond Aron, ya no dependía de la crítica del testimonio, sino del problema de la causalidad en historia [15]. Utilizarla sólo para descubrir y explicar las imperfecciones del testimonio es limitar inevitablemente su alcance [16].

[14] El papel considerable de lo falso en la historia medieval explica también de modo contingente la importancia dada a la crítica del testimonio.

[15] «Valorar la probabilidad de un acontecimiento es medir las probabilidades que tiene de producirse» (p. 107). Marc Bloch no está lejos de Weber y de Aron cuando observa la singularidad de este modo de razonamiento que parece aplicar la previsión al pasado concluido: «Habiendo sido alejada, de alguna forma, imaginariamente la línea del pasado, es un futuro de otro tiempo construido sobre un pedazo de lo que, para nosotros, es actualmente el pasado» (p. 107).

[16] «A fin de cuentas, la crítica del testimonio se apoya en una instintiva metafísica de lo semejante y de lo desemejante, de lo uno y de lo múltiple»

El verdadero avance dado por la *Apologie pour l'histoire* hay que buscarlo más bien en las anotaciones consagradas al «análisis histórico» (título del cap. IV). Marc Bloch ha advertido perfectamente que la explicación histórica consistía esencialmente en la constitución de cadenas de fenómenos semejantes y en la elaboración de sus interacciones. Esta primacía del análisis sobre la síntesis [17] ha permitido al autor exponer —con el pretexto de una cita de Focillo, autor de la admirable *Vie des Formes*— el desfase existente entre los diferentes aspectos distinguidos en el fenómeno histórico global: político, económico, artístico, sobre los que volveremos más adelante, al hablar de Georges Duby. Y, sobre todo, le ha proporcionado la ocasión de discutir seriamente el problema de la *nomenclatura* (pp. 130-155).

Es evidente que este problema está ligado al de la clasificación de los hechos; pero plantea el problema específico de la propiedad del lenguaje: ¿hay que *nombrar* las entidades del pasado con los términos con que los documentos los designan ya, a riesgo de olvidar que «el vocabulario de los documentos no es a su manera más que un testimonio y, por tanto, sujeto a crítica» (p. 138)? ¿O hay que proyectar sobre ellas los términos modernos, a riesgo de echar a perder, por anacronismo, la especificidad de los fenómenos pasados y de eternizar por arrogancia nuestras categorías? Vemos que la dialéctica de lo semejante y de lo desemejante gobierna tanto el análisis histórico como la crítica.

Estas intuiciones penetrantes hacen que echemos de menos aún más la interrupción violenta de la obra en el momento en que iniciaba la discusión del temible problema de la relación causal en historia. Nos quedamos con una frase que la interrupción hace más

(p. 101). Se resume así en el uso del «principio de semejanza limitada» (p. 103).

[17] Una sola vez es asociada la narración a la fase de reconstrucción; es con el pretexto de una cita de Michelet: «Pero era necesario un gran movimiento vital, porque todos estos diversos elementos gravitaban juntos en la unidad de la narración» (cit. en p. 129). Lo que quizá falta a esta *Apologie pour l'histoire* es una reflexión sobre el modo como el problema de la explicación —por tanto, de la causalidad en historia— se articula en el de la observación, es decir, del hecho histórico y del acontecimiento. En este punto de articulación hubiera podido ser esclarecedora una reflexión sobre la narración y sobre el vínculo entre acontecimiento y narración.

preciosa: «Las causas en historia, como en otras ciencias, no se postulan, se buscan...» (p. 160).

El verdadero manifiesto de la escuela de los «Annales» debía ser la entera obra maestra de Fernand Braudel, *El Mediterráneo y el mundo mediterráneo en la época de Felipe II* [18].

Para mayor claridad didáctica, conservaré de los ensayos de Braudel y de los historiadores de su escuela lo que va directamente en contra de la segunda de nuestras suposiciones iniciales: los acontecimientos son aquello que seres actuantes hacen que suceda y, por consiguiente, comparten la contingencia propia de la acción. Lo que se discute es el modelo de acción implicado por la noción misma de «hacer que sucedan» (y su corolario, «padecer») acontecimientos. La acción, según este modelo implícito, puede atribuirse siempre a agentes individuales, autores o víctimas de los acontecimientos. Incluso si se incluye el concepto de interacción en el de la acción, no nos libramos de la presuposición de que el autor de la acción debe ser siempre un agente identificable.

Braudel invalida la presuposición tácita de que los acontecimientos son aquellos que los individuos hacen que sucedan o padecen; lo mismo ocurre con otras dos presuposiciones estrechamente vinculadas entre sí (y que sufren directamente el fuego de la crítica de Braudel y de sus sucesores), a saber: que el individuo es el portador último del cambio histórico y que los cambios más significativos son los cambios puntuales, esos que afectan a la vida de los individuos debido a su brevedad y a su instantaneidad. A éstos reserva Braudel el nombre de acontecimientos.

Estos dos corolarios entrañan un tercero, nunca discutido por sí mismo: una historia de acontecimientos, una historia episódica (*événementielle*), no puede ser más que una historia-narración. Por tanto, historia-política, historia-episódica, historia-narración son

---

[18] Fernand Braudel, *La Méditerranée et le monde méditerranéen à l'époque de Philippe II*, 2 vols. (París 1949; trad. española, México 1976). La obra conoció dos revisiones importantes hasta la cuarta edición, de 1979. Además, el autor reunió en un volumen, *Écrits sur l'histoire* (París 1969; trad. española, Madrid 1982), extractos del prefacio a *La Méditerranée...*, la «Lección inaugural» en el Colegio de Francia (1950), el famoso artículo de los «Annales» consagrado a «la larga duración» y otros ensayos sobre las relaciones entre la historia y las demás ciencias del hombre.

expresiones casi sinónimas. Lo más sorprendente para nosotros, que nos preguntamos precisamente por el estatuto narrativo de la historia, es que el concepto de narración no sea interrogada nunca por sí misma, como ocurre con la primacía de la historia política y la del acontecimiento. Se limita a negar, mediante el rodeo de una frase, la historia-narración al estilo de Ranke (hemos visto antes que para Marc Bloch la narración forma parte de los testimonios voluntarios, por tanto, de los documentos). Tampoco se le ocurrió nunca a Lucien Febvre, fundador de la escuela de los «Annales» con Marc Bloch, que su crítica vehemente de la noción de hecho histórico [19], concebido como átomo de la historia totalmente dado por las fuentes, y el alegato en favor de la realidad histórica construida por el historiador, aproximaban fundamentalmente la realidad histórica, así creada por la historia, al relato de ficción, creado igualmente por el narrador. Por tanto, sólo a través de la crítica de la historia política, que pone por delante el individuo y el acontecimiento, se hace la crítica de la historia-narración. Sólo estas dos concepciones se afrontan directamente.

Al individualismo metodológico en ciencias sociales, los nuevos historiadores oponen la tesis de que el objeto de la historia no es el individuo, sino el «hecho social en su totalidad» —término tomado de Marcel Mauss—, en todas sus dimensiones humanas, económica, social, política, cultural, espiritual, etc. A la noción de acontecimiento, concebido como salto temporal, oponen la de un *tiempo social,* cuyas categorías principales —coyuntura, estructura, tendencia, ciclo, crecimiento, crisis, etc.— se toman de la economía, de la demografía y de la sociología.

Lo importante es captar la conexión entre ambos tipos de oposición: la de la primacía del individuo como último átomo de la investigación histórica, y la de la primacía del acontecimiento, en el sentido puntual de la palabra, como último átomo del cambio social.

Estas dos desestimaciones no provienen de una especulación sobre la acción y el tiempo; son consecuencia directa de la desviación del eje principal de la investigación histórica de la historia

[19] «Lección inaugural» en el Colegio de Francia (1933), en *Combats pour l'histoire* (París 1953) 7. La enciclopedia «La nouvelle histoire» no estudia las palabras «narración» o «narrativo».

política hacia la historia social. En efecto, se supone que es en la historia política, militar, diplomática, eclesiástica..., donde los individuos —jefes de Estado, responsables de la guerra, ministros, diplomáticos, prelados— hacen la historia. Y es ahí donde reina también el acontecimiento asimilable a una explosión. «Historia de batallas» e «historia *événementielle*» (expresión creada por Paul Lacombe y tomada después por François Simiand y Henri Berr)[20] van juntas. Primacía del individuo y primacía del acontecimiento puntual son los dos corolarios necesarios de la preeminencia de la historia política.

Es importante observar que esta crítica de la historia *événementielle* no proviene en absoluto de la crítica filosófica de la concepción, también filosófica, de la historia, según la tradición hegeliana. Proviene más bien de la lucha metodológica contra la tradición positivista que predominaba en los estudios históricos en Francia en el primer tercio de siglo. Para esta tradición, los acontecimientos importantes están ya consignados en los archivos, los cuales, por otra parte, se hallan ya instituidos y constituidos en torno a las peripecias y accidentes que afectan a la distribución del poder. De este modo, la doble denuncia de la historia de batalla y de la historia episódica constituye el reverso polémico de un alegato en favor de la historia del fenómeno humano total, sin dejar de subrayar con fuerza sus condiciones económicas y sociales. A este respecto, los trabajos más notables y, sin duda, los más numerosos de la escuela histórica francesa están consagrados a la historia social, en la que grupos, categorías y clases sociales, ciudades y campiñas, burgueses, artesanos, campesinos y obreros se convierten en los héroes colectivos de la historia. Con Braudel, la historia se hace incluso geo-historia, cuyo héroe es el Mediterráneo y el mundo mediterráneo, y más tarde, con Huguette y Pierre Chaunu, el Atlántico entre Sevilla y el Nuevo Mundo[21].

En este contexto crítico nació el concepto de «larga duración»,

[20] P. Lacombe, *De l'histoire considérée comme une science* (París 1894); F. Simiand, *Méthode historique et science sociale:* «Revue de synthèse historique» (1903) 1-22, 129, 157; H. Berr, *L'histoire traditionnelle et la synthèse historique* (París 1921).

[21] P. Chaunu, *Séville et l'Atlantique (1504-1650)*, 12 vols. (París 1955-1960).

opuesto al de acontecimiento, entendido como duración breve. En su prefacio a *La Méditerranée...,* en su «Lección inaugural» en el Colegio de Francia en 1950, y en su artículo *La larga duración:* «Annales», Braudel insiste siempre en lo mismo. La historia episódica es la historia de oscilaciones breves, rápidas, nerviosas; es la más cargada de humanidad, pero también la más peligrosa. En ella y en su tiempo individual se despliega «una historia de lentitud acompasada» *(ibíd.,* 11) y su «larga duración» (pp. 4ss): es la historia social, la de los grupos y la de las tendencias profundas. Esta larga duración la enseña el economista al historiador; pero la larga duración es también el tiempo de las instituciones políticas y el de las mentalidades. Finalmente, enterrada aún más profundamente, reina «una historia casi inmóvil, la del hombre en sus relaciones con el medio que le rodea» (p. 11); para esta historia hay que hablar de un «tiempo geográfico» (p. 13).

Este escalonamiento de las duraciones es una de las contribuciones más importantes de la historiografía francesa a la epistemología de la historia, a falta de una discusión más sutil de las ideas de causa y de ley.

La idea de que hay que superar simultáneamente al individuo y al acontecimiento es el punto importante de la escuela. Con Braudel, el alegato en favor de la historia se convierte en un alegato de la «historia anónima, profunda y silenciosa» (p. 21) y, por ello mismo, del «tiempo social de vértigo y de lentitud» *(Lección inaugural,* en *Écrits sur l'histoire,* p. 24). Un alegato y un credo: «Creo así en la realidad de una historia particularmente lenta de las civilizaciones» *(ibíd.).* Pero es el oficio de historiador, no la reflexión filosófica —afirma el autor en *La larga duración*— el que sugiere «esta oposición viva», en el corazón de la realidad social «entre el instante y el tiempo lento que pasa» (p. 43). La conciencia de esta pluralidad del tiempo social debe convertirse en un componente de la metodología común a todas las ciencias del hombre. Llevando el axioma a la inmediatez de la paradoja, el autor llega hasta decir: «La ciencia social tiene casi miedo del acontecimiento. No sin razón: el tiempo corto es la más caprichosa, la más engañosa de las duraciones» (p. 46).

El lector epistemólogo puede sorprenderse de la ausencia de rigor en las expresiones características de la pluralidad de las temporalidades. Así, el autor no habla sólo de tiempo corto o largo

—por tanto, de diferencias cuantitativas entre lapsos de tiempo—, sino de tiempo *rápido* y *lento*. Hablando en términos absolutos, la velocidad no se dice de los intervalos de tiempo, sino de los movimientos que los recorren.

En última instancia, se trata, sin duda, de estos movimientos. Lo confirman algunas metáforas, nacidas de la imagen de la velocidad o de la lentitud. Comencemos por las que señalan la depreciación del acontecimiento, sinónimo de tiempo corto: «Una agitación superficial, las olas que las mareas levantan con su poderoso movimiento - una historia de oscilaciones breves, rápidas, nerviosas» (Prefacio a *Écrits sur l'histoire,* p. 12); «desconfiemos de esa historia, todavía ardiente, tal y como los contemporáneos la han sentido, descrito, vivido, al compás de su vida, breve como la nuestra» (*ibíd.*); «un mundo ciego, como todo mundo viviente, como el nuestro, despreocupado de historias de profundidad, de sus aguas vivas sobre las que se desliza nuestra barca como los barcos más ebrios» (*ibíd.*). Toda una serie de metáforas hablan del engaño del tiempo corto: «sortilegios», «humo», «capricho», «resplandores opacos», «tiempo corto de nuestras ilusiones», «falaces ensueños» de Ranke.

Otras proclaman su voluntad habladora: «reaccionar contra la historia totalmente reducida a la función de los héroes quintaesenciados», «contra la orgullosa palabra unilateral de Treitschke: los hombres hacen la historia» (*Lección inaugural,* en *Écrits...,* p. 12). Es la historia tradicional, la historia-narración, tan del gusto de Ranke: «resplandores, pero opacos; hechos, pero sin humanidad». Y ahora, las metáforas que proclaman el «valor excepcional del tiempo largo» (*La larga duración,* p. 44): «Esa historia anónima, profunda y a menudo silenciosa», la que hace a los hombres más que éstos a ella (*Lección inaugural,* en *Écrits...,* p. 21); «una historia pesada cuyo tiempo ya no concuerda con nuestras antiguas medidas» (*ibíd.,* 24); «esa historia silenciosa, pero imperiosa, de las civilizaciones» (*ibíd.,* 29).

¿Qué ocultan, pues, qué revelan estas metáforas? En primer lugar, un deseo tanto de *veracidad* como de *modestia:* la confesión de que nosotros no hacemos la historia, si entendemos por «nosotros» a los grandes hombres de la historia mundial, según Hegel. Por tanto, la voluntad de hacer visible y audible el impulso del tiempo profundo, eclipsado y reducido al silencio por el clamor del drama. Si ahora profundizamos en esta voluntad, ¿qué encontramos? Dos percepciones contrarias, mantenidas en equilibrio.

Por un lado, gracias a la lentitud, a la pesadez, al silencio del tiempo largo, la historia consigue una inteligibilidad que sólo pertenece a la larga duración, una coherencia que sólo es propia de los equilibrios duraderos; en una palabra, una especie de estabilidad en el cambio: «Realidad de larga, inagotable duración, las civilizaciones, readaptadas continuamente a su destino, superan por eso en longevidad a todas las demás realidades colectivas; las sobreviven» (*Historia y tiempo presente,* en *Écrits...,* p. 303). Hablando de las civilizaciones, el autor llega a designarlas como «una realidad que el tiempo usa mal y transmite muy lentamente». Sí, «las civilizaciones son realidades de larguísima duración» (p. 303). Toynbee, pese a todo lo mal que se puede hablar al respecto, lo vio perfectamente: «Trabajó sobre algunas de esas realidades que perduran siempre y sobre acontecimientos que se implican mutuamente a siglos de distancia, sobre hombres muy por encima del hombre, sobre Jesús, Buda o Mahoma, hombres también de larga duración» (página 284). A la fugacidad del acontecimiento se opone la roca de la duración. Cuando el tiempo se inscribe en la geografía, se concentra en la perennidad de los paisajes: «Una civilización es, ante todo, un espacio, una era cultural..., una vivienda» (p. 292); «La larga duración es la historia interminable, *inconsunta,* de las estructuras y grupos de estructuras» (*Historia y sociología, ibíd.,* 114). Dijérase que Braudel alcanza aquí, a través de la noción de duración, menos lo que cambia que lo que perdura: el verbo durar lo expresa mejor que el sustantivo duración. Una sabiduría discreta, opuesta al frenesí del acontecimiento, se deja adivinar tras este respeto por la gran lentitud de los cambios verdaderos.

Pero la percepción adversa aparece desde el momento en que la matemática social propone aplicar a la larga duración sus estructuras acrónicas, sus modelos intemporales. Contra esta pretensión y esta tentación, el historiador sigue siendo el guardián del cambio. Puede, sin duda, oponer a la narración tradicional otra «coyuntural»; pero «muy por encima de esta segunda narración se sitúa una historia de inspiración más sostenida todavía, de amplitud secular esta vez: la historia de larga, incluso de larguísima duración» (pp. 44-45). Pero la duración, incluso la larguísima, sigue siendo duración.

Ahí es donde se muestra vigilante el historiador, en el umbral en que la historia podría bascular hacia la sociología. Lo vemos en la sección del ensayo *La larga duración* (1958), consagrada a las matemáticas sociales (*Écrits...*, pp. 61ss), y en el trabajo *Historia y sociología* (*ibíd.*, 97ss). «En el lenguaje de la historia —afirma Braudel— apenas puede haber sincronía perfecta» (p. 62). Sin duda, los sociólogos matemáticos pueden construir modelos cuasi intemporales: «cuasi intemporales: circulando, en verdad, por los caminos oscuros y desconocidos de la larguísima duración» (p. 66). En realidad, los modelos son de duración variable: «Su valor es el del tiempo de la realidad que muestran..., pues más significativos aún que las estructuras profundas de la vida son sus puntos de ruptura, su brusco o lento deterioro por presiones contradictorias» (p. 71). En definitiva, lo que cuenta para el historiador es el recorrido de un modelo; vuelve de nuevo con fuerza la metáfora marinera: «El naufragio es siempre el momento más significativo» (página 72). Los modelos de las matemáticas cualitativas se prestan poco a los viajes en el tiempo, «ante todo porque circulan sólo por uno de los innumerables caminos del tiempo, el de la larga, *larguísima* duración, a cubierto de los accidentes, de las coyunturas, de las rupturas» (p. 72). Éste es el caso de los modelos construidos por C. Lévi-Strauss: siempre se aplican a «un fenómeno de extrema lentitud, como intemporal» (p. 73); la prohibición del incesto es una de las realidades de larguísima duración. Los mitos, de lento desarrollo, corresponden también a estructuras de gran longevidad. Así los mitemas, esos átomos de inteligibilidad, unen lo infinitamente pequeño a la larguísima duración. Pero, para el historiador, esta duración es «la demasiado larga duración» (p. 75), que no puede hacer olvidar «el juego múltiple de la vida, todos sus movimientos, todas sus duraciones, todas sus rupturas, todas sus variaciones» (p. 75).

Tenemos, pues, al teórico de la larga duración comprometido en un combate de dos frentes: el del acontecimiento y el de la «demasiado larga duración». Intentaremos explicar en el capítulo III cómo esta apología de la larga duración y su doble rechazo siguen siendo compatibles con el modelo narrativo de la construcción de la trama. Si esto es así, el ataque contra la historia *événementielle* no sería la última palabra del historiador sobre la propia noción de acontecimiento, pues es más importante para un acontecimiento su contribución al desarrollo de una trama que el ser breve y vivaz, a modo de una explosión [22].

Tras Braudel, toda la escuela de los «Annales» se lanzó al estudio de la larga duración. Quiero detenerme en uno de los desarrollos más significativos de la historiografía francesa contemporánea: la introducción masiva en historia de los procedimientos cuantitativos tomados de la economía y ampliados a la historia demográfica, social, cultural e incluso espiritual. Con este desarrollo se discute una importante presuposición concerniente a la naturaleza del acontecimiento: la de que el acontecimiento, al ser único, no se repite.

La historia cuantitativa, en efecto, es fundamentalmente una «historia *serial*» —en expresión ya clásica de Pierre Chaunu [23]—: descansa en la constitución de series homogéneas de *items*, por tanto, de hechos repetibles, eventualmente accesibles al tratamiento por ordenador. Todas las categorías importantes del tiempo histórico pueden redefinirse, progresivamente, sobre una base *«serial»*. Así, la *coyuntura* pasa de la historia económica a la historia social y, de ahí, a la historia general, puesto que ésta puede concebirse como un método para integrar *en un momento dado* el mayor número posible de correlaciones entre series alejadas [24]. Asimismo, la noción de estructura, entendida por los historiadores en una doble acepción: estática —de arquitectura racional de un conjunto dado— y dinámica —de una estabilidad duradera—, sólo conserva alguna precisión si puede referirse a la intersección de numerosas variables que presuponen todas una *seriación*. De este modo, coyuntura tiende a designar el tiempo corto, y estructura, el largo, pero dentro de una perspectiva de historia «serial». Consideradas juntas, las dos nociones tienden también a designar una polaridad de investigación histórica, según que la victoria sobre lo accidental y lo

[22] Más adelante, en el capítulo III de esta segunda parte, compararé la práctica braudeliana en *La Méditerranée...* y las declaraciones teóricas de los *Écrits sur l'histoire,* a las que me limito aquí.

[23] Pierre Chaunu, *Histoire quantitative, Histoire sérielle,* op. cit.

[24] El concepto de coyuntura, inventado por los economistas, «expresa la voluntad de superar lo discontinuo de las diversas curvas establecidas por los *estadistas* para captar la interdependencia de todas las variables y de los factores aislados en un momento dado y para seguir —por tanto, prever— su evolución en el tiempo» (art. «Structure/Conjoncture», en *La nouvelle histoire,* op. cit., p. 525).

episódico sea llevada hasta la absorción de la coyuntura en la estructura, o que la larga duración —generalmente bien acogida por la historiografía francesa— se niegue a disolverse en el tiempo inmóvil de las «sociedades frías» (*La Nouvelle Histoire,* p. 527).

Generalmente, los historiadores —y muy especialmente los especialistas en historia económica—, a diferencia de sus colegas economistas o sociólogos, tienden a conservar, incluso en la noción de estructura, su matiz temporal. El concepto de «larga duración» les ha ayudado, en esta lucha de dos frentes, a resistir a la total descronologización de los modelos y a la fascinación por el acontecimiento accidental y aislado. Pero como la primera tentación provenía de las ciencias sociales cercanas, y la segunda de la misma tradición histórica, la lucha ha sido siempre más intensa en el frente del acontecimiento; en gran medida, el desarrollo de la historia económica ha sido una respuesta al desafío planteado por la gran depresión de 1929, mediante un análisis de amplia duración que quitara al acontecimiento su singularidad catastrófica. Por su parte, la lucha en el frente de las estructuras acrónicas nunca ha estado totalmente ausente del panorama: frente al desarrollo de la economía puramente cuantitativa de Simon Kuznets y de Jean Marczewski, la historia *serial* ha sido forzada a distinguirse de la puramente cuantitativa, a la que se le ha reprochado encerrarse en los límites *nacionales,* adoptando como modelo la contabilidad del país. Precisamente, la historia cuantitativa de los economistas sacrifica en aras de las ciencias exactas el tiempo largo, reconquistado costosamente a expensas del tiempo dramático del acontecimiento. Por eso, el anclaje en los grandes espacios y la alianza con la geopolítica de Braudel eran necesarios para que la historia *serial* se mantuviese fiel a la larga duración e injertada, gracias a esta mediación, en el tronco de la historia tradicional. Por eso también, coyuntura y estructura, incluso cuando se las opone, marcan en la diacronía la primacía de la lógica inmanente sobre lo accidental y el acontecimiento aislado.

Ernest Labrousse, profundizando el camino abierto por François Simiand [25], con su historia de los precios, se ha convertido en el primer historiador que ha incorporado a su disciplina la noción

---

[25] Su introducción general a *La crise de l'économie française à la fin de l'Ancien Régime et au début de la Révolution française* (París 1944), fue el «discurso del método» de la historia económica.

de coyuntura y estructura [26]. Al mismo tiempo, mostraba el camino para la ampliación de este campo abierto a la cantidad, al conducir su disciplina de la historia económica a la historia social sobre la base de encuestas socio-profesionales. Para E. Labrousse, la estructura es social, concierne al hombre en sus relaciones con la producción y con los demás hombres, en sus círculos de sociabilidad que él llama las clases. Desde 1950 trabaja en la cantidad social, señalando así el éxodo del método estadístico hacia regiones más rebeldes a la cuantificación. La «cantidad social» es el paso del primer plano, el plano económico, al segundo, el social, en la línea auténtica de Marx, pero sin afán de ortodoxia marxista. Como modelo de análisis, la historia económica aparecía así enriquecida por un desarrollo arborescente: por parte de la demografía e incluso, como veremos luego, por parte de los fenómenos socio-culturales, las mentalidades, el tercer plano, según E. Labrousse.

La metodología de la historia económica señalaba una continuidad más que una ruptura con la lucha antipositivista de Marc Bloch y de Lucien Febvre. En efecto, lo que los fundadores de la escuela de los «Annales» habían querido combatir era, en primer lugar, la fascinación por el acontecimiento único, no repetible; luego, la identificación de la historia con una crónica mejorada del Estado, y finalmente, quizá sobre todo, la ausencia de criterio de elección y, por tanto, de _problemática,_ en la elaboración de lo que cuenta como «hechos» en historia. Los hechos —estos historiadores lo repiten constantemente— no se dan en los documentos, sino que se seleccionan en función de una problemática. Los documentos mismos no se dan: los archivos oficiales son instituciones que reflejan una elección implícita en favor de la historia concebida como conjunto de acontecimientos y como crónica del Estado. Al no estar declarada esta elección, ha podido parecer que el documento gobierna al hecho histórico y que el historiador recibe sus problemas de estos datos.

En esta conquista del campo histórico entero por la historia cuantitativa (o _serial)_ debe hacerse una mención especial de la historia demográfica debido a sus implicaciones temporales. Para esta ciencia lo que importa es, en primer lugar, el número de hombres y

---

[26] Según el testimonio de Pierre Chaunu, «Labrousse marcaba los límites de la significación de una coyuntura que sólo puede manifestarse en el interior de una estructura» (_Histoire quantitative, Histoire sérielle,_ op. cit., p. 125).

el recuento de esos números en la escala de sustituciones de las generaciones sobre el planeta. La demografía histórica —la demografía con perspectiva temporal— muestra la evolución biológica de la humanidad considerada como una sola masa [27]. Al mismo tiempo, revela ritmos mundiales de población que establecen la larga duración a escala de medio milenio y ponen en tela de juicio la periodización de la historia tradicional. Finalmente, la demografía, en manos del historiador, pone en evidencia el vínculo entre el nivel de población y los niveles de cultura y de civilización [28].

En este sentido, la demografía histórica asegura la transición entre una historia serial de nivel económico y otra de nivel social, luego de nivel cultural y espiritual para retomar de nuevo los tres niveles de E. Labrousse.

Hay que entender por nivel social un amplio abanico de fenómenos, que van desde lo que Fernand Braudel llama en su otra obra maestra [29], *Civilisation matérielle,* a lo que otros denominan *historia de las mentalidades.* La civilización material constituye un verdadero subconjunto por su carácter (gestos, *habitat,* alimentación, etc.). Por eso, la disposición por estratos de las temporalidades según el modelo de *la Méditerranée...* se revela perfectamente apropiada, tanto como la pertinencia del tiempo largo y de las series numeradas [30].

[27] «En el comienzo existió la economía, pero en el centro de todo existe el hombre, el hombre frente a sí mismo —por tanto, frente a la muerte—, en la sucesión de generaciones, y de ahí la demografía» (P. Chaunu, «La voie démographique et ses dépassements», en *Histoire quantitative, Histoire sérielle,* op. cit., p. 168).

[28] La obra de P. Goubert *Beauvais et le Beauvaisis de 1600 à 1730* (París 1960; reeditada con el título de *Cent mille provinciaux au XVIIe siècle,* París 1968) señala, a este respecto, la total integración de la historia demográfica y de la historia económica en el marco de la monografía regional. En este sentido, quizá es la historia demográfica la que ha permitido acercar a la idea de estructura la de síntesis de civilización y delimitar este sistema cinco veces secular, extendiéndose desde la mitad del siglo xiii hasta comienzos del xx, es decir, hasta el final de la Europa rural. Pero el límite de este sistema de civilización sólo aparece claro si la demografía no se limita a contar hombres, sino que extrae caracteres culturales y no naturales, que regulan el difícil equilibrio de este sistema.

[29] *Civilisation matérielle, économie et capitalisme (XVe-XVIIIe siècle),* I: *Les structures du quotidien;* II: *Les jeux de l'échange;* III: *Le temps du monde* (París 1967-1979; trad. española).

[30] Cf. *infra,* cap. III.

Este breve incurso en el campo de lo cuantitativo en historia sólo ha tenido una finalidad: mostrar la continuidad de la lucha de la historiografía francesa contra la historia episódica, contra el modo directamente narrativo de escribir la historia. Es un hecho notable el que la historia nueva, para liberarse del dominio del acontecimiento, deba unirse a otra disciplina que considera el tiempo como una preocupación sin importancia. Hemos visto a la historia de larga duración nacer del emparejamiento con la geografía, y a la historia cuantitativa, en cuanto que es también una historia de larga duración, del emparejamiento con la economía. Esta vinculación de la historia a otra ciencia agudiza más el problema de saber en qué sigue siendo histórica la historia en este matrimonio de conveniencia. La relación con el acontecimiento proporciona constantemente una piedra de toque apropiada.

Éste es el caso de la *antropología histórica* que se ocupa en transferir a la distancia histórica el modo de extrañamiento dado a la antropología por la distancia geográfica y en reconquistar, más allá de la cultura erudita, la costumbre, el gesto, lo imaginario, en una palabra: la cultura popular. La obra tipo es la de J. Le Goff en *Pour un autre Moyen Âge. Temps, travail et culture en Occident.* En ella, el autor se propone constituir «una antropología histórica del Occidente preindustrial» (p. 15) [31].

El filósofo no puede dejar de interesarse por lo que en ella se dice del tiempo: no del tiempo de los acontecimientos narrados, sino precisamente del tiempo tal como lo *representan* los hombres del Medievo. Es curioso que sea justamente la representación del tiempo la que, para el historiador, constituye el acontecimiento: «El conflicto del tiempo de la Iglesia y del de los comerciantes constituye, en plena Edad Media, uno de los principales acontecimientos de la historia mental de esos siglos, en los que se elabora la ideología del mundo moderno bajo la presión del deslizamiento de las estructuras y de las prácticas económicas» (p. 48). Para acceder a este tiempo de los hombres, convertido en objeto por el historiador-

---

[31] J. Le Goff, *Pour un autre Moyen Âge. Temps, travail et culture en Occident: Dix-huit essais* (París 1977). La obra se apoya en la historia de larga duración: el autor se complace en evocar «la larga Edad Media», «la larga duración pertinente de nuestra historia» (p. 10). Volveré, en la cuarta parte de mi estudio, sobre algunas afirmaciones de Le Goff respecto a la relación entre esta Edad Media «total», «larga», «profunda» y nuestro presente.

antropólogo, y en particular para descubrir el progreso del tiempo de los comerciantes, es necesario preguntar a los manuales de confesión, en los que se siguen los cambios en la definición y la categorización de los pecados. Para apreciar la conmoción mental y espiritual del marco cronológico no hay que olvidar el comienzo y la difusión de los relojes: el tiempo exacto sustituye a la jornada de trabajo rural y a las horas canónicas acompasadas por el sonido de las campanas. Pero el historiador se hace antropólogo principalmente cuando se toma como eje de la problemática la oposición entre cultura erudita y cultura popular. El problema estriba, pues, en saber en qué sigue siendo histórica esta historia. Pues bien: lo es por seguir siendo duración la larga duración. En este sentido, la desconfianza del autor respecto al vocabulario de la diacronía —problemática importada de la semiología y de la antropología estructural— recuerda la de Braudel respecto a los modelos de Lévi-Strauss [32].

En realidad, lo que interesa al historiador no sólo son los «sistemas de valor» y su resistencia a los cambios, sino también sus mutaciones. Volveré, al final del capítulo III, sobre una idea que aventuro ahora como una adaraja para la discusión. Podemos, en efecto, preguntarnos si, para seguir siendo historia, no debe la historia elaborar como cuasi acontecimientos las mutaciones lentas que compendia en su memoria por un efecto de aceleración cinematográfica. ¿No considera Le Goff el conflicto concerniente a la apreciación del propio tiempo como «uno de los acontecimientos principales de la historia mental de esos siglos»? Sólo podremos hacer justicia a esta expresión cuando podamos dar un marco epistemológico apropiado a lo que yo llamo aquí, provisionalmente, un cuasi acontecimiento [33].

En la *historia de las mentalidades* se manifiesta otro tipo de emparejamiento de la historia con otras ciencias para las que el tiempo no es una categoría importante. Estas ciencias son principalmente

---

[32] Rehusando «abandonarse a una etnología fuera del tiempo» (p. 347), Le Goff considera que la diacronía opera «según sistemas abstractos de transformación muy diferentes de los esquemas de evolución empleados por el historiador para intentar acercar el devenir a las sociedades concretas que estudia» (p. 346). Según él, el problema consiste en superar el «falso dilema estructura/coyuntura y, sobre todo, estructura/acontecimiento» (p. 347).

[33] Cf. *infra,* cap. III de esta parte.

la sociología de las ideologías, de origen marxista, el psicoanálisis de tipo freudiano (raras veces de tipo jungiano), la semántica estructural y la retórica de los discursos. El parentesco con la historia antropológica es evidente. La escucha de las ideologías, del inconsciente colectivo, del habla espontánea, confiere a la historia un sentido de lo extraño, de la distancia y de la diferencia comparable al ofrecido, hace un instante, por la visión del antropólogo. Una vez más, el hombre cotidiano, muchas veces privado de voz por el discurso dominante, es el que reencuentra la palabra a través de la historia. Esta modalidad de racionalidad histórica muestra, al mismo tiempo, el esfuerzo más interesante por llevar lo cuantitativo al tercer plano: el de las actitudes respecto al sexo, al amor, a la muerte, al discurso hablado o escrito, a las ideologías y a las religiones. Para seguir siendo *serial,* esta historia debía encontrar documentos apropiados al establecimiento de series homogéneas de hechos reconocibles. Aquí, como ya sucede en la historia económica, el historiador es el inventor de un tipo de documentos: antiguamente eran los mercuriales, luego los diezmos. Ahora poseemos la producción escrita, los libros de reclamaciones, los registros parroquiales, las dispensas eclesiásticas y, sobre todo, los testamentos, «esos viejos documentos durmientes», como se ha dicho [34].

Por eso, la cuestión del tiempo histórico vuelve con un nuevo matiz: para Chaunu, el instrumento cuantitativo no es más que el mediador destinado a poner de manifiesto una estructura, en el mejor de los casos una mutación, o incluso el fin de una estructura cuyo ritmo de disgregación está sometido al peso aquilatado. De este modo, lo cuantitativo salva lo cualitativo, pero «un cualitativo seleccionado y homogeneizado» («un campo para la historia serial: la historia del tercer nivel», retomado en *op. cit.,* 227). Por tanto, las estructuras entran en el campo de la historia por su cualidad temporal de estabilidad, de mutación, de disgregación.

Georges Duby, cuya obra ilustra perfectamente la historia de las mentalidades, plantea el problema en parecidos términos. Por un lado, recoge la definición de la ideología de Althusser: «Un sistema (que posee su lógica y su rigor propio) de representaciones (imáge-

---

[34] Cf. Vovelle, *Piété baroque et déchristianisation en Provence au XVIIIᵉ siècle, les attitudes devant la mort d'après les clauses des testaments* (París 1973); P. Chaunu, *La mort à Paris, XVIᵉ, XVIIᵉ, XVIIIᵉ siècles* (París 1978).

nes, mitos, ideas o conceptos, según los casos) dotado de existencia y de función histórica en una sociedad dada» (p. 149)[35]. En cuanto sociólogo, caracteriza después las ideologías como globalizantes, deformantes, concurrentes, estabilizadoras, generadoras de acción. Estos rasgos no se refieren a la cronología y a la narración. Pero la sociología se abre paso a la historia en la medida en que los sistemas de valor «poseen su propia historia cuyo ritmo y fases no coinciden con los de la repoblación y modos de producción» (*ibíd.*). Y es realmente el historiador el que se interesa por la transformación de las estructuras, ya sea por la presión de los cambios dentro de las condiciones materiales y las relaciones vividas, ya gracias a los conflictos y discrepancias.

Me gustaría terminar este análisis de las contribuciones de la historiografía francesa a la exploración del tiempo histórico evocando los trabajos dedicados a la relación del hombre con la muerte. Es, quizá, el ejemplo más significativo y más fascinante de esta reconquista de lo cualitativo por lo cuantitativo. En efecto, ¿qué hay más íntimo, más solitario, más integrado en la vida que la muerte o más bien el morir? Pero, también, ¿qué más público que las actitudes frente a la muerte inscritas en las disposiciones testamentarias? ¿Qué hay más social que las anticipaciones por la intensidad del espectáculo de sus propios funerales? ¿Qué más cultural que las representaciones de la muerte? Por eso se comprende perfectamente que la tipología de Philippe Ariès, en su importante libro *L'homme devant la mort*[36], y su modelo en cuatro tiempos (muerte aceptada del patriarca de la antigua alianza, del valiente caballero de las canciones de gesta, del campesino de Tolstoi; muerte barroca de los siglos XVI y XVII; muerte intimista de los siglos XVIII y XIX; muerte prohibida y disimulada de las sociedades posindustriales) hayan podido a la vez proporcionar una articulación conceptual a estudios seriales como los de Vovelle y de Chaunu y recibir de éstos la única verificación de la que la historia es capaz en ausencia de cualquier experimentación del pasado, a saber: la frecuencia cifrada de lo repetible. A este respecto, la historia de la muerte es quizá no sólo

---

[35] *Histoire sociale et idéologie des sociétés,* en J. Le Goff y P. Nora (eds), *Faire de l'histoire* (París 1974), t. I: *Nouveaux problèmes,* p. 149.

[36] Philippe Ariès, *L'homme devant la mort* (París 1977; trad. española, Madrid 1984).

el punto último alcanzado por la historia *serial,* sino quizá de cualquier historia por razones que expondré en la cuarta parte [37].

2. *Eclipse de la comprensión:*
el modelo «nomológico» en la filosofía analítica
de lengua inglesa

Dejamos la metodología de los historiadores franceses por la epistemología de la historia nacida del positivismo lógico; de este modo, cambiamos de universo de pensamiento (algunas veces también, aunque no siempre, de continente). No es la práctica de la historia la que nutre la argumentación, sino la preocupación, más normativa que descriptiva, por afirmar la *unidad de la ciencia* según la tradición del Círculo de Viena. Pero esta defensa de la unidad de la cien-

---

[37] Michel Vovelle ofrece un balance crítico de los logros y dificultades de veinte años de historia de «larga duración», desde el célebre artículo de Fernand Braudel de 1958 («L'histoire et la longue durée», en *La nouvelle histoire,* pp. 316-343). Admitiendo que «la muerte de cierta historia historizante es hoy un hecho consumado» (p. 318), se pregunta si el acontecimiento impugnado por Braudel ha desaparecido por ello del campo histórico. Duda que el modelo de encaje de los tiempos, defendido por Braudel, pueda trasladarse a los otros campos históricos, comenzando por la historia social. Por un lado, la heterogeneidad de los ritmos y los desfases entre duraciones tienden a malograr la idea de historia total. Por otro, la polarización entre la cuasi inmovilidad de grandes estructuras mentales y el retorno del acontecimiento, producida por el valor reciente de las ideas de corte, de trauma, de ruptura, de revolución, ponía en duda la propia idea de una escala graduada de duración. Así, la historia más actual parece buscar una nueva dialéctica del tiempo corto y del tiempo largo, una «concordancia de los tiempos» (p. 341). Volveré, en el capítulo III de esta segunda parte, sobre este problema que quizá no tiene su solución en el plano del oficio de historiador, sino en el de una reflexión más sutil sobre la intencionalidad histórica. Fuera de esta reflexión, la honestidad intelectual del historiador consiste, sin duda, en rechazar tanto la historia inmóvil como el acontecimiento ruptura y, en este vasto intervalo, en dar rienda suelta a la profusión de los tiempos históricos, según lo requieran el objeto considerado y el método elegido. Así, vemos al mismo autor, Emmanuel Le Roy Ladurie, ilustrar unas veces el tiempo corto e incluso la forma narrativa en su famoso *Montaillou, village occitan de 1294 à 1324* (París 1975), y otras la larga duración, como en *Paysans du Languedoc* (Mouton 1966), e incluso la larguísima duración con la *Histoire du climat depuis l'an mil,* y en la cuarta parte de *Le territoire de l'historien* la historia sin los hombres: *Le climat, nouveau domaine de Clio* (París 1973).

cia es incompatible con la distinción establecida por Windelband entre método «idiográfico» y método «nomotético» [38]. La relación de la historia con la narración no es objeto directo de discusión en la primera fase del debate en los años cuarenta y cincuenta. Pero la propia posibilidad de derivar la historia de la narración es minada en su base por una argumentación esencialmente dirigida contra la irreductibilidad de la «comprensión» a la «explicación», que, en la filosofía crítica de la historia de comienzos de siglo en Alemania, prolonga la distinción entre método idiográfico y método nomotético [39]. Si he creído posible colocar bajo el mismo título de *eclipse de la narración* dos ataques procedentes de dos horizontes tan diferentes como la historiografía francesa vinculada a la escuela de los «Annales» y la epistemología nacida de la filosofía analítica de lengua inglesa —unida en este punto a la epistemología heredada del Círculo de Viena—, es porque ambas tienen como piedra de toque la noción de acontecimiento y están convencidas de que la suerte de la narración está asegurada al mismo tiempo que la del acontecimiento, entendido como átomo del cambio histórico. Esto es tan cierto, que la cuestión del estatuto narrativo de la historia, que no ha estado nunca en juego en la primera fase de la discusión epistemológica —la única examinada aquí—, sólo ha pasado al primer plano, al menos en el mundo anglosajón, más tarde, gracias a la discusión en torno al modelo nomológico y como contra-ejemplo opuesto a este modelo. Confirma este diagnóstico el caso del único historiador francés —Paul Veyne— que ha abogado por el retorno a la noción de trama en historia: en él también —lo veremos luego— este retorno está vinculado a la crítica vehemente de cualquier pretensión a la cientificidad que sería incompatible con el estatuto «sublunar» de la historia (¡por remedar a Aristóteles rehabilitando a Max Weber!).

Como lo confirmaría la discusión posterior, el ataque contra la comprensión en los partidarios del modelo nomológico tiene el mismo resultado, si no la misma problemática, que el ataque contra el

---

[38] Wilhelm Windelband, *Geschichte und Naturwissenschaft,* discurso de Estrasburgo, 1894, reproducido en *Präludien: Aufsätze und Reden zur Philosophie und ihrer Geschichte,* vol. II (Tubinga 1921) 136-160.

[39] Cf. Raymond Aron, *La philosophie critique de l'histoire: Dilthey, Rickert, Simmel, Weber* (1938; París ⁴1969). Leer la nota sobre las relaciones de Windelband y Rickert, *ibíd.,* pp. 306-307.

acontecimiento en los historiadores de la larga duración: el eclipse de la narración.

Tomamos como punto de partida el conocido artículo de Carl G. Hempel *The Function of General Laws in History* [40].

La tesis central de este artículo es que «las leyes generales tienen funciones completamente análogas en historia y en las ciencias naturales» [41]. No es que Hempel ignore el interés de la historia por los acontecimientos particulares del pasado; al contrario, su tesis concierne precisamente al estatuto del acontecimiento. Pero considera no sólo importante, sino decisivo, el que en historia los acontecimientos obtengan su estatuto propiamente histórico de haber sido incluidos inicialmente en una crónica oficial, en un testimonio ocular o en una narración basada en recuerdos personales. Se ignora totalmente la especificidad de este primer plano de discurso en favor de la relación directa entre la singularidad del acontecimiento y la aserción de una hipótesis universal; por tanto, de una forma cualquiera de regularidad. Sólo gracias a la discusión posterior del modelo nomológico por los que sostienen la tesis «narrativista» se ha podido subrayar el hecho de que, desde el comienzo del análisis, la noción de acontecimiento histórico había sido despojada de su estatuto narrativo y colocada en el marco de la oposición entre particular y universal. Admitido esto, el acontecimiento histórico se integra en un concepto general de acontecimiento que incluye los acontecimientos físicos y cualquier suceso importante, tal como la rotura de un depósito, un cataclismo geológico, un cambio de estado físico, etc. Una vez planteada esta concepción homogénea de lo que se considera acontecimiento, el argumento se desarrolla como sigue: la realidad de un acontecimiento de un tipo específico puede deducirse de dos premisas. La primera describe las condiciones iniciales: acontecimientos anteriores, condiciones predominantes, etc. La segunda enuncia cualquier regularidad: una hipótesis de forma universal que, si se verifica, merece llamarse una ley [42].

---

[40] Carl G. Hempel, *The Function of General Laws in history:* «The Journal of Philosophy» 39 (1942) 35-48; artículo reproducido en Patrick Gardiner, *Theories of History* (Nueva York 1959) 344-356.

[41] *Op. cit.,* p. 345.

[42] «Por ley general entenderemos aquí una afirmación de forma condicional universal que puede ser confirmada por medio de datos empíricos apropiados» *(op. cit.,* p. 345).

Si es posible establecer estas dos premisas correctamente, se puede entonces decir que la realidad del acontecimiento considerado se ha deducido lógicamente y que, por tanto, se ha explicado. Esta explicación puede viciarse de tres modos: los enunciados empíricos que establecen las condiciones iniciales pueden ser defectuosos; las generalidades alegadas pueden no ser auténticas leyes; el vínculo lógico entre premisas y consecuencia puede estar viciado por un sofisma o un error de razonamiento.

Se imponen tres observaciones concernientes a la estructura de la explicación en este modelo (llamado, tras la crítica de W. Dray, de la que hablaremos luego, *covering-law model;* al carecer de una traducción satisfactoria de esta expresión, la llamaré en lo sucesivo «modelo nomológico»).

En primer lugar, los tres conceptos de *ley,* de *causa* y de *explicación* se recubren. Un acontecimiento es explicado cuando es «cubierto» por una ley, y sus antecedentes son llamados legítimamente causas. La idea clave es la de la regularidad: siempre que un acontecimiento del tipo C se produce en cierto lugar y en cierto tiempo, otro de un tipo específico E se producirá en un lugar y en un tiempo en relación con los del primero. Se asume, pues, sin reservas la idea humana de causa: el autor habla indiferentemente de «causas» o de «condiciones determinantes» (*determining conditions,* p. 345). Por eso no da importancia a las objeciones dirigidas a la terminología causal y al intento, entre otros, de Bertrand Russell [43], de emplear sólo los términos de condición y de función. Sin embargo, esta disputa no es un simple asunto de semántica: nos preguntaremos más tarde si no es posible una explicación causal —precisamente en historia— que sea independiente de... o anterior a... la idea de ley en el sentido de regularidad verificada [44].

Importa, además, subrayar que, en un modelo nomológico, ex-

---

[43] B. Russell, *On the Notion of Cause:* «Proc. of the Aristotelian Society» 13 (1921-1923) 1-26.

[44] La negación a dar un estatuto distinto a la relación causal se dirige contra Maurice Mandelbaum, quien, en *The Problem of Historical Knowledge* (Nueva York 1938) caps. VII y VIII, había intentado distinguir la *causal explanation,* practicada por los historiadores, de la *causal analysis,* idéntica a la explicación por leyes científicas (Hempel, *op. cit.,* p. 347, n.° 1). Volveremos sobre la tesis de Mandelbaum, según su expresión más reciente, en el capítulo III.

plicación y *previsión* van juntas: podemos esperar que el evento de tipo C sea seguido del de tipo E. La previsión no es más que el enunciado invertido de la explicación en términos de *si... entonces*. De ello se deduce que el valor predictivo de una hipótesis se convierte en un criterio de validez de la explicación y que la ausencia de valor predictivo de una hipótesis es un signo del carácter incompleto de la explicación. Esta observación no puede tampoco dejar de concernir a la historia.

Finalmente, se habrá observado que sólo se trata de acontecimientos de un *tipo específico,* no de acontecimientos singulares; por tanto, de acontecimientos eminentemente repetibles (el descenso de la temperatura en tal o cual condición, etc.). El autor no ve en esto ningún obstáculo: expresar todas las propiedades de un objeto individual es una tarea imposible, que nadie, por otra parte, se plantea —en física menos que en otra parte—. No habría explicación alguna de ningún acontecimiento individual si se le exigiese a ésta explicar todas las características del acontecimiento. Sólo se puede pedir a una explicación que sea precisa y sutil, no que agote lo singular. Por tanto, el carácter único del acontecimiento es un mito que hay que desechar del horizonte científico. La discusión no puede por menos de volver ahora y siempre sobre este escollo tradicional de la teoría de la historia.

Si ésta es, sin duda, la estructura universal de la explicación aplicada a acontecimientos —sean naturales o históricos—, se trata ahora de saber si la historia cumple con este modelo.

Como es fácil de observar, este modelo es muy prescriptivo diciendo lo que debe ser una explicación ideal. El autor, al proceder así, no cree perjudicar a la historia. Al contrario, al asignarle un ideal tan elevado, se reconoce su ambición a ser considerada como una ciencia y no como un arte. En efecto, la historia quiere mostrar que los acontecimientos no son debidos al azar, sino que suceden según la previsión que se debería poder establecer una vez conocidos ciertos antecedentes o ciertas condiciones simultáneas y una vez enunciadas y verificadas las hipótesis universales que forman la mayor de la deducción del acontecimiento. Sólo en este sentido la previsión se distingue enteramente de la profecía.

Pero la realidad es que la historia no es todavía una ciencia plenamente desarrollada, sobre todo porque las proposiciones generales que fundamentan su ambición por explicar las cosas no merecen la calificación de regularidad. O bien —primer caso— estas generalidades no se enuncian explícitamente como ocurre con las explicaciones incompletas de la vida cotidiana, en las que se consideran como naturales generalidades tácitas que competen a la psicología individual o social. O bien —segundo caso— las regularidades alegadas carecen de confirmación empírica: aparte la economía o la demografía, la historia se contenta con hipótesis aproximativamente universales: entre estas leyes, cuya verificación sigue siendo endeble, hay que situar los *enunciados* explícitamente formulados en términos de probabilidad, pero desprovistos de aparato estadístico. No es criticable su estatuto probabilista, sino la falta de exactitud estadística. A este respecto, la frontera no se sitúa entre explicación causal y explicación probabilista, sino entre los planos de exactitud, sea ésta empírica o estadística. O bien, en fin —tercer caso—, las generalidades alegadas son francamente pseudo-leyes, tomadas de la sabiduría popular o de la psicología no científica, cuando no prejuicios evidentes, restos de «explicación» mágica o mística de las realidades humanas y cósmicas. Debe, pues, trazarse con claridad la línea entre explicación y pseudo-explicación.

El único matiz que Hempel aporta a su tesis sin compromiso es que, en el mejor de los casos, la historia no ofrece más que un «esbozo de explicación» (*explanation sketch*) (*op. cit.*, p. 351), que descansa sobre regularidades que, a falta de ser leyes explícitas y verificadas, se alzan, sin embargo, en la dirección en que habría que descubrir regularidades expresas y que, además, prescriben los pasos que hay que dar para cumplir con el modelo de la explicación científica. En este sentido, tales esbozos pertenecen a la explicación auténtica y no a pseudo-explicaciones.

Fuera de esta única concesión, el autor rehúsa con vehemencia conceder algún valor propiamente epistemológico a procedimientos que se fundaran en el título de empatía, de comprensión o de interpretación y que hiciesen referencia a rasgos supuestamente distintos del objeto histórico, como significación (*meaning*), pertinencia (*relevance*), determinación (*determination*) o dependencia (*dependence*). El supuesto método de comprensión por empatía no es un método; es, a lo más, un procedimiento heurístico que no es ni suficiente ni siquiera necesario, pues se puede explicar en historia sin comprender por empatía.

Por tanto, en la construcción del modelo nada se refiere a la naturaleza narrativa de la historia o al estatuto narrativo del acontecimiento, menos aún a una especificidad cualquiera del tiempo histórico con relación al tiempo cosmológico. Estas distinciones, como se ha dicho antes, son excluidas tácitamente, puesto que no se admite ninguna diferencia de principio entre un acontecimiento histórico y un acontecimiento físico que simplemente acontece desde el momento en que no se considera pertinente para el estatuto histórico del acontecimiento el hecho de que haya sido contado en crónicas, narraciones legendarias, memorias, etc. Incluso un autor como Charles Frankel, tan atento, como veremos luego, a la originalidad de la problemática de la *interpretación* en historia, no incorpora a la noción de acontecimiento su contribución a la forma de la narración: el acontecimiento del que hablan los historiadores en sus obras se inscribe, como el acontecimiento físico, en «enunciados singulares que afirman la realidad de acontecimientos únicos en lugares y tiempos específicos» [45]; el historiador se propone simplemente «relatar acontecimientos individuales que han sucedido una vez y una sola vez» [46]. Lo propio de la explicación es precisamente abolir este rasgo. La definición lógica del acontecimiento sigue siendo la de un hecho singular, sin relación intrínseca con el relato. Esta identificación ha sido tan tenaz, que en un primer momento los propios adversarios del modelo nomológico se han puesto de acuerdo con él para esperar —también ellos— de la explicación que suprima este rasgo de unicidad, de no repetibilidad del acontecimiento.

Tras Hempel, los partidarios del modelo nomológico se han propuesto fundamentalmente la tarea apologética de minimizar las discordancias entre las exigencias del modelo «fuerte» y los rasgos específicos del conocimiento histórico de hecho. El precio pagado ha sido el «debilitamiento» del modelo para asegurar su viabilidad [47].

No haría falta, al calificar de apologética la empresa, despreciar

[45] Charles Frankel, *Explanation and Interpretation in History*: «Philosophy of Science» 24 (1957) 137-155, reproducido en Patrick Gardiner, *op. cit.*, p. 409.

[46] *Ibíd.*, p. 410.

[47] En realidad, el propio Hempel había abierto el camino con su noción de «esbozo de explicación». Hay que comprender esta estrategia para dar un sentido completo al efecto de ruptura creado por la obra de William Dray sobre el que volveremos más adelante: *Laws and Explanation in History* (Oxford 1957).

el trabajo producido por la escuela de Hempel: en primer lugar, porque, al debilitar el modelo, estos autores han puesto de manifiesto rasgos del conocimiento histórico que tienen que ver auténticamente con la *explicación* y que cualquier teoría contraria deberá tener en cuenta [48]. Debilitar un modelo es un trabajo positivo que aumenta su aplicabilidad; además, este trabajo de reformulación sale al encuentro de la labor de los propios historiadores —con la que nos ha familiarizado la historiografía francesa— encaminada a resolver las dificultades reales o supuestas que aquejan al conocimiento histórico.

La primera concesión importante —que será explotada de diversas maneras por los adversarios del modelo— consiste en admitir que las explicaciones ofrecidas por los historiadores no funcionan en historia como en las ciencias de la naturaleza. *La historia no establece las leyes* que figuran en la mayor parte de la deducción hempeliana. Las emplea [49]. Por eso pueden permanecer implícitas. Pero sobre todo pueden nacer de planos heterogéneos de universalidad y de regularidad. Así, P. Gardiner, en *The Nature of Historical Ex planation* [50], admite en el rango de las regularidades aceptadas en historia lo que llama *lawlike explanations;* se trata principalmente de las regularidades de tipo «disposicional» a las que G. Ryle, en *The Concept of Mind,* había reconocido un papel importante en la explicación del comportamiento. En efecto, una de las funciones del conectivo «porque» es situar la acción de un agente en el marco de su comportamiento «habitual». El caso de explicación en términos de *disposiciones* abre el camino a la reflexión sobre la diversidad de los planos de imprecisión que admite la noción de regularidad.

Esta heterogeneidad la acepta perfectamente el lector de obras históricas. Éste no se acerca al texto con un modelo único, monótono, monolítico, de explicación en su mente, sino con un abanico muy amplio de expectativas. Esta flexibilidad muestra que el problema de la *estructura* de la explicación debe completarse con el

[48] El uso de un modelo «débil» de explicación será para nosotros una razón suficiente para no ceder a la tesis directamente narrativista y para recurrir a un método más indirecto de reenvío de la explicación a la comprensión.

[49] Los adversarios del modelo nomológico verán en ellas la señal de que la explicación en historia se injerta en la inteligibilidad previa de la narración, a la que refuerza como por interpolación.

[50] Patrick Gardiner, *The Nature of Historical Explanation* (Londres 1952, 1961).

referido a su *función*. Por función hay que entender la correspondencia entre cierto tipo de respuestas y cierto tipo de preguntas. Así, la pregunta «¿por qué?» es la que abre el abanico de respuestas aceptables de la forma «porque...». A este respecto, el modelo «fuerte» sólo da cuenta de un segmento limitado del abanico de expectativas abierto por la pregunta «¿por qué?» y del abanico de las respuestas aceptables de la forma «porque...». El problema, por tanto, consiste en saber de qué extensión y, por lo mismo, de qué debilitamiento es capaz el modelo nomológico si se excluye cualquier vuelta vergonzosa a la concepción intuicionista o empática de la «comprensión» histórica y, de un modo general, la sustitución pura y simple de la comprensión por la explicación.

Para los partidarios del modelo nomológico o de subsunción, la única manera de evitar que la explicación pierda fuerza en los usos más variados del «¿por qué?» y de la respuesta «a causa de...» es remitir siempre las formas débiles a la forma «fuerte» del modelo y asignar a las primeras la tarea de unirse por aproximación a la segunda. En este sentido, una actitud liberal respecto al funcionamiento del modelo permite garantizar un gran rigor en lo que atañe a la estructura de la explicación. El modelo «fuerte» sigue siendo entonces el *logical marker* de cualquier aproximación por formas más débiles del mismo modelo.

Un segundo debate muestra el esfuerzo evocado anteriormente para salir al encuentro de los historiadores en su lucha por conseguir que adquiera su disciplina el rango de ciencia. Se trata de la función de los procedimientos de *selección* en historia. Este debate tiene algo de ejemplar en cuanto que aborda una de las dificultades evocadas más a menudo en la tradición del *verstehen* para negar a la historia una «objetividad» comparable a la de las ciencias de la naturaleza. El libro de Raymond Aron sigue siendo en Francia el testigo indispensable de esta última tesis. La epistemología neopositivista ha replicado al ataque vinculando estrictamente la suerte de la objetividad en historia a la del modelo nomológico. Sabido esto, en esta escuela de pensamiento la defensa del *modelo* equivale a la defensa de la objetividad en historia.

En este aspecto, la réplica de E. Nagel [51] es excelente, en cuan-

---

[51] Ernest Nagel, *Some Issues in the Logic of Historical Analysis:* «The Scientific Monthly» (1952) 162-169. Reproducido en P. Gardiner, *Theories of History,* op. cit., pp. 373-386.

to muestra en la práctica lo que es un argumento analítico y cómo, al carácter masivo de la objeción, se le responde con un trabajo de descomposición y de distinción.

¿Se entiende por selectividad la elección por parte del historiador de un campo o de un problema? Pero ningún erudito se libra de ello. La única cuestión interesante es saber si, una vez elegido un campo de estudio, el erudito es capaz de guardar las distancias respecto a los valores o pasiones de las que hace su objeto. Pues bien: esta distancia no es inalcanzable al historiador, incluso define la historia como «búsqueda» (*inquiry*).

Segundo argumento: ¿Se quiere hablar de la limitación de la materia tratada resultante de esta elección? Pero ésa sólo sería una causa de distorsión en el supuesto de que, para conocer algo, hiciera falta conocer todo. La tesis filosófica subyacente, de origen hegeliano, del carácter «interno» de todas las relaciones es desmentida por la práctica de la ciencia que verifica el carácter «analítico» del discurso.

Tercer argumento: ¿Se quiere hablar de la selección de las hipótesis? De hecho, toda búsqueda es selectiva en este sentido. ¿De la interrupción, en algún momento, de la búsqueda? El argumento de la regresión infinita es un sofisma: a problema definido, respuesta definida. La posibilidad de llevar más lejos el análisis demuestra sólo el carácter progresivo de la investigación.

Finalmente, ¿se quiere afirmar que la historia no puede liberarse de prejuicios colectivos o personales? Pero es una perogrullada afirmar que los ideales de investigación están vinculados causalmente a otros rasgos culturales, sociales, políticos, etc. Lo significativo es que los prejuicios puedan ser detectados y sometidos a investigación. El mero hecho de que se pueda distinguir lo que es prejuicio de lo que no lo es prueba que se puede confiar en el ideal de objetividad. En otro caso, la tesis escéptica caería bajo su propio juicio y su validez se limitaría al círculo de los que la profesan. Pero, si escapa a su propio criterio, eso demuestra que es posible formular enunciados válidos sobre las cosas humanas [52].

---

[52] Es un hecho importante que el problema de la *selectividad* no se relaciona nunca con este rasgo específico de la historia, a saber: que el historiador pertenece al campo de sus propios objetos de una manera distinta a como el físico pertenece al mundo físico. Volveremos sobre esto en la cuarta parte.

Un nuevo obstáculo para conseguir una explicación «garantiza-da» (*warranted*) proviene de la limitación de la investigación his-tórica a lo que ella considera la *causa* «*principal*» de un curso de acontecimientos. La imputación de una importancia relativa a las variables causales recurre a un «sopesar» (*weighing*) que no parece susceptible de objetividad. Se puede responder que la noción de importancia no es inaccesible al análisis. Aun cuando la verdad de los juicios de importancia está sujeta a debate, sigue siendo cierto que algo se significa cuando se habla de importancia. Se puede en-tonces hacer una lista de las significaciones asociadas a la asignación de grados de importancia (E. Nagel, *op. cit.*, 382-385). Sólo el per-feccionamiento del material estadístico podrá hacer concordar la práctica con esta lógica del «sopesar» los grados de importancia [53]. Entre tanto, es de rigor un escepticismo local que no tiene por qué transformarse en escepticismo global: «En efecto, existe un acuer-do sustancial entre los hombres conocedores de estas materias sobre las probabilidades que hay que asignar a muchas hipótesis» [54].

Como vemos, el argumento sacado de la práctica de la historia se acerca al de los defensores de la historia cuantitativa serial en la historiografía francesa.

Vamos a llevar esta apología del modelo nomológico hasta el punto en que el debilitamiento del modelo raye con su abandono. El artículo de Charles Frankel [55] es típico a este respecto. En él, el modelo se debilita en el sentido de que la *interpretación*, considera-da en un sentido próximo al del *verstehen* de la filosofía crítica de la historia, es admitida como un *momento necesario* del conocimien-to histórico; el momento de la interpretación es aquel en que el his-toriador aprecia, es decir, atribuye sentido y valor. Este momento

---

[53] También aquí es significativo que se eluda la cuestión de saber por qué hay un problema de importancia en historia. Está fuera de duda que el sope-sar los grados de importancia proviene de la lógica de las garantías relativas. En este aspecto, Nagel ha acrecentado el modelo al defenderlo. Y eso no po-drá olvidarlo la dialéctica de la explicación y de la comprensión. Pero como es indiscutible que este «sopesar» concierne a la historia como «búsqueda», así el problema permanece en el ámbito interrogativo en el proceso global de la comprensión histórica.

[54] E. Nagel, *art. cit.*, p. 385.

[55] Charles Frankel, *Explanation and Interpretation in History*, en Patrick Gardiner, *Theories of History*, op. cit., pp. 408-427.

se distingue del de la explicación en que establece conexiones causales entre acontecimientos. Pero el esfuerzo para articular los dos momentos sigue estando en el ámbito del modelo nomológico, en cuanto que, por una parte, se admite que todo buen historiador tiene cuidado de distinguir los dos planos operativos y justifica la epistemología en su afán por aislar el núcleo de explicación, y en cuanto, por otra parte, la propia interpretación está sometida a las exigencias limitativas de la explicación.

En realidad, el debilitamiento del modelo comienza con la reformulación de la fase explicativa, aunque el autor sostenga que, idealmente, la historia no procede de modo diferente a las demás ciencias. Las discordancias con el modelo caracterizan la realidad de la historia, no su ideal epistemológico. ¿Son sus generalizaciones, como ha dicho Hempel, del orden de los esbozos de explicación? Ése es un rasgo que no crea ninguna separación con las demás ciencias y designa más bien el lugar de una «exigencia de precisar los detalles de generalizaciones vagas» [56]. ¿Se rompe el vínculo entre explicación y predicción? ¿No consigue el historiador crear las condiciones no sólo necesarias, sino suficientes, de un acontecimiento? Lo importante no es que la explicación sea incompleta, sino que «parezca que satisface plenamente nuestra exigencia de explicación» [57]. Así aceptamos como una explicación un simple informe de las etapas de un proceso; lo hacemos en embriología y en todas las ciencias que tratan de desarrollo o de evolución. El caso de la explicación genética sugiere que «todas las explicaciones satisfactorias no nos proporcionan exactamente el mismo tipo de información y que todas las demandas de explicación no constituyen la exigencia desprovista de equívoco de una sola clase de respuesta» (*op. cit.*, p. 412) [58]. Por eso tiende a borrarse la frontera entre la explicación

[56] *Ibíd.,* p. 411.

[57] *Ibíd.,* p. 412.

[58] Veremos más adelante qué otro uso puede hacerse de esta importante concesión. Algunos señalados por Charles Frankel debilitan el modelo hasta el punto de dejarlo de lado. Así, por ejemplo, concede a Isaiah Berlin (en *Historical Inevitability: Four Essays,* Oxford 1969, y en *On Liberty,* reproducido en Patrick Gardiner, *The Philosophy of History,* op. cit., pp. 161-186) que si la historia se escribe en el lenguaje ordinario y si el lector no espera un lenguaje científico especializado es que el éxito de la explicación no se mide con el rigor de la teoría, sino «por la cuenta que da de los asuntos concretos». Las explicaciones causales, y hasta las de sentido común, rozan aquí con las

14

científica, la explicación de sentido común y el tipo de juicio prudencial, que relacionamos generalmente con los asuntos humanos.

Último rasgo distintivo del conocimiento histórico compatible con el modelo nomológico: se ha observado que en historia, al ser las generalidades correlaciones de alta frecuencia más que relaciones invariables, los contra-ejemplos no invalidan las leyes generales (no siempre es cierto que el poder corrompe, y no se puede comprobar que el poder absoluto corrompa absolutamente). ¿Qué hace el historiador cuando encuentra excepciones a su explicación? Añade cláusulas restrictivas, y así limita el campo de aplicación de las generalizaciones que alega. De esta forma se deshace de los contra-ejemplos.

Frankel, al llevar el argumento al límite de tolerancia del modelo inicial, acepta que la explicación se articula en la interpretación. Pero, para no romper con el modelo, sostiene que, para seguir siendo aceptables, las interpretaciones más globalizadoras deben basarse en explicaciones parciales rigurosas. ¿Cómo asignar *valores* sin asentarlos sobre conexiones causales bien establecidas? ¿Se dirá que lo contrario es igualmente verdadero? Es cierto que, en historia, una causa define no una condición cualquiera, sino aquella sobre la que se puede actuar [59]; en este sentido, los valores de la acción se infiltran en cualquier apreciación de las causas, y hay que decir que asignar una causa es admitir un hecho *y* estipular un valor. Pero, entonces, es preciso, una vez más, aplicar al concepto de interpretación el mismo criterio analítico que se ha aplicado al juicio de importancia. Al interpretar se hacen tres cosas desigualmente compatibles con el ideal de la explicación. La empresa menos compatible consiste en establecer afirmaciones sobre el sentido de la historia en términos de *fines,* de objetivos o de ideales; entonces se pone en juego una filosofía implícita de las relaciones «internas», incompatible, como se ha dicho anteriormente, con el espíritu «analítico», y se impone desde fuera un proyecto trascendente y oculto al curso de la historia.

Menos discutible es la designación de *la causa más importante,*

reglas de sabiduría (el poder corrompe, el poder absoluto corrompe absolutamente). No estamos muy lejos ya de la teoría narrativista: «Esperamos del historiador que narre bien una historia *(story)* y la llene de vida» (p. 414).

[59] Volveremos, en el capítulo III, sobre la diversidad de significaciones que reviste la noción de causa en historia.

económica u otra. En este caso, la interpretación es compatible con
la explicación, mientras se limita a proporcionar a la investigación
la base de una idea seminal y a señalar grados de importancia. Deja
de serlo cuando pretende ser la única interpretación válida, con exclusión de cualquier otra. Pero la interpretación más interesante es
la que se fija como tarea para apreciar una secuencia de acontecimientos o un conjunto de instituciones con arreglo a «consecuencias
terminales» (*terminal consequences*) (*op. cit.*, p. 421) valoradas en
sí mismas en términos de valor o de contravalor [60]. La significación
global de un proceso son estas mismas consecuencias terminales, algunas de las cuales coinciden con variables de la situación presente
sobre la que se puede actuar [61]. Así, Marx considera la emergencia
del proletariado industrial como la causa principal, porque éste es
también portador de la «causa» que está en juego. Eso no impide
una atención minuciosa a los hechos si la propia elección de las
causas terminales quiere ser una elección responsable. Hay, pues,
que confesar que dos interpretaciones rivales dan cuenta de hechos
diferentes al estar situados los mismos acontecimientos en la perspectiva de consecuencias terminales diferentes. Una y otra pueden
ser objetivas y verdaderas en cuanto a las secuencias causales sobre
las que se edifican. No se re-escribe la misma historia, se escribe
otra historia. Pero se puede discutir siempre sobre ella. La historia
no está condenada a seguir siendo un campo de batalla entre puntos
de vista irreconciliables; hay sitio para un pluralismo crítico, el cual,

[60] También aquí el argumento roza la concepción narrativista: se llama
«marco de este relato» (p. 421) a la elección por parte del historiador de las
consecuencias terminales. Frankel discute el problema de la «verdadera» causa —siguiendo en este punto a Gardiner— y muestra que, cuando los des-
acuerdos no se refieren a la perspectiva, sino a las conexiones, aluden «a lo
que el historiador debería o no incluir en la historia narrada para hacer de
esta 'historia narrada' una respuesta adecuada al problema planteado» (p. 427).
Cuando un historiador presenta su interpretación de una época o de una institución, «narra la historia (*story*) de una secuencia de acontecimientos enla-
zados causalmente que tienen consecuencias en términos de valor o de no
valor» (p. 421).

[61] Volveremos en la cuarta parte sobre este problema de las relaciones entre la explicación del pasado y la acción en el presente, que la teoría del progreso ha situado en el primer plano de la filosofía de la historia. En la fase
actual de la discusión, la única apuesta es saber si la elección de las consecuencias terminales no debe, ante todo, cumplir con una buena conexión causal en
el plano de los hechos.

aunque admite más de un punto de vista, no otorga a todos la misma legitimidad [62].

Es difícil ir más lejos en la aceptación del punto de vista contrario sin romper con la hipótesis de base de que la explicación en historia no difiere fundamentalmente de la del resto de las ciencias. Ahí reside, en definitiva, el punto crítico de toda discusión. Precisamente, para salvar esta apuesta esencial, los defensores del modelo nomológico se esfuerzan en trasladar a la realidad de la ciencia histórica los rasgos de la metodología de la historia que parecen discordantes respecto al modelo explicativo. Sus argumentos tienen como motivación declarada defender la historia contra el escepticismo y justificar su lucha por la objetividad. De este modo, la defensa de la objetividad y la del modelo nomológico, de solidarios, tienden a convertirse en indiscernibles.

[62] Un hermoso texto de Charles Frankel muestra este delicado equilibrio entre un pluralismo metodológico y una actitud sin complacencia con el escepticismo. Tras haber hablado favorablemente de las interpretaciones según las consecuencias terminales, Charles Frankel observa: si el esquema que se propone de la historia se relaciona como conviene con los hechos, con las ocasiones limitadas, con las posibilidades creadas por las circunstancias; si, por otra parte, el historiador no es sectario y de cortos alcances, sino magnánimo y generoso, entonces «una historia iluminada por una idea clara y circunspecta de lo que puede ser la vida humana se prefiere en general a una historia apática, sin compromiso, desprovista de ideal-guía, privada de la ironía o de las lágrimas que acompañan a la aplicación de este ideal a la anotación de las cosas humanas» (p. 424). En estas frases se contiene todo el liberalismo y todo el humanismo de Charles Frankel.

CAPITULO II

ALEGATOS EN FAVOR DE LA NARRACION

La cuestión del estatuto *narrativo* de la historiografía no ha sido un tema directo de la epistemología de las ciencias históricas ni en la historiografía francesa ni en la primera fase de la discusión en el seno de la escuela analítica. En particular, a lo largo de todo el debate, ha quedado sobrentendido que la narración es una forma demasiado elemental de discurso para satisfacer, incluso remotamente, las exigencias de cientificidad planteadas por el modelo nomológico de explicación. La aparición de las tesis «narrativistas» en el campo de la discusión surgió de la unión de dos corrientes de pensamiento. Por un lado, la crítica del modelo nomológico desembocó en una explosión de la propia idea de explicación que ha abierto la brecha para un acercamiento opuesto al problema; por otro, la narración se ha convertido en el objeto de una re-evaluación que se ha apoyado fundamentalmente en sus recursos de inteligibilidad. La comprensión narrativa se encontró así sobre-encumbrada, mientras la explicación histórica perdía altura. Este capítulo está consagrado a la conjunción de estos dos movimientos.

I. EXPLOSION DEL MODELO NOMOLOGICO

1. *Una explicación sin legalidad: William Dray*

Hemos visto al final del capítulo anterior cómo los partidarios del modelo han intentado explicar la distancia entre el modelo y la realidad de la ciencia histórica mediante una doble táctica: por una parte, debilitando el modelo, y por otra, apoyándose en el esfuerzo de los propios historiadores para elevar su disciplina al rango de ciencia. Otra muy distinta es la actitud de los que ven en la distancia entre el modelo nomológico y la metodología del hecho histórico el síntoma de un error de base en la construcción del modelo.

La obra de William Dray, *Laws and Explanation in History*[1],
es, a este respecto, el mejor testigo de la crisis del modelo nomológico. A una problemática desunida, el propio libro responde por
una estructura quebrada. Se abren tres frentes, relativamente discontinuos. En el primero se aplica una crítica puramente negativa,
que termina por separar la idea de explicación de la de ley. En el
segundo, el autor aboga por un tipo de *análisis causal,* irreductible
a la subsunción por leyes. El tema subyacente a la primera parte
—se puede explicar en historia sin recurrir a leyes generales— recibe así la primera aplicación, sin que se llegue a afirmar que toda
explicación en historia deba asumir el lenguaje causal. Finalmente,
el autor examina detenidamente un tipo de «explicación por razones» (*rational explanation*) que no abarca más que una parte del
campo liberado por la crítica de la explicación regida por leyes empíricas. El alegato en favor del análisis causal y de la explicación
por razones no deriva de la tesis negativa de que la explicación en
historia no necesita de la ley para ser una explicación, aunque esos
modelos la presuponen. Deberán, pues, discutirse según su propio
valor[2]. A la crítica del modelo nomológico subyace la convicción
de que «es poco probable que encontremos algún rasgo lógico que
permita agrupar juntas todas las explicaciones históricas en cuanto
históricas, pues las explicaciones que se encuentran en las obras de
historia forman un conjunto lógicamente inconexo» (p. 85). El reconocimiento de esta dispersión lógica de la explicación en historia
ha abierto el camino a la re-evaluación del concepto narrativo.

a)   El autor comienza por la tesis negativa de que *la idea de
explicación no implica la de ley,* y descubre el punto de anclaje de
su crítica en las oscilaciones entre modelo «fuerte» y modelo «débil» en los partidarios del modelo que él llama *covering law model*
(modelo según el cual una ley «cubre» los casos particulares que se
convierten en ejemplos de la ley, que podemos traducir por modelo
de subsunción). En el plano formal, la misma formulación del vínculo alegado entre una ley y los casos que «cubre» da lugar —observa
Dray— a la vacilación. El término «porque...» no compromete ninguna estructura determinada, salvo en un diccionario escrito por los

---

[1] *Op. cit.* (cf. nota 47 del II, 1).

[2] Volveremos sobre la idea de explicación causal en el capítulo III de esta
segunda parte.

lógicos de la escuela del modelo de subsunción. Respecto al vínculo de implicación afirmado por el carácter «deducido» del acontecimiento, está lejos de ser unívoco. En fin, la idea de explicación tampoco obliga a afirmar una relación de cobertura entre leyes e instancias.

A estas oscilaciones en la formulación del lugar de implicación se añaden las variaciones en el planteamiento del propio modelo. Ya hemos visto que hay autores que prefieren debilitar el modelo antes que someterlo a discusión. Así, puede recorrerse una escala de valor decreciente, desde la exigencia deductiva más estricta hasta la idea de cuasi ley, pasando por la de ley asumida, pero no establecida, tácita y no explícita, esbozada y no completa.

Estas oscilaciones son sólo el síntoma de la deficiencia lógica del propio modelo. Se puede mostrar, en efecto, que el modelo de subsunción no es una condición necesaria, ni siquiera suficiente, de los acontecimientos explicados. La condición no es suficiente, ya que la explicación alegada no puede convertirse en predicción. Algo falta todavía. ¿Qué? Tomemos el ejemplo de un accidente mecánico: el agarrotamiento de un motor. Para atribuir la causa a un escape de aceite no basta conocer las diversas leyes aplicadas, es necesario además poder considerar una serie continua de incidentes entre el escape del aceite y el deterioro del motor. Al decir «continua» uno no se compromete con ninguna aporía filosófica concerniente a la divisibilidad hasta el infinito del espacio y del tiempo; se limita a identificar acontecimientos de grado inferior y a situarlos en una serie que no admite otros acontecimientos inferiores que los que se citan. Esta «referencia a la serie de hechos que constituyen la historia de lo que ha acontecido entre el escape de aceite y la paralización del motor explica este agarrotamiento»[3]. Lo mismo sucede en his-

---

[3] Para ser totalmente convincente, el argumento debería enunciarse así: las leyes físicas y mecánicas utilizadas por el accidente, que no implican, como tales, ningún orden temporal, exigen que se reconstituya el accidente fase por fase a fin de poder aplicarlas *seriatim*. Esta aplicación *seriatim* hace que el conocimiento de las leyes constituya una condición necesaria de la explicación. Si el autor no ha dado esta forma a su argumento, es que toma como modelo al mecánico, que comprende perfectamente cada fase del accidente sin ser él mismo un físico. Pero hay mecánicos porque hay físicos. ¿Quiere el autor situar el conocimiento del historiador en el plano de la habilidad del mecánico? Se corre el riesgo entonces de caer en una concepción sumariamente pragmática de la explicación en historia, sustituyendo una concepción teórica. La obra

toria; la divisibilidad del tiempo termina donde concluye el análisis más *detallado*.

No suficiente, la explicación por las leyes tampoco es necesaria. En efecto, ¿en qué condición sería necesaria? Tomemos el ejemplo de la explicación que un historiador podría o ha podido dar: Luis XIV murió impopular porque siguió una política perjudicial para los intereses nacionales de Francia. Imaginemos un diálogo entre este historiador y un lógico de la escuela hempeliana: ¿cómo podría convencer éste al historiador de que la explicación anterior exige realmente leyes? El lógico dirá: la explicación tiene valor en virtud de una ley implícita como la siguiente: los gobiernos que persiguen políticas perjudiciales para los intereses de sus súbditos se hacen impopulares. El historiador replicará que él tenía presente no una política cualquiera, sino una como la seguida efectivamente en el caso particular considerado. El lógico intentará entonces llenar la distancia entre la ley y la explicación del historiador, precisando la ley mediante una serie de adjunciones, como los gobiernos que comprometen a su país en guerras extranjeras, que persiguen a minorías religiosas o sustentan parásitos en su corte, se hacen impopulares. Pero hay que añadir todavía otras precisiones: que ciertas medidas políticas han fracasado; que éstas comprometían la responsabilidad personal del rey, etc., sin tener en cuenta las medidas que el rey ha dejado de tomar. El lógico debe entonces confesar que, para ser completa, la explicación exige un proceso indefinido de especificaciones, pues en ninguna fase puede probarse que el caso considerado por el historiador es el único cubierto por la ley [4]. Sólo una ley comprometería lógicamente al historiador; sería ésta: cualquier gobernante que tomase las mismas medidas políticas, exactamente en las mismas circunstancias que Luis XIV, se haría impopular. Pero esta formulación ya no es la de una ley; en efecto, debe mencionar todas las circunstancias particulares del caso de que se trata (por ejemplo, hablar no de guerra en general, sino de ataque contra los jansenistas, etc.). Sólo adquiere visos de generalidad cuan-

de W. Dray presenta numerosos ejemplos de esta concepción (*op. cit.,* pp. 70-76).

[4] «Por complicada que sea la expresión con la que completamos un enunciado del tipo 'X porque...', pertenece a la lógica de dicho enunciado que las adiciones a la cláusula explicativa no son nunca excluidas por nuestra aceptación del enunciado original» (p. 35).

do introduce la expresión *exactamente;* el resultado de todo ello es la producción de un caso límite vacío; vacío, pues la expresión «exactamente las mismas medidas en las mismas circunstancias» (p. 36) no puede adquirir sentido en ninguna investigación concebible.

En cambio, el historiador aceptará un enunciado general como éste: cualquier pueblo semejante al francés, «en las circunstancias especificadas», detestaría a un dirigente semejante a Luis XIV y con «los rasgos especificados». Esta ley no es vacía, ya que la dialéctica entre el lógico y el historiador habrá proporcionado los medios de «llenar» las expresiones entrecomilladas. Pero ya no es el tipo de ley requerida por el modelo nomológico, pues lejos de ser vaga y general como las leyes implícitas, es una ley tan detallada que equivale a una «ley» para un solo caso.

En realidad, esta ley para un único caso no es en absoluto una ley, sino la reformulación, bajo la apariencia de una ley empírica, del razonamiento del historiador. Éste dice: «X se da porque $c_1 \dots c_n$» («X» designa el acontecimiento que hay que explicar, y «$c_1 \dots c_n$», los factores enumerados por el historiador en su explicación). El lógico vuelve a escribir: «Si $c_1 \dots c_n$, entonces se da X», donde «si» equivale a «siempre que...». Pero esta equivalencia es engañosa, pues la forma hipotética puede expresar algo distinto de una ley empírica. Puede expresar el principio de la inferencia de que, en casos semejantes, se *puede* razonablemente predecir un resultado de este tipo. Pero este *principio* no es más que el *permiso* de inferir enunciado en forma hipotética. El fantasma lógico de la «ley» procede así de la confusión entre ley empírica y principio de inferencia.

Se imponen dos conclusiones provisionales, que me propongo incorporar más tarde a mi propio análisis de las relaciones entre explicar y comprender en historia.

La primera concierne a la noción de acontecimiento, la cual es también tema de discusión en la historiografía francesa. El rechazo del modelo nomográfico parece implicar un retorno a la concepción del acontecimiento como *único.* El aserto es falso si se atribuye a la idea de unicidad la tesis metafísica de que el mundo está hecho de particulares radicalmente desemejantes: la explicación se hace entonces imposible. Pero es verdadero si se quiere decir que, a diferencia de las ciencias nomológicas, el historiador quiere describir y explicar lo que ha sucedido efectivamente en todos sus detalles concretos. Pero, entonces, lo que el historiador entiende por *único* es que no existe nada exactamente semejante a su objeto de estudio. Su concepto de unicidad es, pues, relativo al grado de precisión que ha escogido para su estudio. Además, este aserto no le impide emplear términos generales como revolución, conquista de un país por otro, etc. En efecto, estos términos generales no obligan a formular leyes generales, sino a buscar en qué aspecto los acontecimientos considerados y sus circunstancias *difieren* de aquellos con los que sería natural agruparlos bajo un término clasificador. Un historiador no se preocupa de explicar la Revolución francesa en cuanto fue revolución, sino en cuanto que su curso ha sido diferente del de los otros miembros del grupo de las revoluciones. Como indica el artículo determinado *la* Revolución francesa, el historiador procede no desde el término clasificador hacia la ley general, sino desde aquel hacia la explicación de las *diferencias* [5].

La segunda conclusión concierne a la propia explicación de las diferencias. En cuanto ésta reagrupa factores únicos en el sentido que acabamos de decir, se puede afirmar que pertenece al *juicio* más que a la deducción. Entendemos por juicio la operación que realiza un juez cuando pondera argumentos contrarios y toma una decisión. De igual modo, explicar, para un historiador, es *defender* sus conclusiones contra un adversario que invocase otro conjunto de factores para defender su tesis. Justifica sus conclusiones aportando nuevos detalles en *apoyo* de ella. Este modo de *juzgar* casos particulares no consiste en colocar un caso bajo una ley, sino en reagrupar factores dispersos y sopesar su importancia respectiva en la producción del resultado final. En este caso, el historiador sigue la lógica de la elección práctica más que la de la deducción científica. Precisamente, en este ejercicio del juicio se invoca, como «garante» *(warrant)*, otra explicación, distinta de la que se apoya en leyes: la explicación *causal*.

b) *El análisis causal.* La defensa del análisis causal, que ocupa el capítulo IV de la obra de Dray, es relativamente independiente

---

[5] Veremos que este argumento se puede fácilmente incorporar a la tesis de que, al ser un acontecimiento lo que contribuye a la progresión de la trama, comparte con ésta la propiedad de ser a la vez singular y típico.

de la crítica del modelo de explicación por subsunción. El análisis causal es sólo una de las alternativas a la explicación nomológica. Si se discute en Dray es, en primer lugar, porque el modelo contestado se ha expuesto a menudo con el lenguaje de la causalidad. Es el caso de Popper [6]. En este sentido, la versión causal del modelo proporciona la transición apropiada, desde la crítica negativa a la exploración positiva del análisis causal. Además de esta filiación, propuesta en la presentación polémica del libro, la exploración del análisis causal encuentra su justificación propia en el empleo del lenguaje causal en historia. El autor considera inevitable y legítimo este lenguaje, pese a todos los equívocos y a todas las dificultades vinculadas a su empleo. Los historiadores, de hecho y de derecho, usan expresiones como «*x* es causa de *y*» (que distinguiremos luego de la ley causal afirmando que «la causa de *y* es *x*»). Las emplean, de hecho, con numerosas variantes: producir, conducir a..., ocasionar (o sus contrarios: impedir, dejar de hacer). Las emplean, de derecho, al asumir la fuerza explicativa de la causa. Éste es el tema del debate. La tesis subyacente es que la *polisemia* de la palabra «causa» ya no es, para el uso regulado de este término, un obstáculo más importante que la polisemia del término «explicar», por la que hemos comenzado. El problema estriba en ordenar esta polisemia y no en rechazar el término [7].

[6] Cf. *The Open Society and its Enemies* II (Londres 1952) 262 (trad. española, Barcelona 1982). Para muchos autores, preguntarse sobre la causalidad en historia es simplemente repetir la discusión (pp. 40ss) sobre el lugar de las leyes en historia, ya se entienda por causa lo mismo que por ley —entonces es mejor no hablar de causa dada la ambigüedad del término—, ya se entienda por causas tipos específicos de leyes, las «leyes causales» —en este caso se tiene sólo una versión causal del modelo: decir «*x* causa *y*» es decir, equivalentemente, «siempre que *x*, también *y*».

[7] Collingwood había estudiado este problema en *An Essay on Metaphysics* (Oxford 1948), donde distingue en el término tres sentidos (I, II y III). Según el sentido I, el único que el autor considera propio de la historia —además de originario—, una persona *hace que* otra actúe de cierta manera, proporcionándole un motivo para obrar así. Según el sentido II, la causa de una cosa es el «asidero», el «mango» *(the handle)*, que nos permite manejarla: es, pues, por privilegio, lo que podemos producir o prevenir (ejemplo: la causa de la malaria es la picadura de un mosquito). Se obtiene el sentido II del I, extendiendo la noción de un efecto resultante de las acciones humanas al comportamiento de cualquier ser. Collingwood excluye el sentido II de la historia y lo reserva para las ciencias prácticas de la naturaleza en el descubrimiento

Si descartamos el caso en que por causa se entiende ley causal, la discusión sobre el análisis causal en historia sólo tiene interés si existen conexiones causales *singulares* cuya fuerza explicativa no depende de una ley.

W. Dray lucha aquí en dos frentes: contra los que vinculan la suerte de la idea de causa a la de la idea de ley, y contra los que quieren excluir toda explicación del campo de la historiografía. Es cierto que los historiadores intentan dar explicaciones causales. No lo es que el análisis causal de un curso particular de acontecimientos se reduzca a aplicar una ley causal. Los historiadores emplean de modo realmente legítimo expresiones como «*x* causa *y*»; no lo es que estas explicaciones sean la aplicación de una ley de la forma: «si *x,* por tanto *y*».

Entonces, ¿qué es un análisis causal? Es un análisis esencialmente selectivo, que tiende a verificar las razones de tal o cual candidato a la función de causa, las razones para ocupar el lugar del «porque» como respuesta a la pregunta «¿por qué?» Por tanto, esta selección adquiere el carácter de un concurso en el que los candidatos deben superar cierto número de pruebas. El análisis causal —diría yo— es una criteriología causal. Consta esencialmente de dos pruebas. La primera es *inductiva:* el factor de que se trata debe ser realmente necesario. Con otras palabras: sin él, el acontecimiento que hay que explicar no hubiera tenido lugar. La segunda es *pragmática:* debe haber una razón para seleccionar la condición de que se trata entre las que, juntas, constituyen la condición suficiente del fenómeno.

La prueba pragmática responde, por una parte, a las consideraciones de manipulabilidad por las que Collingwood define uno de los sentidos de la idea de causa: aquello sobre lo que «influye» la acción humana; por otra, tiene en cuenta lo que hubiera *debido* hacerse; por tanto, lo que puede censurarse (por ejemplo, cuando se investiga sobre las causas de una guerra). Finalmente, el criterio pragmático incluye lo que ha precipitado el curso de las cosas: la

de las leyes causales por experimentación. W. Dray retiene algo de él en su criterio pragmático de la atribución causal, pero enmarcándolo en una actividad específica de juicio. El sentido III establece una relación «término a término», en virtud de la necesidad lógica, entre dos acontecimientos o estados de cosas. Equivale a la idea de condición suficiente.

chispa, el catalizador. Por definición, semejante investigación es necesariamente incompleta. Constituye una búsqueda eminentemente abierta.

La prueba inductiva es la más difícil de definir correctamente: consiste en *justificar* la afirmación de que «si *x* no, tampoco *y*», a falta de una regla que diga: «siempre que *x*, también *y*». El historiador que supuestamente usa semejante fórmula quiere decir que en esta situación particular —siendo, por lo demás, todas las cosas iguales (o mejor, siendo la situación como es)—, si *este x* no hubiera tenido lugar, *este y,* que ha tenido lugar de hecho, no habría sucedido o hubiera sido diferente. Semejante justificación pertenece al ejercicio del juicio descrito anteriormente, que, como hemos dicho, no exige ninguna ley de la forma «sólo si». El historiador elimina mentalmente *(thinks away)* (p. 104) la causa alegada a fin de apreciar —de *juzgar*— la diferencia que, de no haberse dado, se produciría en el curso de las cosas, a la luz de lo que él sabe, por otro lado, que pertenece a la situación de que se trata. Esta prueba inductiva no equivale a una explicación suficiente; a lo más, constituye una explicación necesaria, al eliminar de la lista de candidatos a la función de causa los factores cuya ausencia no habría cambiado el curso de las cosas. Para obtener una explicación completa —o tan completa como sea posible— queda por justificar positivamente la imputación por el procedimiento de «relleno» o de interpolación *(filling in)* de detalles descritos anteriormente [8].

Lo importante es que la imputación de una causa respecto a un acontecimiento particular no se origina por aplicación de una ley causal. En realidad, a menudo sucede lo contrario. Numerosas leyes causales no son más que generalizaciones secundarias basadas en cierto orden de diagnósticos individuales de causalidad, establecidos por el ejercicio de juicio y justificados independientemente unos de otros. La supuesta ley causal: «La tiranía es causa de revolución», es, sin duda, de este tipo. Igualmente: «La causa de la guerra es la envidia». Semejante ley supone disponer de explicaciones particulares de guerras particulares, ya que se observa una tendencia común a estos casos particulares. Esta tendencia es la que se resume en la susodicha ley. Por útiles que sean estas generalizaciones para la in-

[8] Max Weber y Raymond Aron nos ayudarán, en el capítulo III a profundizar en el análisis.

vestigación posterior, no son ellas las que justifican las explicaciones individuales sobre las que descansan.

No hay, pues, por qué renunciar a la idea de causa en historia si se respeta su lógica particular, tal como se ha esbozado anteriormente.

Concluiré con algunas observaciones puramente conservadoras.

En primer lugar, respecto a la explicación: creo que es preciso aplicar a la teoría del análisis causal —y también a la explicación por razones, de la que no hemos hablado todavía— la advertencia dirigida a los partidarios del modelo nomológico: las explicaciones encontradas en las obras de historia constituyen una colección lógicamente dispersa (*a logically miscellaneous lot,* p. 85). La declaración tiene valor contra cualquier pretensión de considerar como exclusivo un modelo de explicación. Esta polisemia puede servir de argumento contra la pretensión inversa de W. Dray de separar la explicación en historia del modelo nomológico. Se tiene razón si uno se limita a afirmar que la explicación en historia no satisface al modelo nomológico y que hay análisis causales que no son explicaciones por la ley. Pero sería erróneo concluir de la discusión precedente que el análisis causal es la explicación dominante en historia, excluyendo cualquier explicación por leyes. Por eso, yo preferiría subrayar el hecho de que las leyes se interpolan en el tejido narrativo antes que insistir en su carácter no apropiado. Además, W. Dray abre la puerta a una dialéctica más sutil entre explicar y comprender cuando considera los procedimientos de justificación de la atribución causal y los compara con los de los procesos jurídicos. La búsqueda de «garantes», el «sopesar» y la «apreciación» de las causas, la «prueba» de los candidatos al papel de causa, todas estas actividades de juicio provienen de la analogía entre la argumentación histórica y la jurídica, que exige ser explicada[9]. A este respecto, sería necesario mostrar con más claridad el parentesco entre la reconstitución de una serie continua de acontecimientos, el procedimiento de eliminación de los candidatos a la causalidad singular y el ejercicio del juicio. Así, el abanico debe dejarse abier-

---

[9] H. L. A. Hart, *The Ascription of Responsibility and Rights:* «Proc. of the Aristotelian Society» 49 (1948) 171-194, y Stephen Toulmin, *The Uses of Arguments* (Cambridge 1958), invitan a relacionar explicación y justificación de un *claim* contra otro *claim,* proporcionando *warrants.*

to: explicación por leyes, explicación causal singular, procedimiento de juicio, ... y explicación por razones.

Por otra parte, pese a la declaración preliminar de que se apoyarán siempre en la propia argumentación de los historiadores, los pocos ejemplos considerados parecen tomados del tipo de historia que los historiadores franceses combaten. Tanto en la dialéctica entre el lógico y el historiador como en la descripción del análisis causal de acontecimientos singulares, parece darse como un hecho que la explicación se refiere siempre a acontecimientos particulares. Ciertamente, estoy dispuesto a admitir que el análisis causal particular vale para cualquier cambio de corta o de larga duración, con tal que el historiador tenga en cuenta la particularidad del cambio que considera. A este respecto, no debe olvidarse cuanto se ha dicho sobre la relatividad de la noción de acontecimiento único a escala de investigación general. Pero queda por hacer la ampliación de la idea de acontecimiento a otros cambios distintos de los que ilustra el ejemplo de la muerte de Luis XIV [10].

c) La explicación por razones [11]. La mayoría de los críticos han visto en el examen del modelo de explicación por razones la contribución positiva de W. Dray al problema. No es del todo falso en la medida en que este modelo constituye una alternativa coherente al modelo nomológico. Pero tampoco es exacto, en cuanto que el análisis causal constituía ya una alternativa a la explicación por leyes. Además, la explicación por razones no abarca todo el campo liberado por la crítica. Ni siquiera es exacto que se dirija a los mismos ejemplos de explicación: la discusión anterior —incluida la del análisis causal— se aplicaba a «acontecimientos o condi-

[10] Retengo esta apología de la imputación causal particular para mi propia tentativa de articular la explicación histórica en la comprensión narrativa. La imputación causal particular puede constituir el eslabón intermedio entre los planos, en la medida en que, por una parte, es ya una explicación y, por otra, se establece sobre una base narrativa. Pero, a este aspecto del problema, sólo se hace una breve alusión en el libro de W. Dray: «Dar y defender una explicación causal en historia es casi siempre cubrir lo explicado bajo una ley, e incluye generalmente una relación descriptiva, una narración del curso actual de los acontecimientos, a fin de justificar el juicio de que la condición indicada es en verdad la causa» *(op. cit.,* pp. 113-114). Se observará igualmente la alusión al diagnóstico como equivalente médico de la imputación causal individual en historia.

[11] *The Rationale of Actions,* op. cit., pp. 118-155.

ciones históricos a gran escala» (p. 118). La explicación por razones
se aplica a «un abanico de casos más reducido»: «al tipo de explicación que los historiadores dan en general de las *acciones* de los
individuos que son suficientemente importantes para ser mencio-
nados en el transcurso de la narración histórica» (p. 118).

Por eso, aunque la contestación del modelo nomológico sigue
siendo el hilo conductor negativo de toda la obra, es necesario res-
petár la autonomía relativa de los tres frentes sobre los que combate
el autor: *contra* el modelo nomológico; *por* el análisis causal, y *a
favor de* la explicación por razones. Esta relativa discontinuidad de
los análisis muestra precisamente lo que yo he llamado la explosión
del modelo nomológico.

El nombre dado por el autor a este modo de explicación resume su programa: por una parte, el modelo se aplica a las *acciones*
de agentes semejantes a nosotros; señala así la intersección de la
teoría de la historia con la de la acción; por tanto, con lo que yo he
llamado, en mi primera parte, nuestra capacidad para usar de manera inteligible la red conceptual de la acción; pero, por eso mismo,
corre el riesgo de confinar la explicación histórica al dominio de la
«historia episódica», del que precisamente se alejan los nuevos historiadores. No habrá que olvidar este punto para la discusión posterior (cap. III). Por otra parte, el modelo quiere ser también un
modelo de *explicación:* de ese modo, el autor se sitúa a igual distancia de aquellos para quienes explicar es «cubrir» un caso por
una ley empírica y de aquellos para quienes comprender la acción
es re-vivir, re-actualizar, re-pensar las intenciones, las concepciones
y los sentimientos de los agentes. Una vez más, Dray combate en
dos frentes: el de los positivistas y el de los «idealistas», en la medida en que éstos se aíslan en una teoría de la congenialidad cuyo
carácter no científico denuncian los primeros. En realidad, entre los
«idealistas», es de Collingwood del que el autor sigue estando más
próximo: re-vivir, re-actualizar, re-pensar, son palabras de Collingwood. Se trata de demostrar que estas operaciones tienen su *lógica,*
que las distingue de la psicología o de la heurística y las coloca en
el terreno de la explicación. El objetivo es, pues, «el análisis lógico
de la explicación tal como se da en historia» (p. 121) [12].

[12] En este sentido, el intento consiste en *make sense,* pero por razones
independientes de las que Collingwood ha podido aplicar a la comprensión
histórica (p. 122).

Explicar una acción individual por razones es «reconstruir el cálculo *(calculation)*, hecho por el agente, de los medios que debe adoptar con vistas al fin que ha escogido a la luz de las circunstancias en las que se ha encontrado». En otras palabras: para explicar la acción necesitamos conocer las consideraciones que lo han convencido de que debía obrar como lo ha hecho (p. 122).

Evidentemente, nos encontramos en la línea de pensamiento de la teoría aristotélica de la deliberación. Pero comprendamos bien el término *cálculo;* no se trata forzosamente de un razonamiento estrictamente deductivo, expresado en forma de proposición: al tener relación con una acción intencional, se admiten todos los planos de deliberación consciente, puesto que permiten la construcción de un cálculo, aquel por el que el agente hubiera pasado si hubiese tenido tiempo, si no hubiese visto qué hacer en una sola ojeada, si se le hubiese pedido explicar después lo que hizo, etc. Explicar la acción es esclarecer este cálculo. Él constituye lo *rationale* de la acción. De ahí el término de explicación «racional».

Dray añade una pincelada importante, que va más allá de la «lógica». Explicar es mostrar que lo que se ha hecho era lo que había que hacer, vistas las razones y las circunstancias. Explicar es, pues, justificar, con el matiz de *evaluación* que implica este término; es explicar cómo la acción ha sido *apropiada.* También aquí, entendamos correctamente el sentido de las palabras: justificar no es ratificar la elección según nuestros criterios morales, y decir: «Lo que él ha hecho, yo también lo habría hecho» es *sopesar* la acción con arreglo a los fines del agente, a sus creencias incluso erróneas, a las circunstancias tal como las ha conocido: «Se puede ver en la explicación racional un intento por alcanzar una especie de equilibrio lógico a cuyo término una acción *hace juego (matched)* con un cálculo» (p. 125). Buscamos una explicación precisamente cuando no vemos la relación entre lo que se ha hecho y lo que creemos saber de los agentes; falta este equilibrio lógico: intentamos reconstituirlo.

El término *equilibrio lógico* es el mejor que el autor pudo encontrar para distanciarse de la comprensión por congenialidad, por proyección o por identificación, y al mismo tiempo para sustraer su explicación a la crítica hempeliana. Pues para alcanzar este punto de equilibrio es necesario reunir por vía inductiva las pruebas materiales que permitan apreciar el problema tal como lo ha visto el agente. Sólo un trabajo documental permite esta reconstrucción. Por eso el procedimiento no tiene nada de instantáneo ni de dogmático. Exige trabajo y está abierto a las rectificaciones. Comparte estos rasgos con el análisis causal.

W. Dray no se ha preguntado sobre las relaciones de su análisis con el de la *construcción de la trama*. La similitud de ambos es muy notable. En este punto, es particularmente sorprendente: el autor observa que la explicación por razones implica un tipo de generalidad o de universalidad que no es la de una ley empírica: «Si *y* es una buena razón para *A* de hacer *x, y* sería una buena razón para cualquiera suficientemente semejante a *A* para hacer *x* en circunstancias suficientemente semejantes» (p. 132). Se reconoce la probabilidad invocada por Aristóteles: «Lo que un hombre diría o haría necesaria o verosímilmente». El autor está demasiado ocupado en polemizar contra el modelo nomológico y en distinguir el principio de la acción de una generalización empírica, para interesarse por esa intersección de la teoría de la historia con la de la narración, como ha hecho con la teoría de la acción. Pero no se puede olvidar la distinción aristotélica entre «uno por causa de otro» y «uno después de otro», cuando William Dray aboga por la polisemia del término «porque» contra cualquier reducción a la univocidad en términos nomológicos [13].

A mi entender, sigue en pie la principal dificultad, que no es aquella que el autor discute, pues en la medida en que el modelo de la explicación por razones coloca la teoría de la historia en intersección con la de la acción, el problema estriba en explicar la razón de acciones que no pueden atribuirse a agentes *individuales*. Veremos que éste es el punto crítico de toda teoría «narrativista».

El autor no ignora la dificultad y le dedica un apartado (137-142). Presenta tres respuestas que no se recubren exactamente.

---

[13] «Tomado aisladamente, está, en verdad, muy pocas veces fuera de toda duda si un determinado enunciado explicativo de la forma 'hizo *x* a causa de *y*' debe ser tomado en sentido racional o no... El término 'a causa de' no sitúa su nivel de lenguaje en su apariencia, hay que determinarlo por otros medios» (p. 133). La ambigüedad del término «a causa de» aumenta si se tiene en cuenta su uso en la explicación por *disposiciones,* que Gilbert Ryle distingue de la explicación por leyes empíricas en *The Concept of Mind* y que P. Gardiner vuelve a tomar en *The Nature of Historical Explanation,* op. cit., pp. 89-90 y 96-97.

Digamos, en primer lugar, que existe le presunción de que un hecho dado se presta a una explicación por razones, «si es estudiado con cierta proximidad» (p. 137). Esta presunción es la apuesta de que siempre es posible «salvar las apariencias» de la racionalidad y descubrir, mediante un trabajo constante, las creencias alejadas —y acaso extrañas— que permitan construir el presunto cálculo y alcanzar el punto de equilibrio buscado entre razones y acción. Esta presunción de racionalidad no conoce límites; incluye el recurso a motivos inconscientes; así, una explicación «irracional» es también un caso de explicación por razones.

Pero esta primera respuesta vale solamente en la medida en que se pueden identificar agentes individuales del hecho. ¿Qué sucede si aplicamos la explicación por razones a colectividades? Dray sugiere que, por un procedimiento de elipsis, los historiadores encuentran justificado personificar entidades como Alemania y Rusia y aplicar a estos super-agentes una explicación cuasi racional. Así, el ataque de Alemania a Rusia en 1941 puede explicarse invocando el temor que tenía Alemania de que Rusia la cogiera por la espalda —como si un cálculo de este tipo fuese válido para las razones de un super-agente llamado Alemania (p. 140)—. Esta misma elipsis se justifica de dos maneras: por estudios muy detallados se puede mostrar que el cálculo de que se trata es, en última instancia, el de individuos autorizados a actuar «en nombre de» Alemania; en otros casos se extiende analógicamente la explicación «típica» del individuo al grupo (los puritanos en lucha contra el sistema de impuestos en la Inglaterra del siglo XVIII).

Tercera respuesta: en el caso de fenómenos históricos a gran escala tropezamos con lo que Whitehead llamaba el «lado insensato» (*senseless side*) de la historia: acciones explicables en términos de razones producen efectos no queridos, no deseados, incluso efectos adversos. Así, se puede decir que el viaje de Cristóbal Colón es la causa de la difusión de la civilización europea en un sentido de la palabra causa que no tiene nada que ver con las intenciones de Cristóbal Colón. Lo mismo ocurre con los fenómenos sociales de gran amplitud. En este punto, la objeción se asemeja a las consideraciones de la historiografía francesa sobre la larga duración y sobre la historia social. W. Dray admite que el resultado de estos cambios de gran amplitud no puede explicarse por el proyecto de un individuo que hubiera dispuesto todo. Con otras palabras: no cabe invocar un equivalente o un sustituto de la astucia de la razón que permitiera hablar también de los resultados no deseados de la acción en términos intencionales. Pero este reconocimiento no impide una búsqueda detallada de la contribución al resultado final de los individuos y de los grupos y, por tanto, de los cálculos que han dirigido sus actividades. No hay super-cálculo, sino un hormigueo de cálculos que hay que tratar según un procedimiento *piecemeal,* fragmento por fragmento.

Según vemos, el argumento sólo tiene valor si se considera el proceso social como equivalente a la suma de los procesos individuales analizados en términos intencionales y si se considera sencillamente «insensata» la distancia que los separa. Pero el problema estriba en esta equivalencia. Se trata, en efecto, de saber si lo que distingue la explicación histórica del hecho por razones no es, en primer término, la escala de los fenómenos que estudia la referencia a entidades de carácter social, irreductibles a la suma de sus individuos. En segundo lugar, la aparición de efectos irreductibles a la suma de las intenciones de sus miembros, por tanto, a la de sus cálculos; finalmente, cambios irreductibles a las variaciones del tiempo vivido por los individuos considerados uno a uno [14]. En una palabra: ¿cómo vincular procesos sociales a las acciones de los individuos y a sus cálculos sin profesar un «individualismo metodológico» que debe producir también sus propias cartas de crédito?

William Dray se limita a los recursos de una teoría de la acción próxima a la que he desarrollado en la primera parte con el título de *mímesis* I. Queda por ver si un tratamiento «narrativista» de la comprensión histórica, que emplease los recursos de inteligibilidad de la narración que provienen de *mímesis* II, podría llenar el hueco que queda entre la explicación por razones de agentes individuales o cuasi individuales y la explicación de los procedimientos históricos de gran escala por fuerzas sociales no individuales.

---

[14] Sobre este punto, cf. Hermann Lübbe, *Was aus Handlungen Geschichten macht,* en J. Mittelstrass/M. Riedel (eds), *Vernünftiges Denken. Studien zur praktischen Philosophie und Wissenschaftstheorie* (Berlín 1978) 237-268.

2. La explicación histórica
según G. Henrik von Wright [15]

La crítica del modelo nomológico da un paso decisivo con la obra
de Von Wright. Ya no consiste, como en W. Dray, en oponer explicación causal a explicación por leyes y en construir, como un
modelo alternativo parcial, la explicación por razones. Tiende a
unir explicación causal y deducción teleológica dentro de un modelo «mixto», la *explicación cuasi causal,* destinada a explicar el
modo más típico de explicación de las ciencias humanas y de la
historia.

No es indiferente que el autor, bien conocido por sus trabajos
de lógica deóntica [16], reconozca, en el umbral de su empresa, la
dualidad de las tradiciones que han presidido la *formación de las
teorías* en las disciplinas «humanistas y sociales». La primera, que
se remonta a Galileo, incluso a Platón, da la prioridad a la explicación causal y mecanicista. La segunda, que viene desde Aristóteles, aboga por la especificidad de la explicación teleológica o fina-
lista. La primera exige la unidad del método científico; la segunda
defiende el pluralismo metodológico. Von Wright reencuentra esta
antigua polaridad en la oposición, familiar a la tradición germánica, entre *Verstehen (understanding)* y *Erklären (explanation)* [17].
Pero mientras que el modelo nomológico estaba condenado a negar
cualquier valor explicativo a la *comprensión,* sin lograr explicar, no

---

[15] Georg Henrik von Wright, *Explanation and Understanding,* op. cit.

[16] *Norm and Action* (Londres 1963). *An Essay in Deontic Logic and the
General Theory of Action* (Amsterdam 1968).

[17] Von Wright tiene muy en cuenta la triple crítica dirigida contra esta dicotomía, que encuentra en W. Dray, *Laws and Explanation in History* (1957);
en Elizabeth Anscombe, *Intention* (Oxford 1957), y en Peter Winch, *The
Idea of Social Science* (Londres 1964). Muestra, además, un vivo interés por
las convergencias entre los desarrollos que quedan en la esfera de influencia
de la filosofía analítica y las evoluciones paralelas que observa en el continente
europeo, dentro de la corriente hermenéutica o dialéctico-hermenéutica. En la
contemplación de estas influencias cruzadas, Von Wright espera de la filosofía
de Wittgenstein que tenga sobre la filosofía hermenéutica un impacto igual al
que ha tenido sobre la filosofía analítica y, de este modo, contribuya al acercamiento de las dos tradiciones. Considera un signo favorable la orientación
de la hermenéutica hacia las cuestiones de lenguaje: al disociar «comprensión»
y «congenialidad», la nueva filosofía hermenéutica, la de Gadamer en particular, hace de la comprensión «una categoría más semántica que psicológica»
(p. 30).

obstante, las operaciones intelectuales que actúan realmente en las ciencias humanas, Von Wright propone un modelo suficientemente fuerte para acercarse, mediante extensiones sucesivas del lenguaje inicial de la lógica proposicional clásica, al dominio de la comprensión histórica, al que reconoce continuamente una capacidad originaria de aprehensión con respecto al sentido de la acción humana. El interés, para nuestra propia investigación, consiste precisamente en esta aproximación sin anexión del dominio de la comprensión por un modelo nacido del enriquecimiento de la lógica proposicional con ayuda de la lógica modal y de la teoría de los sistemas dinámicos [18].

Decir aproximación es decir, a la vez, construcción, por extensiones sucesivas del lenguaje inicial, de un modelo más rico y coherente con las exigencias teóricas de este lenguaje y polarización también del modelo teórico, en virtud de la atracción ejercida sobre él por una aprehensión originaria de sentido, que sigue siendo exterior al proceso puramente interno de enriquecimiento del modelo. El problema estará en saber si esta aproximación puede ir hasta la reformulación lógica de los conceptos subyacentes a la comprensión histórica.

A diferencia del modelo nomológico, que se limitaba a superponer a datos sin vínculo lógico interno una ley que los cubra, el de Von Wright extiende su dominio a las *relaciones de condicionalidad* entre estados anteriores y estados ulteriores, implicados en sistemas físicos dinámicos. Esta extensión constituye la estructura de acogida para la lógica de todo el problema de la comprensión.

No se trata de reproducir aquí la argumentación que rige este paso de la lógica proposicional a la de los sistemas físico-dinámicos. Me limitaré a un escueta presentación del aparato lógico-formal que gobierna la obra de Von Wright [19]. Este autor presenta las siguientes presuposiciones: un conjunto de estados de cosas [20] genéricas, lógicamente independientes (el sol brilla, alguien abre la puerta);

---

[18] J.-L. Petit, *La narrativité et le concept de l'explication en histoire*, en *La narrativité* (París 1980) 187ss.

[19] *Explanation and Understanding*, op. cit., pp. 43-50.

[20] Von Wright incluye la noción de acontecimiento en la de estado de cosas: «Un acontecimiento, se podría decir, es una serie de estados sucesivos» (p. 12). Justifica esta definición en su obra anterior, *Norm and Action*, cap. II, sec. 6.

la realización de estos estados de cosas en momentos dados (espaciales o temporales); la presuposición de que los estados de cosas lógicamente independientes se combinan en un número finito de estados, constituyendo un *estado total* o *mundo posible;* la posibilidad de considerar, entre los conjuntos de estados, un espacio-de-estados y, entre éstos, espacios-de-estados finitos. El conjunto de las presuposiciones se resume así: «Admitamos que el estado total del mundo en un momento dado pueda describirse totalmente estableciendo, para cualquiera de los miembros dados de un espacio-de-estados, si este miembro se realiza o no en esta ocasión. Un mundo que cumple con esta condición podría llamarse un mundo [según el] *Tractatus.* Es el tipo de mundo pensado por Wittgenstein en su libro. Constituye una especie dentro de una concepción más general de cómo el mundo está constituido. Podemos llamar a esta concepción general la de un atomismo lógico» (p. 44).

La afirmación de que el mundo en que estamos situados efectivamente cumple con el modelo, sigue siendo «una cuestión profunda y difícil, y no sé cómo contestar» (p. 44). El modelo significa sólo que los estados de cosas son los únicos «ladrillos de la construcción ontológica» de los mundos que estudiábamos y que no se considera la estructura interna de estos ladrillos».

En esta fase del análisis lógico apenas se ve qué pasos hemos dado hacia la comprensión práxica e histórica. La primera extensión significativa concierne a la anexión al sistema de un principio de desarrollo. El autor lo hace de la forma más sencilla, añadiendo una *tense-logic* rudimentaria a su lógica proposicional de dos valores. Al vocabulario de ésta se añade un nuevo símbolo, T, que se reduce a un nexo binario: «La expresión '$p\,T\,q$' se lee: "ahora tiene lugar el estado p, y *luego* —la próxima ocasión—, tiene lugar el estado q..." Se añade un interés particular cuando se trata de descripciones de estados. La expresión total afirma entonces que el mundo se encuentra ahora en cierto estado total, y la próxima ocasión, en cierto estado, que puede ser el mismo o distinto según los casos» (p. 45). Si tenemos en cuenta además que p y q, entre las que está enmarcada T, pueden contener también el símbolo T, se construyen cadenas de estados marcadas en cuanto a la sucesión, que permiten designar los fragmentos de la historia del mundo en los que el término *history* indica a la vez la sucesión de los estados totales del mundo y las expresiones que describen esta situación.

También hay que enriquecer el cálculo del nexo *T*: en primer lugar, mediante un cuantificador temporal («siempre», «nunca», «algunas veces») y luego mediante un operador de modalidad *M*. Estas anexiones sucesivas regulan la formalización de la lógica de las condiciones y de lo que el autor llamará luego *análisis causal*.

A falta de los desarrollos que provienen de este cálculo, el autor se limita a un método cuasi formal de exposición e ilustración por medio de simples figuras topológicas o árboles (p. 48). La figura sólo comprende estados totales del mundo (compuesto de *n* estados de cosas elementales) representados por pequeños círculos, una progresión de izquierda a derecha de un estado total a otro, luego una «historia» representada por una línea que une los círculos y, finalmente, posibilidades alternativas de progresión, representadas por ramificaciones.

Por formal que sea este modelo, implica ya la marca en negativo de todos los desarrollos posteriores: la condición más fundamental de la historia está constituida por esta «libertad de movimiento» —esta indeterminación teóricamente ilimitada— que el mundo tiene, o habría tenido, en cada fase del desarrollo. Por tanto, no hay que perder nunca de vista que, cuando se habla de sistema, sólo se refiere a «un *fragmento* de la historia del mundo»: «un sistema, en este sentido, viene definido por un ámbito-de-espacios, un estado inicial, cierto número de etapas de desarrollo y un conjunto de alternativas en el paso de una etapa a otra» (p. 49). Así, pues, la idea de sistema, lejos de excluir la intervención de sujetos libres y responsables —ya se trate de hacer un plano o una experimentación física—, reserva fundamentalmente su posibilidad y exige su complemento. ¿Cómo?

Hace falta en este caso una segunda anexión, si la lógica de los sistemas físico-dinámicos quiere alcanzar la comprensión originaria que tenemos de la acción y de la historia. Dicha anexión concierne al estatuto de la explicación causal en referencia al *análisis* causal, en el entendimiento de que es la primera la que tiene importancia para la comprensión.

El análisis causal es una actividad que recorre los sistemas en forma de árboles topológicos. Considerando un estado terminal, se interroga sobre las «causas» del desarrollo y de la composición de este estado terminal en términos de condiciones necesarias y suficientes. Recordemos sumariamente la distinción entre condición necesaria y condición suficiente. Decir que *p* es la condición suficiente de *q,* es decir, siempre que se da *p,* se da también *q* (*p* basta para asegurar la presencia de *q*). Decir que *p* es la condición necesaria de *q,* es decir, siempre que se da *q,* se da también *p* (*q* presupone la presencia de *p*). La diferencia entre los dos tipos de condiciones es ilustrada por la disimetría de los recorridos en el sentido regresivo y progresivo, teniendo en cuenta las alternativas abiertas por las ramificaciones. La *explicación* causal difiere del *análisis* causal en que en éste, dado un sistema, exploramos las relaciones condicionales en el interior del mismo, mientras que en aquélla se da la ocurrencia individual de un fenómeno genérico (acontecimiento, proceso, estado) y buscamos dentro de qué sistema puede relacionarse este fenómeno genérico —el *explanandum*— con otro según cierta relación condicional.

Vemos el avance en dirección a las ciencias humanas logrado por el paso del *análisis* a la *explicación* causal y por la aplicación a esta última de la distinción entre condición necesaria y condición suficiente. La relación de condición suficiente rige la manipulación (al producir *p,* se consigue que *q* tenga lugar); la relación de condición necesaria rige el impedimento (al descartar *p,* se impide aquello de lo que *p* es una condición necesaria). A la pregunta: *¿por qué* tal tipo de estado ocurrió necesariamente?, se responde en términos de condición necesaria. En cambio, a la pregunta: *¿cómo* ha sido posible que ocurra tal tipo de estado?, se responde en términos de condición necesaria, pero no suficiente. En la explicación del primer grupo, la predicción es posible; las explicaciones del segundo grupo no autorizan la predicción, sino la retrodicción, en el sentido de que, partiendo del hecho de que algo ha acontecido, inferimos, a contrapelo del tiempo, que la condición antecedente necesaria debe de haberse producido y buscamos sus huellas en el presente, como sucede en cosmología, en geología, en biología y también, como diremos más adelante, en ciertas explicaciones históricas.

Estamos en condiciones de dar el paso decisivo, a saber: la estructura de la explicación causal sobre lo que entendemos ser originariamente una *acción* (se observará que, en esta fase, teoría de la acción y teoría de la historia se *recubren*). El fenómeno de *intervención* —que acabamos de anticipar, al hablar de producir y de hacer que ocurra, apartar e impedir— exige semejante articulación, en el sentido de que la intervención *une* el *poder-hacer,* del que el agente tiene una comprensión inmediata, con las relaciones internas *condicionales* de un sistema. La originalidad de *Explanation and Understanding* consiste en buscar en la propia estructura de los sistemas la condición de la intervención.

La condición clave es la de cierre del sistema, que proviene del análisis causal. En efecto, un sistema no puede decirse cerrado más que *ocasionalmente,* para *una* ejemplificación dada: se da una ocasión —o una secuencia de ocasiones— allí donde su estado inicial se produce, y el sistema se manifiesta según uno de sus posibles cursos de desarrollo a través de *n* etapas dadas. Entre los posibles tipos de cierre podemos citar la sustracción de un sistema a influencias causales exteriores: ningún estado, en ninguna etapa del sistema, tiene condición suficiente antecedente fuera del sistema. La *acción* realiza otro tipo importante de cierre: un agente aprende a «aislar» un sistema cerrado de su entorno y descubre las posibilidades de desarrollo inherentes a este sistema, en la medida en que hace algo. El agente aprende eso al poner en movimiento el sistema a partir de un estado inicial que él «aísla». Este hecho constituye la intervención en la intersección de uno de los poderes del agente y de los recursos del sistema.

¿Cómo se realiza esta intersección? Wright responde como sigue. Sea a el estado inicial de un sistema en una ocasión dada: «supongamos ahora que hay un estado ∞ tal que estamos convencidos, sobre la base de la pasada experiencia, de que ∞ *no se transformará* en el estado a, a menos que nosotros lo cambiemos en a. Y admitamos que esto es algo que *podemos hacer*» (p. 60). En esta frase se contiene toda la teoría de la intervención. Llegamos así a un punto irreductible. Estoy seguro de que puedo...

No se produciría ninguna acción y, sobre todo, no se haría ninguna experimentación científica, sin esta certeza de que por nuestra intervención podemos producir cambios en el mundo. Esta certeza no se apoya en una relación condicional; ∞ indica más bien la interrupción de la cadena: «... Hemos admitido que ∞ no se cambiará en a a no ser que *nosotros* lo hagamos cambiar» (p. 61). A la inversa, podemos perfectamente dejar que el mundo cambie sin nuestra intervención. Así, «aprendemos a aislar un fragmento de historia del mundo para hacer de él un sistema cerrado y llegamos

a conocer las posibilidades (y las necesidades) que rigen los desarrollos internos a un sistema..., por una parte, poniendo en práctica
repetidas veces el sistema por medio de actos consistentes en producir su estado inicial, y luego observando («pasivamente») las sucesivas etapas de su desarrollo, y por otra, comparando estas etapas
sucesivas con los desarrollos de sistemas procedentes de estados iniciales diferentes» (pp. 63-64).

Von Wright puede afirmar con razón que, «con la idea de poner en práctica sistemas, las nociones de acción y de causalidad se
unen» (p. 64). Restablece con ello una de las significaciones más
antiguas de la idea de causa, cuya huella ha conservado el lenguaje.
La ciencia puede luchar, sin duda, con los usos analógicos y abusi-
vos de la idea de causa como la de un agente responsable; este uso
tiene su origen en la idea de *hacer algo* y de intervenir intencional-
mente en el curso de la naturaleza [21].

Respecto a la estructura lógica de *hacer algo,* Von Wright adopta las distinciones introducidas por A. Danto [22]. Como éste, distingue entre *hacer algo* (sin tener otra cosa que hacer mientras
tanto) y *hacer que algo acontezca* (haciendo algo distinto). Se decide
a afirmar: «Lo hecho es el resultado de una acción; lo ocasionado es
su consecuencia» (p. 67). La distinción es importante, pues la inter-
ferencia en el sistema descansa, en último término, en el primer
tipo de acciones, llamadas por Danto «acciones de base». Ahora
bien: el vínculo entre la acción de base y su resultado es intrínseco,
lógico y no causal (si se retiene del modelo humano la idea de que
la causa y el efecto son lógicamente extrínsecos). La acción no es,
pues, la causa de su resultado; éste es, más bien, una parte de la
acción. En este sentido, la acción de poner en movimiento un sis-

[21] Además, la causalidad, incluso despojada de cualquier interpretación an-
tropomórfica, conserva un vínculo implícito con la acción humana, en lo que
llamamos gustosamente causa, ya se trate de lo que haría falta producir para
obtener el efecto, ya de lo que es necesario suprimir para hacerlo desaparecer.
En este sentido, concebir una relación entre acontecimientos en términos de
causalidad es concebirla bajo el aspecto de la acción posible. El autor se acerca así a la descripción de la causa como «mango» *(handle)* hecha por Collingwood. Volveremos sobre este problema de los usos de la idea de causa en
sentido distinto de Hume en el capítulo III de esta parte, con Max Weber,
Raymond Aron y Maurice Mandelbaum.

[22] Arthur Danto, *What Can We Do?:* «The Journal of Philosophy» 60
(1963); *Basic Actions:* «American Philosophical Quarterly» 2 (1965).

tema, reducida a una acción de base, identifica el estado inicial del sistema con el resultado de la acción, en el sentido no causal de la palabra resultado.

Las consecuencias *metafísicas* de la idea de intervención son importantes y conciernen indirectamente a la historia, en cuanto que ésta relata acciones. Poder hacer —diremos— es ser libre: «En la 'carrera' entre la causalidad y el obrar, éste ganará siempre. Es una contradicción en los términos decir que el obrar pueda caer cautivo totalmente en la red de la causalidad» (p. 81). Y si dudamos de ello es, en primer lugar, porque tomamos por modelo los fenómenos de desajuste y de incapacidad más que las intervenciones logradas, las cuales descansan en la certeza íntima que tenemos de poder obrar. Esta certeza no proviene de los saberes adquiridos que se apoyan en no-poderes. Dudamos de nuestro libre poder-hacer porque extrapolamos a la totalidad del mundo las secuencias regulares que hemos observado. Olvidamos que las relaciones causales son relativas a fragmentos de la historia del mundo, que tienen el carácter de sistema cerrado. La capacidad de poner en práctica los sistemas produciendo sus estados iniciales es una condición de su cierre. La acción, pues, está implicada en el descubrimiento mismo de las relaciones causales.

Detengámonos en esta fase de la demostración. ¿Tendría fundamento decir que la teoría de los sistemas dinámicos proporciona una reformulación lógica de lo que ya hemos comprendido que es una *acción* en el sentido fuerte del término, es decir, aquello que implica la convicción de que un agente tiene poder de hacerla? Parece que no. El avance tomado por la acción sobre la causalidad, como sugiere el texto citado, es definitivo. La explicación causal corre tras la convicción del poder-hacer, sin jamás alcanzarla. La aproximación, en este sentido, no es una reformulación lógica sin más, sino la reducción progresiva del intervalo que permite a la teoría lógica explorar la frontera que tiene en común con la comprensión.

Se habrá observado que, en el análisis del fenómeno de intervención, no hemos distinguido teoría de la acción y teoría de la historia. O más bien, sólo se ha considerado a la teoría de la historia como una modalidad de la teoría de la acción.

La extensión del modelo lógico inicial se guía, en su acercamiento al campo histórico, por otro fenómeno, del que tenemos una comprensión tan originaria como la del poder-hacer: la que tenemos del carácter *intencional* de la acción, que, en cierto sentido, estaba contenido implícitamente en el análisis anterior del «hacer». En efecto, con Danto hemos distinguido las acciones de base, por las que hacemos algo sin que intervenga una acción intermediaria, y las demás, por las que hacemos *de modo que* algo ocurra, las cosas que hacemos que ocurran y, entre ellas, las que conseguimos que haga otro. Vamos a ver qué extensión del modelo suscita esta aprehensión originaria de sentido y a preguntarnos si la aproximación nueva que esta extensión suscita puede apoyarse en una reformulación lógica integral de la comprensión del carácter intencional de la acción.

Añadir la explicación *teleológica* a la explicación *causal* lo suscita la lógica del «con objeto de...», del «de modo que...». Descartemos el caso de la explicación cuasi teleológica, que no es más que una explicación causal encubierta, como ocurre cuando decimos que una fiera es atraída por su presa o que un cohete es atraído por su blanco. La terminología teleológica no puede disimular el hecho de que la validez de estas explicaciones descansa íntegramente en la verdad de las conexiones causales. Los fenómenos de adaptación, y en general las explicaciones funcionales en biología y en historia natural, provienen de este tipo de explicación. Inversamente, se verá luego que la historia presenta explicaciones cuasi causales que encubren en un vocabulario causal, en el sentido establecido del término, segmentos de auténtica explicación teleológica, que se refiere precisamente a las conductas del tipo de la acción (*action-like*). Las fases de la acción, en su aspecto exterior, no están unidas por un vínculo causal; su unidad está constituida por la subsunción bajo una misma *intención,* definida por la cosa que el agente tiende a hacer (o se abstiene, e incluso desdeña hacer).

La tesis de Von Wright aquí es ésta: la intención no puede tratarse como una causa de la conducta en el sentido de Hume, para quien la causa y el efecto son lógicamente independientes entre sí. Von Wright adopta la tesis llamada del «argumento de la conexión lógica», para el que el vínculo entre una razón de obrar y la propia acción es un vínculo intrínseco y no extrínseco: «Se trata de un mecanismo motivacional y, al ser así, no causal, sino teleológico» (p. 69).

La cuestión que se plantea es saber hasta qué punto la lógica de la explicación teleológica explica lo que ya se ha comprendido como intención. Al igual que antes en el análisis de la intervención, descubrimos una nueva relación entre comprender y explicar. Ya no se trata de incorporar un «puedo» a un encadenamiento causal, sino una intención a una explicación teleológica. Basta, para lograrlo, considerar la explicación teleológica como una deducción *práctica invertida*. Ésta se expresa así:

A se propone dar lugar a *p*.
A considera que no puede dar lugar a *p*, a no ser que haga *a*.
Por tanto, *A* se dispone a hacer *a*.

En la explicación teleológica, la conclusión de la inferencia práctica sirve de premisa, y su mayor, de conclusión: *A* se dispone a hacer *a* «porque» *A* se propone dar lugar a *p*. Por tanto, es la inferencia práctica la que hay que considerar. «Para hacerse explicable de modo *teleológico...*, la conducta mencionada en la conclusión debe ante todo comprenderse de modo intencional» (p. 121). «Intencional» y «teleológico» son, pues, términos que se recubren sin identificarse. Von Wright llama intencional a la *descripción* con la que se enuncia la acción que hay que explicar, y teleológica, a la propia *explicación* que pone en juego la deducción práctica. Los dos términos se recubren, en la medida en que la descripción intencional es exigida para constituir la premisa de la deducción práctica. Se distinguen, en la medida en que la explicación teleológica se aplica a objetos remotos de una intención, que son alcanzados precisamente al término de la deducción práctica. Por un lado, pues, la descripción intencional no constituye más que la forma rudimentaria de la explicación teleológica, pues sólo la deducción práctica hace pasar de la descripción intencional a la explicación teleológica propiamente dicha. Por otro, no haría falta una lógica del silogismo práctico si no la suscitase la aprehensión inmediata de sentido que descansa en el carácter intencional de la acción. De igual modo que, en la carrera entre la experiencia viva de obrar y la explicación causal, la acción salía siempre ganadora, ¿no es necesario decir que, en la carrera entre la interpretación intencional de la acción y la explicación teleológica, la primera gana siempre? Von Wright no está lejos de reconocerlo: «Para hacerse explicable de modo teleológico, la conducta mencionada en la conclusión [del silogismo práctico] debe ante todo comprenderse de modo intencional» (página 121). Y añade: «La explicación teleológica de la acción va precedida normalmente de un acto de comprensión intencional aplicado a una conducta dada» (p. 132)[23].

Puntualicemos una vez más: Al completar la explicación causal por la explicación teleológica, ¿hemos alcanzado la comprensión de la historia que yo vinculo a la inteligencia narrativa?[24] En realidad, no hemos explicado todavía lo que distingue la teoría de la

[23] Dejo de lado el largo análisis por el que Von Wright intenta perfeccionar la teoría de la deducción práctica nacida de Aristóteles y reanudada en la época moderna por E. Anscombe, Charles Taylor y Malcolm. El argumento que Von Wright llama el «de la conexión lógica» —por oposición al de la conexión causal no lógica, extrínseca— no ha sido presentado, según él, de modo convincente por sus predecesores. Von Wright plantea el problema en términos de *verificación*. El problema es doble: ¿Cómo —preguntaremos— nos cercioramos de que un agente tiene una intención determinada? Por otra parte, ¿cómo descubrimos que su conducta es de aquellas cuya causa se supone ser la intención? El argumento, entonces, es éste: Si resulta que no podemos responder a la primera cuestión sin responder a la segunda, entonces la intención y la acción no serán independientes lógicamente: «A mi entender, la verdad del argumento de la conexión lógica consiste en esta mutua dependencia entre la verificación de las premisas y la de las conclusiones en los silogismos prácticos» (p. 116). No resumiré la demostración de esta relación circular, que no es necesaria para nuestro caso.

[24] Dejo de lado la discusión concerniente a la compatibilidad entre explicación teleológica y explicación causal. Sólo me refiero a ella en la medida en que el argumento confirma la irreductibilidad de la primera a la segunda. El argumento consiste esencialmente en decir que las dos explicaciones no tienen el mismo *explanandum;* se trata de fenómenos colocados bajo descripciones diferentes: movimientos corporales, en lo que se refiere a la explicación causal; una conducta intencional, si hablamos de la explicación teleológica. Al no tener las dos el mismo *explanandum,* ambas explicaciones son compatibles. En cambio, se excluye adoptar al mismo tiempo las dos explicaciones: así, no puedo al mismo tiempo levantar mi brazo y observar, por ejemplo, en una pantalla, los cambios que sobrevienen en mi cerebro. Cuando observo, dejo que sucedan las cosas; cuando actúo, hago que sucedan. Es, pues, una contradicción en los términos dejar que suceda y, al mismo tiempo, hacer que suceda la misma cosa en la misma ocasión. Por consiguiente, nadie puede observar las causas de los resultados de sus propias acciones de base, en el sentido dado anteriormente a la palabra resultado. Irreductibles una a otra, pero compatibles entre sí, la explicación causal y la explicación teleológica se fusionan en el sentido que atribuimos a la acción: «Cabría decir que la base conceptual de la acción es, de una parte, nuestra ignorancia (no-consciencia) de la intervención de las causas, y de otra, nuestra convicción de que únicamente tendrán lugar determinados cambios cuando lleguemos a actuar» (p. 130).

historia de la de la acción. El silogismo práctico sólo ha permitido alargar, si se puede hablar así, el punto de mira intencional de la acción. Por eso la explicación teleológica, por sí sola, no permite distinguir la historia de la acción. De hecho, hasta ahora hemos hablado de historia sólo en un sentido sumamente formal: un sistema —hemos dicho— es «un fragmento de la historia del mundo» (p. 49). Pero este aserto valía para todo mundo posible que cumpliera con los criterios de un «Tractatus-world». El término «historia», en el sentido concreto de *story,* sólo aparece una vez en el análisis de la explicación teleológica. Se introduce así: Se puede observar con Wittgenstein que la conducta intencional se parece al uso del lenguaje —«Es un gesto por el que significo *(mean)* algo» (p. 114). Ahora bien, el uso y la comprensión del lenguaje suponen el contexto de una comunidad lingüística, que es una comunidad de vida: «Una intención —leemos en las *Investigaciones filosóficas* (sección 337)— está engarzada en su situación, en costumbres e instituciones». De ello se deduce que no podemos comprender o explicar teleológicamente una conducta que nos sea completamente extraña. Esta referencia al contexto de la acción es la que exige la observación de que «la intencionalidad de la conducta es su *lugar* en una historia *(story)* que concierne al agente» (página 115). No basta, pues, con establecer la equivalencia entre intencionalidad y explicación teleológica para dar razón de la explicación en historia. También hay que dar un equivalente lógico al nexo de la intención con su contexto, que, en historia, está hecho de todas las circunstancias y de todos los efectos no queridos de la acción.

Von Wright introduce el concepto de explicación cuasi causal para acercarse un paso más al estatuto particular de la explicación en historia.

De un modo general, la explicación cuasi causal es de la forma de «esto sucedió porque». Ejemplo: el pueblo se sublevó porque el gobierno estaba corrompido. La explicación se llama causal porque el *explanans* se refiere a un factor que ha precedido al *explanandum.* Pero la explicación es sólo cuasi causal por dos razones. Razón negativa: la validez de los dos enunciados no requiere —como en la explicación causal y en la cuasi teleológica— la verdad de una conexión causal. Razón positiva: el segundo enunciado tiene una estructura teleológica implícita: el motivo de la sublevación del pueblo era quitarse de encima el mal que padecía.

¿Cuál es, pues, la relación entre la explicación cuasi causal y la teleológica? Digamos, en primer lugar, que no es el único modo de explicación. Parece más bien que la historia constituye, desde el punto de vista explicativo, un género entreverado. Así, si hay lugar para explicaciones de tipo causal, «este lugar es peculiar y, en un sentido característico, subordinado a otros tipos de explicación» (p. 135) [25].

Existen dos tipos principales de explicación causal: la explicación en términos de condiciones suficientes (¿por qué tal tipo de estado aconteció necesariamente?) y la explicación en términos de condiciones necesarias (¿cómo ha sido posible...?). La subordinación de estas dos formas de explicación causal a otros tipos de explicación puede mostrarse del modo siguiente. Sean las ruinas de una ciudad. ¿Cuál fue la causa de su destrucción: una inundación o una invasión? Tenemos una causa en el sentido de Hume, un acontecimiento físico, y un efecto en el mismo sentido, otro acontecimiento físico (la conquista considerada como agente físico). Pero este fragmento de explicación causal no es, en sí misma, incumbencia de la historia. Proviene sólo indirectamente de ella, en cuanto que, detrás de la causa material, se perfila un segundo plano de rivalidades políticas entre ciudades y en cuanto que, más allá del efecto material, se desarrollan las consecuencias políticas, económicas y culturales del desastre. La explicación histórica pretende unir esta causa y este efecto, entendidos en un sentido distinto a Hume. En este primer tipo, pues, «la función de la explicación causal propiamente dicha es vincular las causas humeanas de su *explanans* con los efectos no humeanos de su *explanandum*» (p. 137) [26].

[25] En una importante nota (pp. 200-201), Von Wright, fiel en esto a Wittgenstein, se resiste a cualquier reforma lingüística que quisiera excluir la terminología causal de la historia, en razón de la posible confusión entre las categorías causales, dependientes demasiado exclusivamente del modelo hempeliano. Una cosa es preguntarse si la terminología causal es apropiada para la historia y otra si tal categoría causal se aplica a esta disciplina.

[26] Este primer tipo puede esquematizarse así (p. 137):

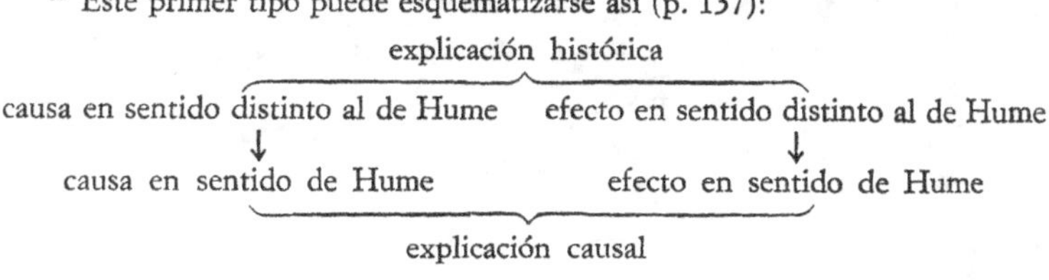

En seguida presentamos la explicación en términos de condiciones necesarias: ¿Cómo han podido los habitantes de esta ciudad construir unas murallas tan colosales? El *explanandum* es un efecto en sentido de Hume: estos muros que se mantienen en pie. El *explanans* es también una causa en sentido de Hume: los medios materiales empleados en la construcción. Pero la explicación sólo es histórica si recurre a la acción (urbanismo, arquitectura, etc.). Entonces, el *explanandum* es el resultado de esta acción en el sentido ya dicho de que el resultado de la acción no es un efecto humano. Una vez más, la explicación causal es un segmento de la explicación histórica, la cual implica también un segmento no regulado (causal) [27].

La explicación cuasi causal es singularmente más compleja que las precedentes. La respuesta a la pregunta *¿por qué?* tiene muchas ramificaciones en ella. El ejemplo presentado anteriormente (el pueblo se sublevó porque su gobierno estaba corrompido) encubre la complejidad real de la labor del historiador. Tomenos la tesis que afirma que la primera guerra mundial estalló «porque» el archiduque de Austria fue asesinado en Sarajevo en julio de 1914. ¿Qué clase de explicación se asume con esta afirmación? Admitamos, por necesidades del argumento, que la causa y el efecto son lógicamente independientes, es decir, que los dos acontecimientos se consideran diferentes [28]. En este sentido, la explicación es, sin duda, de forma causal. Pero la *mediación* verdadera se garantiza mediante todos los cursos de motivaciones que afectan a todas las partes implicadas. Estos cursos de motivaciones deben esquematizarse por medio

[27] Este segundo tipo puede esquematizarse así (p. 138):

acción

explanans   *explanandum*
(antecedente causal)   (resultado de la acción)

explicación causal

[28] La explicación cuasi causal puede esquematizarse así (p. 143):

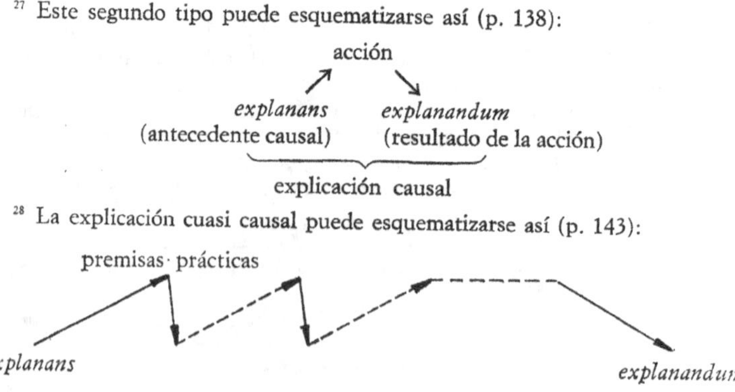

de otras tantas deducciones prácticas, que engendran hechos nuevos (en virtud del vínculo que existe —según hemos dicho— entre intención y acción en el silogismo práctico); estos hechos constituyen situaciones nuevas para todos los agentes; éstos aprecian su situación al incorporar el hecho realizado a las premisas de sus nuevas deducciones prácticas, las cuales, a su vez, engendran nuevos hechos, que afectan a las premisas de las nuevas deducciones prácticas efectuadas por las distintas partes en presencia [29].

La explicación cuasi causal se presenta así más compleja que la explicación por razones en el sentido de W. Dray. Esta última no recubre más que los segmentos propiamente teleológicos del modelo «mixto»: causal-teleológico. Es cierto que estos segmentos provienen «de un conjunto de enunciados singulares que constituyen las premisas de deducciones prácticas» (p. 142). Pero si es verdad que estos segmentos de deducción no se reducen a conexiones nómicas, la explicación cuasi causal, en cambio, no se reduce a la reconstrucción de un cálculo como en la explicación por razones.

En resumen, la explicación cuasi causal restablece correctamente varios caracteres específicos de la explicación en historia. En primer lugar, la conjunción entre la explicación causal y la teoría de la acción, gracias al fenómeno de *intervención,* permite incluir en el modelo mixto la referencia de la historia a *acciones* humanas, cuya significación en cuanto acción es atestiguada por la convicción que el propio agente tiene de poder hacer lo que hace. Además, los segmentos teleológicos del esquema explicativo muestran de hecho que es razonable interrogarse, como historiador, sobre las intenciones de los actores de la historia en los términos de una deducción práctica que deriva de una lógica específica, precisamente de la creada por la teoría aristotélica del silogismo práctico. Finalmente, el mo-

[29] La independencia de los dos acontecimientos —observa Von Wright— es discutible si el acontecimiento descrito es que la primera guerra mundial «estalla»; ¿no es un término de «coligación», cuya descripción completa incluye el incidente de Sarajevo? La discusión no tendría fin si perdiésemos de vista que un acontecimiento es dependiente o independiente siempre bajo determinada descripción. En este sentido, la explicación cuasi causal es tributaria de una descripción particularmente analítica de los acontecimientos. Sin duda, Mandelbaum nos recordaría en este momento que este uso atomístico de la causalidad proviene de la comprensión global de procesos ininterrumpidos, que afectan a entidades continuas del tipo de la nación (cf. *infra,* cap. III de esta misma parte).

delo expresa la necesidad de coordinar estos núcleos de poder-hacer y estos segmentos de deducción práctica con segmentos no práxicos y no teleológicos de tipo propiamente causal.

En cambio, podemos preguntarnos si, pese al extraordinario esfuerzo por vincular los diversos modos de explicación a un modelo lógico de gran potencia, los tipos de explicación no están más dispersos que nunca.

En realidad, se han propuesto al menos tres esquemas de explicación histórica, sin probar cómo los dos primeros se incorporan al tercero. Además, un factor importante de dispersión surge en el plano causal: en un acercamiento propiamente analítico, se ha llegado a distinguir entre factores «externos» (clima, tecnología, etc.) y factores «internos» (motivos, razones de obrar), sin que se pueda decir cuáles son «causas» y cuáles «efectos». Parece que falta un factor de integración, del cual las ideologías señalan la importancia y quizá el carácter ineludible. Por su parte, el campo de motivación contiene factores tan inconexos como órdenes, impedimentos, presiones normativas, señales de autoridad, sanciones, etc., que añaden una explicación a la dispersión. Apenas se ve cómo estas causas heterogéneas se incorporan a las premisas de los silogismos prácticos. Se roza aquí la pretensión de las explicaciones globales como las del materialismo histórico. Como es imposible igualmente probarlo por razones *a priori* o refutarlo sólo sobre la base de la experiencia, hay que confesar que «la primera medida de su verdad reside en su fecundidad» (p. 145). La frontera entre explicación científica e ideología aparece aquí bien frágil por falta de un esfuerzo, que sólo se encontrará en Hayden White, para integrar en la explicación histórica variables más numerosas que las consideradas por Von Wright y para conferir a todos estos modos explicativos la unidad de un *estilo*.

Para atenernos al modelo de la explicación cuasi causal, en su presentación más elemental, podemos preguntarnos sobre lo que garantiza la unidad entre los segmentos nómicos y los teleológicos dentro del esquema de conjunto: esta discontinuidad en el interior del modelo, unida a los demás factores de dispersión de la explicación evocada al momento, lleva a preguntarse si no falta un hilo conductor del orden de la comprensión para conseguir unificar los segmentos nómicos y los teleológicos de la explicación cuasi causal. A mi juicio, este hilo conductor es la trama en cuanto *síntesis de lo heterogéneo*. En efecto, la trama «comprende», en una totalidad inteligible, circunstancias, fines, interacciones, resultados no queridos. ¿No se puede decir, pues, que ella es a la explicación cuasi causal lo que la garantía del poder-hacer era a la intervención del agente en el sistema nómico y lo que la intencionalidad a la explicación teológica? ¿No es igualmente necesario que la explicación causal sea precedida por la comprensión narrativa en el sentido en que se puede decir que «una explicación teleológica de la acción es precedida normalmente por un acto de comprensión intencional aplicado a *data* de conducta» (p. 132)? Al comprender una trama, ¿no tomamos juntos segmentos nómicos y segmentos teleológicos y buscamos un modelo de explicación apropiado a este encadenamiento eminentemente heterogéneo al que el diagrama de la explicación cuasi causal pone perfectamente de relieve?

Encuentro en el mismo análisis de Von Wright cierta justificación de mi interpretación: se dice que cada resultado de un silogismo práctico crea un nuevo hecho que cambia «el trasfondo motivacional» correspondiente a la acción de los diversos agentes históricos. ¿No es este cambio lo que hemos llamado constantemente circunstancias de la acción que el relato incorpora a la unidad de la trama? ¿No consiste, pues, la virtud del esquema explicativo en generalizar la noción de *circunstancia* hasta el punto de hacerla designar no sólo una situación inicial, sino todas las situaciones que pueden intercalarse y que, por su novedad, constituyen un trasfondo de motivación en el campo de las interacciones? Un hecho afecta a las premisas de una deducción práctica, un hecho nuevo emerge de la conclusión de las premisas: esto es lo que debe entenderse como síntesis de lo heterogéneo, antes de que la lógica de la explicación proponga su reformulación más adecuada. Pero esta reformulación, lejos de reemplazar a la comprensión narrativa, sigue siendo la aproximación de una operación más originaria, de igual nivel que la certeza del poder-hacer y que la comprensión intencional de la conducta.

II. ARGUMENTOS «NARRATIVISTAS»

Hemos dicho al comienzo del capítulo que el acercamiento entre historia y narración fue fruto de la unión de dos corrientes de pensamiento; al debilitamiento y a la explosión del modelo nomológico correspondió una re-evaluación del relato y de sus recursos de inteligibilidad. El hecho es que, para los defensores del modelo nomológico, la narración era un modo de articulación demasiado rudimentario y demasiado pobre para aspirar a explicar. Diré que, según el vocabulario propuesto en la primera parte, para estos autores la narración sólo tiene un carácter episódico y no configurador [30]. Por eso entre historia y narración veían un corte epistemológico.

Ahora se trata de saber si la reconquista de los rasgos configuradores de la narración justifica la esperanza de que la comprensión narrativa adquiera valor de explicación, en la medida en que, paralelamente, la explicación histórica deje de medirse según el patrón del modelo nomológico. Veremos [31] que mi propia contribución a este problema nacerá del reconocimiento de que la concepción «narrativista» de la historia sólo responde parcialmente a esta expectativa. Esta concepción nos dice en qué modalidad *previa* de comprensión está insertada la explicación, pero no nos da un equivalente o el sustituto narrativo de la explicación. Por eso intentaremos buscar un vínculo más *indirecto* entre explicación histórica y comprensión narrativa. Sin embargo, la presente investigación no habrá sido inútil en la medida en que nos ha permitido aislar el componente necesario, aunque no suficiente, del conocimiento histórico. Un semifracaso se queda en un semiéxito.

1. *La «frase narrativa» según Arthur Danto*

Es significativo que el primer alegato en favor de la interpretación narrativista de la historia se haya formulado en el propio marco de la filosofía analítica. Se encuentra en la obra de Arthur C. Danto *Analytical Philosophy of History* [32].

[30] Cf. la primera parte, capítulo III, sobre las implicaciones temporales de *mímesis* II.

[31] Cf. *infra,* capítulo III de esta segunda parte.

[32] Arthur C. Danto, *Analytical Philosophy of History* (Cambridge 1965).

El hilo conductor del argumento no es tanto la epistemología de la historiografía, tal como la ejercen los historiadores, como el marco conceptual que rige el uso que hacemos de cierto tipo de frases llamadas narrativas. La investigación procede de la filosofía analítica, si se entiende por este término la descripción de nuestros modos de pensar y de hablar a propósito del mundo y, correlativamente, la descripción del mundo tal como estos modos nos obligan a concebirlo. La filosofía analítica, así entendida, es esencialmente una teoría de las descripciones.

Aplicada a la historia, esta concepción analítica de la filosofía intenta indagar en qué medida nuestros modos de pensar y de hablar a propósito del mundo implican frases que emplean verbos en tiempo pasado y enunciados irreductiblemente narrativos. Este tipo de cuestiones —según Danto— las elude cuidadosamente el empirismo, que sólo conoce verbos en presente correspondientes a enunciados de percepción. De este modo, el análisis lingüístico implica una *descripción metafísica* de la existencia histórica[33]. Por su aspecto cuasi kantiano, la filosofía analítica de la historia excluye por principio y por hipótesis lo que el autor llama «filosofía sustantiva» de la historia, esto es, la filosofía de la historia de tipo hegeliano. Le atribuye la pretensión de comprender el todo de la historia, lo que es cierto; pero interpreta esta pretensión como sigue: hablar de la totalidad de la historia es componer un cuadro de conjunto del pasado y del futuro; ahora bien: pronunciarse sobre el futuro es extrapolar configuradores y encadenamientos del pasado en dirección al porvenir, y esta extrapolación, a su vez, constitutiva de la profecía,

---

[33] Esta definición de la tarea de la filosofía analítica se asemeja al alegato pronunciado por Strawson, al comienzo de su obra *Individuals* (Londres 1959), en pro de una metafísica descriptiva, oponiéndola a una metafísica revisionista. En cambio, esta implicación de una metafísica descriptiva en el análisis de la red conceptual y lingüística se opone firmemente a la tendencia del estructuralismo francés a concebir la red conceptual y lingüística como cerrada en sí misma y exenta de toda referencia extralingüística. Aplicada a la historia, esta concepción tiende a hacer del acontecimiento un simple «efecto de discurso». Este idealismo lingüístico es totalmente ajeno a la filosofía analítica, para la cual el análisis de nuestros modos de pensar y de hablar del mundo y la metafísica descriptiva son convertibles mutuamente. En este punto, la filosofía analítica se acerca más a la filosofía hermenéutica, aunque ésta procede más gustosamente de la explicación del ser histórico en dirección al lenguaje apropiado a este ser histórico.

consiste en hablar del futuro en términos adecuados al pasado. Pero no puede haber historia del futuro (ni tampoco —como veremos luego— historia del presente) debido a la naturaleza de las frases narrativas, que describen nuevamente los acontecimientos pasados a la luz de acontecimientos posteriores desconocidos por los propios agentes. A su vez, semejante significación sólo puede asignarse a los acontecimientos «en el contexto de una historia narrada *(story)*» (p. 11). Por consiguiente, el defecto de las filosofías sustantivas de la historia consiste en escribir en futuro frases narrativas que sólo puede hacerse en pasado.

El argumento es impecable siempre que se formule en términos negativos: si la filosofía de la historia se plantea como totalidad de la historia, no puede ser la expresión del discurso narrativo adecuado al pasado. Pero el argumento no puede eliminar la hipótesis de que el discurso sobre la historia global no sea de naturaleza narrativa y pueda construir su sentido por otros medios. Seguramente, la filosofía hegeliana de la historia no es narrativa, como no lo es la anticipación del futuro en una filosofía o en una teología de la esperanza. Al contrario, en éstas la narración se reinterpreta desde la esperanza, interpretando ciertos acontecimientos creadores —el Éxodo, la Resurrección— como jalones de esa esperanza.

Mientras se emplea el argumento en su forma negativa, tiene una doble virtud: por una parte, delimita de una forma en cierto modo kantiana el espacio de validez de las frases narrativas, y por otra, le impone un límite. Como afirma con razón Danto, el discurso narrativo no sólo es *intrínsecamente incompleto,* ya que toda frase narrativa está sujeta a revisión por un historiador posterior, sino que cuanto de sensato se dice sobre la historia no es forzosamente de carácter narrativo. Esta segunda implicación se vuelve contra lo que todavía es dogmático en la filosofía analítica de la historia, pese a su aspecto deliberadamente crítico cuando establece los límites internos del conocimiento histórico. No está probado que «la intención de los filósofos de la historia sustantiva sea hacer sobre el futuro el mismo género de aserciones que los historiadores tratan de hacer sobre el pasado» (p. 26).

Planteados los presupuestos de la filosofía analítica de la historia, el estudio de las fases narrativas se presenta como el estudio de una *clase* de frases. Establece el rasgo *diferencial* del conocimiento histórico y, en este aspecto, cumple con la característica *mínima* de la historia. Sin embargo, yo no diría que alcanza el núcleo de la comprensión histórica en cuanto que el «contexto de una historia» no se define por la estructura de la frase narrativa. Le falta el rasgo propiamente discursivo, del que hablaremos más adelante.

El estudio descansa en la teoría de las descripciones aplicada a un sector particular de la realidad, los cambios producidos por la acción humana. Ahora bien: un mismo cambio nacido de la acción humana puede presentarse según varias descripciones. La frase narrativa es una de las descripciones posibles de la acción humana. Hablaremos luego de lo que la distingue de las explicaciones que se dan de la acción en el marco de lo que ordinariamente se llama teoría de la acción.

El ingenio de Danto consiste en abordar la teoría de la frase narrativa mediante un rodeo: la crítica del prejuicio según el cual el pasado está determinado, fijo, eternamente parado en el ser, mientras que sólo el futuro estaría abierto, no determinado (en el sentido de los «futuros contingentes» de Aristóteles y de los estoicos). Este presupuesto descansa en la hipótesis de que los acontecimientos son recogidos en un receptáculo en el que se acumulan sin que puedan ser alterados, ni que su orden de aparición pueda cambiar, ni pueda añadirse nada a su contenido, si no es añadiéndolo a continuación. Entonces, una descripción completa de un acontecimiento debería consignar cuanto ha acontecido en el orden en que eso tuvo lugar. Pero ¿quién podría hacerlo? Sólo un cronista ideal podría ser testigo absolutamente fiel y absolutamente seguro de ese pasado totalmente terminado. Ese cronista ideal estaría dotado de la facultad de dar una descripción instantánea de lo que acontece, de aumentar de modo puramente aditivo y cumulativo su testimonio a medida que los acontecimientos se añaden a los acontecimientos. Respecto a este ideal de descripción completa y definitiva, la tarea del historiador consistiría sólo en eliminar frases falsas, en restablecer el orden perturbado de las frases verdaderas y en añadir lo que faltase al testimonio.

La refutación de esta hipótesis es sencilla. A esta crónica absoluta le falta una clase de descripción: precisamente aquella en la que no existe ningún testigo para atestiguar un acontecimiento, a saber: que la verdad total concerniente a este acontecimiento sólo puede conocerse *después* y a menudo mucho tiempo después de haber tenido lugar. Ahora bien: sólo un historiador puede contar este tipo de historia *(story)*. En una palabra: hemos olvidado equiparar al cronista ideal con el conocimiento del futuro.

Ahora podemos definir las frases narrativas: «Se refieren, al menos, a dos acontecimientos separados en el tiempo, aunque describan el primero de ellos» (p. 143). O más exactamente: «Se refieren a dos acontecimientos, E_1 y E_2, distintos y separados en el tiempo, pero describen el primer acontecimiento al que se hace referencia» (p. 152). A esto hay que añadir aquí que los dos acontecimientos deben ser pasados con relación al tiempo de la enunciación. Así, pues, en la frase narrativa se hallan implicados *tres aspectos temporales:* el del acontecimiento descrito, el del acontecimiento en función del cual se describe el primero y el del narrador, los dos primeros concernientes al enunciado y el tercero a la enunciación.

El ejemplo paradigmático sobre el que descansa el análisis es la frase siguiente: en 1717 nació el autor de *Le Neveu de Rameau.* En aquella fecha nadie podía pronunciar semejante frase que redescribe el acontecimiento del nacimiento de un niño a la luz de otro acontecimiento: la publicación, por parte de Diderot, de su tan conocida obra. Con otras palabras: escribir *Le Neveu de Rameau* es el acontecimiento bajo cuya descripción se re-describe el primer acontecimiento, el nacimiento de Diderot. Se planteará más tarde la cuestión de saber si esta frase, por sí sola, es típica de la narración histórica.

Este análisis de la frase narrativa tiene varias implicaciones epistemológicas. La primera toma la forma de una paradoja sobre la causalidad. Si un acontecimiento es significativo a la luz de acontecimientos futuros, la caracterización de un acontecimiento como causa de otro puede advenir tras el propio acontecimiento. Puede parecer entonces que un acontecimiento posterior transforma a otro anterior en causa; por tanto, que una condición suficiente del acontecimiento anterior se produce más tarde que el acontecimiento mismo. Pero es un sofisma, pues lo que es determinado después no es algo del acontecimiento, sino el predicado «ser causa de...». Así, pues, es necesario decir: E_2 es una condición necesaria para que E_1, con una descripción apropiada, sea una causa. Sencillamente se ha repetido de otra forma que «ser causa de...» no es un predicado accesible al cronista ideal y caracteriza sólo a las frases narrativas. Son numerosos los ejemplos de estos usos retrospectivos de la categoría de causa. Un historiador dirá fácilmente: «Aristarco anticipó al año 270 antes de nuestra era la teoría publicada por Copérnico en 1543 después de Cristo». Expresiones similares —anticipar, comenzar, preceder, provocar, suscitar— sólo aparecen en frases narrativas. Una parte importante del concepto de significación procede de esta particularidad de las frases narrativas. El lugar de nacimiento de un hombre célebre sólo adquiere significación o importancia para el visitante a la luz de acontecimientos venideros. En este sentido, para el cronista ideal —con todo, testigo perfecto—, la categoría de significación está vacía de sentido.

La segunda implicación epistemológica es más importante, ya que permite distinguir la descripción *propiamente narrativa* de la descripción ordinaria de la acción. En este aspecto, Danto dice algo que Dray no podía anticipar con su modelo de explicación por razones que sólo conocía el cálculo de los actores de la historia en el momento en que ésta se produce. Es cierto que los dos modos descriptivos tienen en común el usar verbos que podemos llamar «de proyecto». Éstos hacen algo más que describir simplemente una acción particular; expresiones como «hacer la guerra», «criar el ganado», «escribir un libro», contienen verbos que entrañan numerosas acciones pormenorizadas que pueden ser totalmente discontinuas e implicar a numerosos individuos en una estructura temporal cuya responsabilidad recae sobre el narrador. Encontramos en la historia innumerables usos de estos verbos de proyecto que organizan considerables microacciones dentro de una sola acción global. Pero en el discurso ordinario sobre la acción su *resultado* no afecta al sentido de un verbo de proyecto, se realice o no, salga bien o fracase. En cambio, si la historia se caracteriza por enunciados que explican la verdad de un hecho particular en función de ciertos acontecimientos posteriores —en especial, en función de sus consecuencias no queridas—, la verdad de estos enunciados que descansan en los acontecimientos posteriores importa al propio sentido de la descripción narrativa.

La teoría de la frase narrativa tiene así un valor discriminante con relación al discurso de la acción en el lenguaje ordinario. El factor discriminante reside en el «reajuste retroactivo del pasado» (p. 168), operado por la descripción propiamente narrativa de la acción. Este reajuste va muy lejos: en la medida en que la contemplación del pasado con perspectiva temporal hace hincapié en las consecuencias no queridas, el historiador tiende a debilitar el acento intencional de la propia acción: «Frecuentemente y casi típicamente, las acciones de los hombres no son intencionales en las descripciones que se dan mediante frases narrativas» (p. 182). Este último rasgo acentúa la desviación entre teoría de la acción y teoría de la historia, «pues su objetivo principal no es reconocer las acciones como podrían hacerlo los testigos, sino como lo hacen los historiadores, en relación con acontecimientos posteriores y como partes enteramente temporales» (p. 183) [34]. Esta distancia entre teoría de la acción y teoría narrativa es sólo una descripción entre muchas.

La última consecuencia es que *no hay historia del presente,* en el sentido estrictamente narrativo del término. Sólo podría ser una anticipación de lo que los historiadores venideros podrían escribir sobre nosotros. La simetría entre explicar y predecir, característica de las ciencias nomológicas, se rompe en el propio plano del enunciado histórico. Si pudiéramos escribir y conocer esta narración del presente, podríamos falsificarla haciendo lo contrario de lo que predice. Ignoramos absolutamente lo que los historiadores del futuro dirán de nosotros. No sólo ignoramos los acontecimientos que se producirán, sino que ignoramos cuáles serán considerados como importantes. Sería necesario prever los intereses de los futuros historiadores para prever las descripciones con que presentarán nuestras acciones. La afirmación de Peirce de que «el futuro está abierto» significa que «nadie ha escrito la historia del presente». Esta última observación nos lleva a nuestro punto de partida, que no es otro que el límite interno de los enunciados narrativos.

¿En qué medida el análisis de la frase narrativa aclara el problema de las relaciones entre la comprensión narrativa y la explicación histórica?

En ningún sitio afirma Danto que la teoría de la historia se agote en el análisis de las frases narrativas ni que un texto histórico se reduzca a una secuencia de frases narrativas. Las limitaciones impuestas a la descripción verdadera de un acontecimiento por la estructura temporal de la frase narrativa constituyen sólo una «caracterización mínima de la actividad histórica» (p. 25).

---

[34] En la cuarta parte volveré sobre el problema del testimonio como categoría irreductible de la relación con el *pasado.*

Es cierto que la elección de la frase narrativa como coerción mínima podría dar a entender que los enunciados que describen acontecimientos puntuales, o en todo caso fechados, a la luz de otros acontecimientos puntuales o datados constituyen los átomos lógicos del discurso histórico. No se trata, al menos hasta el capítulo X, más que de «descripciones verdaderas de acontecimientos en *su* pasado» (por oposición a la pretensión de los filósofos de la historia en describir también acontecimientos en *su* futuro) (p. 25). Parece admitido que todos los acontecimientos históricos, considerados uno a uno, son de la forma «¿qué ha sucedido a X durante tal o cual intervalo de tiempo?» Nada indica que el discurso histórico exija nexos distintos de la estructura —ya compleja por lo demás— de la frase narrativa. Por eso, *explicar* y *describir* —en el sentido de la frase narrativa— han sido considerados durante mucho tiempo indiscernibles. Danto no quiere saber nada ni de la distinción de Croce entre crónica e historia[35] ni de la distinción de Walsh entre una narración pura y simple *(plain)*, que se limitaría a relacionar lo que ha acontecido, y una narración significativa *(significant)*, que establecería conexiones entre los hechos. Pues ya una simple narración hace más que relacionar acontecimientos dentro de su orden de aparición. Una lista de hechos sin vínculos entre sí no es una narración. Por eso, también describir y explicar no se distinguen. O, según la importante expresión de Danto, «la historia es de una sola pieza» *(History is all of a piece)*. Lo que se puede distinguir son la narración y las pruebas materiales que la justifican: una narración no se reduce a un sumario de su propio aparato crítico (ya se entienda por esto su aparato conceptual o el documental). Pero la distinción entre la narración y su soporte conceptual o documental no es lo mismo que distinguir dos planos de composición. Explicar por qué algo ocurrió y describir lo que ocurrió coinciden.

[35] Volveremos sobre esta distinción, que no tiene cabida aquí: no concierne a una diferencia de grado epistemológico, sino a una relación diferente con el pasado; para Croce, la crónica es la historia separada del presente vivo y, en este sentido, aplicada a un pasado muerto. La historia propiamente dicha está unida visceralmente al presente y a la acción. En este sentido, toda historia es historia contemporánea. Esta afirmación no tiene como marco ni un conflicto de método ni un conflicto entre método y verdad, sino el problema más vasto de las relaciones entre la retrospección histórica y la anticipación del futuro vinculada a la acción, que se discutirá en la cuarta parte.

Una narración que no consigue explicar nada tiene de narración; una narración que explica es una narración pura y simple.

Y nada indica que lo que la narración hace de más con relación a la simple enumeración de acontecimientos sea diferente de la estructura de doble referencia de la frase narrativa, en virtud de la cual el sentido y la verdad de un acontecimiento conciernen al sentido y a la verdad de otro acontecimiento. Por eso no parece que la noción de trama o de estructura narrativa falte a la lógica de la frase narrativa; es como si la descripción de un acontecimiento anterior en función de otro posterior fuese ya una trama en miniatura.

Sin embargo, podemos preguntarnos si las dos nociones se superponen. Así, cuando el autor considera la actividad ineluctablemente selectiva de la narración histórica, parece invocar un factor estructural más complejo: «Toda narración es una estructura impuesta a los acontecimientos, que los agrupa unos con otros y que excluye a algunos como si carecieran de pertinencia» (p. 132); «una narración menciona sólo los acontecimientos significativos» *(ibíd.)*. Pero la organización narrativa que confiere a los acontecimientos una significación o una importancia (el término *significance* posee las dos connotaciones), ¿es simplemente una ampliación de la frase narrativa? [36]

A mi parecer, si la cuestión de la relación entre texto y frase no se plantea como tal es porque el autor se centra excesivamente en la disputa que sostiene contra el fantasma de la descripción completa y por el hecho de que este fantasma se exorciza por el análisis de la frase narrativa.

Sin embargo, vuelve a surgir en la cuestión de saber si la explicación por leyes tiene todavía un lugar en la historia, puesto que «la narración es ya, por la naturaleza de las cosas, una *forma* de explicación» (p. 201). Danto, en efecto, no se opone frontalmente a Hempel: se limita a observar que los partidarios del modelo nomológico, tan preocupados por la estructura fuerte del *explanans,* no ven que este *explanans* funciona en un *explanandum,* que es ya una narra-

---

[36] Eso parece en el caso de la *consequential significance:* «Si un acontecimiento anterior no es significativo respecto a otro posterior en una historia, no pertenece a esta historia» (p. 134). Pero hay otros modos de significación o de importancia para los cuales la estructura textual y la de la frase se superponen menos fácilmente: significación o importancia pragmática, teórica, reveladora, etc.

ción; por tanto, que está ya «cubierto» por una descripción que equivale a la explicación. Sólo se puede «cubrir» un acontecimiento por una ley general si figura en el lenguaje como un fenómeno bajo cierta descripción; por tanto, inscrito en una frase narrativa. Por eso, Danto puede ser mucho más liberal y ambivalente que William Dray con respecto al modelo *nomológico* [37].

2.　*Proseguir una historia*

La obra de W. B. Gallie *Philosophy and the Historical Understanding* [38], centrada en el concepto de la *followability* de la historia narrada *(story),* nos acerca un paso más hacia el principio estructural de la narración. Este concepto, a mi juicio, llena el vacío dejado por el análisis de la frase narrativa. Es cierto que la doble referencia de la frase narrativa (al acontecimiento que describe y al acontecimiento posterior a cuya luz se hace la descripción) constituye un buen discriminante respecto a otras descripciones de la acción —por ejemplo, en función de las intenciones y de las razones de los propios agentes—; sin embargo, la mención de la diferencia entre dos fechas, entre dos localizaciones temporales, no basta para caracterizar la narración como *conexión* entre acontecimientos. Subsiste una distancia entre la *frase* narrativa y el *texto* narrativo. Es la distancia que trata de llenar precisamente la noción de historia, «que se puede proseguir».

　　Pero Gallie presenta su análisis dentro de la misma hipótesis fundamental: «Cualquiera que sea el contenido de la comprensión o de la explicación de una obra de historia, debe ser evaluado *(assessed)* con relación a la narración de la que procede y a cuyo desarrollo contribuye» (Prefacio, p. XI). La tesis es tan prudente como firme. No niega que la explicación haga otra cosa que narrar simplemente: se limita a afirmar, por una parte, que la explicación no nace de la nada, sino que «procede», de una u otra manera, de algún discurso que tiene *ya* la forma narrativa; por otra, que, de una u otra manera, permanece *«al servicio de»* la forma narrativa. Ésta

---

[37] A. Danto, cap. X: *Historical Explanation: The Problem of General Laws,* op. cit., pp. 201ss.
　[38] *Op. cit.*

es, pues, a la vez, la matriz y la estructura receptora de la explicación. En este sentido, la tesis narrativista no dice nada de la estructura de la explicación. Sin embargo, dentro de estos límites precisos, su misión es doble: mostrar, por una parte, con qué recursos de inteligibilidad la comprensión fundamenta la explicación; por otra, qué carencia inherente a la comprensión exige el suplemento de la explicación. La noción de *followability* pretende cumplir esta doble exigencia.

Así, pues, ¿qué es una historia que se narra *(story)?* ¿Y qué es «proseguir» una historia?

Una historia describe una secuencia de acciones y de experiencias hechas por cierto número de personajes, reales o imaginarios. Estos personajes son representados en situaciones que cambian o reaccionando al cambio de estas situaciones. A su vez, estos cambios revelan aspectos ocultos de la situación y de los personajes, y engendran una nueva prueba *(predicament)* que apela al pensamiento, a la acción o a los dos. La respuesta a esta prueba lleva la historia a su conclusión (p. 22).

Como vemos, este esbozo de la noción de historia *(story)* no dista mucho de lo que llamaba anteriormente construcción de la trama. Si Gallie no ha creído útil referir su concepto de historia al de trama es, sin duda, porque se ha interesado menos por las coerciones *estructurales* inmanentes a la narración que por las subjetivas bajo las cuales una historia es *aceptable*. Estas condiciones de aceptabilidad constituyen la aptitud de la historia para ser proseguida.

En efecto, proseguir una historia es comprender las acciones, los pensamientos y los sentimientos sucesivos en cuanto presentan una dirección particular *(directedness)*. Esto significa que somos impulsados hacia adelante por el desarrollo tan pronto como respondemos a este impulso por las expectativas que conciernen a la conclusión y al resultado de todo el proceso. Vemos ya cómo comprensión y explicación se mezclan inextricablemente en este proceso: «Idealmente, una historia debería explicarse por sí misma» (p. 23). Sólo pedimos una explicación suplementaria cuando el proceso se interrumpe o se bloquea.

Afirmar que estamos orientados en cierta dirección es reconocer a la «conclusión» una función teleológica, la misma que hemos subrayado en nuestro análisis del «punto final» [39]. Pero, en respuesta al modelo nomológico, hay que añadir que una «conclusión» narrativa no es nada que pueda deducirse o predecirse. Una historia que no implicase sorpresas, ni coincidencias, ni reconocimientos no retendría nuestra atención. Por eso hay que proseguir la historia hasta su conclusión, lo cual es distinto de proseguir un argumento cuya conclusión es coaccionante. Más que previsible, una conclusión debe ser *aceptable*. Dirigiendo nuestra mirada hacia atrás, desde la conclusión hacia los episodios intermedios, debemos poder afirmar que ese fin exigía estos acontecimientos y esa cadena de acciones. Pero esta mirada se hace posible por el movimiento de nuestras expectativas orientado teleológicamente cuando proseguimos la historia. La incompatibilidad, planteada abstractamente, entre la contingencia de los incidentes y la aceptabilidad de las conclusiones es precisamente lo que la aptitud de la historia a ser proseguida desmiente. La contingencia sólo es inaceptable para la mente, que vincula a la idea de comprensión la de dominio: proseguir una historia es «encontrar (los acontecimientos) aceptables intelectualmente *en todo caso*» (p. 31). La inteligencia ejercitada aquí no es la que se vincula a la legalidad del proceso, sino la que responde a la coherencia interna de la historia, que une contingencia y aceptabilidad.

No dejará de advertir al lector la similitud sorprendente de esta declaración con la noción de concordancia discordante que yo he obtenido del tratamiento aristotélico de la *peripeteia* (los sucesos imprevistos) dentro del marco de la teoría del *mythos*. La principal diferencia con el grupo de los críticos *aristotelizantes* habría que buscarla, sin duda, en el factor subjetivo introducido por la noción de expectativa, de atracción por el fin; en una palabra: por la teología subjetiva que reemplaza al análisis estructural. En este sentido, el concepto de *followability* proviene de la psicología de la recepción más que de la lógica de la configuración [40].

[39] *Mímesis* II: capítulo III de la primera parte.

[40] El lugar otorgado a la simpatía en lo que llamo teleología subjetiva confirma el diagnóstico: lo que regula nuestra expectativa —dice Gallie— no es una verdad de naturaleza inductiva, sino nuestra simpatía o nuestra antipatía. Una vez embarcados en una historia cualitativa, «somos llevados por ella y orientados por una parte más influyente de nuestro carácter que de nuestras presunciones y expectativas intelectuales» (p. 45). En efecto, la preocupación por separar el análisis de la lógica del modelo nomológico puede hacerlo caer del lado de una psicología centrada en la respuesta emocional; desgraciada-

Si pasamos ahora del concepto de «*story*» al de «*history*», debemos subrayar primeramente la continuidad entre ambas. Precisamente, la estrategia de Gallie consiste en integrar la discontinuidad epistemológica —que él no niega— dentro del marco de la continuidad del *interés* narrativo. Es esta estrategia la que, evidentemente, afronta sin rodeos la problemática expuesta en el capítulo anterior. El problema será saber si el análisis que sigue tiene una aplicación fuera de la historia narrativa, que Gallie considera ejemplar: su objeto son las acciones pasadas que han podido observarse o que pueden inferirse sobre la base de informes o memorias; la historia que escribimos es la de acciones cuyos proyectos o resultados pueden reconocerse emparentados con los de nuestra propia acción; en este sentido, toda historia es fragmento o segmento del único mundo de la comunicación; por eso esperamos de las obras de historia, aun cuando sigan siendo obras aisladas, que expresen en sus márgenes la única historia que, sin embargo, nadie puede escribir.

Esta continuidad narrativa entre «*story*» y «*history*» se ha observado tan poco en el pasado debido a que los problemas planteados por el corte epistemológico entre ficción e historia o entre mito e historia han hecho fijar toda la atención en la cuestión de la prueba *(evidencia)*, a expensas de la más fundamental de saber lo que crea el *interés* de una obra de historia. Y es este interés el que asegura la continuidad entre la historia en el sentido de la historiografía y la narración ordinaria.

Como narración, toda historia descansa *en* «algún éxito o en algún fracaso importante de hombres que viven y trabajan juntos, en sociedades o naciones o en cualquier otro grupo organizado de forma duradera» (p. 65). Por eso, pese a su relación crítica con la narración tradicional, las historias que tratan de la unificación o de

mente, es este deslizamiento hacia la psicología el que facilita la crítica de la obra de Gallie por los sucesores de Hempel. Por mi parte, no me parece condenable semejante interés por las condiciones psicológicas de recepción de una obra (narrativa u otra); tiene su sitio en una hermenéutica para la cual el sentido de una obra concluye en su lectura; pero, según los análisis que he propuesto en la primera parte —relaciones entre *mímesis* II y *mímesis* III—, las reglas de aceptabilidad deben construirse, al mismo tiempo, *dentro de* la obra y *fuera de* ella. Además, la noción de interés, sobre la que volveré en la cuarta parte, no puede eliminarse de la teoría de la narración. Aceptar, recibir, es estar interesado.

la desintegración de un imperio, del auge o de la decadencia de una clase, de un movimiento social, de una secta religiosa o de un estilo literario, son narraciones. En este sentido, no es decisiva la diferencia entre individuo y grupo: ya las *sagas* y las antiguas epopeyas estaban centradas en grupos y no sólo en figuras aisladas: «Toda historia *(history)* es, como la *saga,* fundamentalmente una narración de acontecimientos en los que el pensamiento y la acción humana desempeñan un papel predominante» (p. 69). Incluso cuando la historia se apoya en corrientes, tendencias, *trends,* su unidad orgánica nace del acto de seguir la narración. El *trend* sólo se manifiesta en la sucesión de los acontecimientos que seguimos. Es una «cualidad de forma de estos acontecimientos particulares» (p. 70). Por eso: 1) la lectura de estas historias de historiadores se basa en nuestra capacidad para seguir historias *(stories);* las seguimos de principio a fin y a la luz del desenlace prometido o entrevisto a través de la serie de acontecimientos contingentes; 2) correlativamente, el tema de estas historias merece contarse y sus narraciones seguirse, porque este tema se impone a nuestros intereses en cuanto seres humanos, por alejado que este tema pueda estar de nuestros sentimientos del momento. Por estos dos rasgos, «la historiografía es una especie de género historia narrada *(story)»* [41].

Como vemos, Gallie retrasa el momento en que es preciso considerar el problema por el otro extremo: ¿por qué los historiadores tratan de explicar de modo diferente que los narradores de las historias tradicionales, con los que rompen? ¿Y cómo articular la discontinuidad introducida por la razón crítica entre la historia por una parte y la ficción o las narraciones tradicionales por otra?

Es aquí donde la noción de *followability* presenta un nuevo aspecto. Hemos dicho que toda historia se explica en principio por sí misma. Con otras palabras: toda narración responde a la pregunta *¿por qué?* al mismo tiempo que a la de *¿qué?;* decir lo que aconteció es decir por qué eso aconteció. Al mismo tiempo, proseguir una historia es un proceso difícil, penoso, sujeto a la interrupción o al bloqueo. Decíamos también que una historia debe ser aceptable, después de todo; habría que decir: a pesar de todo. Y esto —lo sabemos desde nuestra interpretación de Aristóteles— es cierto de toda narración: el «uno a causa del otro» no es siempre fácil

[41] *Op. cit.,* p. 66.

de extraer del «uno despues del otro». Por eso la comprensión narrativa más elemental confronta nuestras expectativas reguladas por nuestros intereses y por nuestras simpatías con las razones que, para adquirir sentido, deben corregir nuestros prejuicios. De este modo, la discontinuidad crítica se incorpora a la continuidad narrativa. Así percibimos cómo la fenomenología aplicada a este rasgo que posee cualquier historia narrada para «poder ser seguida» es capaz de expansión, hasta el punto de insertar un momento crítico en el mismo centro del acto fundamental de proseguir una historia.

Este juego entre expectativas gobernadas por intereses y razones reguladas por el entendimiento crítico proporciona un marco apropiado para acometer los dos problemas específicamente epistemológicos expuestos en el primer capítulo: el cambio de escala de las entidades, de las que se ocupa la historia contemporánea, y el recurso a leyes, en el plano de la historia científica.

El primer problema parece forzar al narrativista a tomar partido en una disputa entre dos escuelas de pensamiento. Para la primera, que podemos llamar «nominalista», no tienen sentido autónomo las proposiciones generales que se refieren a entidades colectivas y les atribuyen predicados de acción (hablamos de la política del gobierno, del progreso de una reforma, de un cambio de constitución, etc.); es cierto que estas proposiciones, tomadas al pie de la letra, no se refieren a acciones identificables de individuos singulares; en última instancia, sin embargo, un cambio institucional no es más que el compendio de multitud de hechos en último término individuales. Para la segunda escuela de pensamiento, que podemos llamar «realista», las instituciones y todos los fenómenos colectivos comparables son entidades reales, que tienen una historia propia, irreductible a los fines, a los esfuerzos, a las empresas propias de individuos que actúan solos o de común acuerdo, en nombre propio o en el de grupos a los que representan; inversamente, para comprender acciones asignables a individuos es necesario referirse a los hechos institucionales en cuyo seno aquéllas se manifiestan; finalmente, no nos interesa en absoluto lo que hacen los individuos como tales.

Contra lo que se esperaba, Gallie se cuida mucho de tomar partido por la tesis nominalista. En efecto, el nominalista no explica por qué interesa al historiador proceder a la abreviación de los hechos individuales que los subordina a la abstracción de un hecho institucional, ni por qué es indiferente la enumeración de todas las acciones y reacciones individuales para comprender la evolución de una institución. El nominalista no percibe el vínculo estrecho entre el empleo de abstracciones y el carácter eminentemente selectivo del interés histórico; tampoco percibe que la mayoría de las acciones atribuibles a individuos no las hacen éstos como individuos, sino en cuanto desempeñan un papel institucional; en fin, el nominalista no ve que para comprender fenómenos globales como «descontento social», «instituciones económicas», es necesario recurrir a «variables fingidas»: a alguna x que señala el lugar vacío de todas las interacciones aún inexploradas que podrían ocupar el lugar de esta x [42]. Por todas estas consideraciones, el método weberiano de los «tipos ideales» se revela el más apropiado para explicar esta clase de abstracción.

Pero si la práctica del historiador desmiente la tesis extrema, para la que sólo existen cosas individuales, entre ellas personas, aquélla tampoco justifica la tesis realista, para la cual toda acción humana implica una referencia tácita a algún hecho social o institucional de carácter general, y se halla suficientemente explicada cuando se ha explicitado esta referencia institucional. La tesis nominalista, pese a su inadecuación epistemológica, designa la finalidad del pensamiento histórico: explicar los cambios sociales que nos interesan (porque dependen de las ideas, de las opciones, de los lugares, de los esfuerzos, de los éxitos y de fracasos de hombres y de mujeres individuales; p. 84). La realista, en cambio, explica mejor el modo como la historia realiza esta finalidad: recurriendo a todo el conocimiento disponible respecto de la vida en sociedad, desde las perogrulladas tradicionales hasta los teoremas y los modelos abstractos de las ciencias sociales.

Lejos de ajustar la teoría narrativista a la tesis nominalista, Gallie se inclina a buscar una combinación entre la epistemología

---

[42] Por su crítica del nominalismo, Gallie no está muy lejos de sumarse a la opinión de los historiadores de la escuela de los «Annales»: «La comprensión histórica, por tanto, no está fundada en personajes individuales —o en individuos—, sino en aquellos cambios en una determinada sociedad que pueden considerarse significativos a la luz de nuestros conocimientos de cómo actúan las instituciones y de qué puede darse o no por medio de ellas» (*op. cit.,* p. 83).

implicada por la tesis realista y la ontología fundamentalmente individualista significada por la tesis nominalista. Este eclecticismo no tendría fuerza si no representase con bastante exactitud lo que hace prácticamente el historiador especialista cuando aborda los momentos *cruciales* de su obra: todo su esfuerzo consiste entonces en determinar con la mayor exactitud posible cómo tal o cual individuo o grupo de individuos ha adoptado, conservado, abandonado, o no ha logrado ciertos papeles institucionales. En cambio, entre estos momentos cruciales, el historiador se contenta con sumarios generales, formulados en términos institucionales, porque en estos intervalos prevalece lo anónimo hasta que alguna ruptura digna de contarse venga a alterar el curso del fenómeno institucional o social. Esto es muy evidente en la historia económica y social, donde reina el anonimato masivo de las fuerzas, de las corrientes, de las estructuras. Pero incluso esta historia, que, en el *límite,* se escribe sin fecha ni nombre propio, no deja de explicar ciertas iniciativas, intenciones, valor, desesperación, sagacidad de hombres individuales, «incluso si se ha olvidado sus nombres» (p. 87).

Respecto al segundo problema —el de la función de las *leyes* en la explicación histórica—, importa guardarse en este punto de una falsa interpretación de lo que el historiador espera de sus leyes. No espera la eliminación de las contingencias, sino una mejor comprensión de su contribución a la marcha de la historia. Por eso no le corresponde a él ni deducir ni predecir, sino comprender mejor la complejidad de los encadenamientos, que, al cruzarse, convergieron en la realidad de un acontecimiento. En esto, el historiador se distingue del físico; no intenta ampliar el campo de las generalidades a cambio de la reducción de las contingencias. Él quiere comprender mejor lo que ha sucedido. Incluso existen campos en los que son estas contingencias las que merecen su atención, ya se trate de los conflictos entre Estados/naciones, de las luchas sociales, de los descubrimientos científicos o de las innovaciones artísticas [43]. El interés por esos acontecimientos, que compararé con la *peripeteia* aristotélica, o sucesos imprevistos, no significa que el historiador ceda a lo sensacional: su problema consiste precisamente en

[43] Gallie (*op. cit.,* p. 98) se complace en citar las palabras del general De Gaulle en *Le fil de l'épée:* «Hay que construir la acción sobre las contingencias».

incorporar estos acontecimientos a una narración aceptable; por tanto, en inscribir su contingencia en el esquema de conjunto. Este rasgo es esencial a la *followability* de cualquier hecho capaz de ser contado.

De esta primacía del concepto de *followability* resulta que las explicaciones, cuyas leyes toma el historiador de las ciencias con las que empareja su disciplina, no tienen otro efecto que permitirnos proseguir mejor una historia cuando se oscurece nuestra visión de su encadenamiento o cuando nuestra capacidad de aceptar la visión del autor es rebajada hasta la ruptura.

Es, pues, un error total ver en ellas formas debilitadas de un modelo nomológico fuerte. Simplemente, aportan su ayuda a nuestra aptitud para proseguir una historia. En este sentido, su función en historia es de «servicio» (p. 107).

Esta tesis sería inaceptable si no supiéramos que toda narración se explica por sí misma, en el sentido de que contar lo que ha sucedido es ya explicar por qué ha sucedido. En este aspecto, la historia más pequeña incorpora generalizaciones, sean de orden clasificatorio, causal o teórico. Por tanto, nada se opone a que generalizaciones y explicaciones cada vez más complejas y tomadas de otras ciencias vengan a insertarse y, en cierto modo, a interpolarse en la narración histórica. Si, pues, toda *narración* se explica por sí misma, en otro sentido ninguna narración *histórica* se explica por sí misma. Toda narración histórica busca la explicación que hay que interpolar porque no ha logrado explicarse por sí misma. Por tanto, hay que encarrilarla de nuevo. Por eso, el criterio de una buena explicación es pragmático: su función es eminentemente correctiva. La explicación por razones de W. Dray respondía a este criterio; reconstruimos el cálculo de un agente cuando un curso de acción nos sorprende, nos intriga, nos deja perplejos.

A este respecto, la historia hace lo mismo que la filología o la crítica textual: cuando la lectura de un texto recibido o la de una interpretación recibida aparece discordante respecto a otros hechos aceptados, el filólogo o el crítico reordenan el detalle para hacer nuevamente inteligible el conjunto. Escribir es re-escribir. Para el historiador, cuanto crea enigma se convierte en un desafío respecto a los criterios de lo que, a su juicio, hace que pueda seguirse o aceptarse una historia.

En este trabajo de refundición *(recasting)* de los modos anteriores de escribir la historia, el historiador se acerca lo más posible a la explicación de tipo hempeliano: enfrentado a un curso extraño de acontecimientos, construirá el modelo de un curso normal de acción y se preguntará cuánto se aleja de él el comportamiento de los actores afectados; cualquier exploración de los cursos posibles de acción se vale de semejantes generalizaciones. El caso más frecuente y el más notable de refundición es aquel en que un historiador prueba una explicación que no sólo no era accesible a los actores, sino que difiere de las explicaciones ofrecidas por las historias anteriores, que se han hecho para él opacas y enigmáticas. Explicar, en este caso, es justificar la reorientación de la atención histórica, que conduce a una revisión general de todo un curso de historia. El gran historiador es el que logra hacer aceptable un nuevo modo de seguir la historia.

Pero en ningún caso la explicación rebasa su función sirviente y correctora respecto a la comprensión aplicada a la *followability* de la narración histórica.

Nos preguntaremos, en el capítulo III de esta misma parte, si esta función «sirviente» de la explicación basta para explicar la *desnivelación* operada por la investigación histórica respecto a las entidades y a los procedimientos de la narración.

3. *El acto configurante*

Con Louis O. Mink nos acercamos al argumento principal de la concepción «narrativista», según la cual las narraciones son *totalidades muy organizadas* que exigen un acto específico de comprensión de la naturaleza del *juicio*. El argumento es tanto más interesante cuanto que no hace ningún uso del concepto de trama en crítica literaria. En cambio, esta ausencia de referencia a los recursos estructurales de la narración de ficción puede explicar cierta insuficiencia del análisis de Mink, que discutiré al final de este apartado. Lo cierto es que nadie ha ido tan lejos como Mink en el reconocimiento del carácter sintético de la actividad narrativa.

Ya en un artículo publicado en 1965 [44], los argumentos opues-

---

[44] Louis O. Mink, *The Autonomy of Historical Understanding*, art. cit. Reproducido por William Dray, *Philosophical Analysis and History* (Harper and Row 1966) 160-192 (cito por esta edición).

tos al modelo nomológico abren el camino a la caracterización de la comprensión histórica como acto del juicio, en el doble sentido asignado a este término por la primera y la tercera *Crítica* kantianas: la función sintética de «tomar juntos» y la reflexiva vinculada a toda operación totalizante. En este artículo, Mink pasa revista a las principales discordancias ya señaladas por otros, entre las exigencias altamente prescriptivas del modelo y la comprensión efectiva puesta en práctica por la historiografía corriente; muestra que sólo se pueden explicar estas discordancias si se establece correctamente la autonomía de la comprensión histórica.

¿Por qué los historiadores pueden aspirar a explicar y no a predecir? Porque explicar no equivale siempre a subsumir hechos bajo leyes. En historia, explicar es a menudo operar «conexiones» (*colligations*) —para emplear el término de Whewell y de Walsh—, lo que significa «explicar un acontecimiento describiendo sus relaciones intrínsecas con otros acontecimientos y situarlo en su contexto histórico». Este procedimiento es, al menos, propio de la explicación secuencial. ¿Por qué las hipótesis no son *falsificables* en historia como lo son en ciencia? Porque las hipótesis no son el blanco, la diana, sino señales para delimitar un campo de investigación, guías al servicio de un modo de comprensión, que es fundamentalmente el de la narración interpretativa, que no es ni crónica ni «ciencia». ¿Por qué los historiadores recurren habitualmente a la reconstrucción imaginativa? Porque la tarea de una visión global es «comprender» [los acontecimientos constituyentes] en un acto de juicio que aspira a aprehenderlos juntos más que a examinarlos *seriatim*. Por eso esta visión global no es ni un «método», ni una técnica de demostración, ni siquiera un simple *organon* de descubrimiento, sino una «forma de juicio reflexivo» (p. 179). ¿Por qué no se pueden «separar» las conclusiones de un argumento o de una obra de historiador? Porque es la narración considerada como un todo la que sustenta estas conclusiones. Y más que demostrarlas, el orden narrativo las exhibe: «La significación efectiva la proporciona el texto total» (p. 181).

La noción de síntesis comprensiva, de juicio sinóptico, semejante a la operación que nos permite interpretar la frase como un todo, pasa claramente al primer plano con este argumento: «La lógica de confirmación es aplicable a la puesta a prueba de conclusiones que se pueden separar; pero las significaciones integrables requieren una teoría del juicio» (p. 186). ¿Por qué ciertos acontecimientos históricos pueden ser únicos y semejantes a otros? Porque similitud y unicidad se acentúan alternativamente en función de los contextos disponibles. De nuevo, la comprensión histórica viene a significar «comprender un acontecimiento complejo al captar juntos estos acontecimientos en un juicio total y sinóptico, que ninguna técnica analítica puede reemplazar» (p. 18). ¿Por qué los historiadores pretenden dirigirse a un auditorio potencialmente universal y no simplemente a un foro científico? Porque lo que quieren comunicar es un tipo de juicio más próximo de la *phronesis* aristotélica que de la «ciencia»: el problema del historiador... «se hace inteligible... si se distingue en él el intento de comunicar la experiencia consistente en ver-las-cosas-juntas en el estilo necesariamente narrativo en que una-cosa-viene-después-de-la-otra» (p. 188).

Merece citarse la conclusión de este artículo: el historiador «cultiva el hábito especializado de comprender lo que convierte en conexiones a multitud de acontecimientos y lo que subraya y acrecienta el alcance del juicio sinóptico en nuestra reflexión sobre la experiencia» (p. 191). El autor admite gustosamente que esta identificación entre el pensamiento histórico y el «juicio sinóptico» deja abiertos los problemas epistemológicos propiamente dichos, como «la cuestión de saber si las síntesis interpretativas pueden compararse lógicamente, si hay razones generales para preferir una u otra y si estas últimas constituyen criterios de la objetividad y la verdad históricas» (p. 191). Pero estas cuestiones epistemológicas presuponen que hemos identificado «lo que distingue el pensamiento histórico elaborado, tanto de las explicaciones cotidianas del sentido común como de las explicaciones teóricas de la ciencia natural» (pp. 191-192).

Mink *especifica* su propia aproximación, apoyándose en la crítica de Gallie, principalmente en un artículo de 1968 [45]. La fenomenología aplicada a la capacidad que una historia tiene de ser proseguida es indiscutible siempre que nos ocupemos de historias cuyo

---

[45] *Philosophical Analysis and Historical Understanding:* «Review Metaphysics» 20 (1968) 667-698. Mink reconoce sin ambigüedad su deuda con Morton White, *Foundations of Historical Knowledge* (1965), con Arthur Danto, *Analytical Philosophy of History* (1965) y con W. B. Gallie, *Philosophy and the Historical Understanding* (1964).

resultado es desconocido por el oyente o por el lector, como sucede cuando seguimos una partida de juego. El conocimiento de las reglas no nos sirve de nada para predecir el resultado. Necesitamos seguir todos los incidentes hasta su conclusión. En una comprensión fenomenológica, las contingencias se reducen a incidentes sorprendentes e inesperados en circunstancias dadas. Esperamos una conclusión, pero ignoramos cuál de ellas se producirá entre varias posibles. Por eso debemos seguirla de principio a fin. Por eso también nuestros sentimientos de simpatía o de hostilidad deben mantener el dinamismo de todo el proceso. Pero —sostiene Mink— esta condición de ignorancia y, por consiguiente, la actividad irreflexiva, que consiste en proseguir la historia, no son características de los procedimientos del historiador: «La historia no es la escritura, sino la *re-escritura* de las historias» (1967). El lector, en cambio, se entrega a un «proseguir reflexivo», que responde a la situación del historiador que cuenta y re-escribe en ese momento. La historia sobreviene cuando la partida *está terminada*[46]. Su misión no es acentuar los accidentes, sino reducirlos. El historiador sube continuamente las pistas retrocediendo: «No hay contingencia en la progresión regresiva» (p. 687). Sólo cuando narramos de nuevo la historia, «nuestra marcha hacia adelante vuelve a pasar por el camino ya recorrido hacia atrás»[47]. Eso no quiere decir que, conociendo el resultado, el lector hubiera podido predecirlo. Él sigue,

[46] Este argumento concuerda totalmente con el análisis de la «frase narrativa» de Danto en función de una teoría original de la descripción; recordamos que la historia es una de las descripciones de las acciones (o de las pasiones) humanas: la descripción de acontecimientos anteriores bajo la descripción de acontecimientos posteriores desconocidos de los agentes (o de los pacientes) de los primeros. Según Mink, hay más que decir respecto a la comprensión histórica, pero no menos. Hay más que decir, en la medida en que la redescripción del pasado implica técnicas de conocimiento de reciente adquisición (económica, política, etc.) y, sobre todo, de nuevos instrumentos de análisis intelectual (como, por ejemplo, cuando hablamos de «proletariado romano»). Por eso, a la asimetría temporal defendida por Danto entre el acontecimiento anterior de que se habla y el posterior bajo cuya descripción se describe el primero, hay que añadir la asimetría conceptual entre los sistemas de pensamiento accesibles a los agentes y los introducidos por los historiadores posteriores. Este tipo de redescripción es, como la de Danto, una redescripción *post eventum*. Pero hace hincapié más en el proceso de reconstrucción empleada que en la dualidad de los acontecimientos implicada por las frases narrativas. De esta forma, el «juicio histórico» dice más que la «frase narrativa».

[47] *Op. cit.*, p. 687.

a fin de «ver» la serie de acontecimientos «como configuración inteligible de relaciones» (p. 688). Esta inteligibilidad retrospectiva descansa en una construcción que ningún testigo hubiera podido realizar cuando se produjeron los acontecimientos, ya que este camino regresivo le era inaccesible entonces [48].

Mink añade dos observaciones: en la fenomenología que se limita a la situación en que se sigue una historia por vez primera, la función de la explicación corre el riesgo de no ser subrayada suficientemente y de reducirse al arte de llenar lagunas o de evitar las oscuridades que obstruyen el flujo narrativo. La explicación aparece menos en su propia función de servicio y, consiguientemente, menos retórica si la tarea del historiador consiste en proceder de forma regresiva y si —como hemos dicho— «no hay contingencia cuando se procede por esta vía». «La lógica de la explicación debería tener que ver con la fenomenología de la comprensión; la primera debería servir para corregir a la segunda, y ésta, para enriquecer a la primera» [49].

La segunda observación es más discutible: «Gallie —dice Mink— quiere transferir la apertura y la contingencia de nuestro *futuro presente* a la narración de los acontecimientos pasados, ya que, según él, no podemos concebirlos sino como habiendo sido futuros una vez» (p. 688). Con esto, Gallie profesaría una ontología errónea del tiempo, basada en «el principio de que pasado y futuro no son categóricamente diferentes entre sí, pues el pasado consiste en futuro pasado, y el futuro, en pasado futuro» (p. 688). El argumento no parece convincente. En primer lugar, no creo que futuros pasados y pasados futuros sean semejantes categorialmente; al contrario, la ausencia de simetría entre ellos alimenta lo que Mink llama con mucha razón «el carácter punzante de la conciencia histórica» *(ibíd.)*. En segundo lugar, el carácter determinado del pasado no es tal que excluya el tipo de cambios retroactivos de significación, sobre los que Danto ha llamado la atención con éxito. En

[48] En un artículo de 1970 (*History and Fictions as Modes of Comprehension:* «New Literary History» [1979] 541-558) leemos: «... La diferencia entre seguir una historia y haber seguido una historia revela algo más que una diferencia accidental entre una experiencia presente y otra pasada» (p. 546); la lógica de la narración refleja «no lo que son las estructuras o los rasgos genéricos de las narraciones ni lo que significa 'seguir', sino lo que significa 'haber seguido una historia'» *(ibíd.)*.

[49] *Philosophical Analysis Historical Understanding,* art. cit., p. 686.

tercer lugar, el proceso que consiste en recorrer de nuevo en el sentido progresivo el camino que hemos recorrido ya en el regresivo puede sin duda abrir de nuevo —si se puede decir— el espacio de contingencia que perteneció una vez al pasado cuando era presente; puede restituir una especie de asombro ilustrado, gracias al cual las «contingencias» encuentran una parte de su poder inicial de sorpresa.

Este poder puede muy bien provenir del carácter de *ficción* de la comprensión histórica, que discutiremos más tarde. Más concretamente, puede vincularse a ese aspecto de la ficción que Aristóteles caracteriza como la *mímesis* de la acción. Precisamente en el plano de las *contingencias* iniciales algunos acontecimientos gozan del estatuto de haber sido futuros en atención al curso de acción que se reconstruye retrospectivamente. En este sentido, debe existir un lugar para futuros pasados incluso en una ontología del tiempo, en cuanto que nuestro tiempo existencial se forja por las configuraciones temporales que la historia y la ficción establecen juntas. Volveremos sobre esta discusión en la cuarta parte de nuestra investigación.

Prefiero subrayar el tipo de unilateralidad que resulta de la sustitución de la fenomenología de la aprehensión retrospectiva por la de la captación directa de la historia proseguida por primera vez. ¿No corre Mink el riesgo de abolir, en el plano del acto de narrar de nuevo, rasgos de la operación narrativa, que son en realidad comunes al narrar y al narrar de nuevo, ya que provienen de la misma estructura de la narración, de la dialéctica entre contingencia y orden, entre episodio y configuración, entre discordancia y concordancia? A través de esta dialéctica, ¿no es la *temporalidad* específica de la narración la que corre el riesgo de ser ignorada? La realidad es que se observa en los análisis de Louis O. Mink una tendencia a despojar de todo carácter temporal al propio acto de «aprehender juntos», característico de la operación configurante. La negativa a atribuir a los acontecimientos narrados el haber sido futuros dejaba ya prever esta orientación, que parece reforzada por la insistencia sobre el acto de narrar de nuevo *a expensas* del de proseguir una historia por vez primera. Un tercer artículo de Louis O. Mink manifiesta claramente esta intención [50].

<hr>

[50] *History and Fiction as Modes of Comprehension,* art. cit.

El punto fuerte de este artículo es construir el modo *configurante* como uno de los tres modos de la «comprensión» *en sentido amplio,* al lado del *teórico* y del *categorial.* Según el teórico, los objetos se «comprenden» como casos o ejemplos de una teoría general: el sistema de Laplace representa el tipo ideal de este modo. Para el categorial, demasiado a menudo confundido con el anterior, comprender un objeto es determinar de qué tipo de objeto proviene, qué sistema de conceptos *a priori* da forma a una experiencia que, en su ausencia, seguiría siendo caótica. A esta comprensión categorial aspiró Platón y aspiran los filósofos más sistemáticos.

Es propio del modo configurante el colocar elementos en un complejo único y concreto de relaciones. Es el tipo de comprensión que caracteriza a la operación narrativa. Pero los tres modos tienen un objetivo común, no menos implícito al modo configurante que a los otros dos. La comprensión *en sentido amplio* se define como el acto de «aprehender juntos en un solo acto mental cosas que no se experimentan juntas o que incluso no se pueden experimentar así, porque están separadas en el tiempo, en el espacio o desde un punto de vista lógico. La capacidad de producir este acto es la condición necesaria (aunque no suficiente) de la comprensión» (p. 547). La comprensión, en este sentido, no se limita ni al conocimiento histórico ni a actos temporales. Comprender una conclusión lógica como resultado de sus premisas es una especie de comprensión que no posee rasgo narrativo: claro está que ella implica algunos presupuestos temporales en la medida en que lo que intentamos pensar juntamente consiste en las «relaciones complejas entre partes que sólo pueden experimentarse *seriatim*» (p. 548). Pero es sólo una manera de repetir después de Kant que toda experiencia se produce en el tiempo, incluso aquella que se produce también en el espacio, puesto que necesitamos «recorrer», «retener», «reconocer» todos los componentes y todas las etapas de la experiencia relatada. En una palabra: «la comprensión es el acto individual de ver-cosas-juntas y nada más» (p. 553).

Además, la comprensión en sentido amplio presenta un rasgo fundamental, que tiene implicaciones considerables para el modo narrativo de la comprensión. Toda comprensión —declara Mink— tiene por ideal, incluso si la meta no está al alcance, aprehender el mundo como *totalidad.* Con otras palabras: la meta está fuera del alcance porque el proyecto humano es ocupar el lugar de Dios (página 549). Esta repentina intrusión de un tema teológico no es, en absoluto, marginal. Esta última meta alegada de los tres modos de comprensión procede de transponer a la epistemología la definición que Boecio dio del «conocimiento que Dios tiene del mundo como *totum simul* en el que los momentos sucesivos de todo el tiempo están co-presentes en una única percepción, que haría de esos momentos sucesivos un paisaje de acontecimientos» (p. 549) [51].

Mink no duda en trasladar al modo configurante el objetivo de la comprensión en *sentido amplio:* «El *totum simul* que Boecio atribuye al conocimiento que Dios tiene del mundo sería seguramente *(of course)* el grado más elevado de la comprensión configurante» (p. 551). A la luz de esta declaración, la crítica anterior de la fenomenología, limitada al acto de seguir una historia, adquiere un nuevo relieve. En último término, a la comprensión narrativa parece negársele, en nombre del *totum simul,* la forma secuencial de las historias que esta fenomenología había logrado preservar. Me pregunto si no se lleva demasiado lejos el argumento, completamente válido, para el que la historia consiste más en haber proseguido que en proseguir, e incluso si no se debilita por la tesis posterior, que propugna que, en el acto de comprensión configurante, «acción y acontecimiento, aunque representados como produciéndose en el orden del tiempo, pueden percibirse —si se puede hablar así— de una sola ojeada, como unidos juntos en un orden de significación —aproximación del *totum simul,* que nunca podemos efectuar más que parcialmente» (p. 554).

Me pregunto si lo que se considera como el grado superior de la comprensión configurante no indica más bien su abolición. Para evitar esta consecuencia enojosa para la teoría narrativa no hay que asignar una función inversa a la idea del *totum simul,* a saber: *limitar* precisamente el afán de la comprensión de abolir el carácter

---

[51] Es cierto: Mink matiza de dos formas la tesis de que toda comprensión parcial puede juzgarse sólo en función de este objetivo ideal. En primer lugar, existen diferentes descripciones de este objetivo ideal de comprensión: el modelo según Laplace de un mundo predecible en el menor detalle no coincide con la *synopsis* de Platón en el libro VII de la *República.* En segundo lugar, estas descripciones son extrapolaciones de los tres modos diferentes y mutuamente exclusivos de comprensión. Pero estos dos correctivos no afectan al argumento principal, a saber: que el objetivo de la comprensión es abolir el carácter *seriatim* de la experiencia dentro del *totum simul* de la comprensión.

secuencial del tiempo subyacente en el lado *episódico* de la invención de la trama. Por tanto, el *totum simul* debería contemplarse como idea en el sentido kantiano de idea-límite, más que meta o guía. Volveremos sobre este punto en la cuarta parte. Por ahora bastará preguntarse si esta meta ideal no es la extrapolación apropiada de lo que está implicado en la comprensión *efectiva* de las narraciones.

Lo que es discutible, en un plano simplemente fenomenológico —plano en el que «haber-proseguido» se opone con razón a «proseguir»—, es la afirmación de que, «en la comprensión de un relato, el pensamiento de la sucesión temporal en cuanto tal se desvanece —o, podríamos decir, se retrasa como la sonrisa del 'gato de Cheshire'» (p. 554). Me niego a creer que «en la comprensión configurante de una historia que se ha seguido..., la necesidad de las referencias regresivas borre *(cancels out)*, por así decir, la contingencia de las referencias progresivas» *(ibíd.)*. Ninguno de los argumentos presentados es convincente.

Es perfectamente razonable el argumento para el que, en la historiografía ordinaria, la cronología retrocede —y con ella la preocupación por la datación—. Pero sigue abierto el problema de saber hasta qué punto la superación de la simple cronología implica la abolición de cualquier modo de temporalidad. Desde Agustín a Heidegger, toda la ontología del tiempo tiende a separar del tiempo puramente cronológico las propiedades temporales construidas sobre la sucesión, pero irreductibles, a la vez, a la simple sucesión y a la cronología.

Es igualmente correcto el argumento de que la comprensión es completa cuando se capta una acción determinada como la respuesta a un acontecimiento («enviar un telegrama» responde a «recibir un ofrecimiento»); pero el vínculo entre enviar un telegrama y recibirlo está garantizado por un término mediador: «aceptar el ofrecimiento», que engendra un *cambio* del estado de cosas inicial al estado de cosas terminal. Por tanto, no tenemos derecho a generalizar, a partir de la «respuesta», diciendo que «la acción y los acontecimientos de una historia comprendida como un todo están unidos por una red de descripciones que se apoyan unas en otras» (p. 556). La abolición de las frases marcadas por tiempos verbales, en esta red de descripciones que se apoyan mutuamente, es la señal de que la cualidad narrativa de la historia ha desaparecido con el vínculo temporal. Se puede afirmar con razón que, en la retrospección, todos los incidentes que se han producido en la *historia* de Edipo pueden captarse juntos en su *retrato*. Pero este retrato equivale al «pensamiento» de la tragedia de Edipo. Así, pues, el «pensamiento» que Aristóteles llamaba *dianoia* es un aspecto derivado de la trama con igual razón que los caracteres.

Nos queda por ver de qué manera la transposición del concepto de trama de la crítica literaria a la epistemología de la historia puede iluminar la dialéctica concreta entre discordancia y concordancia en la narración; dialéctica del relato narrativo que no se ha tenido suficientemente en cuenta en el análisis del modo configurante de comprensión que tiende a suprimir su cualidad temporal en nombre del objetivo que se le presta de igualarse al *totum simul* del conocimiento divino.

4. *La explicación a través de la trama*

Con la obra de Hayden White [52], los procedimientos de la construcción de la trama que he estudiado antes con el título de *mímesis* II se asignan por primera vez a la estructura narrativa de la historiografía, aunque no abarcan todo su campo.

La fuerza de los análisis de H. White descansa en la lucidez con que explicita los presupuestos de sus análisis de grandes textos históricos y define el universo del discurso en el que estas presuposiciones tienen lugar.

Primer presupuesto: Ahondando el surco ya abierto por Louis O. Mink, White reorganiza la relación entre historia y ficción según normas distintas de las de la epistemología, que afirma que la problemática de la objetividad y de la prueba es lo que determina el criterio fundamental de cualquier clasificación de los modos de discurso. Sea lo que fuere de esta problemática, sobre la que volveremos en la cuarta parte, el primer presupuesto de la «poética» del discurso histórico es que *ficción e historia pertenecen a la misma clase,* por lo que se refiere a la estructura narrativa.

[52] Hayden White, *Metahistory: The Historical Imagination in Nineteenth-Century Europe* (Baltimore 1973). El autor titula su introducción «The Poetics of History» (pp. 1-42).

Segundo presupuesto: El acercamiento entre historia y ficción entraña otro entre historia y literatura. Este cambio de las clasificaciones usuales pide que se tome en serio la caracterización de *la historia como escritura*. «La escritura de la historia», para emplear el título de Michel de Certeau [53], no es exterior a la concepción y a la composición de la historia; no constituye una operación secundaria, propia sólo de la retórica de la comunicación, y que podría desestimarse como si fuera de orden simplemente redaccional. Es constitutiva del modo histórico de comprensión. La historia es intrínsecamente historio-grafía o, para decirlo de una forma deliberadamente provocadora, un artificio literario [54] (*a literary artifact*).

Tercer presupuesto: Debe también replantearse la frontera trazada por los epistemólogos entre la historia de los historiadores y la filosofía de la historia en cuanto que, por una parte, toda gran obra histórica muestra una visión de conjunto del mundo histórico, y por otra, las filosofías de la historia recurren a los mismos medios de articulación que las grandes obras históricas. Por eso en su gran obra, *Metahistory,* H. White no duda en colocar en el mismo marco a Michelet, Ranke, Tocqueville, Burckhart y Hegel, Marx, Nietzsche, Croce.

Su autor llama *Metahistory* a esta «poética» de la historiografía, para distinguirla de la epistemología basada en el carácter de *inquiry* de la historia y, por tanto, asentada en las condiciones de objetividad y de verdad que instauran el corte epistemológico entre la historia como ciencia y la narración tradicional o mítica.

Los tres presupuestos que acabamos de enunciar entrañan efectivamente un deslizamiento y una nueva clasificación de la problemática. La atención exclusiva prestada a las condiciones de «cientificidad» de la historia es considerada como la responsable del desconocimiento de las estructuras, que colocan a la historia en

---

[53] Michel de Certeau, *L'Écriture de l'histoire* (París 1975).

[54] En el artículo de 1974 titulado *The Historical Text as Literary Artifact:* «Clio» III/3 (1974) 277-303, reproducido en R. A. Canary/H. Kozicki, *The Writing of History* (Wisconsin 1978), H. White define así un artificio verbal: «Un modelo de estructuras y procesos que tienen un largo pasado y no pueden por eso ser sometidos a un control experimental u objetual» (p. 278). En este sentido, las narraciones históricas son «ficciones verbales, cuyo contenido es tan inventado como fundado y cuyos términos tienen más en común con sus duplicados en la literatura que con las demás ciencias» (*ibíd.*).

Segundo presupuesto: El acercamiento entre historia y ficción entraña otro entre historia y literatura. Este cambio de las clasificaciones usuales pide que se tome en serio la caracterización de *la historia como escritura*. «La escritura de la historia», para emplear el título de Michel de Certeau [53], no es exterior a la concepción y a la composición de la historia; no constituye una operación secundaria, propia sólo de la retórica de la comunicación, y que podría desestimarse como si fuera de orden simplemente redaccional. Es constitutiva del modo histórico de comprensión. La historia es intrínsecamente historio-grafía o, para decirlo de una forma deliberadamente provocadora, un artificio literario [54] (*a literary artifact*).

Tercer presupuesto: Debe también replantearse la frontera trazada por los epistemólogos entre la historia de los historiadores y la filosofía de la historia en cuanto que, por una parte, toda gran obra histórica muestra una visión de conjunto del mundo histórico, y por otra, las filosofías de la historia recurren a los mismos medios de articulación que las grandes obras históricas. Por eso en su gran obra, *Metahistory,* H. White no duda en colocar en el mismo marco a Michelet, Ranke, Tocqueville, Burckhart y Hegel, Marx, Nietzsche, Croce.

Su autor llama *Metahistory* a esta «poética» de la historiografía, para distinguirla de la epistemología basada en el carácter de *inquiry* de la historia y, por tanto, asentada en las condiciones de objetividad y de verdad que instauran el corte epistemológico entre la historia como ciencia y la narración tradicional o mítica.

Los tres presupuestos que acabamos de enunciar entrañan efectivamente un deslizamiento y una nueva clasificación de la problemática. La atención exclusiva prestada a las condiciones de «cientificidad» de la historia es considerada como la responsable del desconocimiento de las estructuras, que colocan a la historia en

---

[53] Michel de Certeau, *L'Écriture de l'histoire* (París 1975).

[54] En el artículo de 1974 titulado *The Historical Text as Literary Artifact:* «Clio» III/3 (1974) 277-303, reproducido en R. A. Canary/H. Kozicki, *The Writing of History* (Wisconsin 1978), H. White define así un artificio verbal: «Un modelo de estructuras y procesos que tienen un largo pasado y no pueden por eso ser sometidos a un control experimental u objetual» (p. 278). En este sentido, las narraciones históricas son «ficciones verbales, cuyo contenido es tan inventado como fundado y cuyos términos tienen más en común con sus duplicados en la literatura que con las demás ciencias» (*ibíd.*).

historia como las de Spengler, Toynbee o H. G. Wells pueden parecer que pertenecen a la misma categoría «poética» que el drama o la epopeya.

Así, pues, la metahistoria, según White, debe romper dos resistencias: la de los historiadores, que sostienen que el corte epistemológico entre la historia y la narración tradicional y mítica aleja a la primera del círculo de la ficción, y la de los críticos literarios, para quienes la distinción entre lo imaginario y lo real es una evidencia fuera de duda.

No agotaremos la discusión en este capítulo. Dejamos para la cuarta parte los aspectos de la ficción verbal, que obligan a considerar de nuevo la noción de representación de lo real en historia, problema que nosotros hemos estudiado con el título de *mimesis* III. Por tanto, nos mantendremos en los límites de la ficción, entendida como configuración, en el sentido de *mimesis* II. Soy consciente del perjuicio que ocasiono a la obra de H. White al separar sus análisis más formales y los que conciernen a lo real histórico (la línea de división pasaría, pues, entre sus consideraciones sobre la invención de la trama y las que conciernen a la prefiguración del campo histórico, que él asigna a la teoría de los tropos: metáfora, metonimia, etc.). Pero creo que este perjuicio se compensa con la ventaja de no unir la suerte de los análisis formales [56], que me parecen más sólidos, a la de la tropología, que creo más débil.

Es importante que la construcción de la trama no reciba en H. White el tratamiento honorífico, que luego indicaremos, si no es a condición de no identificar totalmente con ella la noción de la «narrativa histórica». El autor toma buen cuidado, tanto en *Metahistory* como en sus artículos, de enmarcar la invención de la trama entre varias operaciones, cuya enumeración varía, por otra parte, de una obra a otra. De ahí que, por preocupación didáctica, consideraré en primer lugar todo lo que no es «trama», para concentrar luego en ella lo esencial de mis observaciones.

En un artículo de la revista «Clio» (1972) [57], coloca la trama

---

[56] «Mi método, para abreviar, es formalista...» (*Metahistory*, p. 3). Veremos en qué sentido la teoría del *emplotment* (invención de la trama) distingue este formalismo del estructuralismo francés y lo aproxima a la postura de Northrop Frye, que discutiremos en la tercera parte.

[57] Hayden White, *The Structure of Historical Narrative:* «Clio» 1 (1972)

entre la historia narrada y el argumento. *Story* se emplea aquí en un sentido limitativo (*«telling stories»*), en el sentido de una narración esencialmente secuencial, con comienzo, medio y fin. En realidad, traduzco por «hilo de la historia» más bien el concepto de «*story-line*» que el de *story*, que nos sirve aquí de referencia. Es claro que, con esto, el autor quiere quitarse de encima el argumento para el que la historia, tal como se escribe hoy, ya no es narrativa, aunque la objeción, según él, sólo vale si se reduce la historia (*story*) al hilo de la historia (*story-line*).

Parece que, para H. White, la delimitación entre *story* y *plot* (trama), desconcertante para muchos críticos, es más necesaria en historia que en crítica literaria, ya que, en historia, los acontecimientos que constituyen la línea de la historia narrada no los produce la imaginación del historiador, sino que están sometidos a los procedimientos de la prueba. Por mi parte, no veo en este argumento una manera de responder a la prohibición de Aristóteles, ya que el precio que hay que pagar por esta concesión es la propia distinción entre *story* y *plot*.

Así, pues, esta distinción no siempre es fácil de mantener, en cuanto que la *story* es ya un modo de organización, por lo que se distingue de una simple crónica de acontecimientos y se organiza según «motivos» o «temas» que unifican y delimitan en ella subconjuntos [58]. Por eso, la historia narrada es ya capaz de un «efecto

5-19. En *Metahistory*, «story» irá precedida de «chronicle» y el «modo de argumento» se completará por el «modo de implicación ideológica».

[58] «Entonces, la organización por motivos es un aspecto de la elaboración de la *story;* proporciona un tipo de explicación, aquel en el que piensa Mink cuando dice que los historiadores proporcionan una 'comprensión de los acontecimientos' en sus historias 'configurándolos'» (*The Structure of Historical Narrative*, p. 15). En *Metahistory* lo confirma: «La *transformación* de la crónica en historia narrada (*story*) se efectúa por la caracterización de ciertos acontecimientos contenidos en la crónica en términos de motivos inaugurales, terminales o de transición» (p. 5). La *story*, por oposición a la crónica, es «motifically encoded» (p. 6). Apenas estoy de acuerdo con esta reducción del campo del acto configurante, según Mink, a la *story*. White cree encontrar una confirmación de esta correlación entre el acto configurante y la explicación por *story* en la distribución que Mink hace entre comprensión configurante, comprensión categorial y comprensión teorética. Cree poder asignar el modo categorial a la explicación por *emplotment*, y el modo temático a la explicación por argumento (*The Structure of Historical Narrative*, p. 18). Además de que las dos triparticiones —la de Mink y la de White— no se dejan

explicativo». Precisamente para hacer justicia a este efecto explicativo, propio de la *story, Metahistory* la distingue de la «crónica», que se convierte en la primera articulación del campo histórico. En cuanto a la noción de «campo histórico» (*Metahistory*, p. 30), que volveremos a encontrar en Paul Veyne, plantea a su vez el problema de una articulación previa. En efecto, desde el interior de la narración ya organizada sólo se puede hablar de *unprocessed historical record* (*Metahistory*, p. 5), es decir, de un segundo plano pre-conceptual abierto a los procesos de selección y de ordenación [59].

La construcción de la trama conserva un efecto explicativo distinto de la historia narrada, en el sentido de que explica no los *acontecimientos de* la historia narrada, sino esa *misma historia,* al identificar la *clase* a la que pertenece. El hilo de la historia narrada permite identificar una configuración única; la invención de la trama invita a reconocer una clase tradicional de configuraciones. Estas categorías de trama, en cuya función se codifica no los acontecimientos de la historia, sino la historia misma, no están lejos de esos «criptogramas relacionales» [60] que, según E. H. Gombrich en *Art and Illusion,* regulan nuestra manera de «leer» la pintura.

H. White cree escapar así a los argumentos anti-narrativistas de los partidarios de Hempel, al dejarles la organización de la his-

superponer, White apenas hace justicia al análisis del acto configurante realizado por Mink, al reducir su campo de aplicación a la organización de la *story,* con exclusión del *emplotment* y del *argumento.* A tenor de mi concepto de intriga, el acto configurante de Mink cubre, según creo, los tres campos que White distingue. La clave de la divergencia estriba, a mi modo de entender, en la reducción inversa que White impone a la explicación por construcción de la trama, a saber: su identificación con una clase —la *categoría* de trama— a la que pertenece la historia narrada. Esta reducción me parece arbitraria.

[59] Esta regresión de la *story* a la crónica, y luego de ésta al campo histórico, en *Metahistory,* se parece a la regresión que conduce a Husserl, en su fenomenología genética, de las síntesis activas a síntesis pasivas siempre previas. En los dos casos se plantea la cuestión de lo que precede a toda síntesis activa o pasiva. Esta cuestión perturbadora llevó a Husserl a la problemática de la *Lebenswelt* y conduce a H. White a una problemática completamente diferente, que veremos en la cuarta parte: la articulación tropológica que «prefigura» (*ibíd.*) el campo histórico y lo abre a las estructuras narrativas. El concepto de campo histórico no sirve, pues, sólo de límite inferior a la clasificación de las estructuras narrativas; señala, sobre todo, la transición entre el estudio de los «efectos explicativos» de la narración y la de su función «representativa».

[60] *The Structure of Historical Narrative,* p. 16.

toria en términos de causas y leyes y al quitarles la explicación categorial propia de la construcción de la trama, pero a costa de separar explicación de la historia y explicación del acontecimiento.

Tampoco es fácil trazar el límite entre trama y argumento. Éste designa todo aquello en torno a lo cual gira la historia (*«the point of it all»* o *«what it all adds up to»*; *Metahistory*, p. 11). En una palabra: la tesis de la narración. Aristóteles incluía el argumento dentro de la trama bajo la apariencia de la probabilidad y la necesidad de la misma. Se puede decir, sin embargo, que es la historiografía, a diferencia de la epopeya, la tragedia y la comedia, la que exige esta distinción en el plano de los «efectos explicativos». Los lógicos han inventado el modelo nomológico precisamente porque la explicación por argumento puede distinguirse de la explicación por invención de intriga. El historiador argumenta de modo formal, explícito, discursivo. Pero los partidarios del modelo nomológico no han visto que el campo de la argumentación es mucho más amplio que el de las leyes generales, tomadas de ciencias conexas, ya constituidas fuera del campo histórico. El historiador posee su forma propia de argumentar, que pertenece también al campo narrativo. Y estos modos de argumentar son numerosos, hasta el punto de exigir una tipología. Esto es así porque cada modo de argumentar expresa al mismo tiempo una presuposición de carácter metahistórico sobre la propia naturaleza del campo histórico y sobre lo que se puede esperar de la explicación en historia. En cuanto a la tipología misma, H. White la toma de Stephen Pepper en *World Hypotheses.* Distingue cuatro grandes paradigmas: formista, organicista, mecanicista, contextualista [61]. Le gusta recalcar que si los dos primeros se consideran más ortodoxos y los segundos más heterodoxos y más metafísicos (en contra de los maestros del género: Ranke y Tocqueville), es porque se equivocan sobre el estatuto epistemológico de estas hipótesis globales. Olvidan que «la historia no es una ciencia; a lo más es una proto-ciencia que incluye en su constitución elementos no científicos específicamente determinables» *(Metahistory,* p. 21).

En realidad, la explicación por estos grandes paradigmas linda con la explicación por implicación *ideológica,* que *Metahistory* co-

---

[61] Para el conocimiento detallado de esta construcción y su ilustración por los grandes historiadores del siglo xix, cf. *Metahistory,* pp. 13-21 y *passim.*

loca en el quinto rango de las estructuras narrativas. H. White distingue este último modo explicativo del anterior por la postura ética propia de un modo particular de escribir la historia. Los presupuestos del modo anterior se apoyan en la naturaleza del campo histórico; los del modo ideológico, más bien en la naturaleza de la conciencia histórica y, por tanto, en el vínculo entre la explicación de los hechos pasados y la práctica presente [62]. Por eso, el modo ideológico de explicación posee también una estructura conflictiva, que exige una tipología apropiada. H. White toma esta última, modificándola ampliamente, de la clasificación de las ideologías de Karl Mannheim en *Idéologie et Utopie.* Postula cuatro actitudes ideológicas fundamentales: anarquismo, conservadurismo, radicalismo y liberalismo. Cualquiera que sea la conveniencia de esta tipología para las grandes obras históricas del siglo XIX, cuyo examen constituye precisamente el objetivo principal de *Metahistory,* interesa subrayar que, por la anexión del modo ideológico, H. White satisface dos exigencias distintas, si no opuestas. Por una parte, actúa con veracidad, al reintroducir, por el rodeo del concepto posmarxista de ideología, componentes del conocimiento histórico continuamente recalcados por la tradición del *verstehen,* representada en Francia por Aron y Marrou; a saber: la implicación del historiador en el trabajo histórico, la consideración de los valores y el vínculo de la historia con la acción en el mundo presente. Las preferencias ideológicas, que se apoyan en último término en el cambio social, en su amplitud y en su ritmo deseables, conciernen a la metahistoria y a la construcción del modelo verbal por el que la historia ordena acontecimientos y procesos en narraciones. Por otra parte, al distinguir argumento e ideología, el autor señala el lugar de la crítica misma de la ideología y somete la ideología a idéntica regla de discusión que el modo de explicación por argumentos formales.

[62] «Por 'ideología' entiendo un conjunto de prescripciones para tomar postura en el mundo presente de la praxis social y para actuar sobre él... Estas prescripciones son defendidas por argumentos que reivindican la autoridad de la 'ciencia' o del 'realismo'» (*Metahistory,* p. 22). H. White se acerca aquí a los intentos de los filósofos de la Escuela de Francfort, seguidos por K. O. Apel y J. Habermas, así como a los de no pocos antropólogos como Clifford Geertz —e incluso a los de algunos marxistas como Gramsci y Althusser—, por liberar el concepto de ideología de las connotaciones puramente peyorativas usadas por Marx en *L'idéologie allemande.*

Así enmarcada por el hilo de la historia (plano desdoblado a su vez en crónica y cadena de motivos) y por el argumento (igualmente desdoblado en argumentos formales y en implicaciones ideológicas), la explicación por *construcción de trama* adquiere en H. White un sentido estricto y restrictivo, que permite asegurar que ella no es el todo de la estructura narrativa y es, sin embargo, su eje principal [63].

Por invención de trama *(emplotment)* entiende el autor mucho más que la simple combinación entre el aspecto lineal de la historia narrada y el aspecto argumentativo de la tesis defendida; entiende el *tipo (kind)* al que pertenece la historia narrada; por tanto, una de esas categorías de configuración que hemos aprendido a distinguir por medio de nuestra cultura. Digamos, para explicar el problema, que H. White apela al tema que he desarrollado ampliamente en la primera parte sobre el papel de los paradigmas en la ordenación de la trama y sobre la constitución de la tradición narrativa por el juego de la innovación y de la sedimentación. Pero mientras yo caracterizo la construcción de la trama por medio de toda la gama de intercambios entre paradigmas e historias singulares, H. White reserva exclusivamente para su noción de *emplotment* su función de categorización: esto explica, en cambio, que él traslade a la noción de *story* el aspecto puramente lineal. La construcción de la trama así concebida constituye un modo de explicación: «la explicación por invención de la trama» *(Metahistory,* pp. 7-11). Explicar, en este caso, es proporcionar un guía para identificar pro-

---

[63] Uno puede preguntarse sobre lo que constituye la unidad de lo narrativo, pues que su campo aparece tan desarticulado... Como siempre, el recurso a la etimología *(The Structure of Historical Narrative,* pp. 12-13) apenas aclara nada; la *narratio* de los romanos es demasiado polisémica y demasiado dependiente de sus contextos propios; en cuanto a la raíz *na-,* que se supone común a todos los modos de cognoscibilidad, ya no proporciona ningún criterio determinante. Mucho más interesante es la siguiente sugerencia: tras cualquier aptitud para conocer, hay siempre un conocedor; tras cualquier narración, un narrador; ¿no habría, pues, que buscar la unidad y la diversidad de los efectos explicativos en la voz narrativa? «Podemos decir que una narración es una forma literaria en la que la voz del narrador se eleva contra un trasfondo de ignorancia, incomprensión u olvido para dirigir nuestra atención conscientemente hacia un segmento de experiencia organizada en una dirección determinada» *(ibíd.,* p. 13). Pero entonces la unidad del género narrativo no hay que buscarla ya en las estructuras narrativas, en su enunciado, sino en la narración como enunciación. Volveremos sobre ello en la tercera parte.

gresivamente el tipo de construcción de la trama (*The Structure of Historical Narrative*, p. 9). «Consiste en proporcionar el sentido de una historia identificando el tipo de historia que se ha contado» (*Metahistory*, p. 7). «Se obliga a un historiador dado a ordenar en forma de trama al conjunto de historias (*stories*) que componen su narración en una única forma total o *arquetípica*» (*ibíd.*, p. 8).

H. White toma la tipología de la construcción de la trama de la *Anatomie de la critique* de Northrop Frye: *novelesca (romance), trágica, cómica, satírica*. La épica se deja a un lado porque la epopeya aparece como la forma implícita de la crónica. El género satírico se contempla de un modo original en la medida en que, para Frye, las historias construidas según el modo irónico extraen su efecto de frustrar al lector el tipo de resolución que él espera de historias construidas según el modo novelesco, cómico o satírico. En este sentido, la sátira se opone polarmente al género novelesco que muestra el triunfo final del héroe; pero se opone también, al menos parcialmente, al trágico, en el que, a falta de celebrar la trascendencia última del hombre sobre el mundo venido a menos, se reserva una reconciliación para el espectador, a quien le es dado percibir la ley que rige los destinos; en fin, la sátira guarda igualmente sus distancias respecto a la reconciliación de los hombres entre sí, con la sociedad y con el mundo, que realiza la comedia por su desenlace feliz; sin embargo, la oposición es parcial: puede haber un género trágico satírico y otro cómico satírico. La sátira arranca de la última inadecuación de las visiones del mundo dramatizadas por novelesco, lo cómico y la tragedia.

¿Qué beneficio puede sacar la epistemología del conocimiento histórico de esta distinción entre tales «modos de explicación» (y sus «efectos explicativos» correspondientes) y de las tres tipologías propuestas en el plano de la trama, del argumento y de la ideología, respectivamente? Fundamentalmente, una teoría del *estilo* historiográfico, si entendemos por estilo una intersección notable entre las potencialidades abiertas por las diversas categorías narrativas implicadas (*Metahistory*, pp. 29-31).

Se puede componer gradualmente esta teoría del estilo siguiendo el orden de complejidad de la combinación. En un primer nivel, la teoría del estilo juega sobre la trilogía fundamental: *story, emplotment, argument*. En el artículo de 1972, tres obras ilustran la tripartición: la obra de Ranke, *Historia de Alemania en tiempos de la Reforma,* ilustra la explicación en función del hilo de la historia; la *Democracia en América,* de Tocqueville, la explicación en términos de argumento, y la obra de Burckhardt, *La Culture de la Renaissance en Italie,* la explicación en términos de trama.

Es cierto que cada una de estas obras implica trama, argumento e hilo de la historia, pero en proporciones variables. El orden lineal significa para Ranke que la historia tiene un comienzo, un medio y un fin, que ha vencido antes del presente del lector. Su argumento se reduce a los cambios sucedidos al pueblo alemán, que conserva su identidad. Y la trama se limita a mostrar «cómo una cosa ha conducido a otra» (p. 6). En este sentido, todo es *story* para Ranke, que ilustra el tipo «narrativista» de historiografía. También Tocqueville tiene una *story,* pero abierta por la extremidad que ella dirige hacia nosotros, a quienes incumbe la obligación de darle un fin con nuestra acción. Si se quiere, todo lo que narra no es más que el «medio» desplegado de una historia narrada. Pero se acentúa el tipo de estructura que une clases sociales, democracia política, cultura, religión, etc. En cambio, se puede decir que en Burckhardt todo es argumento: la historia narrada sólo sirve para ilustrar la tesis del individualismo del Renacimiento.

Pero, insensiblemente, la teoría del estilo histórico pasa a un segundo plano, al combinar la tripartición de historia narrada, trama y argumento con la tipología de la ordenación de la trama. Burckhardt ilustra no sólo la primacía del argumento sobre la trama y sobre la historia narrada, sino también el modo irónico de la ordenación de la trama, pues una historia que no va a ninguna parte destruye la expectativa de una conclusión moral o intelectual, tal como la hubieran creado los otros paradigmas de ordenación de la trama: novelesca, cómica o trágica. Michelet, en cambio, construye su historia según el modo novelesco; Ranke, según el cómico, y Tocqueville, según el trágico.

En fin, la teoría del estilo pasa a un segundo plano al combinar las tres tipologías respectivas de la ordenación de la trama, de la argumentación y de la implicación ideológica. Se obtiene así una combinación que tiene en cuenta, si no todas las combinaciones posibles, al menos las «afinidades selectivas», que describen la red de compatibilidad de la que emergen estilos historiográficos identificables: «Para mí, un estilo historiográfico representa una *combina-*

ción particular entre modos de construcción de la trama, de argumento y de implicación ideológica» (*Metahistory*, p. 29)[64]. Pero se equivocaría enormemente quien viese en el estilo histórico una combinación necesaria entre modos de explicación. El estilo es, más bien, un juego flexible entre afinidades: «La tensión dialéctica que caracteriza a la obra de todo gran historiador proviene de ordinario de un esfuerzo por armonizar un modo de construcción de la trama con un modo de argumento o de implicación ideológica que es no consonante con él» (p. 29)[65].

Un largo rodeo nos lleva así a nuestro tema de la consonancia disonante[66]: la primera fuente de consonancia disonante procede de la oposición entre los tres modos, que, tomados juntos, confieren a las estructuras narrativas una función explicativa[67]. La otra fuente de consonancia disonante proviene del enfrentamiento entre varias maneras de construcción de la trama no sólo entre historiadores diferentes, sino dentro de una gran obra.

En resumen, encontramos que la noción de estructura narrativa, de la que hemos partido, abarca un campo más amplio que el que los autores «narrativistas» le otorgan, mientras que la noción de trama recibe de su oposición a las de historia narrada y de argumento una precisión poco común.

Pero, sobre todo, no hay que perder de vista que la triple tipología sobre la que descansa esta teoría del estilo historiográfico no

[64] El autor propone, en *Metahistory*, p. 29, un cuadro de afinidades que regulan su propia lectura de los cuatro grandes historiadores y de los cuatro filósofos de la historia a los que se dedica la obra principalmente.

[65] El deslizamiento de una configuración a otra sigue siendo siempre posible. El mismo conjunto de acontecimientos puede conducir a una historia trágica o cómica, según la elección de la estructura de la trama que haga el historiador, de igual manera que, para unos, como dice Marx, «el 18 brumario de Luis-Napoleón Bonaparte» pudo ser una tragedia, y para otros, una farsa (*The Historical Text as Literary Artifact*, art. cit., p. 281).

[66] Hayden White habla, a este respecto, de su deuda para con Frank Kermode, *The sense of an Ending*, al final de *Structure and Historical Narrative*, p. 20.

[67] La teoría de los tropos, que paso por alto ahora, añade una dimensión suplementaria al estilo histórico. Pero no añade nada a la explicación propiamente dicha (*Metahistory*, pp. 31-52, y *The Historical Text as Literary Artifact*, pp. 286-303, sobre el aspecto mimético de la narración). Volveré sobre esto en la cuarta parte, en el marco de la discusión sobre las relaciones entre lo imaginario y lo real en la idea del pasado.

reivindica ninguna autoridad «lógica». Los modos de construcción
de la trama, en particular, son los resultados de una tradición de
escritura que les ha dado la configuración que el historiador pone
en práctica. Este aspecto de tradicionalidad es, en definitiva, el más
importante: el historiador, como escritor, se dirige a un público
capaz de reconocer las formas tradicionales del arte de narrar. Las
estructuras no son, pues, reglas inertes. No son clases surgidas de
una taxonomía *a priori*. Son las formas de una herencia cultural. Si
se puede afirmar que ningún acontecimiento es en sí trágico y que
sólo el historiador lo muestra así al codificarlo de cierta manera,
es porque lo arbitrario de la codificación es limitado no por los acontecimientos narrados, sino por la espera del lector de encontrar formas conocidas de codificación: «La codificación de los acontecimientos con arreglo a una u otra estructura de intriga es uno de los
procedimientos de que dispone una cultura para conferir un sentido a un pasado personal o público» *(The Historical Text as Literary Artifact,* p. 238). De este modo, la codificación se ordena
más por los efectos de sentido esperados que por el material que
hay que codificar.

Este efecto de sentido consiste esencialmente en hacer familiar
lo no-familiar. La codificación contribuye a ello en la medida en
que el historiador comparte con el público la inteligencia de las formas «que deben tomar las situaciones humanas significativas en
virtud de la participación del historiador en el proceso específico
de formación del sentido, que hacen de él el miembro de una herencia cultural y no de otra» *(ibíd.,* 283)[68].

Así se restituye, a través de su carácter de tradicionalidad, el
carácter dinámico de la construcción de la trama, aunque se considere sólo su carácter genérico. Por lo demás, este rasgo se halla

---

[68] Este papel de la tradición en la codificación narrativa proporciona una
respuesta a la objeción de que las tres tipologías utilizadas por esta teoría del
estilo historiográfico son prestadas. Hay que decir de las formas heredadas de
la codificación lo que se ha dicho de las leyes: el historiador no las hace, las
usa. Por eso el reconocimiento de una forma tradicional puede adquirir en
historia valor de explicación: White compara, a este respecto, este procedimiento de *re-familiarización* con acontecimientos con los que el sujeto se ha
desfamiliarizado con lo que ocurre en psicoterapia *(The Historical Text...,*
pp. 284-285). La comparación actúa en los dos sentidos, en la medida en que
los acontecimientos con los que el historiador intenta familiarizarnos se han
olvidado muy a menudo a causa de su carácter traumático.

compensado por la continuidad que la noción de *estilo* historiográfico restablece entre crónicas, cadena de motivos, trama, argumento e implicación ideológica. Por eso se puede considerar —un poco contra H. White, aunque mucho gracias a él— la construcción de la trama como la operación que *dinamiza* todos los planos de articulación narrativa. La construcción de la trama es mucho más que un plano entre tantos: ella realiza el paso entre narrar y explicar.

5.   «*Cómo se escribe la historia*» [69]

Me ha parecido interesante volver, al final de este capítulo, sobre la historiografía francesa: la obra de Paul Veyne —aislada en el panorama francés—, *Comment on écrit l'histoire,* posee la importante ventaja de unir un debilitamiento científico de la historia con una apología de la noción de trama. Paul Veyne se halla así curiosamente situado en la confluencia de las dos corrientes de pensamiento que acabamos de describir, aunque proceda de Max Weber y no de la corriente «narrativista» anglosajona y conserve con el positivisto lógico un vínculo, roto por esta corriente. Sin embargo, al situarlo en esta encrucijada estratégica, espero aumentar el mordiente de una obra que no carece de él.

En efecto, el libro puede leerse como un hábil cruce de dos motivos: la historia no es «nada más que una narración verídica» (página 13), es una ciencia demasiado «sublunar» para ser explicada por leyes. Debilitar la pretensión explicativa, elevar la capacidad narrativa: ambos movimientos se equilibran en un incesante movimiento pendular.

Elevar la capacidad narrativa: esta meta se alcanza si se acoplan convenientemente narración y trama, cosa que nunca han intentado hacer ni Marc Bloch, ni Lucien Febvre, ni Fernand Braudel, ni siquiera Henri-Irénée Marrou, para quien la narración es la que harían los propios actores, entregados a la confusión y a la opacidad de su propio presente. Pero la narración no hace revivir nada, pre-

---

[69] Paul Veyne, *Comment on écrit l'histoire,* ampliado con el trabajo *Foucault révolutionne l'histoire* (París 1971). Para un estudio más completo, véase mi ensayo *The Contribution of French Historiography to the Theory of History.* Cf., además, Raymond Aron, *Comment l'historien écrit l'épistémologie: à propos du livre de Paul Veyne:* «Annales» 6 (1971) 1319-1354.

cisamente porque es construida: «La historia es una noción libresca y no existencial; es la organización por la inteligencia de datos que se refieren a una temporalidad que no es la del *Dasein*» (p. 90), y también: «La historia es una actividad intelectual que, a través de las formas literarias consagradas, sirve para fines de simple curiosidad» (p. 103). Nada vincula esta curiosidad a algún fundamento existencial [70].

En un sentido, Veyne llama narración a lo que Aron y Marrou llamaban reconstrucción. Pero el cambio de terminología tiene su importancia. Al vincular la comprensión histórica a la actividad narrativa, el autor permite llevar más lejos la descripción del «objeto de la historia» (título de su primera parte). Si, en efecto, nos atenemos al carácter intrínseco de la noción de acontecimiento —toda ocurrencia individual irrepetible—, nada lo califica de histórico o de físico: «La verdadera diferencia no estriba en los hechos históricos y en los físicos, sino en la historiografía y la ciencia física» (p. 21). Ésta subsume hechos dentro de leyes; aquélla los integra dentro de tramas. La estructuración de la trama es lo que califica a un hecho como histórico: «Los hechos sólo existen en y por tramas en las que adquieren la importancia relativa que les impone la lógica humana del drama» (p. 70). Y también: «Puesto que un acontecimiento es tan histórico como otro, se puede recortar el campo episódico con toda libertad» (p. 83). En este punto, Veyne se acerca a los autores «narrativistas» de lengua inglesa que acabamos de estudiar. Un acontecimiento histórico no es sólo lo que sucede, sino lo que puede ser narrado o se ha narrado ya en crónicas o leyendas. Además, el historiador no se sentirá desolado de trabajar sólo con documentos parciales: una trama se hace sólo con lo que se sabe; es, por naturaleza, un «conocimiento mutilado».

Al vincular así el *acontecimiento* a la *trama,* Paul Veyne puede desdramatizar el debate entre lo episódico y lo no episódico abierto por la escuela de los «Annales». La larga duración es tan episódica como la corta si la trama es la única medida del acontecimiento. Lo no episódico señala sólo la desviación entre el campo indeterminado de los acontecimientos y el campo ya surcado de intrigas: «Lo no

---

[70] Ni Aron ni, sobre todo, Marrou cortarían tan fácilmente el vínculo decisivo que une la historia a la comprensión del otro; por tanto, a cierto aspecto de lo vivido.

episódico son acontecimientos no declarados todavía como tales: la historia de las tierras, de las mentalidades, de la casa de recreo o de la búsqueda de seguridad a través de los siglos. Por tanto, se llamará no episódico a la historicidad de la que no tenemos conciencia como tal» (p. 31).

Más aún, si damos una definición amplia de lo que consideramos como trama, incluso la historia cuantitativa entra en su órbita: hay trama siempre que la historia compone conjuntos de fines, de causas materiales, de casualidades: una trama es «una mezcla muy humana y muy poco 'científica' de causas materiales, de fines y de casualidades» (p. 46). No le es esencial el orden cronológico. A mi entender, esta definición es totalmente compatible con la noción de síntesis de lo heterogéneo presentada en nuestra primera parte.

Hay trama siempre que se pueda reconocer esta combinación inconexa. En este sentido, las series no cronológicas, las series por *items* de los historiadores cuantitativistas, siguen siendo del dominio de la historia en virtud de su vínculo, todo lo tenue que se quiera, con la trama. El vínculo entre trama y series de *items,* que el autor no explicita con claridad, parece garantizado por la noción tomada de Cournot (a la que Aron remitía al comienzo de su libro de 1937) del cruce de series causales: «El campo de los acontecimientos es un entrecruzado de series» (p. 35). Pero ¿es todo entrecruzado de series una trama?

P. Veyne cree que puede ampliar la noción de trama hasta el punto en que no le es indispensable el concepto de tiempo: «¿Qué sería de la historiografía que terminara por liberarse de los últimos restos de singularidades, de las unidades de tiempo y lugar, para entregarse totalmente a la única unidad de la trama? Es lo que aparecerá en el transcurso de este libro» (p. 84). El autor quiere así llegar hasta el fin de una de las posibilidades abiertas por la noción aristotélica de trama que —como hemos visto— ignora también el tiempo, aun cuando implica comienzo, medio y fin. Diversos autores de lengua inglesa han explotado también esta posibilidad de acronicidad (cf. *supra,* Louis O. Mink), pues esta posible acronicidad está vinculada al rasgo fundamental de la trama sobre el que Aristóteles construye su *Poética:* la capacidad de enseñar lo universal. Hemos visto anteriormente cómo H. White explota a fondo este recurso genérico categorial de la estructuración de la trama.

Encuentro de nuevo en Paul Veyne la misma idea cuando desarrolla la aparente paradoja de que la historia no tiene por objeto lo individual, sino lo específico. Una vez más, la noción de trama nos aleja de cualquier defensa de la historia como ciencia de lo concreto. Introducir el acontecimiento en la trama es enunciar algo inteligible; por tanto, específico: «Cuanto puede enunciarse de un individuo posee una especie de generalidad» (p. 73). «La historia es la descripción de lo que es específico, es decir, comprensible, en los acontecimientos humanos» (p. 75). Esta tesis coincide con la de la descripción por *items* y la del entrecruzado de las series. El individuo es una encrucijada de series de *items,* con tal que un conjunto de *items* sea también una trama.

Con este componente inteligible de la trama pasamos a la otra vertiente de la obra: debilitar la pretensión explicativa.

Debilitar la pretensión explicativa: En este punto, Veyne se muestra provocador: la historia —dice— tiene una crítica y una tópica, pero no un método. No tener método significa no tener una regla para hacer la síntesis de los hechos. Si el campo histórico es, como se ha dicho, completamente indeterminado, cuanto se encuentra en él ha tenido lugar realmente, pero pueden trazarse en él numerosos itinerarios. En cuanto al arte de trazarlos, pertenece al género histórico, con las diferentes formas de concebirlo que han existido a través de los siglos.

La única «lógica» compatible con la noción de trama es la *lógica de lo probable,* cuyo vocabulario lo toma Veyne de Aristóteles: la ciencia y las leyes sólo están vigentes en el orden supralunar, mientras que «lo sublunar es el reino de lo probable» (p. 44). Es como decir que la historia pertenece a lo sublunar y que procede por tramas: la historia «será siempre trama porque será humana; sublunar, porque no será una parte de determinismo» (p. 46). El probabilismo es un corolario de la capacidad que tiene el historiador de recortar libremente el campo de los acontecimientos.

Pero como lo probable es un carácter de la propia trama, no hay lugar a la distinción entre narración, comprensión y explicación: «Lo que llamamos explicación casi no es más que la forma que tiene la narración de organizarse en una trama comprensible» (p. 111). Podíamos contar con ello: en el orden de lo sublunar no existe explicación en el sentido científico de la palabra, en el sentido en que una ley explica un hecho: «Explicar, por parte de un historiador, quiere decir 'mostrar el desarrollo de la trama, hacerlo comprender'» (p. 112). La explicación de la Revolución «es el *resumen* de ésta y nada más» (p. 114). En este sentido, la explicación sublunar no se distingue de la comprensión. Al mismo tiempo, *desaparece el problema* de la relación entre comprensión y explicación que tanto había preocupado a Raymond Aron. Respecto a la palabra causa, sacada de la de ley, Veyne la emplea como Maurice Mandelbaum[71]: «Las causas son los diversos episodios de la trama» (p. 115), y más adelante añade: «La narración es de entrada causal, comprensible» (p. 118). En este sentido, «explicar más es narrar mejor» (p. 119). Es la única profundidad que puede asignarse a la historia. Parece que la explicación llega más lejos que la comprensión inmediata porque puede explicar los factores de la narración según los tres aspectos del azar, de la causa material y de la libertad. «El menor 'hecho' histórico, si es humano, implica estos tres elementos» (p. 121). Es afirmar que la historia no se explica enteramente ni por encuentros accidentales, ni por causas económicas, ni por mentalidades, proyectos o ideas, y no hay regla para ordenar estos tres aspectos. Es otra forma de decir que la historia carece de método.

La *retrodicción* representa una excepción aparente a la tesis que afirma que, en historia, explicar es hacer comprender (pp. 176-209). Se trata de una operación inductiva por la que el historiador llena una laguna en su narración mediante analogía con un encadenamiento semejante, pero sin falla, en otra serie. Es ahí donde la explicación parece distinguirse más claramente de la comprensión, en la medida en que la retrodicción pone en juego una explicación causal. Ahora bien: parece que ésta interviene precisamente cuando los documentos no facilitan una trama; nos remontamos entonces, por retrodicción, a una presunta causa (se dirá, por ejemplo, un régimen fiscal demasiado severo hizo impopular a Luis XIV). En este caso, procedemos por semejanzas, sin garantía de que, en una circunstancia particular, no nos traicione la analogía. Es el momento de recordar que la causalidad sublunar es irregular, confusa y sólo equivale a «las más de las veces» y «... salvo excepción». Dentro de estos límites estrechos de lo verosímil, la retrodicción compensa las lagunas de nuestros documentos. El razonamiento al que más se aseme-

---

[71] Cf. *infra,* capítulo III de esta misma parte.

ja la retrodicción es la *seriación* practicada por los epigrafistas, los filólogos y los iconografistas. Lo que proporciona al historiador el equivalente de la serie es la semejanza garantizada por la estabilidad relativa de las costumbres, de las convenciones, de los tipos, de una civilización o de una época a otra. Ella permite saber, de un modo general, a qué atenerse respecto a la gente de una época concreta.

Por tanto, la retrodicción no hace surgir condiciones del conocimiento sublunar. No tiene nada en común con una ley de subsunción. Está más próxima de la explicación causal de Dray y de Mandelbaum (volveremos sobre ella en el capítulo siguiente): «La explicación histórica no es nomológica, es causal» (p. 201). Después de todo, eso dice Aristóteles de la trama: hace que «uno por causa de otro» prevalezca sobre «uno después de otro».

Sin embargo, podemos preguntarnos si la explicación causal y la comprensión por medio de la trama coinciden siempre. Este punto no se discute con seriedad. Cuando la acción desarrolla efectos no intencionales —situación normal para el historiador, como explican Danto y Lübbe con argumentos diferentes—, parece que la explicación muestra el fracaso de la trama. El autor parece estar de acuerdo con esto: «Este intervalo entre la intención y el efecto es el lugar que reservamos a la ciencia cuando escribimos la historia y cuando la hacemos» (p. 208). Quizá se puede contestar que la intriga, al no coincidir con la perspectiva de un agente, sino al expresar «el punto de vista» del que la narra —la «voz narrativa», si se quiere—, no ignora nada de los efectos no queridos.

Seguidamente debemos hacer justicia a dos tesis complementarias: la historia no tiene método, pero sí una crítica y una teoría de los tópicos.

¿Qué ocurre con la *crítica?* No constituye el equivalente o el sustituto de un método. Como indica su nombre —kantiano—, es más bien la vigilancia del historiador respecto a los conceptos que emplea. En este sentido, P. Veyne profesa un nominalismo sin concesiones: «Las abstracciones no pueden ser causas eficientes, pues no existen… Tampoco existen fuerzas de producción; sólo existen hombres que producen» (p. 138). Esta brusca declaración no debe —creo— separarse de la tesis enunciada anteriormente de que el historiador no conoce lo individual, sino lo específico. Sencillamente, lo genérico no es lo específico. El autor tiene presente algo parecido a los «tipos ideales» de Max Weber, de los que subraya su carácter heurístico y no explicativo. Al provenir éstos de la heurística, el historiador no ha podido reajustarlos y así escapar a los contrasentidos que suscitan. Los conceptos en historia son más bien representaciones compuestas, extraídas de denominaciones anteriores y extendidas, a modo de exploración, a casos análogos; pero la continuidad que sugieren es engañosa y abusivas las genealogías. Este régimen pertenece más bien a los conceptos sublunares, perpetuamente falsos por ser siempre imprecisos. La vigilancia debe ser, en este aspecto, muy severa cuando la historia se adentra, como debe ser, en el camino del *comparatismo.* Marc Bloch tenía razón, en *La société féodale,* al comparar la servidumbre en Europa y en Japón. Pero la comparación no hace descubrir una realidad más general ni da lugar a una historia más explicativa. Sólo la heurística remite a las tramas particulares: «¿Qué otra cosa hacemos que comprender tramas? No hay dos formas de comprender» (p. 157).

Nos queda la *tópica.* La historia no tiene método, pero sí una crítica y una teoría de los tópicos (p. 267). La palabra está tomada, como hace Vico, de la teoría aristotélica de los *topoi* o «lugares comunes», emparentada a su vez con la retórica. Estos lugares comunes —como se sabe— constituyen la reserva de preguntas apropiadas de las que debe servirse un orador para hablar eficazmente ante una asamblea o un tribunal. ¿Para qué puede servir la teoría de los tópicos en historia? Sólo tiene una función: «la prolongación del cuestionario» (pp. 253ss), y la prolongación del cuestionario es el único proceso de que es capaz la historia. Pero ¿cómo puede hacerse esto sino mediante el enriquecimiento paralelo de los conceptos? Es, pues, necesario compensar el nominalismo, tan fuertemente asociado a la teoría de la comprensión, mediante una apología del progreso conceptual gracias al cual la visión del historiador moderno es más rica que la de un Tucídides. Es cierto que Veyne no se contradice formalmente en cuanto que asigna la teoría de los tópicos histórica a la heurística (por tanto, al arte de interrogar), no a la explicación, si entendemos por ésta el arte de responder a las preguntas. Pero ¿sigue estando la teoría de los tópicos contenida en la heurística? ¿No invade el campo de la explicación? En el caso más frecuente hoy de la historia no episódica, digamos de la historia «estructural» (p. 263), la teoría de los tópicos es la que permite al historiador distanciarse de la óptica de sus fuentes y conceptualizar los acontecimientos de modo distinto del que lo hubieran hecho los agentes históricos o sus contemporáneos y, por tanto, racionalizar la lectura del pasado. Por lo demás, Veyne lo dice muy bien: «Esta racionalización se traduce por medio de una conceptualización del mundo vivido mediante la prolongación de la teoría de los tópicos» (p. 268).

Veyne nos pide que aceptemos juntas dos tesis a primera vista inconexas: que en historia sólo hay que comprender *tramas* y que la prolongación del cuestionario equivale a una progresiva *conceptualización*. Es cierto que el contraste entre las dos tesis es menos fuerte si interpretamos correctamente ambas aserciones. Por una parte, hay que admitir que la noción de trama no está vinculada a la historia episódica, que hay trama igualmente en la historia estructural; así ensanchada, la comprensión de la trama no sólo no contradice, sino que exige el progreso en la conceptualización. Por otra parte, hay que admitir que la conceptualización no autoriza ninguna confusión entre el conocimiento sublunar y una ciencia en el sentido fuerte del término. En este sentido, la teoría de los tópicos sigue siendo una heurística y no cambia el carácter fundamental de la comprensión, que sigue siendo comprensión de tramas.

Para ser totalmente convincente, Paul Veyne debería explicar cómo la historia puede seguir siendo una narración cuando deja de ser episódica, ya se haga estructural o comparativa, o que, en fin, reagrupe en serie *items* tomados del *continuum* temporal. En otras palabras: el libro de Paul Veyne plantea la cuestión de saber hasta dónde puede extenderse la noción de trama sin que deje de ser discriminante. Esta cuestión se dirige hoy a todos los que sostienen una teoría «narrativista» de la historia. Los autores de lengua inglesa han podido eludirla porque sus ejemplos son, las más de las veces, simples y no sobrepasan el plano de la historia episódica. La teoría narrativista es puesta a prueba realmente cuando la historia deja de ser episódica. La fuerza del libro de Paul Veyne radica en haber conducido hasta este punto crítico la idea de que la historia es sólo construcción y comprensión de tramas.

Biblioteca Testimonial Del Bicentenario

PAUL RICŒUR

Hermenéutica y Acción

LA INTENCIONALIDAD HISTORICA

Introducción

El capítulo que iniciamos se propone examinar detenidamente el vínculo *indirecto,* que, a mi juicio, debe preservarse entre la historiografía y la competencia narrativa, tal como se ha analizado en el tercer capítulo de la primera parte.

El *balance* de la confrontación entre los dos capítulos precedentes es éste: tal vínculo debe preservarse, pero no puede ser un vínculo directo.

Los análisis del primer capítulo imponen la idea de un *corte epistemológico* entre el conocimiento histórico y la competencia para prolongar una historia. El corte afecta a esta competencia en tres planos: el de los procedimientos, el de las entidades y el de la temporalidad.

En el plano de los *procedimientos,* la historiografía nace, en cuanto investigación —*historia, Forschung, enquiry*—, del uso específico que hace de la explicación. Aunque se admita —con W. B. Gallie— que la narración es «auto-explicativa», la historia-ciencia separa de la trama de la narración el proceso explicativo y lo erige en problemática distinta. No es que la narración ignore la forma del *¿por qué?* y del *porque,* pero sus conexiones siguen siendo inmanentes a la construcción de la trama. Con el historiador, la forma explicativa se hace autónoma, se convierte en algo distinto de un proceso de autentificación y justificación. En este aspecto, el historiador se halla en el puesto de un juez, puesto real o potencial de discusión en la que intenta probar que cierta explicación vale más que otra. Busca, pues, «garantes», a cuya cabeza se halla la prueba documental. Una cosa es explicar narrando y otra problematizar la propia explicación para someterla a la discusión y al juicio de un auditorio, si no universal, al menos considerado competente, compuesto en primer lugar por los colegas del historiador.

Esta independencia de la explicación histórica respecto a los esbozos de explicación inmanentes a la narración tiene varios corolarios, que acentúan la rotura entre historia y narración.

Primer corolario: Al trabajo de explicación se vincula otro de conceptualización, que algunos consideran incluso como el principal criterio de la historiografía [1]. Este problema sólo puede pertenecer a una disciplina que, si carece de método, como piensa Paul Veyne, posee precisamente una crítica y una teoría de los tópicos. No existe epistemología de la historia que no llegue a tomar partido, en uno u otro momento, en el gran debate de los universales (históricos) y a rehacer laboriosamente, como se hizo en la Edad Media, el vaivén entre el realismo y el nominalismo (Gallie). Poco importa esto al narrador: es cierto que él emplea universales, pero no hace su crítica; ignora el problema planteado por la «prolongación del cuestionario» (P. Veyne) [2].

Segundo corolario del estatuto crítico de la historia como búsqueda: Cualesquiera que sean los *límites* de la objetividad histórica, existe un *problema de la objetividad* en historia. Según Maurice Mandelbaum [3], un juicio se llama «objetivo» «porque miramos su verdad como excluyente de que su negación pueda ser igualmente verdadera» (p. 150). Pretensión siempre frustrada, pero incluida en el propio proyecto de búsqueda histórica. La objetividad buscada tiene dos caras: en primer lugar, se puede esperar que los hechos de que tratan las obras históricas, tomados uno por uno, se *enlacen* entre sí como mapas geográficos si se respetan las mismas reglas de proyección y de escala, o también como las facetas de una misma piedra preciosa. No tiene ningún sentido colocar uno detrás de otro o a su lado cuentos, novelas, obras de teatro; pero es una cuestión legítima e ineluctable preguntarse cómo la historia de un período se enlaza con la de otro, la historia de Francia con la de Inglaterra, etc., o cómo la historia política o militar de un país en una época determinada se enlaza con su historia económica, social, cultural, etc. Un sueño secreto de cartógrafo o de diamantista mueve la empresa histórica. Aunque la idea de historia universal deba ser siempre una «Idea» en sentido kantiano, a falta de constituir un «plano geome-

---

[1] Paul Veyne, *L'histoire conceptualisante,* en J. Le Goff/P. Nora (eds), *Faire de l'histoire* I (París 1974) 62-92. Cf. *supra,* la nota de los amplios análisis que Marc Bloch consagra al problema de la «nomenclatura» en historia (segunda parte, cap. I, 1).

[2] Cf. *supra,* segunda parte, cap. II, 2.

[3] Maurice Mandelbaum, *The Anatomy of Historical Knowledge* (Baltimore/Londres 1977) 150.

tral» en el sentido leibniziano, no es ni inútil ni insensato el trabajo de aproximación capaz de acercar a esta idea los resultados concretos alcanzados por la investigación individual o colectiva. A este deseo de conexión de parte del hecho histórico corresponde la esperanza de que los resultados logrados por diferentes investigadores puedan acumularse por un efecto de complementariedad o de rectificación mutuas. El «credo» de la objetividad no es otra cosa que esta doble convicción de que los hechos relatados por historias diferentes pueden enlazarse y que los resultados de estas historias pueden complementarse.

Último corolario: Precisamente por tener un proyecto de objetividad, la historia puede plantear como un *problema* específico el de los *límites* de la objetividad. Esta cuestión es extraña a la inocencia y a la ingenuidad del narrador. Éste espera más bien de su público, según la expresión frecuentemente citada de Coleridge, que «suspenda voluntariamente su incredulidad». El historiador se dirige a un lector desconfiado que espera de él no sólo que narre, sino también que autentifique su narración. En este sentido, reconocer entre los modos explicativos de la historia una «implicación ideológica (Hayden White) [4] es ser capaz de reconocer una ideología como tal, es decir, de distinguirla de los modos propiamente argumentativos e igualmente de colocarla bajo la mirada de la crítica de las ideologías. Este último corolario podría llamarse la *reflexividad crítica* de la investigación histórica.

Conceptualización, búsqueda de objetividad y reflexividad crítica señalan las tres etapas de la independencia de la explicación en historia respecto al carácter «auto-explicativo» de la narración.

A esta independencia de la explicación corresponde otra semejante de las *entidades,* que el historiador considera como su objeto suficiente. Mientras que en la narración tradicional o mítica e incluso en la crónica que precede a la historiografía la acción se refiere a agentes que se pueden identificar, designar con nombre propio y considerar responsables de las acciones narradas, la historia-ciencia se refiere a objetos de un tipo nuevo apropiados a su modo explicativo. Ya se trate de naciones, de sociedades, de civilizaciones, de clases sociales o de mentalidades, la historia coloca en el lugar del sujeto de la acción a entidades anónimas en el sentido propio de la

---

[4] Cf. *supra,* segunda parte, cap. II, 2.

palabra. Este corte epistemológico en el plano de las entidades se lleva a cabo en la escuela francesa de los «Annales» con la supresión de la historia política en beneficio de la económica, social y cultural. El lugar que no hace mucho ocupaban esos héroes de la acción histórica, que Hegel llamaba los grandes hombres de la historia mundial, lo ocupan ahora fuerzas sociales cuya acción no podría imputarse de manera distributiva a agentes individuales. Así, parece que la nueva historia no tiene personajes, pero sin personajes no podría seguir siendo una narración.

El tercer corte resulta de los dos anteriores: concierne al estatuto epistemológico del *tiempo histórico*. Éste se presenta sin vínculo directo con el de la memoria, de la espera y de la circunspección de agentes individuales. Ya no parece referido al presente vivo de la conciencia subjetiva. Su estructura es exactamente proporcionada a los procedimientos y a las entidades que emplea la historia-ciencia. Por una parte, el tiempo histórico parece reducirse a una sucesión de *intervalos homogéneos,* portadores de la explicación causal o nomológica; por otra, se dispersa en *multiplicidad de tiempos,* cuya escala se ajusta a la de las entidades analizadas: tiempo corto del acontecimiento, tiempo semilargo de la coyuntura, larga duración de las civilizaciones, duración larguísima de los símbolos creadores del estatuto social como tal. Estos «tiempos de la historia», según la expresión de Braudel [5], parecen sin relación visible con el tiempo de la acción, con esa «intratemporalidad» de la que decíamos con Heidegger que es siempre tiempo favorable o desfavorable, tiempo «para» hacer [6].

Sin embargo, pese a este triple corte epistemológico, la historia no puede romper su vínculo con la narración sin perder su carácter histórico. Inversamente, este vínculo no puede ser directo hasta el punto de que la historia pueda considerarse como una especie del género denominado *story* (Gallie) [7]. Las dos mitades del capítulo II de la segunda parte convergen sin encontrarse; por eso han aumentado la exigencia de la dialéctica diferente entre la investigación histórica y la capacidad narrativa.

Por una parte, la crítica del modelo nomológico, por la que co-

---

[5] Cf. *supra,* segunda parte, cap. I, 2.
[6] Cf. *supra,* primera parte, cap. III, 1 *(Mímesis* I).
[7] Cf. *supra,* segunda parte, cap. II, 2.

menzamos, ha desembocado en una diversificación de la explicación que la hace menos extraña a la inteligencia narrativa, sin que, no obstante, se niegue la vocación explicativa por la que la historia se mantiene en el círculo de las ciencias humanas. Hemos visto, en primer lugar, que el modelo nomológico se debilita por la presión de la crítica; al debilitarse, se hace menos monolítico, admitiendo planos más diversificados de cientificidad para las generalidades alegadas, desde las leyes dignas de este nombre hasta las generalidades de sentido común que la historia comparte con el lenguaje ordinario (I. Berlin), pasando por las generalidades de carácter disposicional invocadas por G. Ryle y P. Gardiner [8]. Después hemos visto que la explicación «por razones» hacía valer sus argumentos con las mismas exigencias de conceptualización, de autentificación y de vigilancia crítica que cualquier otro modo de explicación. Finalmente, hemos observado, con G. H. von Wright, que la explicación causal se distingue del *análisis* causal y que el tipo de explicación *semicausal* se aleja de la explicación causal-nomológica y asume en su seno segmentos de explicación teleológica. Con estas tres vías, parece que la explicación propia de la investigación histórica recorre una parte del camino que la separa de la explicación inmanente a la narración.

Al debilitamiento y a la diversificación de los modelos de explicación propuestos por la epistemología «responde», de parte del análisis de las estructuras narrativas, una tentativa simétrica para elevar los recursos explicativos de la narración y llevarlos de algún modo al encuentro del movimiento de explicación en línea hacia la narración.

He dicho antes que el semiéxito de las teorías narrativistas era también un semifracaso. Esta declaración no debe debilitar el reconocimiento del semiéxito. A mi entender, las tesis narrativistas tienen razón fundamentalmente en dos puntos.

En primer lugar, los narrativistas demuestran con éxito que *narrar es ya explicar*. El *di'allèla* —el «uno por el otro», que, según Aristóteles, realiza la conexión lógica de la trama— es en lo sucesivo el punto de partida obligado de toda discusión sobre la narración histórica. Esta tesis básica tiene numerosos corolarios. Si toda narración establece, en virtud de la propia operación de construcción de la trama, una conexión causal, esta construcción es ya una

---

[8] Cf. *supra,* segunda parte, cap. I, 2.

victoria sobre la simple cronología y hace posible la distinción entre la historia y la crónica. Además, si la construcción de la trama es obra del juicio, ella vincula la narración a un narrador y, de este modo, permite al «punto de vista» de este último desligarse de la comprensión que los agentes o los personajes de la historia pueden haber tenido de su contribución a la progresión de la trama. Contrariamente a la objeción clásica, la narración no se vincula en absoluto a la perspectiva confusa y limitada de los agentes y de los testigos inmediatos a los acontecimientos; al contrario, la distancia establecida por el «punto de vista» posibilita el paso del narrador al de historiador (Scholes y Kellogg) [9]. Finalmente, si la construcción de la trama integra en una unidad significante componentes tan heterogéneos como las circunstancias, los cálculos, las acciones, las ayudas y los obstáculos, en una palabra: los resultados, es igualmente posible que la historia tenga en cuenta los resultados indeseados por la acción y produzca, por tanto, descripciones distintas de la realizada en términos simplemente intencionales (Danto) [10].

En segundo lugar, las tesis narrativistas responden a la diversificación y jerarquización de los modelos explicativos con una *diversificación y jerarquización* comparables a los *recursos explicativos de la narración*. Así, hemos visto que la estructura de la frase narrativa se adapta a cierto tipo de narración histórica basada en una *datación* documental (Danto). Hemos asistido, igualmente, a cierta diversificación del acto configurante (Mink) [11]; hemos observado, con el mismo autor, cómo la misma explicación configurante se convierte en una modalidad explicativa entre otras, en conexión con la explicación categorial y la explicación teorética. Finalmente, con H. White [12], en un primer momento, el «efecto explicativo» característico de la construcción de la trama se sitúa a medio camino del de la argumentación y del del hilo de la historia *(story-line)*, hasta el punto de que ya no es sólo una diversificación lo que se produce aquí, sino un estallido de la función narrativa. En un segundo momento, la explicación por la construcción de la trama, disociada ya de la explicación inherente a la historia narrada, entra en una nueva configuración explicativa al unirse a la explicación por argumento

[9] Cf. *infra,* apartado 3.
[10] Cf. *supra,* segunda parte, cap. II, 2.
[11] Cf. *supra,* segunda parte, cap. II, 2.
[12] Cf. *supra,* segunda parte, cap. II, 2.

y por implicación ideológica. El nuevo despliegue de las estructuras narrativas equivale, pues, a una desaprobación de las tesis «narrativistas», reasignadas al plano inferior del hilo de la historia.

De este modo, un destino comparable al del modelo nomológico se ha adueñado de la tesis narrativista simple. Para llegar al plano de la explicación propiamente histórica, el modelo narrativista se ha diversificado hasta el punto de desintegrarse.

Esta aventura conduce al umbral de la principal dificultad: ¿tenía la tesis narrativista, pulida hasta hacerse antinarrativista, alguna posibilidad de sustituir al modelo explicativo? Sin vacilar, hay que responder negativamente. *Subsiste una desviación* entre la explicación narrativa y la histórica, y es *la búsqueda misma*. Esta desviación excluye la posibilidad de considerar a la historia, con Gallie, como una especie del género *story*.

Y, sin embargo, los indicios cruzados de una convergencia entre el movimiento por el que el modelo explicativo se inclina hacia la narración y el movimiento por el que las estructuras narrativas apuntan hacia la explicación histórica demuestran la realidad del problema al que la tesis narrativista da una respuesta demasiado breve.

La solución del problema depende de lo que podemos llamar método de cuestionamiento regresivo. Este método, practicado por Husserl en la *Krisis,* es propio de la fenomenología genética en el sentido no de una génesis psicológica, sino de una génesis de sentido. Las cuestiones que Husserl se planteaba a propósito de la ciencia galileana y newtoniana nos las planteamos nosotros a propósito de las ciencias históricas. Nos preguntamos sobre lo que llamaré desde ahora la *intencionalidad del conocimiento histórico* o, abreviadamente, la *intencionalidad histórica*. Entiendo por esto el *sentido de la intencionalidad poética,* que crea la cualidad histórica de la historia y evita que se disuelva en los saberes con los que la historiografía llega a unirse por su matrimonio de razón con la economía, la geografía, la demografía, la etnología y la sociología de las mentalidades y de las ideologías.

La ventaja que podemos tener sobre Husserl en su investigación del «mundo de la vida», al cual remite, según él, la ciencia galileana, estriba en que el cuestionamiento regresivo, aplicado al saber historiográfico, reenvía a un mundo cultural ya estructurado y de ninguna manera a una vivencia inmediata. Remite al mundo de la acción ya configurado por la actividad narrativa, anterior, en cuanto al sentido, a la historiografía científica.

Esta actividad narrativa, en efecto, posee ya su dialéctica propia, que le hace recorrer los estadios sucesivos de la *mímesis,* desde las prefiguraciones inherentes al orden de la acción, a través de las configuraciones constitutivas de la construcción de la trama —en el sentido amplio del *mythos* aristotélico—, hasta las refiguraciones suscitadas por el conflicto entre el mundo del texto y el de la vida.

Por eso, mi hipótesis de trabajo se hace más precisa: me propongo explorar los caminos *indirectos por los que la paradoja del conocimiento histórico* (en la que desembocan los dos capítulos anteriores) *transpone a un grado superior de complejidad la paradoja constitutiva de la operación de configuración narrativa.* En virtud de su posición media entre el «antes» y el «después» del texto poético, la operación narrativa presenta ya los rasgos opuestos, cuyo contraste lo incrementa el conocimiento histórico. Por un lado, nace de la ruptura que abre el reino de la fábula y lo separa del orden de la acción efectiva; por otro, remite a la comprensión inmanente al orden de la acción y a las estructuras pre-narrativas de la acción efectiva [13].

La pregunta es, pues, la siguiente: ¿Por qué mediaciones logra el conocimiento histórico transponer a su orden propio la doble constitución de la operación configurante de la narración? Es decir, ¿por qué derivaciones indirectas el triple corte epistemológico que hace de la historia una búsqueda procede del corte instaurado por la operación configurante en el plano de *mímesis* II, y continúa, sin embargo, buscando oblicuamente el orden de la acción, según sus recursos propios de inteligibilidad, de simbolización y de organización pre-narrativa en el plano de *mímesis* I?

La tarea es tanto más ardua cuanto que la conquista de la autonomía científica de la historia parece tener como corolario, si no como condición, el *olvido* concertado de su derivación indirecta a partir de la actividad de configuración narrativa y de su reenvío, a través de formas cada vez más alejadas de la base narrativa, al campo de la praxis y a sus recursos pre-narrativos. Una vez más, este rasgo entronca mi empresa con la de Husserl en la *Krisis:* la propia

---

[13] En la cuarta parte expondré la otra vertiente de la paradoja: el retorno de la composición narrativa al orden de la acción, que contiene en germen el problema clásico de la relación de la historia, ciencia del pasado, con la acción presente, principalmente política, abierta al futuro.

ciencia galileana ha roto sus amarras con el mundo pre-científico, hasta el punto de hacer casi imposible la reactivación de las síntesis activas y pasivas constitutivas del «mundo de la vida». Pero nuestra investigación puede tener una segunda ventaja respecto a la empresa husserliana de fenomenología genética, esencialmente orientada hacia la «constitución de las cosas» a través del fenómeno perceptivo: la ventaja de encontrar, en el propio seno del conocimiento histórico, una serie de *enlaces* para el cuestionamiento regresivo. En este sentido, el olvido de la derivación no es nunca tan completo que ésta no pueda reconstruirse con alguna seguridad y rigor.

Seguiremos en esta reconstrucción el orden empleado anteriormente para las modalidades del corte epistemológico: autonomía de los *procedimientos* explicativos, autonomía de las *entidades* de referencia, autonomía del *tiempo* —o, más bien, de los *tiempos*— de la historia.

Comienzo por los *procedimientos* explicativos y quiero reanudar, con el estímulo de los análisis de Von Wright, el discutido problema de la *causalidad* en historia, más concretamente de la atribución o de la *imputación causal singular,* no para oponerla, con un afán polémico, a la explicación por leyes, sino, al contrario, para distinguir en ella la estructura de *transición* entre la explicación por leyes, identificada a menudo con la explicación a secas, y la explicación por construcción de la trama, identificada a menudo con la comprensión. En este sentido, la imputación causal singular no constituye una explicación cualquiera, sino el *nexus* de toda explicación en historia. Por este motivo, ella constituye la *mediación* buscada entre los polos opuestos de la explicación y de la comprensión, empleando un lenguaje ya anticuado, o mejor, entre la explicación nomológica y la explicación por construcción de la trama. La afinidad preservada entre la imputación causal singular y la construcción de la trama permitirá hablar de la primera, por transposición analógica, en términos de cuasi trama.

Respecto a las *entidades* producidas por el discurso histórico, quiero mostrar que no todas son del mismo rango, sino que se dejan ordenar según una jerarquía precisa. La historia, a mi parecer, sigue siendo histórica en la medida en que todos sus objetos remiten a *entidades de primer orden* —pueblos, naciones, civilizaciones— que llevan la marca indeleble de la pertenencia participativa de los agentes concretos que provienen de la esfera práxica y narrativa. Estas entidades de primer orden sirven de *objeto transicional* entre todos los objetos artificiales producidos por la historiografía y los personajes de una posible narración. Constituyen *cuasi personajes* capaces de guiar el reenvío intencional desde el plano de la historiaciencia al del de la narración, y a través de éste, a los agentes de la acción efectiva.

Entre el enlace por la imputación causal singular y el enlace por las entidades del primer orden —entre el *nexus* de la explicación y el objeto transicional de la descripción— se dan estrechos intercambios. La distinción entre las dos líneas de derivación —de los procedimientos y de las entidades— presenta a este respecto un carácter simplemente didáctico, pues las dos líneas están muy interrelacionadas. Sin embargo, es importante mantenerlas diferenciadas para comprender mejor su complementariedad y, si se puede decir, su génesis recíproca. El reenvío a las entidades primeras, que llamo de pertenencia participativa, se hace principalmente por el canal de la imputación causal singular. Recíprocamente, el objetivo que atraviesa la imputación causal está guiado por interés del historiador en la contribución de los agentes históricos a su destino, aun cuando éste se le escape como consecuencia de los efectos perversos que, precisamente, distinguen el conocimiento histórico de la simple comprensión del sentido inmanente de la acción. Por eso semitrama y semipersonajes pertenecen al mismo plano intermedio y tienen una función similar de enlace dentro del movimiento de la investigación regresiva de la historiografía hacia la narración y, más allá de ésta, hacia la práctica efectiva.

La última comprobación de mi hipótesis de trabajo concerniente a la intencionalidad histórica se impone a la evidencia: atañe al estatuto epistemológico del *tiempo histórico* con relación a la temporalidad de la narración. Nuestra búsqueda sobre la historiografía debe aproximarse hasta este punto si quiere ser fiel al principal objetivo de esta obra: narratividad y temporalidad. Nos interesa mostrar dos cosas: por una parte, que el tiempo construido por el historiador se *construye* —en el segundo, en el tercero, en el enésimo plano— *sobre* la temporalidad construida, cuya teoría se ha formulado en la primera parte con el título de *mímesis* II; por otra, que este tiempo construido, por artificial que sea, *remite* constantemente a la temporalidad práxica de *mímesis* I. Las dos relaciones entrelazadas: construida sobre... y reenvía a..., son también las que caracterizan los procedimientos y las entidades edificadas por la historiografía. El paralelismo con las otras dos mediaciones va todavía más lejos. Así como yo busco en la causalidad histórica y en las entidades de primer rango los enlaces capaces de guiar el reenvío de las estructuras del conocimiento histórico al trabajo de configuración narrativa —que, a su vez, remite a las prefiguraciones narrativas del campo práxico—, de modo similar quiero mostrar, en el *destino del acontecimiento histórico, a la vez,* el índice de la desviación creciente del tiempo histórico respecto al tiempo de la narración y al tiempo vivido, *y* el del reenvío imborrable del tiempo histórico al de la acción a través del tiempo de la narración.

En estos tres momentos sucesivos apelaremos al único testimonio de la historiografía, cuando ésta va hasta el final de la reflexión crítica sobre sí misma.

1. *La imputación causal singular*

La imputación causal singular es el procedimiento explicativo que ayuda a realizar el paso entre la causalidad narrativa —la estructura del «uno por el otro», que Aristóteles distinguía del «uno después del otro»— y la causalidad explicativa, que, en el modelo nomológico, no se distingue de la explicación por leyes.

La búsqueda de esta transición encuentra un apoyo en los análisis de W. Dray y de H. von Wright expuestos al comienzo del capítulo anterior. El primero nos ha familiarizado con la tesis de que el análisis causal de un curso particular de acontecimientos no se reduce a explicar una ley causal. La doble prueba, inductiva y pragmática, por la que se verifican las razones de tal o cual candidato a la función de causa, no está muy lejos de la lógica de imputación causal de Max Weber y Raymond Aron. Pero carece de un enlace entre la teoría del análisis causal y la del análisis por razones. Este lazo lo crea H. von Wright en su análisis de la explicación cuasi causal. La explicación por razones se identifica con los segmentos de deducción teleológica encadenados en este tipo específico de explicación. Pero la inferencia teleológica, a su vez, descansa en la comprensión previa que tenemos de la intencionalidad de la acción. Y ésta, igualmente, remite a la familiaridad que tenemos con la estructura lógica del hacer algo (hacer que algo suceda, hacer de forma que algo tenga lugar). Ahora bien: hacer que algo suceda es intervenir en un curso de acontecimientos, poniendo en movimiento un sistema y asegurando de ese modo su término. Mediante esta serie de engarces —deducción teleológica, comprensión intencional, intervención práctica—, la explicación *semicausal,* que, como explicación causal, sólo se aplica a las ocurrencias individuales de fenómenos genéricos (acontecimientos, procesos, estados), reenvía, en último término, a lo que ahora vamos a designar con el término de *imputación causal singular.*

La exposición más precisa de la lógica de imputación causal singular se encuentra en el estudio crítico que Max Weber consagró a la obra de Edouard Meyer *Zur Theorie und Methodik der Geschichte* (Halle 1901) [14], al que hay que añadir los desarrollos, decisivos para nuestra investigación, de Raymond Aron en la tercera sección de su *Introduction à la philosophie de l'histoire* [15]. Esta lógica consiste esencialmente en el siguiente proceso: construir *por la imaginación* un curso diferente de acontecimientos, sopesar las consecuencias probables de este acontecimiento real y, en fin, *comparar*

---

[14] *Études critiques pour servir à la logique des sciences de la «culture»,* en *Ges. Aufsätze zur Wissenschaftslehre* (Tubinga ²1951).

[15] Es significativo el lugar asignado por R. Aron a la causalidad histórica. Gaston Fessard, en *La philosophie historique de Raymond Aron* (Julliard 1980), nos hace sensibles al orden de las razones en la *Introduction...* gracias a una audaz comparación con los *Ejercicios espirituales* de Ignacio de Loyola (cf., en particular, las pp. 55-86, consagradas a la reconstrucción de las etapas y del movimiento de la *Introduction...*). El análisis de la causalidad histórica sigue de cerca a la teoría de la comprensión, a la que se consagra la segunda sección, cuya conclusión se refiere a «los límites de la comprensión» (pp. 153-156). Colocada al comienzo de la tercera sección, titulada «El determinismo histórico y el pensamiento causal», inicia una investigación en tres etapas, sucesivamente, bajo el signo del juez, del erudito, del filósofo. La primera se consagra a «la causalidad de una sola consecución»; la segunda, a las «regularidades y a las leyes»; la tercera, a «la estructura del determinismo histórico» (p. 160). Esta última etapa conduce, a su vez, al umbral de la cuarta parte, propiamente filosófica: «Historia y verdad». De este modo, la investigación sobre la causalidad queda doblemente delimitada: en primer lugar, por el lugar de la tercera sección dentro de la economía de conjunto de la obra; después, por el lugar, dentro de la tercera sección, de la causalidad histórica respecto a la causalidad sociológica y a las supuestas leyes de la historia. No se puede subrayar mejor el papel de transición atribuido a la causalidad histórica entre la comprensión, que posee todos los caracteres de la inteligencia narrativa, y la causalidad sociológica, que posee los de la explicación nomológica.

estas consecuencias con el curso real de los acontecimientos. «Para desenredar las relaciones causales reales *(wirkliche)*, construimos otras irreales *(unwirkliche)*» (Max Weber, *op. cit.*, p. 287). Y Aron: «Todo historiador, para explicar lo que ha sido, se pregunta por lo que hubiera podido ser» (p. 164).

Esta construcción imaginaria probabilista ofrece una doble afinidad: con la construcción de la trama, que es a su vez una construcción imaginaria probable, y con la explicación según leyes.

Sigamos con más detenimiento la argumentación de Max Weber [16]. Consideremos la decisión de Bismarck de entablar la guerra contra Austria-Hungría en 1866: «No es, en absoluto, 'ocioso' —observa Max Weber— plantear la pregunta: *¿Qué habría podido suceder* si Bismarck no hubiese tomado la decisión de hacer la guerra?» (p. 266). Entendamos bien la cuestión. Consiste en preguntarse: «¿Qué *significación* hay que atribuir realmente a esta decisión individual dentro del conjunto de los elementos infinitamente numerosos que debían disponerse precisamente de esa manera y no de otra para llevar a ese resultado, y cuál es el lugar de esta decisión en el planteamiento histórico?» *(ibíd.)*. Es la cláusula «de esa manera y no de otra» la que indica la entrada en escena de la imaginación. Desde ese momento, el razonamiento se mueve entre los potenciales irreales pasados. Pero la historia sólo se traslada a lo irreal para discernir mejor en él lo necesario. La pregunta se transforma: «¿Qué consecuencias *habría que haber* 'esperado' si se hubiera tomado otra decisión?» (p. 267). En este momento entra en acción la exploración de los encadenamientos probables o necesarios. Si el historiador puede afirmar que, al modificar u omitir con el pensamiento un acontecimiento singular dentro de un conjunto de condiciones históricas, se habría seguido un desarrollo diferente de acontecimientos «relativos a ciertas relaciones históricas de este acontecimiento», entonces el historiador puede plantear el juicio de imputación causal que decide sobre la significación histórica de dicho acontecimiento.

[16] Se encuentra en la segunda parte del ensayo de Max Weber titulado *Posibilidad objetiva y causalidad adecuada en historia* (pp. 266-323). Volveremos más tarde sobre la primera parte del ensayo. Raymond Aron comienza su propio estudio exponiendo el «esquema lógico» del argumento que llama «probabilidad retrospectiva» (pp. 163-169). Veremos lo que Aron añade al análisis propiamente lógico.

En mi opinión, este razonamiento mira hacia dos frentes: a la construcción de la trama por una parte y a la explicación científica por otra.

A decir verdad, nada en el texto de Max Weber indica que el autor haya percibido la primera conexión. Nos compete a nosotros establecerla con los recursos actuales de la teoría de la narración. Pero dos observaciones de Max Weber van en este sentido. El historiador —afirma Weber— está y no está en la situación del propio agente que, antes de obrar, sopesa las posibles maneras de hacerlo, estando a su disposición tal fin y tales medios. Sin duda, Bismarck pudo plantearse esta cuestión que nosotros formulamos, pero nosotros conocemos el desenlace; por eso la planteamos «con mejores probabilidades» (p. 267) que el héroe. Es cierto que la expresión «mejores probabilidades» anuncia la lógica de la probabilidad, de la que hablaremos después, pero ¿no remite, ante todo, a ese extraordinario laboratorio de lo probable que son los paradigmas de la construcción de la trama? Max Weber señala también que el historiador se parece a un criminalista y difiere de él: al investigar sobre la culpabilidad, éste lo hace también sobre la causalidad; pero a la imputación causal añade la imputación ética. Ahora bien: ¿qué es la imputación causal despojada de la imputación ética sino el ensayo de esquemas de intrigas alternativos?

Pero la imputación causal forma parte en todos sus estadios de la explicación científica. En primer lugar, la explicación supone un análisis sutil en factores tendente a «la selección de los eslabones de causalidad que hay que reunir en la exposición histórica» (p. 269, n. 1). Ciertamente, este «aislamiento mental» está orientado por nuestra curiosidad histórica, es decir, por nuestro interés en determinado tipo de resultados. Es uno de los sentidos importantes del término: en la muerte de César, el historiador sólo se interesa por las consecuencias que juzga más significativas para el desarrollo de la historia del mundo. Pero una discusión que se enzarzase de nuevo en la disputa de la subjetividad y de la objetividad en historia se alejaría del carácter altamente intelectual de la operación abstracta que precede a la posibilización. En segundo lugar, modificar mentalmente, en un sentido determinado, tal o cual factor seleccionado previamente es construir cursos alternativos de acontecimientos, entre los cuales es decisivo el acontecimiento cuya importancia se sopesa. Es, pues, el peso de las consecuencias del acontecimiento que se supone suprimido el que da su estructura lógica al argumento causal. Pero ¿cómo construimos las consecuencias que se hubieran debido esperar de la supuesta supresión de un factor sino insertando en el razonamiento lo que Max Weber llama «reglas de la experiencia» (p. 276), es decir, en última instancia, un saber que, sin duda, hay que mar «nomológico»? (p. 277). Es cierto que estas reglas de la experiencia muy a menudo no superan el plano de un saber disposicional, como dirían G. Ryle y P. Gardiner: Max Weber tiene presente específicamente las reglas «que conciernen al modo como los hombres acostumbran a reaccionar ante situaciones dadas» (*ibíd.*). Sin embargo, bastan para mostrar, según se ha dicho anteriormente, cómo pueden emplearse leyes en historia aunque no las cree la historia.

Estos dos primeros rasgos —análisis en factores, recurso a reglas de la experiencia— no son, sin embargo, totalmente extraños a la «lógica» narrativa, sobre todo si trasladamos ésta desde la superficie del texto a su gramática profunda, como veremos en la tercera parte. La verdadera señal de la cientificidad de que es capaz una construcción, a la vez irreal y necesaria, proviene de aplicar al examen comparado de las causas la teoría de la «posibilidad objetiva», que Max Weber toma del psicologista Von Kries [17]. Este tercer rasgo marca la verdadera distancia entre la explicación por la narración y la explicación por imputación causal.

Esta teoría intenta esencialmente elevar las construcciones irreales al rango del juicio de posibilidad objetiva que afecta a los diversos factores de causalidad con un índice de *probabilidad relativa* y permite así situar estos factores en una misma *escala,* aunque las gradaciones a que da lugar este juicio no puedan cuantificarse dentro de lo que se llama en sentido estricto «cálculo de probabilidades». Esta idea de causalidad graduada proporciona a la imputación causal precisión que no tiene la probabilidad evocada por Aristóteles en su teoría de la trama. Así, los grados de probabilidad se escalonan entre un umbral inferior, el que define la *causalidad accidental* (como, por ejemplo, entre el movimiento de la mano que lanza los dados y la aparición de un número cualquiera), y otro superior,

---

[17] Cf. las amplias notas de la página 269 sobre el uso que hace Von Kries del argumento probabilista y su transposición al plano de la criminología y de la jurisprudencia.

que define, según los términos de Von Kries, la *causalidad adecuada* (como en el caso de la decisión de Bismarck). Entre estos dos extremos, se puede hablar de la influencia más o menos favorable de un factor determinado. Corremos el peligro evidente de materializar, por un antropomorfismo insidioso, los grados de probabilidad relativa asignados a las causas que nuestro razonamiento hace competir en forma de tendencias antagónicas que luchan por la transformación de la posibilidad en realidad. El lenguaje ordinario incita a ello cuando nos hace decir que tal acontecimiento ha favorecido o contrariado la aparición de otro acontecimiento. Para disipar este equívoco, basta recordar que los posibles son relaciones causales irreales que hemos construido por medio del pensamiento y que la objetividad de las «probabilidades» pertenece al juicio de posibilidad.

Sólo después de este examen un factor recibe el estatuto de causa suficiente. Este estatuto es objetivo, en el sentido de que el argumento no proviene de la simple psicología del descubrimiento de las hipótesis, sino que, cualquiera que sea el talento, que no debe faltar ni al historiador ni al matemático serios, constituye la estructura lógica del conocimiento histórico o, según el propio Max Weber, el «esqueleto sólido de la imputación causal» (p. 279).

Vemos dónde reside la continuidad y dónde se sitúa la discontinuidad entre construcción de la trama e imputación causal singular. La *continuidad* está en el plano de la tarea de la imaginación. A este respecto, se podría decir de la construcción de la trama lo que Max Weber dice de la construcción por el pensamiento de un curso diferente de acontecimientos: «Para desenredar las relaciones causales reales *construimos otras irreales*» (p. 287). La discontinuidad descansa en el análisis de factores, en la inserción de las reglas de la experiencia y, sobre todo, en la asignación de grados de probabilidad que regula la determinación de la causalidad adecuada.

Por eso, el historiador no es un simple narrador: da las razones por las que considera a un factor *más que a otro* como la causa suficiente de un curso de acontecimientos. El poeta crea una trama que se sustenta también en su esqueleto causal. Pero éste no es objeto de una argumentación. El poeta se limita a producir la historia y a explicar narrando. En este sentido, Northrop Frye tiene razón [18]: el poeta procede desde la forma; el historiador, hacia ella. Uno pro-

---

[18] Cf. *supra,* segunda parte, cap. II, 2.

duce, el otro argumenta. Y argumenta porque sabe que se puede explicar *de otro modo*. Y lo sabe porque se halla, como el juez, en una situación de discusión y de proceso y porque su alegato no se acaba nunca, pues la prueba es más concluyente para eliminar candidatos a la causalidad, como diría William Dray, que para coronar a uno solo de ellos definitivamente.

Y, sin embargo —digámoslo una vez más—, no se rompe la filiación de la explicación histórica a partir de la explicación narrativa, en la medida en que la causalidad adecuada sigue siendo irreductible a la sola necesidad lógica. La propia relación de *continuidad* y de *discontinuidad* se encuentra tanto entre explicación causal singular y explicación por leyes como entre la primera y la construcción de la trama.

Hablemos, en primer lugar, de la discontinuidad. El análisis de R. Aron la acentúa más que el de M. Weber. En el apartado que dedica a la relación entre causalidad y azar, R. Aron no se limita a situar el accidente en uno de los extremos de la escala de la probabilidad retrospectiva, en oposición a la probabilidad adecuada. La definición del accidente como aquello cuya posibilidad objetiva es casi nula no sirve más que para series aisladas. La consideración, tomada de Cournot, de los hechos de coincidencia entre series, o entre sistemas y series, realza la noción de accidente, en la que hace hincapié la relatividad de la teoría probabilista de Weber: «Un acontecimiento puede decirse accidental con relación a un conjunto de antecedentes; adecuado, con relación a otro; azar, puesto que se entrecruzan series múltiples; racional, ya que en un plano superior encontramos un conjunto ordenado» (p. 178). Además, es necesario contar con «la incertidumbre que nace de las delimitaciones de los sistemas y de las series, de la pluralidad de las estructuras fortuitas que el erudito es libre de construir o de imaginar» (p. 179). Por todas estas razones, la reflexión sobre el azar no se deja reducir a una simple oposición a la causalidad adecuada dentro del razonamiento de probabilidad retrospectiva.

La continuidad entre la explicación causal singular y la explicación por leyes aparece tan marcada como la discontinuidad. A este respecto, es ejemplar la relación entre historia y sociología. Raymond Aron la define así: «La sociología se caracteriza por el esfuerzo en establecer leyes (o, al menos, regularidades o generalidades), mientras que la historia se limita a narrar acontecimientos en su secuencia singular» (p. 190). Y en este mismo sentido escribe: «La investigación histórica se aplica a los antecedentes de un hecho singular; la sociológica, a las causas de un hecho susceptible de reproducirse» (p. 229). Pero entonces la palabra causa cambia de sentido: «La causa, para los sociólogos, es el *antecedente constante*» (p. 191). Sin embargo, las interferencias entre las dos modalidades de causalidad —causalidad histórica y causalidad sociológica— son más importantes que sus disyunciones. Además, la elaboración por el historiador de la probabilidad retrospectiva de cualquier constelación histórica incluye, como segmento nomológico, generalizaciones empíricas que suscitan la búsqueda de regularidades por parte del que Aron llama «erudito» para oponerlo a «juez». Todo el estudio que la *Introducción*... consagra a la causalidad sociológica tiende a mostrar a la vez la originalidad de la empresa y su dependencia respecto de la causalidad histórica; por tanto, a la imputación causal singular. De este modo, la causalidad histórica tiene el curioso estatuto de una investigación por defecto con relación a la búsqueda de regularidades y de leyes y por exceso con relación a las abstracciones de la sociología. Constituye un límite interno a la pretensión de cientificidad de la sociología desde el momento en que toma de ella regularidades que sirven de base a su probabilismo.

Esta ambivalencia epistemológica hace que a su vez el determinismo histórico, que intentaría elevarse un grado más que el de la explicación sociológica, sea debilitado desde el interior por la contingencia que la causalidad histórica preserva: «Las relaciones causales se dispersan, no se organizan en sistema, de tal manera que no se explican unas a otras como las leyes jerarquizadas de una teoría física» (p. 20). En este sentido, la causalidad sociológica remite a la causalidad histórica más que absorberla en sí misma: «El determinismo parcelario sólo se desarrolla regularmente en una constelación singular que nunca se reproduce exactamente» (p. 226). Y añade: «Las relaciones abstractas nunca agotan la constelación única» (p. 230).

Por tanto, hay que concluir que, en la segunda vertiente de la mediación operada por la imputación causal singular entre el plano narrativo y el epistémico, se observa la misma dialéctica de continuidad y de discontinuidad que en la primera vertiente: «A la vez complementarias y divergentes entre sí, la causalidad sociológica y la causalidad histórica se reclaman recíprocamente» (p. 190).

También aquí se confirma la originalidad de R. Aron respecto a Max Weber. Ésta proviene del objetivo filosófico que impregna toda la obra. Así, la insistencia con la que se subraya la dependencia del determinismo parcelario respecto de la causalidad histórica singular está en profunda armonía con «la filosofía histórica» (para emplear de nuevo el título de Gaston Fessard), a la que se ordena la epistemología de la *Introduction à la philosophie de l'histoire,* a saber: la lucha contra la ilusión de fatalidad creada por la retrospección histórica y la defensa de la contingencia del presente exigida por la acción política. Repuesta sobre el segundo plano de este gran designio filosófico, la lógica de la probabilidad retrospectiva reviste una significación precisa que interesa directamente a nuestra investigación sobre la temporalidad histórica: «La investigación causal del historiador —dice Aron— no pretende tanto dibujar los grandes rasgos de relieve histórico como conservar o restituir al pasado la incertidumbre del futuro» (pp. 181-182). Y también: «Las construcciones irreales deben seguir siendo parte integrante de la ciencia, aunque no superen la verosimilitud equívoca, pues brindan el único medio de escapar a la *ilusión retrospectiva de fatalidad»* (pp. 186-187). ¿Cómo es esto posible? Hay que comprender que la operación imaginaria por la que el historiador concibe uno de los antecedentes desaparecidos o modificados, y luego trata de construir lo que hubiera pasado en esta hipótesis, tiene una significación que sobrepasa a la epistemología. El historiador se comporta en este caso como narrador que *redefine,* con relación a un presente ficticio, las tres dimensiones del tiempo. Al pensar en un acontecimiento distinto, opone la ucronía a la fascinación del pasado concluido.

De este modo, la estimación retrospectiva de las probabilidades reviste una significación moral y política que sobrepasa su significación puramente epistemológica: recuerda a los lectores de historia que «el pasado del historiador ha sido el futuro de los personajes históricos» (p. 187). Por su carácter probabilista, la explicación causal incorpora al pasado la imprevisibilidad, que es la marca del futuro, e introduce en la retrospección la incertidumbre del acontecimiento. Las últimas líneas del apartado titulado «Límites y significación de la causalidad histórica» (pp. 183-189), que cierra el análisis de ésta, ocupan así una posición estratégica en la economía de la *Introducción...:* «El cálculo anticipado es la condición de la conducta razonable, las probabilidades retrospectivas de la narración verídica. Si se desdeñan las decisiones y los instantes, se reemplaza el mundo vivido por una naturaleza o una fatalidad. En este sentido, la ciencia histórica, resurrección de la política, se hace contemporánea de sus héroes» (p. 187).

No quiero terminar este alegato en favor del papel mediador de la causalidad histórica entre construcción de la trama y explicación por leyes sin contestar a una objeción, que unirá la presente discusión con la que tendremos en el apartado siguiente, que se relaciona con las *entidades* características del conocimiento histórico.

En efecto, se puede objetar que si podemos percibir un vínculo de filiación entre construcción de la trama e imputación causal singular es debido a los límites del ejemplo escogido por Max Weber: la decisión de Bismarck de atacar a Austria-Hungría en 1866. ¿No relega esta elección, desde el principio, toda la argumentación a la esfera política; por tanto, al plano de la historia *episódica?* ¿No la condena a no ser más que una variante de la explicación por «razones»? No, si el argumento puede extenderse analógicamente a acontecimientos históricos de gran amplitud en los que la causa, sin dejar de ser singular, ya no es individual.

La propia naturaleza de la cuestión planteada a propósito del ejemplo *princeps* ha hecho posible esta extensión analógica [19]. Aun cuando el historiador intenta averiguar la responsabilidad de un individuo en un curso de acontecimientos, distingue expresamente la imputación causal de la responsabilidad ética por una parte y de la explicación nomológica por otra. Respecto al primer punto, es necesario decir que «el análisis causal no exime nunca de juicios de valor, y que un juicio de valor no es, en absoluto, una explicación causal» (p. 225). En el ejemplo elegido por Max Weber, tras E. Meyer, la imputación causal consiste en preguntarse *«por qué* la decisión de hacer la guerra fue precisamente en aquel momento el medio apropiado de alcanzar el fin: la unificación de Alemania» (p. 233). El uso de las categorías de medio y de fin no deben llevar a engaño: es cierto que el argumento entraña un segmento teleológico, pero globalmente es causal. Concierne al valor causal que se debe atribuir a la decisión en un curso de acontecimientos que im-

---

[19] La discusión que sigue nos lleva hacia atrás, a la primera parte del ensayo de Max Weber titulada «Elementos para una discusión de las ideas de Edouard Meyer» (pp. 215-265).

plica otros factores diferentes del núcleo racional de la decisión considerada y, entre éstos, las motivaciones no racionales de todos los protagonistas del curso de la acción, sin olvidar los factores «desprovistos de sentido» que dimanan de la naturaleza física. Sólo la imputación causal puede decir hasta qué punto el resultado de la acción ha frustrado o traicionado las intenciones de los agentes. Precisamente, la desviación entre la intención y las consecuencias es uno de los aspectos del valor causal vinculado a la decisión.

Estas observaciones se acercan a la tesis que hemos enunciado varias veces: la explicación causal, aun cuando concierne a la función histórica de una decisión individual, se distingue de la fenomenología de la acción, en la medida en que valora las intenciones no sólo en términos de fines, sino también de resultados. En este sentido, la imputación causal, según Max Weber, coincide con la explicación cuasi causal de Von Wright, que integra segmentos teleológicos y epistémicos [20].

Por tanto, si el argumento de la imputación causal singular se extiende en realidad a encadenamientos de acontecimientos en los que la causa no es de orden individual, sino colectivo, es porque, ya en el ejemplo *princeps* (la significación histórica de una decisión individual), la imputación histórica es irreductible a la imputación moral.

Es verdad que la objeción podría reaparecer con otra forma: ¿Por qué hablar —se preguntará— de *imputación* cuando ya no está en juego ninguna responsabilidad moral? Parece que la noción de imputación conserva una función diacrítica, en cuanto que pro-

---

[20] En este mismo sentido, Aron distingue entre responsabilidad moral, jurídica e histórica: «El moralista tiene por mira las *intenciones;* el historiador, los *actos;* el jurista confronta *intenciones y actos* y los ajusta a los *conceptos jurídicos*» (p. 170). «*Históricamente* es responsable quien, por sus actos, ha desencadenado o contribuido a desencadenar el acontecimiento cuyos orígenes se buscan» *(ibíd.).* De este modo, podríamos decir que el historiador contribuye a disociar la noción de imputación de la de incriminación: «La guerra..., respecto al historiador, no es un crimen» (p. 173). Si añadimos que la imputación debe también distinguirse de la interpretación psicológica de las intenciones, hay que confesar que estas distinciones son sutiles y frágiles. Eso explica el tono de Raymond Aron, bastante distinto del de Max Weber: éste lleva su análisis con mucha seguridad en sí mismo. Raymond Aron es mucho más sensible a lo que complica, y hasta cierto punto enreda, «el esquema lógico». Lo hemos visto ya con el análisis del azar.

porciona un criterio a la distinción entre explicación causal y explicación nomotética. Aun cuando el curso de acontecimientos ofrecido a la explicación causal pone en juego factores no individuales, como veremos después con otros ejemplos, el historiador considera este curso de acontecimientos en su singularidad. En este sentido, yo diría que el individuo (la decisión individual) no es más que el primer *analogon* de la causa singular. Por eso reviste un valor ejemplar el argumento obtenido del examen de la significación histórica de una decisión individual.

Consideremos las cartas de Goethe a madame Stein (ejemplo tomado también del ensayo de Max Weber sobre la teoría de la historia de Edouard Meyer): una cosa es interpretarlas causalmente (mostrar cómo los hechos que estas cartas presentan son «anillos reales en un encadenamiento causal», a saber: el desarrollo de la personalidad de la obra de Goethe), y otra concebirlas como ejemplo de una forma de entender la vida o como un caso para la psicología del erotismo. La explicación causal no se limita al punto de vista individual, aunque siga siendo singular, ya que este tipo de conducta puede integrarse, a su vez, en un conjunto causal de la historia de la cultura alemana: en este caso, el propio acontecimiento individual no entra en la serie causal histórica, pero sirve para «*revelar* los hechos que merecen integrarse en estas series causales» (p. 244), las cuales, a su vez, son singulares, aunque integran hechos típicos. Esta *singularidad de las series causales* constituye la diferencia entre imputación causal y explicación nomotética [21]. Precisamente porque la explicación causal es singular y, en este sentido, *real,* se plantea la cuestión de la importancia del factor histórico. La noción de importancia sólo interviene en la línea de la explicación causal, no en la de la explicación nomotética [22].

La tesis de que la noción de imputación causal singular puede

[21] Alude aquí Max Weber a la distinción establecida por Windelband, en el discurso rectoral de Estrasburgo (*Geschichte und Naturwissenschaft,* 1894), entre procedimiento nomotético (propio de las ciencias de la naturaleza) y el idiográfico (propio de las de la cultura).

[22] Max Weber muestra esta diferencia al oponer *Real-Grund,* razón de ser, y *Erkenntnisgrund,* razón de conocimiento: «En historia, los elementos singulares e individuales entran en cuenta no sólo como *medios de conocimiento,* sino sencillamente como *objeto* del conocimiento, así como las relaciones causales tienen importancia no como *razón de conocer,* sino como *razón de ser*» (p. 237).

en principio ampliarse, más allá de la imputación causal, a individuos recibe la confirmación de otro ejemplo, que Max Weber toma una vez más de E. Meyer. El historiador puede preguntarse sobre el alcance histórico de la batalla de Salamina sin descomponer este acontecimiento en infinidad de acciones individuales. La batalla de Salamina es para el historiador, en una determinada situación de discurso, un acontecimiento único, en cuanto que puede constituir como tal el objeto de una imputación causal singular. Esto sucede en la medida en que se puede demostrar que este acontecimiento decide entre dos posibilidades cuya probabilidad puede ser apreciada sin ser cuantificada: por un lado, la de una cultura teocrático-religiosa que se habría impuesto a Grecia si se hubiera perdido la batalla; cultura que se puede reconstruir sobre la base de otros factores conocidos y por comparación con situaciones similares, en particular el valimiento persa sobre los judíos a la vuelta del exilio. Por otro lado, el espíritu helénico libre, tal como se desarrolló efectivamente. La victoria de Salamina puede considerarse la causa adecuada de este desarrollo; en efecto, al suprimir el acontecimiento por medio del pensamiento, se suprime la cadena de otros factores: la construcción de la flota ática, el desarrollo de las luchas por la libertad, la curiosidad historiográfica, etc., factores todos que resumimos con el nombre de «posibilidad» elegida por el acontecimiento. Sin duda, nuestro interés por las guerras médicas proviene de la importancia que damos a los valores culturales irreemplazables del espíritu helénico libre. Pero la estructura lógica del argumento causal lo constituyen la construcción del «cuadro imaginario», creado por la abstracción y el peso de las consecuencias del acontecimiento supuestamente suprimido. Así, el argumento causal sigue siendo una imputación causal singular, aunque ya no se aplique a una decisión individual.

Pero la propia obra de Max Weber nos ofrece un ejemplo mucho más notable de imputación causal singular fuera del campo de la decisión individual y de la historia político-militar. La argumentación empleada en *La ética protestante y el espíritu del capitalismo* satisface plenamente el método de deducción causal que acabamos de describir. La conexión alegada entre ciertos rasgos de la ética protestante y otros del capitalismo constituye un encadenamiento causal singular, aunque no concierna a individuos considerados individualmente, sino a funciones, mentalidades e instituciones. Más aún, la conexión causal estructura un proceso único que hace no pertinente la diferencia entre acontecimiento puntual y larga duración. La tesis defendida en esta obra de Max Weber es, en este sentido, un caso relevante de imputación causal singular.

Pero ¿cómo está articulado el argumento? Fiel al método abstractivo, Weber aísla, por lo que se refiere al fenómeno religioso, el componente específico de la ética del trabajo, y respecto al fenómeno económico, el afán adquisitivo caracterizado por el cálculo racional, la adaptación precisa de los medios disponibles para fines deseados y la valorización del trabajo como tal. Por tanto, el problema está bien delimitado: no se trata de explicar el nacimiento del capitalismo en cuanto fenómeno global, sino la visión particular del mundo que lleva consigo. La propia concepción religiosa del protestantismo ascético se contempla sólo en su relación de causalidad adecuada respecto al espíritu del capitalismo. Delimitado así el problema, nos queda ahora la cuestión de la adecuación de la imputación causal en ausencia de cualquier regularidad de tipo nomológico. Es cierto que se ponen en acción generalizaciones empíricas —como, por ejemplo, la afirmación de que una doctrina como la predestinación, que exime al individuo de su responsabilidad última, sólo puede sostenerse compensada por algunos factores generadores de seguridad, como la creencia en la elección personal, atestiguada por el compromiso activo en el trabajo. Pero generalizaciones empíricas de este tipo no son más que segmentos argumentativos incorporados a la inferencia inductiva, que concluye en la imputación del espíritu del capitalismo a la ética protestante; por tanto, en una imputación causal singular, en la medida en que estas dos configuraciones y su conjunción siguen siendo únicas en la historia.

Para defender la imputación causal, Max Weber preconiza el procedimiento ya empleado por él en el artículo consagrado a Edouard Meyer. Imagina un curso histórico en el que el factor espiritual considerado estuviera ausente y en el que otros factores hubieran realizado la función asumida hipotéticamente por la ética protestante del trabajo: entre estos factores hay que enumerar la racionalización del derecho, la organización del comercio, la centralización del poder político, la invención tecnológica, el desarrollo del método científico, etc. Un cálculo de probabilidad sugiere que, en ausencia del factor espiritual considerado, estos otros factores no habrían bastado para producir el efecto de que se trata. Por ejemplo, la aparición del método científico hubiera podido engendrar la fijación de la energía sobre un fin específico, la articulación entre medios y fines. Pero hubiera faltado el poder emocional y la fuerza de difusión, que sólo la ética protestante podía aportar. En este sentido, apenas tiene fuerza la probabilidad de que el método científico hubiera podido transformar la ética tradicional en ética burguesa del trabajo. El mismo razonamiento debe hacerse con los demás candidatos a la causalidad antes de poder considerar la ética protestante como la causa adecuada del desarrollo del espíritu del capitalismo. Por eso, la adecuación de la imputación causal no equivale a un argumento de necesidad, sino únicamente de probabilidad.

Con esta extensión de la imputación causal singular a desarrollos históricos en los que ya no se pueden discernir decisiones individuales, ni siquiera acontecimientos puntuales, hemos llegado al punto en que se dijera que la explicación histórica parece haber roto sus amarras con la narración. Y, sin embargo, la filiación cuyas etapas acabamos de reconstruir, mediante la lectura libre del texto de Max Weber y la ayuda de la *Introduction à la philosophie de l'histoire* de Raymond Aron, nos autoriza a aplicar *analógicamente* la noción de trama a todas las imputaciones causales singulares. A mi entender, es lo que justifica el empleo del término «trama» por parte de Paul Veyne, con el que designa todas las configuraciones singulares que cumplen con el criterio de la construcción de la trama propuesto por mí: la síntesis de lo heterogéneo entre circunstancias, intenciones, interacciones, adversidad, fortuna o infortunio. Por otra parte —como hemos visto—, Paul Veyne define así, más o menos, la trama: la conjunción de fines, causas y causalidades. No obstante, para seguir siendo coherente con mi argumento de la relación *indirecta* de la explicación histórica con la estructura de la narración, hablaré de semitrama para subrayar el carácter *analógico* de la extensión de la imputación causal singular a partir de su ejemplo *princeps,* la explicación causal de los resultados de una decisión individual.

Tomaremos ahora como tema esta analogía, al pasar de la cuestión de los procedimientos explicativos a la de las entidades básicas del conocimiento histórico.

2. *Las entidades de primer orden de la historiografía*

He distinguido, por razones didácticas, tres procedimientos del cuestionamiento regresivo: el primero remite desde los procedimientos explicativos de la historia científica a la fuerza explicativa incluida en la *construcción de la trama* de la narración; el segundo, desde las entidades construidas por el historiador a los *personajes* de la narración, y el tercero, desde los tiempos múltiples de la historia a la dialéctica *temporal* de la narración.

Estos tres caminos son inseparables, como lo eran las tres modalidades del corte epistemológico descrito en la introducción a este capítulo, y se caracterizan no sólo por el mismo estilo de *filiación indirecta,* que unía la historiografía a la inteligencia narrativa, sino también por el mismo recurso a *enlaces* que la propia historiografía ofrece al trabajo de reconstrucción de la intencionalidad histórica.

En primer lugar, insistiremos en este carácter indirecto de la filiación narrativa, carácter que se verifica tanto en el plano de las entidades como en el de los procedimientos. El *corte* epistemológico entre entidades historiográficas y personajes narrativos es —a mi entender— el presupuesto del que hay que partir ahora. Se puede designar o identificar un personaje con un nombre propio, considerado como responsable de las acciones que se le atribuyen; él es el autor o la víctima; por ellas es feliz o desdichado. Ahora bien: las entidades a las que la historia refiere los cambios que intenta explicar no son personajes, si nos atenemos a su epistemología explícita: las fuerzas sociales que actúan en el segundo plano de las acciones individuales son, en el sentido propio del término, anónimas. Éste es un presupuesto cuyo valor parece desconocer esa forma de «individualismo epistemológico», para la cual todo cambio social puede, en principio, resolverse en acciones elementales, asignables a individuos que son sus autores y que soportan la responsabilidad última de las mismas. El error del individualismo metodológico es exigir por principio una operación reductora que nunca puede llevarse a término efectivamente. Veo en él la expresión de una exigencia de derivación directa que desconoce la naturaleza del cuestionamiento regresivo, el único que puede ponerse en práctica en este campo. Sólo la derivación indirecta puede respetar el corte epistemológico sin destruir el objetivo intencional del conocimiento histórico.

Se trata, entonces, de saber si este punto de mira intencional dispone realmente, en el plano de las entidades históricas, de un *enlace* semejante al de la imputación causal singular en el plano de los procedimientos explicativos.

Este enlace existe bajo la forma de las entidades de primer orden del conocimiento histórico, *entidades sociales* que, si bien *no* pueden *descomponerse* en infinidad de acciones individuales, *mencionan,* no obstante, en su constitución y en su definición, a individuos capaces de ser tenidos por los personajes de una narración. En la introducción a este capítulo he llamado *entidades de pertenencia participativa* a estas entidades de primer orden. La continuación de la discusión justificará esta denominación.

A estas entidades de primer orden se aplican, de modo especial, los procedimientos explicativos que hemos llamado de «imputación causal singular». Dicho de otra manera: a los *procedimientos de mediación* entre la explicación científica y la explicación por construcción de la trama corresponden *objetos transicionales* que median entre las entidades historiográficas y las narrativas, a las que llamamos personajes de la narración. La pertenencia participativa es a las entidades lo que la imputación causal singular a los procedimientos de la historiografía.

Todo historiador —y el ejemplo de Braudel, sobre el que volveremos en el tercer apartado, lo confirma cumplidamente— tiende, en algún momento, aunque desconfíe de la epistemología concebida por los filósofos, a *ordenar* las entidades que presenta en su discurso. Por su parte, la fenomenología genética quiere *acompañar* y explicar este trabajo de ordenación. Mientras que, para el historiador especialista, la ordenación de las entidades se justifica suficientemente por su fecundidad heurística, la fenomenología genética intenta relacionar la *jerarquización* de los niveles de discurso con la *intencionalidad* del conocimiento histórico, con su objetivo noético constitutivo. Con este fin, se afana por mostrar cómo la ordenación practicada por el historiador no se reduce al recurso metodológico, sino que implica una *inteligibilidad* propia que se puede explicar reflexivamente. Esta inteligibilidad se reduce a la posibilidad de recorrer en los dos sentidos la jerarquía establecida por el discurso histórico entre sus entidades de referencia. El primer recorrido —que podemos llamar ascendente— jalonará la *distancia* creciente entre el plano de la narración y el de la historia-ciencia.

El segundo —descendente— jalonará la serie de *re-envíos,* que llevan desde las entidades anónimas del discurso histórico a los personajes de una posible narración. La inteligibilidad de la ordenación proviene de la reversibilidad de los dos recorridos.

En esta búsqueda de inteligibilidad se sitúa la determinación de las entidades de base del discurso histórico. Estas entidades de pertenencia participativa se asientan en el punto de intersección del itinerario ascendente y del descendente. Esta posición estratégica hace de su determinación el eje del cuestionamiento regresivo.

1. Para llevar a cabo la empresa de derivación indirecta encontraremos alguna ayuda en la obra de Maurice Mandelbaum *The Anatomy of Historical Knowledge,* pese a su hostilidad a las tesis narrativistas [23]. De él retengo una doble enseñanza, que incorporo al método de cuestionamiento regresivo. La primera concierne a la ordenación de las entidades asumidas por el discurso del historiador. La segunda, a la correlación entre lo que Mandelbaum considera como las entidades de primer orden del conocimiento histórico y el procedimiento de imputación causal, cuya teoría, por otra parte, hemos creado nosotros: esta segunda enseñanza permitirá unir entre sí las dos líneas del cuestionamiento regresivo: la de las entidades y la de los procedimientos. Pero comencemos por el estudio de las *entidades* de base.

La epistemología de Maurice Mandelbaum le sitúa a igual distancia de los defensores del modelo de subsunción y de los de la versión narrativista. *Contra los primeros* sostiene que, pese al carácter típico de las situaciones y acontecimientos de que habla la historia, y pese a su recurso a generalizaciones, la historia habla fundamentalmente de «lo que ha sido verdadero, de modo característico, de algunos lugares particulares durante un lapso determinado de tiempo... Así, me parece bien fundada la tesis familiar de que los historiadores se ocupan de lo particular más que de establecer generalizaciones explicativas» (p. 5). Con otras palabras: Mandelbaum tiene en cuenta la distinción establecida por Windelband entre ciencia idiográfica y nomotética [24]. *Contra los segundos,* el autor sostiene que la historia es una investigación, una disciplina

[23] M. Mandelbaum, *The Anatomy of Historical Knowledge* (Baltimore 1977).

[24] W. Windelband, *Präludien* (Tubinga ⁵1915) 2, 144-145.

preocupada por autentificar sus enunciados, por justificar las relaciones que establece entre acontecimientos. De ahí que su interés por las constelaciones singulares no pueda excluir la interpolación de regularidades en sus cadenas de relaciones. No discutiré estas presuposiciones, que concuerdan bastante bien con las conclusiones de nuestros capítulos I y II.

Sobre este segundo plano se destaca la tesis en la que se fijará nuestra atención: el objeto irreductible de la historia es de orden *societario*. La historia ve los pensamientos, los sentimientos y las acciones de los individuos en el contexto específico de su entorno social: «Los individuos sólo interesan a los historiadores, en la medida en que son considerados en relación con la naturaleza y los acontecimientos de una sociedad existente en un tiempo y en un lugar particulares» (p. 10). A simple vista, esta tesis, considerada aisladamente, confirma sólo la discontinuidad entre el plano de la historia y el de la narración, cuyos personajes deben poder identificarse como individuos responsables de su acción. Pero una determinación más precisa del término «sociedad» nos orienta hacia la problemática específica de las entidades de base. Proviene de la distinción entre dos modalidades de la historiografía: la «*historia general*» y las «*historias especiales*» (p. 11). La general tiene como tema sociedades particulares, como pueblos y naciones, cuya existencia es *continua*. Las historias especiales tienen por tema aspectos *abstraídos* de la cultura, tales como la tecnología, el arte, la ciencia, la religión, los cuales, por carecer de una existencia continua propia, sólo se unen entre sí por la iniciativa del historiador, responsable de la definición de lo que cuenta como arte, ciencia, religión, etc.

La noción de *sociedad*, como referencia última de la historiografía, recibe de su oposición a la de *cultura* una determinación que me permitirá luego caracterizarla como *objeto transicional* entre el plano de la narración y el de la historia explicativa.

Precisemos este concepto de sociedad en su oposición al de cultura: «Una *sociedad* —diré— consiste en individuos que viven en una comunidad organizada, dueña de un territorio particular; la organización de semejante comunidad está garantizada por instituciones que sirven para definir el estatuto asumido por diferentes individuos, a quienes se les asignan las funciones que deben desempeñar, perpetuando la existencia ininterrumpida de la comunidad» (p. 11).

Importa resaltar los tres componentes de esta definición: el primero vincula la comunidad —y, por tanto, su duración— a lugares; el segundo, a individuos, asignándoles una función institucionalizada, y el tercero caracteriza la comunidad por su existencia ininterrumpida. Este tercer rasgo permitirá más tarde tender un puente entre las entidades de base y los procedimientos de conexión causal que les corresponden en este plano.

La noción de *cultura* recubre todas las experiencias nacidas de la creación social, implicadas en el uso individual y transmitidas por la tradición: el lenguaje, las técnicas, las artes, las actitudes y creencias religiosas o filosóficas, en cuanto que estas diversas funciones se incluyen en la herencia social de los individuos que viven dentro de una sociedad particular.

La diferencia es, ciertamente, difícil de sostener en todos los casos. ¿Por qué —se preguntará— las *instituciones,* incluso los sistemas de parentesco, la distribución de los bienes y la organización del trabajo, que definen funciones individuales, se colocan del lado de la sociedad y no de la cultura? La respuesta nos la da el tercer rasgo de la sociedad: que ésta es particular y existe continuamente; de ello se deduce que una institución dimana de la sociedad y no de la cultura, en la medida en que constituye el factor de integración de una sociedad particular que existe de manera continua. En cambio, las actividades que definen la cultura se abstraen de las sociedades particulares, y sus modalidades se reagrupan bajo el mismo concepto clasificador por la definición que dan de ellas los historiadores, que puede diferir grandemente de uno a otro.

Esta distinción entre la historia de *sociedades particulares* y la de *tipos de actividades* marca los dos polos extremos de una gama de casos intermedios. Así, el fenómeno social permite analizarse en aspectos —político, económico, social, etc.— cuyo desglose, definición y relaciones proceden de opciones metodológicas, que hacen de ellos artificios con la misma razón que las actividades enmarcadas bajo el término cultura. Pero mientras estos aspectos se conciban como las «facetas» de una sociedad particular, caracterizan a ésta en última instancia; las facetas se dejan relacionar con el fenómeno social global en virtud de un importante rasgo de éste: que está constituido por una red de instituciones y de poderes cuya *densidad indefinida* se presta a investigaciones de escala variable, como mapas de geografía. Esta capacidad que posee el fenómeno social de dejarse analizar en aspectos, dimensiones o facetas, garantiza el paso de la historia general (preferiría decir «global») a las historias especiales (mejor, «especializadas»). Pero una cosa es abstraer estos aspectos y reagruparlos en *clases* que se convierten en la intención tópica dominante de una sociedad particular, y otra relacionar estos aspectos con una sociedad particular, caracterizarla con cohesión y agudeza y de este modo restituir su identidad singular. Se puede hacer el razonamiento inverso respecto a las historias especializadas; éstas toman siempre como tema-guía una «clase» de actividades separadas —técnica, ciencia, arte, literatura, filosofía, religión, ideología—, pero una clase no es una totalidad concreta, sino un artificio del método; así, un historiador de arte ordena en forma de colección obras discontinuas, según criterios que dependen de la concepción que él se hace del arte; sin embargo, esta delimitación por estipulación no está a la entera voluntad del historiador de arte; las obras se inscriben en tradiciones y en redes de influencias que señalan su arraigo en la continuidad histórica de las sociedades particulares y reciben de ésta una continuidad *prestada*. Por eso las historias especializadas remiten a la historia general o global.

Por consiguiente, según se haga hincapié en el carácter artificial de las conexiones entre productos culturales o en las tradiciones que las hacen participar en la continuidad temporal de sociedades particulares, la investigación se inclina del lado de la historia especializada o del de la historia global. Es la semi-autonomía de las instituciones y de las actividades la que permite relacionarlas, ya con las constelaciones singulares que definen un fenómeno social, ya con las clases de productos y de obras que definen un fenómeno cultural [25].

[25] No se puede poner en duda que Maurice Mandelbaum ha introducido esta distinción para abandonar una parte para no perderlo todo en el debate que él mismo había suscitado sobre la objetividad en historia mediante su obra de 1938, *The Problem of Historical Knowledge*. En efecto, se puede esperar más objetividad de la historia «general» que de la historia «especial», porque la existencia continua de su objeto se da antes del trabajo de recorte y de correlación del historiador; es, pues, posible, en principio, *concatenar (overlocking)* entre sí puntos de vista diferentes sobre los mismos acontecimientos o concatenar entre sí aspectos (político, económico, social, cultural) de los mismos acontecimientos. Las historias especializadas son mucho más claramente relativas en las concepciones controvertidas de los historiadores, pues los criterios

¿Por qué rodeo la noción de sociedad, en el sentido de Mandelbaum, ofrece un *enlace* para la derivación de las entidades históricas a partir de los personajes de la narración? Así como la imputación causal singular presenta una afinidad con la construcción de la trama, que justifica que se hable de ella como de semitrama, incluso de trama según la acepción amplia del término, de igual modo la sociedad, desde el momento en que se considera una entidad singular, figura en el discurso histórico como un semipersonaje. Y esta traslación analógica no se reduce a un efecto retórico. Se asienta en un doble fundamento: en la teoría de la narración y en la estructura del fenómeno social.

En efecto, por un lado, nada exige, en la noción de personaje, entendido en el sentido del que realiza la acción, que sea un individuo. Como lo mostrará ampliamente el análisis literario de nuestra tercera parte, el lugar del personaje puede ocuparlo *cualquiera que* sea designado en la narración como sujeto gramatical de un predicado de acción, dentro de la frase narrativa de base «*X* hace *R*». En este sentido, la historia no hace más que prolongar y ampliar la disociación operada por la construcción de la intriga entre personaje y actor real. Se puede incluso decir que contribuye a dar al personaje toda su dimensión narrativa. El individuo responsable es sólo el primero de una serie de análogos entre los que figuran los pueblos, las naciones, las clases y todas las comunidades que ejemplifican la noción de sociedad singular.

Por otro lado, el propio fenómeno social entraña un rasgo que regula la extensión analógica de la función del personaje. La definición que Mandelbaum da de la sociedad singular no puede ser completa sin la referencia *oblicua* a los individuos que la componen. A su vez, esta referencia oblicua permite hablar de la propia sociedad misma como de un gran individuo, *análoga* a los individuos que la integran. En este sentido hablaba Platón de la ciudad como de un alma escrita en letras capitales, y Husserl, en la *Quinta medita-*

de clasificación varían enormemente de uno a otro. Por eso es mucho más difícil aplicarles los procedimientos de corroboración, rectificación, refutación sobre los que se establece la objetividad de la historia general. Pero a mí no me interesa en estos momentos el debate sobre la objetividad, sino los recursos que ofrece la distinción entre la singularidad de las sociedades y la generalidad de los fenómenos de cultura para una fenomenología genética aplicada a las entidades del discurso histórico.

ción cartesiana, llama a las comunidades históricas «personalidades de rango superior».

Hay que señalar dos cuestiones en este argumento. La primera concierne a la referencia *oblicua* —en toda definición del fenómeno social— a los individuos que la componen. La segunda afecta a la contribución de esta referencia oblicua a la extensión analógica del papel de personajes en las entidades de primer grado del discurso histórico.

La referencia *oblicua* a individuos se inscribe dentro de los rasgos por los que Mandelbaum define la sociedad: organización territorial, estructura institucional, continuidad temporal. Los tres se refieren a individuos que viven en el territorio, que desempeñan el papel asignado por las instituciones y que garantizan, por el relevo de las generaciones, la continuidad histórica de la sociedad considerada. Llamo *oblicua* a esta referencia porque no forma parte del discurso *directo* del historiador, el cual puede atenerse, sin demasiados escrúpulos, a entidades colectivas, sin referencia explícita a sus componentes individuales. Es cierto que no incumbe a la historia, en cuanto disciplina de ambición científica, tematizar esta referencia oblicua; en cambio, sí incumbe a la fenomenología genética descubrir en el fenómeno del ser-en-común el origen del vínculo entre los individuos y las sociedades particulares. Lo encuentra en el fenómeno de *pertenencia participativa,* que relaciona las entidades históricas de primer orden con la esfera de la acción. Este vínculo califica a los portadores de la acción como *miembros de...* Podemos llamar a este vínculo real, ontológico, en cuanto que tiene prioridad sobre la conciencia que los miembros tienen de él; es cierto que este vínculo puede ser reconocido como tal, comprobado y declarado; pero este reconocimiento se funda en el propio vínculo que la conciencia lleva al lenguaje. Hay que afirmar con la misma fuerza la anterioridad ontológica del vínculo de pertenencia y el papel de las mediaciones simbólicas —norma, costumbres, ritos, etcétera— por las que se atestigua su reconocimiento. De ello se deduce que ni los grados de conciencia ni las modalidades de ésta son constitutivos de este vínculo. Sin olvidar esto, situémonos un momento en la perspectiva de los grados de conciencia: el vínculo de pertenencia puede sentirse con gran intensidad, como sucede en el patriotismo, la conciencia de clase o la mentalidad localista; pero también puede olvidarse, despreciarse, disimularse, incluso negarse con vehemencia, por aquellos a los que el resto de la sociedad califica de renegados o de traidores, o por los que se consideran a sí mismos como disidentes, exiliados o al margen de la ley. Ésta puede ser la tarea de la crítica de las ideologías: desenmascarar su vasallaje oculto; pero esta crítica presupone a su vez la anterioridad del vínculo respecto a la conciencia (y a la posibilidad de llevarlo a la conciencia explícita). Por lo que respecta a las modalidades de conciencia explícita, la atestación de la pertenencia participativa puede adornarse con las valorizaciones más diversas, incluso opuestas; la gama se despliega entre los polos extremos de la aprobación y del rechazo, de la conmemoración y de la execración (según expresión de François Furet en *Penser la Révolution française* [26], sobre la que volveré en el tercer apartado).

La triple referencia del fenómeno social al individuo, extraída anteriormente de su definición por Mandelbaum, proviene claramente del vínculo de pertenencia participativa logrado por la fenomenología genética. A la organización territorial corresponde el acto de habitar, es decir, de calificar el espacio humano por un conjunto de gestos instauradores: construir un refugio, señalar y franquear un umbral, vivir juntos, ejercer la hospitalidad, etc. Las instituciones asignan un estatuto a los individuos con el que se corresponden las múltiples modalidades de asumir su papel los miembros del grupo: maneras de trabajar, de desempeñar un oficio, de unir trabajo y tiempo libre, de comportarse en las relaciones de clase, de rango y de poder. A la perpetuación de la existencia social corresponde el vínculo entre generaciones que entreteje el amor y la muerte y proporciona a los vivos, no sólo contemporáneos, sino también predecesores y sucesores [27].

---

[26] París 1978; cf. *infra,* pp. 365ss.

[27] Volveré, en la cuarta parte, sobre esta triple estructura temporal de la realidad social tan magistralmente analizada por Alfred Schutz. Se halla en el propio Maurice Mandelbaum un argumento en favor de esta referencia oblicua. Él admite que la explicación, con su estilo analítico y discontinuo, no podría proponerse reconstruir el proceso totalizante y continuo de una sociedad particular si el historiador no estuviese familiarizado ya con tales cambios globales por su propia experiencia de vida en sociedad: «La base original para nuestra comprensión de las estructuras sociales es, pues, la experiencia de un individuo en desarrollo en su propia sociedad y el ensanchamiento de horizontes que se logra por medio del conocimiento de otras sociedades» (p. 116). La historiografía —recuerda Maurice Mandelbaum— no nace de la nada. No

Queda la segunda parte del argumento: la referencia *oblicua* del fenómeno social a los individuos justifica la extensión *analógica* del papel de personajes a las entidades históricas de primer orden de la historia. En virtud de esta analogía, las entidades históricas de primer orden pueden ser designadas como los sujetos lógicos de verbos de acción y de pasión. En cambio, la analogía no exige nada más que la referencia *oblicua* del fenómeno social a los individuos. Decir que Francia *hace* esto o *sufre* aquello no implica en absoluto que la entidad colectiva de que se trata deba *reducirse* a los individuos que la componen y que sus acciones puedan asignarse distributivamente a sus miembros, considerados uno a uno. Sobre la traslación de vocabulario del individuo a las entidades de primer orden de la historiografía, hay que afirmar dos cosas al tiempo: que es *sólo* analógica (y, por tanto, no implica ningún reduccionismo) y que se *funda* en el fenómeno de pertenencia participativa.

El reconocimiento de este lazo entre el carácter *oblicuo* de la referencia al individuo y el carácter *analógico* de la traslación de vocabulario no está exento de consecuencias epistemológicas: él permite a la historia y a las demás ciencias sociales esquivar las dificultades del individualismo metodológico. Al dar igual fuerza al momento ontológico y al reflexivo, el vínculo de pertenencia participativa confiere igual fuerza al grupo y al individuo. Presenta al individuo instalado en lo que Hannah Arendt gustaba llamar la «esfera pública de aparición». En este sentido, ninguno de los tres rasgos constitutivos del fenómeno social puede emanar del individuo aislado: ni la organización de un territorio, ni la institución de las funciones, ni la continuidad de la existencia. En cambio, ninguno de estos tres rasgos permite definirse *sin referencia* a la acción individual y a la interacción entre individuos. De ello se deduce que el objeto transicional del conocimiento histórico presenta una polaridad insuperable que resume la expresión «pertenencia participativa» [28].

arranca de una nube de hechos que esperaran el trabajo de síntesis de la historia para recibir una estructura; la historia nace siempre de una historia anterior a la que viene a modificar. Y en el segundo plano de esta historia primordial se perfila la práctica social, con sus contradicciones internas y sus retos externos.

[28] En la segunda parte volveremos sobre la ontología del ser en común presupuesta por este argumento. Nos preguntaremos si Husserl podía lograr,

La noción de *cuasi personaje,* que adopto por simetría con la de cuasi trama, debe tanto a un argumento como al otro: Por *estar compuesta de individuos,* toda sociedad se comporta en la escena de la historia como un gran individuo; por eso el historiador puede atribuir a estas entidades singulares la iniciativa de algunos cursos de acciones y la responsabilidad histórica —en el sentido de Raymond Aron— de ciertos resultados, incluso no buscados intencionadamente. Pero el discurso histórico puede realizar esta traslación al plano sintáctico porque la técnica de la narración nos ha enseñado a *separar* el *personaje* del *individuo.* Con otras palabras: las entidades historiográficas de primer orden sólo constituyen un enlace entre las entidades de segundo, incluso de tercer orden, y el plano de la acción real, porque la noción narrativa de personaje constituye por sí misma un *enlace* en el plano de la configuración entre estas entidades de primer orden de que trata la historia y los individuos actuantes que implica la práctica real. Las entidades de primer orden del historiador sólo buscan las entidades de la esfera de la acción —aquellas de las que hemos hablado en la primera parte, al tratar de *mímesis* I— a través de la categoría narrativa de personaje que dimana del registro de *mímesis* II.

2. La simetría entre la teoría del cuasi personaje y la de la cuasi intriga se debe naturalmente a que la imputación causal singular, en la que hemos visto el procedimiento de transición entre explicación histórica y explicación narrativa, tiene su campo privilegiado de aplicación precisamente en el plano de las entidades de primer orden del discurso histórico. En efecto, una función esencial de la atribución causal es restablecer la continuidad de un proceso

al final de la *Quinta meditación,* derivar de la intersubjetividad las personalidades de rango superior. Veremos incluso si la definición de «acción social» por parte de Max Weber, al comienzo de *Economía y sociedad,* permite librarnos de las dificultades del individualismo metodológico. Expreso en seguida mi deuda con el pensamiento y la obra de Alfred Schutz en su *El problema de la realidad social.* En efecto, Schutz no se ha limitado a conciliar Husserl y Weber; ha integrado sus conceptos de intersubjetividad y de acción social en un concepto de ser en común tomado de Heidegger, sin perder la fuerza de los análisis de los dos primeros ni limitarse a un eclecticismo cómodo de todos estos maestros. La fenomenología del ser social de Alfred Schutz recibe además un refuerzo de la antropología de Herbert Mead, de Richard Turner y de Clifford Geertz, con los cuales mi deuda no es menor que con Alfred Schutz.

cuya unidad de desarrollo, por una u otra razón, parece interrumpida, incluso inexistente. Recordamos que la existencia continua es, en el lenguaje de Maurice Mandelbaum, un rasgo capital de la distinción entre sociedad y cultura.

Esta función de la explicación causal es una de las tesis clave de la obra de Maurice Mandelbaum. Ella rompe deliberadamente con la tradición empirista nacida de Hume, para la que la causalidad expresa una unión regular entre dos tipos de acontecimientos lógicamente distintos; según esta tradición, el carácter nomotético de la relación de causalidad es estrictamente solidario del carácter atomista de las nociones de causa y de efecto. El autor combate este carácter atomista de la unión causal, junto a su caracterización del fenómeno social de base, por medio de la existencia continua [29].

Desde el plano perceptivo, la causalidad expresa la continuidad de un proceso singular: la causa es el proceso total; el efecto, su momento terminal. Para el observador, el hecho de golpear una pelota es la causa de su movimiento, y la causa está incluida en el acontecimiento completo. Sólo por razones de comodidad aislamos del proceso global el factor más variable y hacemos de él una causa distinta de su efecto: por ejemplo, el mal tiempo para la mala cosecha. Hay que decir, contra Hume, que «analizar la causa de una circunstancia particular consiste en remontarse a los diversos facto-

---

[29] La tesis de Maurice Mandelbaum debe mucho a la obra de H. L. A. Hart y A. M. Honoré, *Causation in the Law* (Oxford 1959): «No es exagerado decir que desde su aparición en 1959 ha cambiado el tenor global de las discusiones en torno a la explicación causal en la filosofía angloamericana» (p. 50). Maurice Mandelbaum no sigue, sin embargo, a estos autores en su tesis, según la cual la explicación causal y la formulación de leyes generales se aplicarían a dos campos diferentes del conocimiento: la historia y el derecho por un lado y las ciencias por otro. Siguiendo más bien los análisis de J. L. Mackie en *The Cement of the Universe: a Study of Causation* (Oxford 1974), M. Mandelbaum ve, más que una dicotomía entre dos grandes campos de aplicación, una sucesión de planos explicativos indiferentes a los campos de aplicación, partiendo de la percepción de la causalidad, pasando por la atribución causal en el plano del juicio y elevándose al establecimiento de las leyes, como «cimiento» del vínculo causal. Esta tesis se aleja de la de W. Dray tras haberse acercado a ella: con él y contra los partidarios del modelo nomotético, Mandelbaum afirma la primacía y la irreductibilidad de la atribución causal singular; contra él, se niega a oponer definitivamente causalidad singular y regularidad y admite que la explicación por leyes viene a «cimentar» la atribución causal.

res, que son responsables conjuntamente de que dicha circunstancia sea tal como ha sido y no diferente» (p. 74) [30].

La explicación causal termina siempre por «reconstituir los aspectos de un proceso único en el curso ininterrumpido» (p. 75). Inversamente, la explicación por *un* antecedente discreto es el signo de una explicación abreviada y truncada. La ventaja pragmática de tales explicaciones truncadas no debe hacer olvidar que «la causa es la conjunción total de ocurrencias o de acontecimientos efectivamente en curso (*actually ongoing*), que desembocan en ese efecto particular y no en otro» (p. 93). En este sentido, existe un abismo lógico entre la explicación causal, que descansa siempre en los factores responsables de una ocurrencia *particular,* y la enunciación de una ley, que se apoya en la conexión invariable entre *tipos* de acontecimientos o de propiedades. Las leyes tienen una gama de aplicaciones ilimitadas precisamente «porque no buscan establecer vinculaciones entre ocurrencias de tipos dados» (p. 98), o, si se prefiere, «entre tipos de factores más que entre tipos de acontecimientos efectivos» (p. 100).

De esto se derivan dos consecuencias, cuya importancia para la teoría de la historia no debe subestimarse. La primera concierne a la inserción de regularidades en una atribución causal singular. Si, en el curso de la explicación de un proceso singular, se recurre a generalidades, a leyes, esta generalidad de las leyes no sustituye a la singularidad de la explicación causal; si decimos «una bala que le atravesó el corazón mato a *x*», las leyes fisiológicas concernientes a la circulación de la sangre encadenan factores abstractos, no fases concretas del proceso efectivo; proporcionan el mortero, no los materiales. Las leyes no se aplican más que *seriatim* a la secuencia de las condiciones: por tanto, hay que explicar causalmente las series de circunstancias que conducen al resultado final para poder aplicar leyes a estas series [31].

Segunda consecuencia: la explicación pone de manifiesto el efec-

---

[30] La precisión: un efecto no diferente autoriza el acercamiento entre este análisis y la constitución de las sucesiones irreales en el razonamiento de probabilidad retrospectiva según Weber y Aron.

[31] El argumento sirve para el ejemplo de Hempel de la rotura de un radiador de agua de baja temperatura: las leyes físicas puestas en juego no se aplican *todas a la vez (all at once)* a las condiciones iniciales; se aplican a una serie de ocurrencias; son instrumentos de la explicación causal, no sustitutos de esta explicación (p. 104).

to de un proceso continuo como determinado necesariamente, una vez dado el estado inicial del sistema; sólo este resultado particular podía producirse. Pero eso no quiere decir que el acontecimiento, como un todo, haya sido determinado, pues un proceso puede decirse determinado sólo *dentro de un sistema cerrado*. Sería necesario poder considerar todo el universo como un único sistema para identificar la idea de determinación causal con la de determinismo. No puede decirse que las condiciones iniciales llevan consigo lógicamente su efecto, ya que este último proviene del hecho contingente de que cada una de las ocurrencias consideradas en el punto de partida se ha sucedido en tal momento y en tal lugar. La necesidad causal es, pues, una necesidad condicional: *dado* el conjunto completo de las condiciones causales que han tenido lugar (y no de otras), ha tenido que ocurrir el *efecto* realmente producido. Estas dos consecuencias confirman la posición irreductible, aunque no exclusiva, de la explicación causal [32].

El rasgo decisivo —que yo sepa, sin parangón en otro lugar— de la teoría de la explicación causal de Maurice Mandelbaum es, como he anunciado, su estrecha afinidad con el análisis de las entidades de primer rango en historia. De hecho, es la historia general —en el sentido definido anteriormente— la que mejor ilustra la triple tesis que concierne a la explicación causal: que la causalidad es el vínculo interno de un proceso continuo; que las generalizaciones en forma de leyes hay que insertarlas en la explicación causal singular; que la necesidad causal es condicional y no implica ninguna creencia en el determinismo. Volvamos sobre cada uno de estos tres puntos.

La afinidad entre el razonamiento causal y el carácter continuo de los fenómenos sociales se explica fácilmente: como hemos dicho anteriormente, la historia pasa de la descripción a la explicación, puesto que la cuestión del *por qué* se independiza de la del *qué* y se convierte en un tema distinto de la investigación, y la cuestión del *por qué* se autonomiza tan pronto como el propio análisis en factores, en fases, en estructuras se independiza de la comprensión global del fenómeno social total. La explicación causal debe, pues, *reconstruir la continuidad* rota por el análisis.

---

[32] Este argumento recuerda al de Henrick von Wright respecto de la explicación dentro de sistemas cerrados; véase *supra,* segunda parte, cap. II, 1.

Esta reconstrucción puede seguir dos caminos: acentuar la continuidad temporal o la unidad estructural. En el primer caso, el del análisis longitudinal, el fenómeno social requiere el análisis y el trabajo de reconstrucción por el hecho de que el tejido episódico posee la importante propiedad de constituir «una serie indefinidamente densa» (p. 123); esta propiedad permite todos los cambios de escala; de este modo, cualquier acontecimiento puede analizarse en sub-acontecimientos o integrarse en un acontecimiento, de escala mayor. En este sentido, la diferencia entre término corto, medio y largo no es más que el aspecto temporal de la relación de la parte con el todo que domina la explicación en historia [33].

A estos cambios de escala en el análisis longitudinal corresponden grados igualmente variables en el análisis estructural: la sociedad es un tejido institucional de mallas más o menos gruesas que permite grados variables de abstracción en la tópica institucional; de este modo se puede tomar como término del análisis la distinción plena entre la economía y la ideología, como hace Marx, o entre fenómenos políticos, económicos, sociales y culturales; pero también se puede colocar cada uno de estos términos en el punto de partida del análisis funcional.

Las dos líneas del análisis son ampliamente autónomas por el hecho de que «es improbable que todos los aspectos de la vida social y los de la cultura cambien de modo sincrónico» (p. 142). Estas discordancias favorecen la fragmentación de la historia general en historias especiales. En cambio, este fenómeno hace más necesaria y más específica la tarea de la historia general: «El grado de unidad que puede encontrarse en cualquier época se convierte en lo contrario de un principio explicativo; es un rasgo que exige, a su vez, ser explicado» *(ibíd.)*. Pero este grado de unidad no hay que buscarlo fuera de la interrelación de las partes. «La explicación del todo dependerá de la comprensión de los vínculos que existen por el hecho de que sus partes están formalizadas» (p. 142).

En cuanto a la segunda tesis, la necesaria inserción de las gene-

---

[33] El concepto de densidad variable ilimitada nos permitirá, en el apartado siguiente, retomar con nuevos bríos el problema de la historia-no-episódica. Desde ahora nos permite afirmar que los términos corto y largo son siempre permutables en historia. A este respecto, *Le Méditerranée...* de Braudel y *Le carnaval de Romans* de Le Roy Ladurie ilustran a maravilla este intercambio permitido por los grados de cohesión del tejido temporal de la historia.

ralidades en la explicación causal singular proviene del carácter analítico de la explicación: el campo histórico es un campo relacional en el que ninguna conexión, longitudinal o transversal, se considera lograda. Por eso, para «cimentar» la causalidad se requieren generalizaciones de todo orden, de nivel epistemológico y de origen científico; ellas conciernen tanto a las estructuras institucionales como a las disposiciones que confieren a la conducta humana una estabilidad y una relativa accesibilidad a la predicción. Pero estas generalizaciones sólo funcionan *históricamente* si se explican las estructuras y las secuencias temporales, cuya cohesión proviene de que son las partes de un todo continuo.

Finalmente, la distinción entre necesidad causal condicional y determinismo universal es perfectamente homogénea con la distinción entre historia general e historias especiales. Al ser inevitablemente múltiples las sociedades singulares que constituyen el término último de referencia de la historia general, sigue siendo fragmentaria, y de algún modo regional, la necesidad a la que puede aspirar el historiador al reconstruir la continuidad de su constitución secuencial o estructural. El razonamiento de Mandelbaum enlaza con el de H. von Wright respecto al cierre de los sistemas, al papel de intervención de los agentes en la operación misma de cierre y a la imposibilidad para todo sujeto de ser a la vez el observador de las conexiones sistemáticas y el operador activo que pone en movimiento el sistema. Mandelbaum entronca también con la distinción hecha por Max Weber entre causalidad adecuada y necesidad lógica. Y, finalmente, refuerza el argumento de Raymond Aron contra la ilusión retrospectiva de fatalidad y su defensa de un determinismo fragmentario, abierto a la acción política libre.

Pero la raíz de la distinción entre necesidad causal condicional y determinismo universal hay que buscarla en la naturaleza misma de las entidades de primer orden, que son siempre sociedades singulares. Póngase lo que se quiera detrás de esta palabra —nación, clase, pueblo, comunidad, civilización—, la pertenencia participativa que fundamenta el vínculo social engendra cuasi personajes, que son tan múltiples como las cuasi intrigas de las que son los héroes. Así como no hay para el historiador una trama única que englobe todas las demás, tampoco hay para él un personaje histórico único que sea el super-héroe de la historiografía. El *pluralismo* de los pueblos y de las civilizaciones es un hecho insoslayable de la experiencia de historiador, porque es un hecho insoslayable de la experiencia de los que hacen o sufren la historia. Por eso la atribución causal singular, que actúa dentro de los límites de este pluralismo, sólo puede aspirar a una necesidad causal condicionada por la hipótesis de que la sociedad singular se da donde existen hombres que actúan en común.

3.   Hablaré brevemente de las entidades de segundo y de tercer orden construidas por el historiador, así como de la correlación entre los procedimientos explicativos y estas entidades derivadas.

También aquí es un buen guía Maurice Mandelbaum, con su paso de la historia general a las historias especiales. Recordamos las características que atribuye a los fenómenos culturales sobre los que descansan las historias especiales: tecnología, ciencias, artes, religiones, etc. Son fenómenos *discontinuos, delimitados por el* propio *historiador,* que establece por estipulación lo que tiene valor de fenómeno cultural de tal o cual clase, y, por consiguiente, *menos susceptibles de objetividad* que la historia general. Puesto que mi intención en este lugar no es el debate entre objetividad y subjetividad en historia, sino el estatuto epistemológico de las entidades construidas por el historiador, pasaré por alto cuanto concierne al grado de arbitrariedad permitido por las historias especiales y me concentraré en la relación de derivación que vincula las historias especiales a la historia general.

Hacen posible esta derivación el análisis en fases y en estructuras, que ya prevalece en el plano de la historia general, y el recurso a términos generales en el curso de la explicación causal.

Desde este doble trabajo de abstracción, el interés del historiador puede desplazarse tranquilamente desde el fenómeno social, en su continuidad y en su singularidad, a los fenómenos culturales y genéricos. Nuevas entidades ocupan entonces la escena histórica: son los simples correlatos del trabajo de *conceptualización* característica de la historia erudita. Estas entidades —hay que convencerse de ello— son clases, seres genéricos, no singularidades; en lo esencial, se toman de las ciencias sociales, con las que la historia forma pareja: economía, demografía, sociología de las organizaciones, sociología de las mentalidades y de las ideologías, ciencia política, etcétera. El historiador sentirá la tentación de tomar estas entidades por realidades históricas, tanto más cuanto que logrará tratarlas

como *invariantes,* de los que las sociedades singulares no son más
que variantes, o mejor, variables.

Esto hace Paul Veyne en *L'inventaire des différences* [34]. Construye el *invariante* «imperialismo», y entre sus variantes, un imperialismo que consiste en ocupar todo el espacio disponible para adquirir el monopolio del poder; la singularidad romana se localizará,
sin consideración de espacio ni de tiempo, en el trayecto de especificación del invariante tomado por punto de partida. El mecanismo
de pensamiento es perfectamente legítimo y de gran fuerza heurística y explicativa. Sólo falla cuando se *olvida* que las entidades de
segundo grado, tales como el imperialismo, *derivan,* en cuanto a su
existencia, de las entidades de primer orden, a las que individuos
agentes han pertenecido y en las que han participado con sus acciones e interacciones. Tal vez el historiador no pueda «creer» en
estos seres de razón más que olvidando e invirtiendo el orden verdadero de derivación. El valor del argumento de Maurice Mandelbaum consiste en combatir este olvido, recordando que una historia
del arte, de la ciencia o de cualquier otra función de una sociedad
dada sólo conserva su significación histórica si, al menos implícitamente, el historiador no pierde de vista las entidades concretas de
las que se ha abstraído. Con otras palabras: esta historia no tiene
significación en sí misma; sólo por referencia a las entidades que
existen continuamente, y que son los *portadores* de esta función.

La derivación de las entidades de segundo orden a partir de las
del primero tienen como corolario la derivación, constantemente
observada, de la explicación nomológica a la causal singular. No
vuelvo de nuevo sobre el argumento en sí mismo, sino sobre uno
de sus aspectos, que expresa más directamente el parentesco entre
las dos líneas de derivación, la de los procedimientos y la de las
entidades. Estoy pensando en esa especie de disputa de los universales suscitada en el campo de los estudios históricos por el trabajo
de *conceptualización,* del que afirmábamos, en la introducción a este
capítulo, que es uno de los corolarios del corte epistemológico que
engendra la historia como investigación científica. La tesis de Maurice Mandelbaum de que los objetos propios de las historias espe-

---

[34] Paul Veyne, *L'inventaire des différences* (Seuil 1976). Hablo con más
extensión de esta obra en *The Contribution of French Historiography to the
Theory of History,* op. cit.

ciales son clases y no singularidades proporciona un refuerzo al nominalismo moderado profesado por muchos epistemólogos concernientes al estatuto del aparato conceptual puesto en práctica por los nuevos historiadores.

Henri-Irénée Marrou, en un capítulo titulado *El uso del concepto (op. cit.,* pp. 140ss), distingue cinco grandes categorías de conceptos: *a)* la historia —dice Marrou— utiliza «conceptos de ambición universal», menos raros de lo que admite la crítica relativista, concernientes a lo que hay de menos variable en el hombre; a ello añadiré —por mi parte— la red conceptual constitutiva de la semántica de la acción *(mímesis* I); *b)* la historia hace además «un uso analógico o metafórico... de una imagen singular»: es el caso del adjetivo barroco, tomado fuera del contexto y trasladado, sobre la base de una comparación razonada, a otros períodos distintos del barroco propiamente dicho; *c)* sigue luego la nomenclatura de los «términos especiales que designan instituciones, instrumentos o herramientas, formas de obrar, de sentir o de pensar; en una palabra: hechos de civilización (p. 151); su límite de validez no siempre se ve, por ejemplo, cuando se extrapolan de un sector determinado del pasado a otro: como cónsul, virtud romana, etc.; *d)* más importante es la clase de los *Ideal-typus* de Max Weber, si entendemos por *Ideal-typus* «un esquema de valor relativamente general, construido por el historiador con elementos observados en el estudio de los casos particulares, esquema orgánico de partes que dependen entre sí..., expresado, finalmente, con rigor y precisión por el historiador en una definición que agota su contenido» (pp. 153-154). Es el caso de la noción de ciudad antigua, tal como la ha elaborado Fustel de Coulanges; el empleo del *Ideal-typus* —observa Marrou— sólo es legítimo si, como recalcaba con insistencia Max Weber, el historiador no olvida nunca su carácter estrictamente nominalista» (p. 156); nunca es excesiva la vigilancia contra la tentación de reificar los «tipos ideales»; *e)* siguen, en fin, las designaciones, tales como la Antigüedad clásica: Atenas, el Renacimiento, el Barroco, la Revolución francesa: «Se trata en este caso de términos singulares, no susceptibles de una definición exhaustiva, que denotan un conjunto, por ejemplo, un período más o menos amplio de la historia de un medio humano determinado, o de la historia del arte, del pensamiento, etc., es decir, la totalidad de lo que alcanzamos a conocer del objeto así definido» (p. 159).

En mi opinión, esta última clase es heterogénea frente a las precedentes, porque designa entidades de tercer orden que integran, en nuevas entidades holísticas, los temas, los procedimientos y los resultados de las historias especiales. Estas totalidades no son en absoluto comparables con las totalidades concretas características de las entidades de primer orden. Las separan de ellas los procedimientos complejos de las historias especiales. Su carácter sintético es la contrapartida del espíritu deliberadamente analítico que regula la construcción de las entidades de segundo orden. En este sentido, pese a una apariencia concreta, estas entidades son las más abstractas de todas. Por eso los procedimientos que reinan en este nivel se alejan lo más posible de los procedimientos de construcción de la trama, que pueden extenderse analógicamente a los «héroes» colectivos de la historia general [35].

El nominalismo de los *conceptos* históricos es, a nuestro parecer, un corolario epistemológico del carácter derivado de las *entidades* de segundo y tercer orden. Con estas entidades tenemos que habérnoslas con «construidos», cuya base narrativa, y con mayor razón la de la experiencia, es cada vez menos reconocible. Ya no podemos distinguir en estos construidos el equivalente de lo que llamamos proyecto, fin, medio, estrategia o incluso ocasión y circunstancia. En una palabra: a este nivel *ya* no se puede hablar de cuasi personaje. El lenguaje apropiado a las entidades de segundo o de tercer orden se aleja demasiado del de la narración, y más aún del de la acción real, por conservar rastros de su derivación indirecta. Esta filiación sólo puede reactivarse a través de la relación de derivación de las entidades de segundo orden a partir de las de primer orden.

Por tanto, sólo el método muy perfeccionado de la investigación regresiva puede reconstruir los canales por los que no sólo los procedimientos, sino también las entidades de la investigación histórica reenvían indirectamente al plano de la comprensión narrativa.

---

[35] Henri Marrou: «Por los términos de su elaboración, el conocimiento histórico revela su nominalismo radical, mucho más radical de lo que pensaba Max Weber, pese a su profesión de fe» (pp. 158-159). Refiriéndose más concretamente a los términos singulares que llenan su quinta clase de conceptos, afirma: «El uso de tales nociones es perfectamente legítimo si se tiene cuidado de salvaguardar su carácter estrictamente nominalista» (p. 159).

Sólo este modo de investigación explica la inteligibilidad de la historia como disciplina *histórica* [36].

3. *Tiempo de la historia y destino del acontecimiento*

El lector no se sorprenderá si termino mi investigación sobre la epistemología de la historiografía con el problema del tiempo histórico: de hecho, ése es el tema de toda esta segunda parte. En las dos secciones anteriores hemos anticipado constantemente lo que es el estatuto epistemológico del tiempo histórico respecto a la temporalidad de la narración. La imputación causal singular se ha revelado muy próxima de las entidades de primer orden empleadas por el historiador, uno de cuyos rasgos distintivos es, a su vez, la *existencia continua*. Aunque este rasgo no se reduzca a la continuidad *temporal*, puesto que concierne a todos los aspectos estructurales de las relaciones entre partes y todo, sin embargo la noción de *cambio*, aplicada a las relaciones estructurales, conduce continuamente a la cuestión del tiempo histórico.

¿Tiene su equivalente igualmente en esta tercera sección la tesis de que los procedimientos y las entidades nacidas del corte epistemológico característico de la historia-ciencia reenvían, por un camino indirecto, a los procedimientos y a las entidades del plano *narrativo*? ¿Se puede demostrar que el tiempo construido por el historiador nace, por una serie de desviaciones, de la temporalidad propia de la narración? También aquí he buscado un *enlace* apro-

---

[36] Tal vez lamente el lector que el autor haya tratado del análisis causal en historia en tres contextos diferentes: la primera vez con William Dray, en el marco de la discusión del modelo nomológico; la segunda, con Max Weber y Raymond Aron, al tratar de los procedimientos transicionales entre narración y explicación; la tercera, con Mandelbaum, al hablar del estatuto de las entidades de primer orden. No he creído conveniente soslayar esta visión triple. Se trata, sin duda, de tres problemáticas diferentes: la primera viene determinada por la aparición, en filosofía analítica, de un modelo de subsunción con el que Max Weber y Aron no han tenido que enfrentarse; la segunda está motivada por la cuestión planteada, dentro de la tradición alemana del *Verstehen*, sobre el grado de cientificidad al que pueden aspirar las ciencias idiográficas, cuya autonomía no se contesta; la tercera proviene del nuevo ciclo de problemas nacidos de la correspondencia entre dos clases de continuidad, la de las entidades últimas planteadas por el historiador en el plano de la existencia y la del proceso causal en el plano epistemológico.

piado. He creído encontrarlo en el uso, extremadamente ambiguo, que hacen los historiadores de la noción de *acontecimiento*.

Para esta demostración me basaré de nuevo en la historiografía francesa; por supuesto, sin olvidar lo que ya hemos demostrado ampliamente antes, a saber: que hoy la historia de larga duración tiene la partida ganada y tiende a ocupar todo el campo de los estudios históricos [37]. Al reanudar la defensa de la larga duración desde el punto de vista del destino del acontecimiento, quiero ocuparme en descubrir en ella el desarrollo —propio de la historia— de la dialéctica entre la configuración del tiempo por la composición narrativa y las prefiguraciones temporales de la vivencia práctica.

Recordemos, en primer lugar, lo que la configuración «mítica» —en el sentido aristotélico del término— hace del acontecimiento. Conocemos los postulados epistemológicos y ontológicos que se vinculan a esta noción de acontecimiento. Dejemos de lado por ahora los postulados ontológicos, que volveremos a encontrar en la cuarta parte, cuando discutamos sobre la referencia de la historia al pasado. Limitémonos a los postulados epistemológicos implícitos en el uso corriente del término *acontecimiento* —singularidad, contingencia, desviación— y ocupémonos de reformularlos en el marco de nuestra teoría de la trama, bajo la denominación de *mímesis* II. Esta reformulación procede de la importante conexión entre acontecimiento y narración por medio de la trama. Como hemos demostrado antes, los *acontecimientos mismos* reciben una inteligibilidad derivada de su contribución a la progresión de la trama. De ello se deduce que las nociones de singularidad, de contingencia y de desviación deben modificarse considerablemente...

En efecto, las tramas son en sí mismas, a la vez, singulares y no singulares. Hablan de acontecimientos que sólo ocurren en esta trama; pero hay tipos de construcción de tramas que universalizan el acontecimiento.

---

[37] Para relacionar los problemas discutidos en las dos secciones anteriores, recordaré sólo el estrecho parentesco entre este importante presupuesto y las otras innovaciones reivindicadas por la escuela de los «Annales»: la revolución documental, la ampliación del cuestionario, la primacía de la problemática sobre el «hecho» histórico dado, el rodeo deliberadamente conceptualizante de la investigación. En este sentido, la larga duración no es más que un componente del desplazamiento global del frente de la investigación histórica. Pero tiene sus criterios propios, que exigen discusión.

Además, las tramas combinan contingencia y verosimilitud, incluso necesidad. Como la *peripeteia*, según la *Poética* de Aristóteles, los acontecimientos ocurren por sorpresa, cambiando, por ejemplo, la dicha en infortunio; pero la intriga hace de la propia contingencia un componente de lo que Gallie llama con razón la *followability* de la historia narrada, y, como observa Louis O. Mink, comprendemos que las cosas debían «funcionar» como lo hicieron, fundamentalmente, cuando se hace una nueva narración, leyendo la historia hacia atrás, desde la conclusión hacia su comienzo.

Finalmente, la trama combina sumisión a los paradigmas y desviación. El proceso de construcción de la trama oscila entre la conformidad servil a la tradición narrativa y la rebelión contra todo paradigma recibido. Entre estos dos extremos se extiende toda la gama de las combinaciones entre sedimentación e invención. En este aspecto, los acontecimientos siguen la suerte de la trama. También ellos siguen la regla y la rompen, oscilando su génesis entre una y otra parte del punto medio de la «deformación regulada».

Así, por el hecho de ser contados, los acontecimientos son singulares *y* típicos, contingentes *y* esperados, desviadores *y* tributarios de paradigmas, aunque sea de forma irónica.

Mi tesis es ésta: los acontecimientos históricos no difieren radicalmente de los acontecimientos enmarcados por la trama. La derivación indirecta de las estructuras de la historiografía a partir de las estructuras de base de la narración, establecida en las secciones precedentes, permite pensar que es posible, mediante procedimientos apropiados de derivación, extender a la noción de *acontecimiento histórico* la reformulación que la idea de *acontecimiento-estructurado-en-trama* ha impuesto a los conceptos de singularidad, de contingencia y de desviación absolutas.

Me gustaría volver a los *Écrits sur l'histoire* de Fernand Braudel pese —o gracias— al pleito que mantienen con la historia episódica, para mostrar en qué sentido la noción misma de *historia de larga duración* dimana del acontecimiento dramático, en el sentido que acabamos de darle: acontecimiento-estructurado-en-trama.

Partiré de la experiencia irrecusable de la metodología braudeliana: la idea de *pluralidad* del tiempo social. La «descomposición de la historia en planos escalonados», para emplear los términos de la introducción a *Le Méditerranée...* (*Écrits*, p. 13), sigue siendo una contribución importante a la teoría del tiempo narrativo. De ella, pues, debe partir el método del cuestionamiento regresivo. Hay que preguntarse qué hace pensable la propia distinción entre una «historia cuasi inmóvil», otra «lentamente acompasada» y otra «de dimensión individual», a saber: esa historia episódica que la historia de larga duración debe destronar.

Me parece que la respuesta debe buscarse del lado del principio de *unidad*, que, pese a la distinción de las duraciones, logra mantener juntas las tres partes de la obra. El lector no puede contentarse con reconocer el derecho que cada una de estas partes tiene a existir separadamente: «Ya que cada una —dice la Introducción— es en sí misma un intento de explicación» (p. 11). Además, el título de la obra, por su doble referencia —al Mediterráneo y a Felipe II—, invita al lector a preguntarse cómo la larga duración realiza el paso entre la estructura y el acontecimiento. Comprender esta mediación de la función de la larga duración es, a mi entender, reconocer el carácter de trama que va unido al *conjunto* formado por las tres partes de la obra.

Quisiera apoyar mi interpretación no en las declaraciones de método reunidas en *Écrits sur l'histoire,* sino en la lectura paciente de *Le Méditerranée...,* lectura que hago en la tercera edición, 1976. Su lectura revela el importante papel de las estructuras de transición, que garantizan la coherencia de conjunto de la obra. A su vez, estas estructuras permiten tratar toda la obra en términos de cuasi trama.

Por estructura de transición entiendo todos los procedimientos de análisis y de exposición que hacen que la obra deba leerse de adelante hacia atrás y de atrás hacia adelante. A este respecto, diría gustosamente que, si la primera parte conserva un carácter histórico, pese al predominio de la geografía, es en virtud de todas las señales que apuntan a la segunda y a la tercera parte y levantan el escenario en el que el resto de la obra coloca los personajes de su drama. A su vez, la segunda —consagrada propiamente a la larga duración de los fenómenos de civilización— tiene por función mantener juntos los dos polos: el Mediterráneo, referente del primer volumen, y Felipe II, referente del tercero. En este sentido, constituye a la vez un objeto preciso y una estructura de transición. Esta última función la hace solidaria de los dos marcos que la encuadran.

Veámoslo más detenidamente.

Consideremos el primer plano: su tema parece ser más el espacio que el tiempo. Lo inmóvil es el mar interior. Y, sin embargo, nada está escrito que ya no pertenezca a la historia del Mediterráneo [38]. Veamos los tres primeros capítulos, consagrados a este mar interior. Sólo se trata de espacios habitados o inhabitables, incluso las llanuras líquidas. El hombre está presente por todas partes, y con él un hormigueo de acontecimientos sintomáticos: la montaña se presenta como refugio y abrigo de hombres libres. La planicie litoral no se evoca sin la colonización, el trabajo de drenaje, la bonificación de las tierras, la diseminación de las poblaciones, los desplazamientos de todo tipo: trashumancia, nomadismo, invasiones [39]. Éstos son ahora los mares, sus litorales y sus islas: aparecen en esta geo-historia a escala de los hombres y de su navegación. Están ahí para ser descubiertos, explorados, surcados. No se puede hablar de ellos, incluso en el primer plano, sin evocar las relaciones de dominio económico-político (Venecia, Génova, etc.). Los grandes conflictos entre los Imperios español y turco proyectan ya su sombra sobre los paisajes marinos. Y con las relaciones de fuerza, despuntan ya los acontecimientos [40].

De este modo, el segundo plano no sólo está implicado, sino

[38] Colocada bajo la influencia de cierta geografía, atenta en primer término a los datos humanos, la investigación de este primer plano es «también y sobre todo la búsqueda de cierta historia» (I, 21). Una «historia al 'ralentí', reveladora de valores permanentes» *(ibíd.)*, que, por tanto, se sirve de la geografía como de un medio. A este respecto, es sorprendente que el autor haya retrasado hasta cerca de la página doscientas sus reflexiones sobre «la unidad física» del Mediterráneo; se puede afirmar que «el propio Mediterráneo no es responsable del cielo que lo ilumina» (I, 212), pero la unidad física que nos ocupa en estos momentos es, ante todo, la presencia de las dificultades —hostilidad del mar, rigor de los inviernos, ardores del sol— y cuanto constituye la identidad del hombre mediterráneo, supliendo todas estas carencias, ajustando a las estaciones sus guerras, sus negocios y sus complots, bajo el signo de la trinidad inamovible de trigo, olivo y viña: «La misma civilización agraria, la misma victoria de los hombres sobre el medio físico» (I, 215).

[39] «El hombre es el artífice de esta larga historia» (I, 57). «Toda España arranca a sus hombres en beneficio de esos países del Sur que dan al mar» (I, 75). «Todos estos movimientos exigen siglos para realizarse» (I, 92). En una palabra: «la observación geográfica de la larga duración nos conduce hacia las más lentas oscilaciones que conozca la historia» (I, 93).

[40] «El acontecimiento nuevo es la llegada masiva de los navíos nórdicos desde los años 1590» (I, 109). Tampoco es posible no citar ya la guerra de Granada...

anticipado en el primero: la geo-historia se transforma rápidamente en geo-política. De hecho, la primera parte nos presenta fundamentalmente la polaridad de los Imperios turco y español [41]. Las zonas marítimas son, de entrada, zonas políticas [42]. La mirada puede intentar fijarse en la vida silenciosa de las islas, en su ritmo lento de arcaísmo y de novedad. La historia principal se acerca constantemente a las islas y alcanza a las penínsulas [43], mientras que la primacía política pasa de una a otra, «y, con ella, todas las demás primacías, las de la economía y las de la civilización» (I, 151). La geografía es tan poco autónoma, que los confines del espacio considerado son continuamente re-dibujados por la historia [44]. El Mediterráneo se valora por sus irradiaciones. Al mismo tiempo, aflora ya el fenómeno comercial. Y hay que extender el espacio mediterráneo hasta el Sahara y hasta los istmos europeos. El autor no teme declarar en lo mejor de su primer volumen: «Repitámoslo: no son los espacios geográficos los que hacen la historia, sino los hombres, dueños o descubridores de ellos» (I, 206). Además, el último capítulo de este primer plano conduce abiertamente desde la unidad física a la unidad humana, «hacia la que se orienta todo nuestro libro» (1, 252). Éste es el trabajo de los hombres («No es el agua la que une las regiones del Mediterráneo, sino los pueblos del mar»): engendra un espacio-movimiento hecho de caminos, de mercados, de comercio. Por eso hay que evocar ya a la banca y a las familias industriales y comerciales, y sobre todo a las ciudades cuyo asentamiento configura todos los paisajes [45].

[41] «Cada uno de estos grandes Mediterráneos ha transmitido, creado de alguna forma, este doble imperialismo» (I, 125).

[42] «La política no hace más que calcar una realidad subyacente. Estos dos Mediterráneos, dominados por dueños enemigos, son física, económica y culturalmente diferentes entre sí; cada uno es una zona de historia» (I, 125).

[43] «Estos vínculos, estas dobles vidas, unas que se deshacen, otras que se establecen, resumen la historia del mar» (I, 151).

[44] «El Mediterráneo (I, y el Mediterráneo mayor que lo acompaña) es como lo hacen los hombres; la rueda de su destino fija el suyo, dilata o reduce su dominio» (I, 155).

[45] La ciudad arrastra, en el discurso del geógrafo-historiador, una floración de fechas (I, 310-312), tan imponente es la historia de las ciudades, haciendo frente a las maniobras de los Estados territoriales, hinchándose o extenuándose a merced de la coyuntura económica. Sí, las ciudades «hablan evolución, coyuntura» (I, 322) sobre el fondo de las circunstancias, de las permanencias y de las repeticiones que el primer plano del análisis nos presenta.

El segundo plano es evidentemente aquel en el que el historiador de la larga duración se mueve con mayor agrado. Pero es necesario no olvidar que este plano, considerado en sí mismo, carece de coherencia. Al oscilar entre el registro de la estructura y el de la coyuntura, presenta tres sistemas rivales de organización: el de la coyuntura económica, en crecimiento general; el de la físico-política, gobernada por la polaridad inestable en España y Turquía, y el de las civilizaciones. Ahora bien, estos tres sistemas no coinciden exactamente; esto explica quizá la tentación creciente, de una edición a otra, de ceder al materialismo unificador de la coyuntura económica.

Ya bajo el título «economías» —primer sistema organizador— se estudian problemas relativamente inconexos: las molestias originadas por el espacio y el número de hombres respecto a la gestión de los imperios, el papel de la afluencia de los metales preciosos, los fenómenos monetarios y la evolución de los precios, en fin, el comercio y los transportes. Cuando presenta este primer sistema, Braudel plantea con insistencia creciente el problema de saber en qué plano se sitúa el factor de totalización, si es que existe uno: «¿Se puede construir el modelo de la economía mediterránea?» Sí, si se puede dar cuerpo a la noción de una «economía-mundo», considerada como una «zona coherente en sí» (I, 383), pese a sus límites inseguros y variables. Pero eso sigue siendo una empresa aleatoria, por carecer de medidas monetarias para contabilizar los intercambios. Además, el hormigueo de acontecimientos fechados, que conciernen a las cuatro cumbres del cuadrilátero Génova-Milán-Venecia-Florencia y a la historia de las demás plazas mercantes, atestigua que el plano III se interfiere constantemente con el II. Y es el empuje de los Estados, unido al del capitalismo, el que hace que la larga historia de las economías se entregue continuamente a lo episódico [46]. Al hablar del comercio y de los transportes, el autor

---

[46] En el capítulo consagrado a los metales preciosos, las monedas y los precios (I, 420ss) no se puede dejar de citar los cambios de los procedimientos comerciales, el flujo y salida de metales: «Es un acontecimiento importante el avance de los portugueses a lo largo de la costa alta de África» (I, 427). Y más adelante: «Durante los duros años de guerra (1557-1558), las llegadas de navíos cargados de metales fueron los grandes acontecimientos del puerto de Anvers» (I, 437). Las fechas abundan con el ciclo de los metales por las rutas occidentales. Se conoce la fecha exacta de las bancarrotas reales (1596, 1607,

reitera sus intenciones: «Me interesa un proyecto de conjunto» (I, 493). Pero el comercio de la pimienta, la crisis del trigo, la invasión del Mediterráneo por los navíos del Atlántico, etc., obligan a la vez a cruzar por muchos acontecimientos (la historia de la pimienta portuguesa, los contratos de los Welser y Fugger, la lucha de los caminos rivales) y, sin embargo, a ir más allá de las apariencias de la narración [47]. Los equilibrios y las crisis del trigo mediterráneo, el «drama del trigo comercial» (I, 530), la llegada de los veleros atlánticos, que se convierten en invasión, tantos acontecimientos fechados («Cómo los holandeses tomaron Sevilla sin violencia alguna desde 1570», I, 573). La historia no ha acabado nunca de subir la pendiente del acontecimiento en dirección a la gran economía, a la dinámica de las economías-mundo, encargadas de explicar acontecimientos de la talla del que acabamos de evocar.

Y el segundo plano debe también dejar sitio a otros principios organizadores: los imperios, las sociedades, las civilizaciones. A veces parece que son los imperios los que proporcionan la trama de la historia: «El drama del Mediterráneo en el siglo XVI es, ante todo, un drama de crecimiento político, de entrada en acción de los colosos» (II, 9): Osmanlis, en el Este; Habsburgo, en el Oeste. Es cierto que los personajes de Carlos V y Solimán son accidentes, pero no sus imperios. Con todo, sin negar individuos y circunstancias, es necesario más bien fijar la atención en la coyuntura obstinadamente favorable a los vasos imperios, con el crecimiento económico de los siglos XV y XVI, y más generalmente en los factores favorables o desfavorables a las grandes formaciones políticas cuyo auge y comienzo de su decadencia ocurre en el siglo XVI [48]. Se puede afirmar que la unidad ibérica está en el aire, en el propio sentido de la coyuntura,

etcétera). Es cierto que se trata de captar los resortes permanentes para verificar el esquema explicativo; pero hay que atravesar la historia episódica con sus fechas, sus nombres propios, citar a Felipe II y considerar sus decisiones. Así, el plano III arroja su sombra sobre el plano II, gracias a las interferencias entre, por una parte, la política y la guerra, y por otra, las economías.

[47] «Todos estos acontecimientos, en definitiva, de la guerra de la pimienta y de las especias, amenazan con ocultar el conjunto del problema visible a escala mundial, desde las minas de plata de América hasta las Molucas o al extremo oeste de la isla de Sumatra» (I, 515).

[48] «Nada más difícil que esta cronología, que no es una relación de acontecimientos, sino sólo un diagnóstico, una auscultación, expuesta a los habituales errores de toda exploración médica» (II, 10).

y también la creación de una mística imperial, la de la reconquista
y de la expansión hacia África y luego hacia América. Pero ¡cómo
no exclamar ante acontecimientos de la envergadura de la toma de
Constantinopla, de Siria y más tarde de Egipto por los turcos:
«¡Qué gran acontecimiento!» (II, 17). ¿Cómo no tener en cuenta,
en un primer momento, a personajes tan importantes como Carlos V
y Felipe II, aunque se pueda escribir que «el repliegue de Felipe II
hacia España es un repliegue necesario hacia el oro de América»
(II, 25)? Eso no impide que el historiador lamente de paso que Felipe II no haya trasladado su capital a Lisboa en lugar de aislarse en
Madrid. Si, pese a todo, vence la larga duración es en la medida en
que el destino de los Estados y el de las economías están en relaciones recíprocas. En contra de Schumpeter, que hace demasiado hincapié en la economía, es necesario dar igual importancia a la política y a sus instituciones [49]. Pero no se habla de política sin hablar de
los agentes de su grandeza, los legistas y su venalidad, las dificultades financieras de los Estados, las guerras fiscales. La empresa política tiene sus hombres.

Pero ni las economías ni los imperios ocupan toda la escena del
segundo plano. Existen también las civilizaciones: «Las civilizaciones son los personajes más complejos, más contradictorios del Mediterráneo» (II, 95), por lo fraternales y exclusivas que son, a la vez
móviles y permanentes, prontas para irradiar y obstinadas en no
recibir. España tiene su barroco. La Contrarreforma es su reforma:
«El rechazo, pues, ha sido voluntario, categórico» (II, 105). Para
confirmar «estas sorprendentes permanencias», Braudel tiene una
frase magnífica: «Una civilización es, fundamentalmente, un espacio
trabajado, organizado por los hombres y la historia. Por eso existen
límites culturales, espacios culturales de extraordinaria perennidad:
nada pueden contra ellos todas las mezclas del mundo» (II, 105).
¿Mortales? Es cierto que las civilizaciones lo son; «pero los cimien-
tos profundos permanecen. No son indestructibles, aunque sí mil
veces más sólidos de lo que se cree. Han resistido a mil superpuestas muertes. Conservan sus moles inmóviles al paso monótono de
lo siglos» (II, 112). Sin embargo, interviene otro factor: las civili-

---

[49] El Estado «es, con igual razón que el capitalismo, fruto de una evolución múltiple. En realidad, la coyuntura, en sentido *amplio,* lleva también sobre su movimiento los cambios políticos, los favorece o los abandona» (II, 28).

zaciones son múltiples, y los acontecimientos surgen de nuevo en sus puntos de contacto, de fricción y de conflicto. Si la causa de ello es el rechazo de cualquier mezcla de raza por parte de la hispanidad, no hay que olvidar «el lento naufragio del islam ibérico» (II, 118), «el drama de Granada» y hasta las supervivencias y las infiltraciones que hacen hablar todavía de «Granada después de Granada» (II, 126) hasta la extirpación [50]. Luego hay que hablar del destino de los judíos según el mismo esquema, colocar paralelamente la obstinación de los «marranos» y la de los moriscos. Pero, también aquí, hay que subir la cuesta de lo episódico y captar el vínculo oculto entre el martirologio judío y el movimiento de la coyuntura: «La principal culpabilidad es la de la total recesión del mundo occidental» (II, 151). La fecha de 1492 pierde así un poco de su oscuro resplandor, colocada de nuevo al final de un período de lenta regresión. Hasta la condena moral se encuentra, si no debilitada, al menos matizada [51]. Las largas coyunturas de las civilizaciones se entretejen con las de las economías. Además, el rechazo del islam y el del judaísmo es testigo de la especificidad de las civilizaciones respecto a las economías. Finalmente, y sobre todo, es necesario colocar en el rango de los fenómenos la larga duración las formas de la guerra, sin volver a la historia de batallas. Y, sin embargo, hay que acercarse a los acontecimientos para apreciar las técnicas guerreras, sopesar los gastos de guerra —ruina de los imperios— y, sobre todo, discernir en la guerra la prueba misma de la longevidad de las civilizaciones. Coyunturas ideológicas de signos contrarios, que se afirman y luego se relevan, permiten dar su importancia relativa a acontecimientos como la batalla de Lepanto, que los protagonistas y testigos han sobrevalorado desmesuradamente. Son estas conjunciones superpuestas, portadoras de acontecimientos, las que inscriben en el mar y en la tierra el conflicto de las economías, de los imperios, de las sociedades y de las civilizaciones. No ha escapado a Braudel esta rivalidad entre múltiples principios organizadores que actúan en el segundo plano. Al final del segundo volumen —y en las últimas ediciones— examina el pro y el contra de una historia regulada sólo

[50] «De todas las soluciones, España escogió la más radical: la deportación, descuajando de raíz la planta de su suelo» (II, 30).

[51] «¿Qué civilización, una vez en el pasado, habría preferido a otra que a sí misma?... La coyuntura tiene también su parte de responsabilidad» (II, 153).

por la coyuntura económica o más bien por la historia de coyunturas múltiples, pues no hay una coyuntura, sino múltiples. Ni siquiera hay una coyuntura económica, sino un *trend* secular (el límite de su reflujo aparece fechado diferentemente de una edición a otra), y toda una jerarquía de coyunturas largas, semilargas y cortas. Pero, sobre todo, hay que reconocer que las coyunturas culturales difícilmente se dejan superponer a las coyunturas económicas, incluso al *trend* secular. ¿No floreció el siglo de oro español por encima del más grande desmoronamiento secular? ¿Cómo explicar estas floraciones otoñales? La historia vacila; pese a las sirenas de la coyuntura económica, Braudel confiesa que la historia vuelve a ser multitud, incertidumbre..., quizá es el conjunto el que se nos escapa de las manos...

Todo, pues, se une en las dos primeras partes para coronar el edificio por la historia de los acontecimientos que dirige «la política y los hombres». Esta tercera parte de la obra no es en absoluto una concesión a la historia tradicional: en la historia global, las estructuras estables y las evoluciones lentas constituyen quizá lo esencial, pero «lo esencial no es totalidad» (II, 223). ¿Por qué? En primer lugar, porque los acontecimientos son testigos de las realidades profundas de la historia. Hemos visto que las dos primeras partes hacen un uso grande de estos «signos episódicos» (II, 223), a la vez síntomas y testimonios. El gran historiador no teme declarar: «No soy enemigo, sin más, del acontecimiento» (II, 223). Pero hay otra razón: los acontecimientos plantean el problema de su coherencia, en su propio plano. El propio Braudel da una doble justificación a la selección inevitable exigida por este plano de explicación. Por una parte, el historiador sólo retiene los acontecimientos importantes, los que sus consecuencias han hecho importantes. Braudel reencuentra aquí, sin nombrarlo, el problema de la explicación causal singular, como lo habían planteado Weber y Aron, con su lógica de retrodicción y su búsqueda de «adecuación» [52]. Por otra parte, el

---

[52] De este modo, Lepanto, de cuyas escasas consecuencias ya había bromeado Voltaire, fue sin duda «el más resonante de los acontecimientos militares del siglo XVI en el Mediterráneo. Pero esta inmensa victoria de la técnica y de la valentía difícilmente encuentra un sitio en las perspectivas ordinarias de la historia» (II, 383). Probablemente, Lepanto hubiera tenido consecuencias si España se hubiese obstinado en buscarlas. En resumen, «Lepanto no sirvió para nada» (II, 423). A este respecto, llaman la atención las bellas páginas

historiador no puede ignorar el juicio de los contemporáneos sobre la importancia de los acontecimientos, so pena de no explicar el modo como han interpretado su historia los hombres del pasado. (Braudel evoca en este momento el corte que representa la Noche de San Bartolomé para los franceses.) También estas interpretaciones forman parte del objeto histórico.

Se hace así imposible hacer coincidir los dos encadenamientos, el de las coyunturas económicas y el de los acontecimientos políticos en el sentido amplio, aquel que los contemporáneos tuvieron en cuenta como preferentes, sobre todo en un siglo en el que, pese a todo, la política lo impregna todo. También estas dos cadenas dejan entre ellas grandes intervalos que, como hemos visto, son llenados por la historia de los imperios, de las sociedades, de las civilizaciones y de la guerra misma [53].

El arte de Braudel consiste en estructurar su historia de los acontecimientos —y su historia no es parca en fechas, batallas y tratados— no sólo dividiéndolos en períodos, como hacen todos los historiadores, sino también enraizándolos de nuevo en las estructuras y las coyunturas, del mismo modo que antes había convocado los acontecimientos para dar fe de estructuras y coyunturas. Aquí, el acontecimiento resume y encierra coyunturas y estructuras: «Por sí solo, Felipe era la suma de ese imperio, de sus fuerzas y de sus debilidades» (II, 327). Lo que estructura esta historia política es el tipo de «física política que establece compensaciones necesarias entre los grandes frentes de ataque por los que el poder turco hace fuerza en el mundo exterior» (II, 451). Se hace una enorme traslación de fuerza desde el momento en que el imperio de Felipe se vuelva hacia el Atlántico y América. Entonces, «España abandona

consagradas a los cálculos de don Juan, «artífice del destino» (II, 395): el resorte explicativo cumple perfectamente con el modelo de explicación por razones de William Dray y con el modelo weberiano de la explicación por los supuestos contrarios.

[53] Vemos de cuando en cuando a Braudel lanzarse a la guerra contra la historia episódica y dejarse seducir por la historia coyuntural no sólo con motivo de Lepanto, sino también cuando se enfrenta al fenómeno masivo de la renuncia a la lucha de los dos monstruos políticos y al declive general de la guerra: ¿habría malogrado España su misión geográfica al renunciar a África? «Pero quedan por defender todos estos procesos bastante vanos. Mañana, los historiadores de la coyuntura deberán reanudarlos y quizá darles un sentido» (430).

el Mediterráneo» (II, 467). Al mismo tiempo, el Mediterráneo sale de la gran historia [54].

Si lo que se cuenta es esta historia, ¿por qué había que terminar por las páginas suntuosas sobre la muerte de Felipe II el 13 de septiembre de 1598? Desde el punto de vista de la historia principal del Mediterráneo, esta muerte no es un gran acontecimiento [55]. Pero era uno de primera magnitud para todos los protagonistas «en la noche de un largo reino que había parecido interminable a sus adversarios» (II, 512). ¿No habíamos dicho que la perspectiva de los contemporáneos es también un objeto para la historia? Quizá haya que ir más lejos —y la observación corre el riesgo de poner en tela de juicio la hermosa disposición de las tres partes: la muerte revela un destino individual que no se inscribe exactamente en la trama de una explicación cuyas medidas no son las del tiempo mortal [56]. Y sin la muerte que siega semejante destino, ¿sabríamos aún que la historia es la de los hombres?

Llego a mi segunda tesis: sólo *juntos,* los tres planos de la obra constituyen una *cuasi trama,* una trama en el sentido amplio de Paul Veyne.

Sería un error limitar al tercer plano la similitud de la obra con el modelo narrativo de la construcción-de-la-trama; perderíamos así el principal provecho de este trabajo: abrir una nueva cantera para la noción misma de trama y, por ende, para la de *acontecimiento.*

Tampoco estaré dispuesto a buscar sólo en el plano medio esta nueva fórmula de trama, aunque ciertas declaraciones del propio

---

[54] Hablando de la ocasión fallida de 1601: «A su modo, la decadencia de la gran guerra es como el signo precursor de la misma decadencia del Mediterráneo, decadencia que, evidentemente, se concreta y se hace ostensible en los últimos años del siglo XVI» (II, 512).

[55] «No creo que la palabra Mediterráneo llegara a aparecer nunca en su mente con el contenido que nosotros le damos. La educación de los príncipes no incluía una verdadera geografía. Razones todas suficientes para que esta larga agonía, que termina en septiembre de 1598, no sea un gran acontecimiento de la historia mediterránea... Para que vuelvan a marcarse, a la vista de ella, las distancias que separan la historia biográfica de las de las estructuras y, más todavía, de las de los espacios» (II, 514).

[56] «Este hombre... debe comprenderse e interpretarse por la senda recta de la más pura vida religiosa y tal vez, incluso, dentro del ambiente de la misma revolución carmelitana» (II, 513).

Braudel lo sugieran: ¿no habla él «de lo narrativo de la coyuntura»? Lo que podría crear trama en la historia económica es su carácter cíclico y el papel que en ella desempeña la noción de crisis [57]. El doble movimiento de crecimiento y de decrecimiento representa así un interciclo completo, medido por el tiempo de Europa y, más o menos, por el de todo el mundo. El tercer tomo de *Civilisation matérielle et capitalisme,* titulado *Temps du monde,* está construido enteramente sobre esta visión de auge y ocaso de las economías-mundo, según los ritmos lentos de la coyuntura. La noción de *trend* tiende entonces a ocupar el sitio del de la trama [58].

[57] En el artículo *Historia y ciencias sociales* se lee: «Aparece un nuevo modo de narración histórica, digamos lo 'narrativo' de la coyuntura, del ciclo, incluso del interciclo, que nos propone la elección de una decena de años, un cuarto de siglo y, en caso límite, el medio siglo del ciclo clásico de Kondratieff» (*Écrits sur l'histoire,* p. 48). En *The Cambridge Economical History of Europe,* vol. IV, Braudel define así el ciclo: «Porque la palabra ciclo puede ser aplicada a un movimiento epocal, no debemos engañarnos. El término designa un doble movimiento, un auge y un ocaso, con una cumbre en medio que llamamos, en el sentido estricto de la palabra, crisis» (p. 130). Debo a M. Reep, en un artículo inédito, la referencia a este texto, así como la sugerencia de que la noción de ciclo comparte con el *mythos* aristotélico el doble rasgo de constituir una *mímesis* de la vida económica (en el sentido de *mímesis* II, por supuesto) y de presentar una articulación media, una peripecia —precisamente, la introducida por la noción de crisis—, entre dos interciclos.

[58] El propio título, *Le temps du monde* (París 1979), promete más de lo que puede dar, según confesión del mismo autor (*Introducción,* p. 8). Ambiciona abarcar «en sus desarrollos cronológicos y sus temporalidades diversas» (*ibíd.*) la historia del mundo, pero no oculta que este tiempo del mundo no abarca la totalidad de la historia de los hombres. «Este tiempo excepcional rige, según los lugares y las épocas, ciertos espacios y ciertas realidades. Pero otros espacios y otras realidades se le escapan... Incluso en los países social y económicamente avanzados, el tiempo del mundo no ha abarcado todo» (p. 8). El motivo de esto es que la línea de la obra privilegia una historia sectorial, material y económica. En estos límites reconocidos, el historiador se ejercita en «razonar por comparaciones, a escala del mundo, la única valedera» (p. 9). Desde esta altura, el autor puede intentar «dominar el tiempo, desde entonces nuestro principal o incluso nuestro único adversario» (p. 10). La larga duración es la que permite encadenar las sucesivas experiencias de Europa que merecen considerarse como *economías-mundo,* en un espacio que varía lentamente, alrededor de algunas ciudades dominantes (Venecia, Amsterdam, etc.) cuya primacía se alterna, y, finalmente, según un principio de jerarquización de zonas intercomunicadas. La intención es, pues, dividir el tiempo (y el espacio) con arreglo a los ritmos coyunturales cuyo *trend* secular —«el más descuidado de todos los ciclos»— se revela ser el más fecundo. Para mi propia

Sin embargo, no soy dado a encerrarme en esta ecuación; no sólo porque violenta tanto el concepto de ciclo como el de trama, sino también porque no explica lo que ocurre en la obra en sus tres planos. La historia económica se presta a una trama cuando se escoge un término inicial y otro final, proporcionados por otras categorías distintas de la propia historia coyuntural, la cual, en principio, no tiene fin, es ilimitada en sentido propio. Una trama debe implicar no sólo un orden inteligible, sino también una extensión no excesiva, para poderse abarcar con una sola mirada, como subraya Aristóteles en la *Poética* (1451*a*, 1). Ahora bien: ¿qué es lo que delimita la trama del Mediterráneo? Podemos responder sin dudar: el ocaso del Mediterráneo como héroe colectivo en la escena de la historia mundial. El final de la trama, a este respecto, no es la muerte de Felipe II; es el término del enfrentamiento de los dos colosos políticos y el desplazamiento de la historia hacia el Atlántico y Europa del Norte.

En esta trama global concurren tres planos. Pero mientras que un novelista —Tolstoi en *Guerra y paz*— hubiera estructurado los tres en una sola narración, Braudel procede analíticamente, por distinción de planos, dejando a las *interferencias* el cuidado de engendrar una imagen implícita del conjunto. Así se obtiene una cuasi trama *virtual*, dividida en varias subtramas que, aunque explícitas, siguen siendo parciales y, en este sentido, abstractas.

La obra se sitúa en bloque bajo el signo de la *mímesis* de la acción, por el recuerdo constante de que «no son los espacios geográficos los que realizan la acción, sino los hombres dueños o creado-

reflexión sobre el tiempo, recuerdo que «el *trend* es un proceso *acumulativo*. Se añade a sí mismo; todo sucede como si levantara poco a poco la masa de los precios y de las actividades económicas hasta el momento en que, en sentido inverso, con la misma obstinación, se pone a trabajar en su descenso general, imperceptible, lento, pero prolongado. Año por año, apenas cuenta; siglo tras siglo, se revela un actor importante» (p. 61). La imagen de la marea, con la superposición de las olas, intriga más que explica: «La última palabra se nos escapa, y, al mismo tiempo que ella, la significación exacta de estos ciclos largos que parecen obedecer a ciertas leyes o reglas tendenciales que ignoramos» (p. 65). ¿Hay que decir entonces que lo que parece explicar lo más es, al mismo tiempo, lo que hace comprender lo menos? Nuestro problema será intentar en la cuarta parte dar un sentido a lo que aquí no es más que una confesión, incluso una perogrullada: que «tiempo corto y tiempo largo coexisten y son inseparables... Pues vivimos de una vez en el tiempo corto y en el largo» (p. 68).

res de esos espacios» (I, 206). En este sentido, la historia de la coyuntura no puede crear por sí sola trama. En el propio plano de la economía, hay que revalorizar las economías y más concretamente el antagonismo de las dos economías-mundo. Ya hemos citado este texto de la primera parte: «La política no hace más que calcar una realidad subyacente. Los dos Mediterráneos, dominados por dueños enemigos, son física, económica y culturalmente diferentes entre sí; cada uno es una zona de historia» (I, 125). Al mismo tiempo, queda ya sugerida la trama de la trama: la gran oposición entre los dos Mediterráneos y el final de su enfrentamiento [59]. Si ésta es la historia contada por Braudel, se comprende que su segundo plano —se supone también que ocupa todo el campo de la larga duración— exija, más que la consideración somera de las economías, la adjunción de la física política, la única que gobierna la subtrama del enfrentamiento de los imperios y del destino de este enfrentamiento. En su fase ascendente, «el drama del Mediterráneo en el siglo xv es, antes que nada, un drama de crecimiento político, el dominio de colosos» (II, 9). Además, se vislumbra un gran reto: ¿pertenecerá el Atlántico a la Reforma o a los españoles? Cuando turcos y españoles se vuelven la espalda al mismo tiempo, la voz narrativa pregunta: ¿No ha llegado la hora del repliegue de los imperios, comenzando por el Mediterráneo? Se impone la pregunta, pues, como en el drama, la peripecia es portadora de contingencia, de acontecimientos que hubieran podido ocurrir de otro modo: «¿Ocaso del Mediterráneo? Sin duda alguna. Pero no sólo, pues España tenía la oportunidad de volverse vigorosamente hacia el Atlántico. ¿Por qué no lo hizo?» (II, 48). A su vez, la subtrama del conflicto de los imperios y del alejamiento de este conflicto fuera del espacio mediterráneo exige ser coordinado con la subtrama del choque de las civilizaciones monolíticas. No olvidemos estas palabras: «Las civilizaciones son los personajes más complejos y más contradictorios del

[59] «Pues estas necesidades profundas, estas rupturas y estos restablecimientos de equilibrio, estos intercambios forzosos han puesto en movimiento y ordenado todo» (I, 126). Un poco más adelante, el autor habla del «esquema de conjunto» (II, 210): la retirada del Mediterráneo de la gran historia, su repliegue demorado hasta mediados del siglo xvii. Al hablar luego de la sustitución progresiva de las ciudades-estados por las ciudades-capitales, escribe: «Ellas hablan de evolución, de coyuntura, dejándonos de antemano adivinar la línea del destino: ese repliegue anunciado por tantas señales del siglo xvi que termina y que el xvii acentuará» (I, 322).

Mediterráneo» (II, 95) [60]. Hemos hablado antes de las peripecias de estos enfrentamientos: destino de los moriscos y de los judíos, guerras exteriores, etc. Ahora hay que hablar de la contribución de estas subtramas a la intriga principal. El dramaturgo, al evocar la alternancia de las guerras exteriores e interiores «dentro de un orden bastante claro» (II, 170), escribe: ella «sugiere perspectivas en medio de una historia confusa que se ilumina de pronto, sin que haya superchería o prestidigitación. Es difícil escapar a la convicción de que coyunturas ideológicas de signo contrario se afirman y luego se reemplazan» (II, 170). Homero recorta dentro de la historia de la guerra de Troya el conjunto que desea narrar en la *Ilíada;* de igual forma, Braudel recorta, en el conflicto principal de las civilizaciones entre Oriente y Occidente, otro conflicto cuyos protagonistas son España y Turquía en tiempos de Felipe II y cuya trama es el ocaso del Mediterráneo como zona de historia.

Dicho esto, hay que confesar que la trama principal que constituye la unidad de la obra sigue siendo una trama virtual; el didactismo exige que las «tres temporalidades diferentes» (II, 515) sigan estando separadas, pues el fin es «captar, en sus más amplias desviaciones, todos los distintos tiempos del pasado, sugerir su coexistencia, las interferencias, las contradicciones, su múltiple densidad» (II, 515) [61]. Pero la trama, aunque virtual, no por eso es menos ac-

[60] Hablando de las formas de la guerra, sobre todo de las guerras exteriores (Cruzadas, Djihads), el autor evoca una vez más el empeño de las civilizaciones, esos «espléndidos personajes» (II, 170). Los personajes, como los acontecimientos, son definidos muy clásicamente por su contribución a la trama principal.

[61] Me pregunto si Braudel no ha creído poder eludir el problema de la unidad de conjunto de su obra poniendo en manos del tiempo físico el cuidado de reunir los fragmentos de la duración troceada. Leemos en los *Écrits:* «Ahora bien: estos fragmentos se reúnen al final de nuestro trabajo. Larga duración, coyuntura, acontecimiento se acoplan sin dificultad, pues todos se miden a la misma escala» (p. 76). ¿Qué escala sino la del tiempo físico? «Para el historiador, todo comienza, todo termina por el tiempo, un tiempo matemático y demiurgo, del que sería fácil sonreír, tiempo como exterior a los hombres, 'exógeno', dirían los economistas, que los empuja, los apremia, se lleva sus tiempos particulares de colores diversos: sí, el tiempo imperioso del mundo» (pp. 76-77). Pero entonces la larga duración se convierte en uno de los caminos por los que el tiempo histórico es reconducido al tiempo cósmico y no una manera de multiplicar sus duraciones y su velocidad. Es cierto que el tiempo histórico levanta sus arquitecturas sobre la base del tiempo cósmico. Pero es en el tiempo físico donde hay que buscar el principio unificador de

tuante. Sólo podría hacerse real si la historia global se dejara integrar sin violencia [62].

Finalmente, Braudel, por su método analítico y disyuntivo, ha inventado *un nuevo tipo de trama:* si es cierto que ésta es siempre, de algún modo, una síntesis de lo heterogéneo, la trama virtual del libro de Braudel, al conjugar temporalidades heterogéneas y cronologías contradictorias, nos enseña a relacionar estructuras, ciclos y acontecimientos [63]. Esta estructura virtual permite, sin embargo, arbitrar entre dos lecturas opuestas de *Le Méditerranée...* La primera subordina la historia episódica a la de larga duración y ésta al tiempo geográfico: el acento principal recae entonces sobre el Mediterráneo; pero entonces el tiempo geográfico corre peligro de perder su carácter histórico. Para la segunda lectura, la historia sigue siendo histórica en cuanto que el propio primer plano es considerado como histórico por su referencia al segundo y en el que éste deriva su cualidad histórica de su capacidad de producir el tercero: entonces el acento recae en Felipe II; pero se priva a la historia episódica del principio de necesidad y de probabilidad que Aristóteles vinculaba a la trama bien hecha. La trama que envuelve a los tres planos permite las dos lecturas y los hace cruzarse en la posición media de la historia de larga duración, que se convierte entonces en el punto de equilibrio inestable entre las dos lecturas.

Pienso que este largo rodeo por el carácter de cuasi trama permite poner una vez más en tela de juicio la noción de *acontecimiento* que Braudel considera como canónica [64]. Para nosotros, el acon-

los «tiempos particulares de colores diversos». Volveré sobre esto en la cuarta parte.

[62] La polifonía está hecha de decenas de temporalidades, implicando cada una de ellas una historia particular. «Su suma, sólo aprehendida en el conjunto de las ciencias del hombre (éstas al servicio retrospectivo de nuestra tarea), constituye la historia global cuya imagen sigue siendo tan difícil de reconstituir en su plenitud» (II, 515). A esta imagen global le gustaría que el historiador tuviera a la vez la mirada del geógrafo, la del viajero o la del novelista; cita aquí con gratitud a Gabriel Audisio, Jean Giono, Carlo Levi, Lawrence Durrell, André Chamson.

[63] Sobre estructura y estructuralismo, obsérvese la abierta declaración que cierra el libro (II, 520).

[64] Por última vez, en la conclusión de la gran obra, el historiador reafirma su sospecha respecto a esos «acontecimientos *breves* y patéticos, los 'hechos notables' de la historia tradicional» (II, 519).

tecimiento no es necesariamente breve y momentáneo como una explosión. Él es una *variable* de la trama. En este sentido, no pertenece sólo al tercer plano, sino a todos, con funciones diversas. Cuando emerge en el tercer plano, lo hace con el indicio de necesidad o de probabilidad que debe a su paso por los otros dos planos: es así como Lepanto pierde brillantez y retrocede en la escala de importancia; la muerte de Felipe II sólo sigue siendo un acontecimiento importante para la subtrama de *La política y los hombres;* tiende hacia el no-acontecimiento, cuando se la coloca en la intriga principal de la lucha entre los gigantes políticos y en la trayectoria del ocaso del Mediterráneo, la cual sólo alcanza su conclusión relativa unos decenios más tarde. Por lo demás, hemos visto que los acontecimientos proliferan también en el segundo e incluso en el tercer plano; sucede simplemente que el acontecimiento pierde entonces su carácter explosivo para revestir el de síntoma o el de testimonio.

La verdad es que es el acontecimiento lo que distingue el concepto de estructura del historiador del del sociólogo o del economista. Para él, el acontecimiento informa constantemente las estructuras desde dentro. Y lo hace de dos formas: por una parte, las estructuras no cambian todas al mismo ritmo. Su discordancia crea acontecimiento cuando los «diferentes ritmos de la vida» (*Écrits,* p. 75) dejan de coincidir. Además, los intercambios entre múltiples áreas de civilizaciones, los préstamos y los rechazos constituyen fenómenos cuasi puntuales que no marcan una civilización en todos sus planos al mismo tiempo: «No es creadora de nuestro espíritu la duración, sino la fragmentación de esta duración» (p. 76). Por otra parte, a diferencia del sociólogo, el historiador que trata de las estructuras está atento a sus puntos de ruptura, a su brusco o lento deterioro, en una palabra: a la perspectiva de su extinción. En este aspecto, la caducidad de los imperios obsesiona tanto a Braudel como al historiador tradicional. En un sentido, *Le Méditerranée...* es la lenta andadura, la marcha retardada del acontecimiento principal: la retirada del Mediterráneo de la gran historia. De nuevo, la fragilidad de las obras humanas pasa al primer plano y con ella la dimensión dramática de la que supuestamente la larga duración libera a la historia.

He encontrado, en otros autores franceses de la esfera de los «Annales», anotaciones —a menudo furtivas— que revelan esta vuelta al acontecimiento por el mismo rodeo de la larga duración.

Así, en la unión de la historia con la antropología que preconiza Le Goff, y cuyo resultado es *Un autre Moyen Âge,* la larga duración —la larguísima duración— ocupa el proscenio («larga Edad Media», «la larga duración relativa a nuestra historia que equivale aproximadamente a la sociedad preindustrial»). Pero, por otra parte, Le Goff se deja llevar, tanto como Braudel, por la seducción de los modelos intemporales de cierta sociología. En primer lugar, porque esa misma duración no existe sin acontecimientos, sino más bien marcada por acontecimientos repetidos o esperados (fiestas, ceremonias, ritos, etc.). En segundo lugar, porque esa larga duración ya no es: a la civilización medieval se la ha llamado con razón sociedad de «transición». Es cierto que las mentalidades, en las que hace hincapié la etnografía histórica, es «lo que menos cambia» en la evolución histórica (p. 339); pero «los sistemas mentales se pueden fechar históricamente, aunque impliquen restos de arqueo-civilizaciones, gratos a André Varagnac» (p. 340). Sobre todo, la historia, para seguir siendo historia en su unión con la antropología, no puede «abandonarse a una etnología fuera del tiempo» (p. 347). Por eso mismo, el historiador no puede doblegarse a la terminología de la diacronía, tal como la emplea la lingüística; en efecto, esta última actúa «según sistemas abstractos de transformación muy diferentes de los esquemas de evolución que emplea el historiador para intentar aprehender el devenir de las sociedades concretas que estudia» (p. 346)[65]. El historiador debe, más bien, intentar superar el «falso dilema de estructura-coyuntura y, sobre todo, el de estructura-acontecimiento» (p. 347).

En realidad, encuentro en Le Goff el presentimiento de la tesis de que el pasado debe su cualidad histórica a su capacidad de integrarse en esa memoria que Agustín llamaba «presente del pasado». Le Goff caracteriza a su Edad Media «total», «larga», «profunda» en estos términos: «Es la distancia de la memoria constituyente: el tiempo de los abuelos» (p. 11); «ese pasado primordial en que nues-

---

[65] «Especialista del cambio (al decir *transformación,* el historiador se halla en un campo eventualmente común con la etnología, con tal de no recurrir a lo *diacrónico),* el historiador debe procurar no hacerse insensible al cambio» (p. 347).

tra identidad colectiva, búsqueda angustiada de las sociedades actuales, adquirió ciertas características esenciales» (p. 11). ¿Qué de extraño, pues, si, en esta memoria constituyente, la larga duración se abrevia en cuasi acontecimientos? Nuestro historiador no caracteriza el conflicto entre el tiempo de la Iglesia y el de los mercaderes, simbolizado por el enfrentamiento entre las campanas y los relojes, «como uno de los acontecimientos importantes de la historia mental de estos siglos, en los que se elabora la ideología del mundo moderno, bajo la presión de la alteración de las estructuras y de las prácticas económicas» (p. 48). Lo que, en efecto, crea acontecimiento es «la separación esencial y el encuentro contingente» de estos dos tiempos.

El historiador de las mentalidades encuentra los mismos problemas. Así, Georges Duby comienza por el análisis sociológico totalmente no narrativo de las ideologías —él las declara globalizantes, deformantes, concurrentes, estabilizadoras, generadoras de acciones—, pero ve que el acontecimiento se infiltra en las estructuras gracias no sólo a los préstamos externos, a los rechazos y a los conflictos internos, sino también a las *disonancias,* a las «desviaciones de temporalidad» que surgen en el punto de articulación entre situaciones objetivas, representaciones mentales y conductas individuales o colectivas. Esto lleva al historiador a hacer hincapié en «los períodos críticos en los que el movimiento de las estructuras materiales y políticas acaba por reflejarse en el plano de los sistemas ideológicos y hace más agudo el conflicto que los opone» [66]. Siento la tentación, como anteriormente, de hablar de cuasi acontecimiento para caracterizar lo que Georges Duby llama aquí «el empuje acelerador», desencadenado por la polémica, «en el seno de las tendencias de larga duración que animan la evolución de la ideología dominante» (p. 157).

Y el vehículo del cuasi acontecimiento, como he intentado mostrar en Braudel, es también la cuasi trama. Quisiera hacer la misma demostración, con motivo de la obra de Georges Duby, comparando el artículo de método *Histoire sociale et idéologies des sociétés,* evo-

---

[66] G. Duby, *Histoire sociale et idéologies des sociétés,* en *Faire de l'histoire* I, p. 157. Se ha dicho, desde el primer capítulo, cómo esta atención a las modalidades temporales del cambio lleva a reconstruir conceptualmente una cadena de acontecimientos tales como la Cruzada.

cado antes, con la realización de sus hipótesis de trabajo en una de las obras más representativas de lo que el autor entiende por historia de las ideologías. He escogido los *Trois ordres ou l'imaginaire du féodalisme* [67]. Pretendo demostrar cómo, también aquí, el autor *dramatiza* una estructura ideológica por la construcción de una *cuasi trama* que implica comienzo, medio y fin. La estructura en cuestión es la representación imaginaria de toda la sociedad bajo la forma de una jerarquía de tres órdenes: los que rezan, los que luchan, los que alimentan a todos con su trabajo. La formulación de esta representación imaginaria se toma de un autor del siglo XVII, Charles Loyseau, en *Traité des ordres et simples dignités,* publicado en 1610. Pero la obra no cubre el período de seis siglos, jalonado por formulaciones emparentadas con las de Loyseau. Duby, imitando el arte del autor de la *Ilíada,* ha recortado, entre todas las vicisitudes de la imagen trifuncional, una historia que tiene un comienzo —las primeras formulaciones de Adalbéron de Laon y Gerard de Cambrai— y un fin —la batalla de Bouvines, en 1214—. El medio lo constituyen las peripecias que dramatizan la construcción de la historia de esta representación ideológica. Duby aborda un problema diferente del de Georges Dumézil, defensor infatigable de la imagen trifuncional. Éste se esfuerza en establecer —por vía comparativa y por su recurrencia a constelaciones históricas diferentes— que este esquema pertenece a las estructuras latentes del pensamiento humano para desembocar en la cuestión de saber *por qué* y *cómo* «el espíritu humano escoge sin cesar entre sus riquezas latentes» [68]; Duby, en cambio, replica a las dos cuestiones de Dumézil con otras dos propias del historiador: *dónde* y *cuándo*. Pretende mostrar cómo esta imagen trifuncional «actúa dentro de un sistema ideológico como uno de sus principales mecanismos» (p. 19). El sistema ideológico en cuestión es el feudalismo naciente y luego triunfante. Y para describir este funcionamiento construye lo que yo llamo una cuasi trama, cuya imagen trifuncional constituye, según sus propios términos, el «personaje central» (p. 19).

El plan seguido por Duby es, en este aspecto, muy instructivo.

[67] Georges Duby, *Les trois ordres ou l'imaginaire du féodalisme* (París 1978).

[68] Georges Dumézil, *Les dieux souverains des Indo-Européens* (París 1977) 210, citado por Georges Duby, *op. cit.,* p. 17.

Como se trata totalmente de una estructura —de una representación mental que «ha resistido todas las presiones de la historia» (p. 16)—, titula su primera parte «Revelación» para señalar claramente la trascendencia del sistema respecto a las representaciones fragmentarias. Pero el sistema aparece fuertemente historicizado por las variantes de las primeras enunciaciones y por la restitución de su marco político en una época en que se debilitan la monarquía carolingia y el poder vinculado a ella, el de los obispos. Sólo al término de esta primera búsqueda puede describirse la articulación del «sistema» (pp. 77-81): postulado de una coherencia perfecta entre el cielo y la tierra; concepto de orden, convertido en atributo de la ciudad perfecta; bipartición del orden de los obispos y del de los reyes; bipartición de los grupos dominantes: los sacerdotes y los nobles; anexión, a esta estructura binaria interna a las funciones dominantes, de un tercer orden, la clase de los sometidos; finalmente, concepto de mutualidad o reciprocidad en la jerarquía, que exige estructuralmente la relación ternaria.

Ahora bien: la simple descripción del sistema muestra la equivocidad de la trifuncionalidad y su escasa semejanza con un verdadero sistema. En primer lugar, la tercera función figura bajo forma de adjunción a dos oposiciones binarias (obispo/rey, sacerdote/noble). En segundo lugar, la relación señores/vasallos se añade, como otro sistema binario específico, al binarismo interno de la dominación (evocado ahora mismo): de ahí la gran inestabilidad del sistema. Finalmente, el sistema no entraña que los tres puestos sean ocupados por funciones tan bien tipificadas como las de Dumézil. Sólo el *orden* sigue siendo la palabra clave. Por eso se comprende que el sistema sea tan fácilmente víctima de la historia [69].

Antes de adentrarnos en la trama propiamente dicha, Duby procede, con el título de «Génesis», a una especie de mirada retrospectiva, aplicada a la formación del sistema, desde Gregorio, Agustín y Dionisio Areopagita. Muestra después cómo el deslizamiento ha

---

[69] La añadidura de una tercera función se deriva del principio de la desigualdad necesaria. Por eso el esquema trifuncional se coloca en el umbral o al final del discurso sobre la sumisión y sobre la estructura de una sociedad en la que la altura reina en la perfección y la bajeza anida en el pecado. La triplicidad nace de la conjunción de las desemejanzas instauradas conjuntamente por el *ordo* (existen los sacerdotes y los demás) y por la *natura* (existen los nobles y siervos)» (p. 81).

podido hacerse desde la especulación teológica sobre las jerarquías celestes a la reflexión política sobre el orden y los órdenes, uniendo así la ejemplaridad celeste y la distribución ternaria de las funciones terrestres [70].

La cuasi trama comienza realmente cuando el sistema es puesto a prueba de las «circunstancias» (pp. 153-207), sufre un «eclipse» duradero (207-325) para resurgir luego; este «resurgimiento» (325-final) culmina en la «adopción» del sistema, adopción no sólo simbolizada, sino también efectuada y sellada por la victoria del rey en Bouvines, y, por tanto, de los obispos, para quienes se había previsto el sistema.

Éstas son las tres peripecias principales entre las que Duby reparte su trama. Es significativo que sea la crisis en que parece zozobrar la realeza la que sirva de engranaje de la historia narrada [71]. Crisis política en primer lugar. Pero, sobre todo, en el plano simbólico, competición con sistemas rivales también tripartitos: el modelo herético, el de la paz de Dios, el monástico creado en Cluny. La polémica surgida de la concurrencia de los sistemas es propiamente lo que dramatiza el modelo. El tiempo de Cluny anuncia el «eclipse» [72]. Se añade a esto la revolución feudal, que impone una nueva clasificación de todos los órdenes para dejar sitio a este tercer miembro, el pueblo campesino. Por ello, a comienzos del siglo XI, compiten no tres, sino cuatro modelos ideológicos (p. 200): el modelo prometido para la victoria y los tres modelos rivales citados anteriormente.

El modelo ideológico de Albéron y de Gérard se coloca en la extraña posición, no del reflejo, sino de la anticipación: anticipación

---

[70] «Reconstituir la genealogía del sistema ayuda a comprender su estructura y el lugar que se asignó a la figura trifuncional» (p. 87).

[71] «Una crisis. Las formaciones ideológicas se revelan respecto al historiador en los períodos de mutación tumultuosa. En esos momentos graves, los que tienen la palabra no dejan de hablar. Salgamos ahora de los despachos para, quizá, comprender mejor por qué se manejaron así las herramientas y se elaboró de este modo el material, en los meandros de la memoria y en el azar de la acción» (p. 151).

[72] «Así, pues, el postulado de la trifuncionalidad social sin duda se enunció también contra los monjes y precisamente contra aquellos a los que fascinaba Cluny. Se enunció en el momento en que triunfaba el monaquismo reformado» (p. 177).

del retroceso del monaquismo, anticipación de la restauración del episcopado, anticipación del renacimiento del Estado monárquico [73].

Es este curioso desfase entre la supervivencia aparente y la anticipación real el que rige el «eclipse» del sistema, narrado en la cuarta parte. Es «el tiempo de los monjes», que se aprovechan de la debilidad de la realeza capetiana y, por consiguiente, de la institución episcopal. Pero «eclipse» no es desaparición. El tiempo del eclipse es también la emergencia de los «tiempos nuevos»: tiempo de los cistercienses, de los comerciantes, de los clérigos, de los maestros y de los alumnos.

Por su parte, el «resurgimiento» está marcado por la reconquista del primer puesto por los clérigos a expensas de los monjes; la ocupación del segundo puesto por los hombres de caballería, baluarte de los príncipes, y el del tercero por los labradores. Pero si el tiempo del eclipse era para el modelo trifuncional el de la anticipación, el tiempo del resurgimiento es el del retraso: «El obstáculo —dice Duby— fue la Francia regia... El obstáculo fue París, tesoro y símbolo de la realeza aliada con el papa, con los obispos, con la iglesia reformada, con las escuelas, con los municipios, con el pueblo» (p. 370). Es lo que hizo del resurgimiento la última peripecia. Sólo la «adopción» conduce al final en la medida en que garantiza la reconciliación entre el modelo soñado y la institución real: Bouvines es el instrumento de este encuentro. Lo capetiano ocupa el sitio de lo carolingio. Pero, cosa sorprendente, respecto al espíritu de sistema que parecía regir la obra, el rey no forma parte del esquema tripartito: «Él se halla por encima del orden, por encima de los tres órdenes que componen la sociedad cortesana» (p. 413).

Cualesquiera que sean las dudas que pueden existir sobre la coherencia del modelo trifuncional [74], la trama se agota cuando el símbolo fluctúa de lo imaginario soñado a lo imaginario constituyente [75]. Por tanto, es la «adopción» la que a la vez proporciona un fin

[73] «Tenía el porvenir ante sí. Sin embargo, cuando fue proclamado por el obispo de Cambrai y por el de Laon, se le consideró con toda razón retrasado. Por eso no fue aceptado por largo tiempo» (p. 205).

[74] En realidad, lo que subsistirá hasta 1789 es el principio binario de la desigualdad. La tripartición funcional viene a insertarse más bien «en el intervalo entre el monarca y la plebe, ayudando a aquél a mantener a ésta a raya» (p. 424).

[75] «He escogido terminar este estudio en Bouvines: no es por una especie de costumbre ni porque sobrevalore el acontecimiento. Estoy persuadido que

a la historia narrada y confiere un sentido al «medio», representado por la tríada «circunstancia», «eclipse», «resurgimiento».

Es todo cuanto yo quería demostrar: los *cuasi acontecimientos* que marcan los períodos críticos de los sistemas ideológicos *se enmarcan en cuasi tramas,* que garantizan su estatuto narrativo.

Pero el retorno al acontecimiento se hace más acuciante en el campo de la historia política. «¿Cómo pensar un acontecimiento como la Revolución francesa?», pregunta François Furet al comienzo (p. 9) de la obra titulada precisamente *Pensar la Revolución francesa*[76].

El historiador puede «pensar» si logra liberarse de la alternativa de la conmemoración y de la execración en la que permanece encerrado mientras continúe participando en «la obsesión de los orígenes que tejen la historia nacional» (p. 14) desde 1789. Entonces, como a cualquier otro erudito, al historiador le anima sólo la curiosidad intelectual. Gracias a esta distanciación, puede aspirar a conceptualizar el acontecimiento sin asumir la creencia de los actores en la significación del mencionado acontecimiento como ruptura con el pasado y como origen de tiempos nuevos; en una palabra: sin compartir la ilusión de la Revolución francesa sobre sí misma. Pero ¿a qué precio llega el historiador a pensar la Revolución francesa como *acontecimiento?* Es significativo: sólo lo logra parcialmente cruzando dos explicaciones que, separadamente y quizá conjuntamente, dejan un residuo, y este residuo es el acontecimiento mismo.

Pensar la Revolución francesa con Tocqueville es verla no como ruptura y origen, sino como acabamiento de la obra de la monarquía, como disolución del cuerpo social en provecho de la administración del Estado. En este caso, es máxima la distancia entre la historiografía y la tiranía de la vivencia histórica de los actores, con su mito de los orígenes. Lo que Furet examina es precisamente la distancia entre las intenciones de los actores y el papel que desempeñan. Al mismo tiempo, el acontecimiento desaparece, al menos

termina ahí, en 1214, la primitiva historia de la figura trifuncional que, a partir de entonces, cristalizada, proyectada sobre todo el reino de Francia, se dispone a salir de lo imaginario, a encarnarse en una institución» (p. 414). Y más adelante: «Me paro aquí, pues en este momento el postulado de la trifuncionalidad ha vuelto a sus orígenes» (p. 423).

[76] *Op. cit.*

como ruptura, en cuanto que el análisis procede por conceptos explícitos. El análisis rompe propiamente la narración histórica: Tocqueville —observa Furet— «estudia un problema, no un período» (p. 33).

Pero no se ha vaciado el acontecimiento bajo todos los aspectos: si Tocqueville explica perfectamente el *balance* de la Revolución —François Furet dice: «de la revolución-contenido»— queda por aclarar el propio *proceso* de la Revolución —François Furet afirma: «de la revolución-modalidad»—, la dinámica particular de la acción colectiva que hace que el balance de la Revolución según Tocqueville no se haya obtenido por la simple evolución a la inglesa, sino por la revolución. Precisamente ahí reside el acontecimiento. «No se olvide que el acontecimiento revolucionario, desde el momento de su manifestación, transforma por completo la situación anterior e instituye una nueva modalidad de la acción histórica, que no está inscrita en el inventario de esta situación» (p. 39).

Hay que introducir, pues, un segundo modelo para explicar esta entrada en la escena de la historia de una modalidad práctica e ideológica de la acción social que no estaba inscrita en nada de lo que la había precedido. Este segundo modelo debe tener en cuenta lo que hace de la Revolución «una de las conciencias fundamentales de la acción política» (p. 41), a saber: «una perpetua rivalidad de la idea sobre la historia real, como si tuviese por función reestructurar en piezas por lo imaginario el conjunto social» (p. 42). Con esto hemos nombrado el fenómeno jacobino.

El modelo explicativo de Augustin Cochin reemplaza al modelo de Tocqueville para mostrar cómo se ha producido una nueva sensibilidad política junto a la antigua, que crea un mundo nuevo desde el individuo y no desde sus grupos institucionales y sólo por el lazo de la opinión. En efecto, A. Cochin halla en las «sociedades de pensamiento» la matriz de una concepción del poder que descansa en el principio de igualdad, en la transformación de los individuos aislados en pueblo —actor imaginario único de la revolución— y en la supresión de cualquier pantalla entre el pueblo y sus portavoces autodesignados.

Pero el jacobismo no es sólo una ideología, es una ideología que ha tomado el poder. Por eso, ni la supresión de lo que el historiador tiene por una «ilusión de la política» ni la identificación de los canales por los que se ha ejercido este nuevo poder sobre la sociedad saturan el acontecimiento Revolución. La serie de escisiones y de conspiraciones son realmente tramas en el sentido más ordinario de la palabra. Es cierto que se puede mostrar cómo la mentalidad de la conspiración procede de la nueva sociabilidad política que transforma en enemigo a cualquiera que no haya sabido ocupar el lugar simbólico del poder tal como lo define el sistema. En este sentido, las páginas sobre la conspiración, como consecuencia de la nueva simbólica política, son muy brillantes y convincentes. Pero tampoco hay que olvidar que tomar el poder —creo— sigue siendo un acontecimiento no deducido del sistema ideológico que define el poder. Los acontecimientos, la cronología y los grandes hombres vuelven con fuerza bajo el signo de la conspiración. Podríamos decir que, incluso deducida del sistema ideológico, la conspiración *reintroduce el acontecimiento con la trama.* Pues la conspiración es quizá la pieza de un delirio, pero el delirio actúa, es generador de acontecimientos.

Por eso, Termidor es un acontecimiento; pensado, es cierto, pero sólo hasta cierto punto: «Es el fin de la Revolución porque es la victoria de la legitimidad representativa sobre la legitimidad revolucionaria..., y, como dice Marx, el desquite de la sociedad real sobre la *ilusión de la política*» (p. 84). Pero, a su vez, la «codificación ideológica» del fenómeno Robespierre no agota —creo— su significación histórica. Afirmar que encarna una ideología —la lucha en favor de un imaginario contra otro— es sólo, como en la tragedia griega, nombrar el tema que corresponde a la trama. Es ésta la que hace «que la Revolución hable a través de él su discurso más trágico y más puro» (p. 87). Se ha deducido de la ideología jacobina «lo más puro» del acontecimiento, pero no «lo más trágico».

Por eso no me aventuraré a decir, con François Furet, que Termidor, al acentuar «el desquite de lo social sobre lo ideológico» (p. 104), conduce de Cochin a Tocqueville, pues la continuación del Antiguo Régimen pasa no sólo por el acelerador ideológico del jacobismo, sino también por las acciones que esta ilusión política engendró. En este sentido, el segundo esquema de la Revolución francesa, el de Augustin Cochin, no alcanza el acontecimiento más que el primero, el de Tocqueville. Ninguna reconstrucción conceptual podrá hacer que la continuidad con el Antiguo Régimen pase por la toma de poder de un imaginario vivido como ruptura y origen. Esta misma toma de poder es como un acontecimiento. Hace que el fantasma de origen sea también un origen para invertir la fórmula de François Furet [77].

¿Ha logrado el autor «pensar» el acontecimiento que es la Revolución francesa? Diré, siguiendo la línea de mi reflexión sobre la larga duración de Braudel, que el acontecimiento es restituido, al término del trabajo de explicación, a la vez como residuo de cada intento de explicación (como la tercera parte de *Le Méditerranée...* de Braudel constituye a la vez un suplemento y un complemento), como disonancia entre estructuras explicativas y como vida y muerte de las estructuras.

Si el descubrimiento de la larga duración no llevase una vez más al acontecimiento según una u otra de estas tres modalidades, la larga duración correría el riesgo de arrancar el tiempo histórico a la dialéctica viva entre el pasado, el presente y el futuro. Un tiempo largo puede ser también un tiempo sin presente; por tanto, también sin pasado ni futuro: pero entonces ya no es un tiempo histórico, y la larga duración conduce sólo el tiempo humano al tiempo de la naturaleza. Se pueden distinguir huellas de esta tentación en el propio Braudel, por falta de una reflexión filosófica sobre la relación entre lo que él llama con cierta precipitación el tiempo subjetivo de los filósofos y el tiempo largo de las civilizaciones. Es que el descubrimiento de la larga duración puede expresar el *olvido* del tiempo humano, que requiere siempre la marca del presente. Si el acontecimiento de corto alcance dificulta la toma de conciencia del tiempo que no hacemos, la larga duración puede también encubrir el tiempo que somos.

Esta desastrosa consecuencia sólo puede eludirse si se preserva la *analogía* entre el tiempo de los individuos y el de las civilizaciones: analogía del crecimiento y de la decadencia, de la creación y de la muerte, analogía del destino.

[77] Además, la última palabra del hermoso capítulo de síntesis de su obra lo admite implícitamente: «La Revolución francesa no es una transición, es un origen y un fantasma de origen. Lo que hay de único en ella es lo que constituye su interés histórico, y es, por otra parte, esto 'único' lo que se ha hecho universal: la primera experiencia de la democracia» (p. 109). Esta confesión, concerniente al acontecimiento, ¿no encubre otra referente a la relación entre la explicación y la narración y, finalmente, referente a la misma actitud de distanciación? Si esto 'único' se ha hecho universal —al menos, lo universal de nuestra realidad política presente—, ¿no hay que afirmar que un poco de *desinversión* aleja de la conmemoración, pero que un mucho lleva a ella?

En el plano de la temporalidad, esta analogía es de la misma naturaleza que la anología que hemos intentado preservar, en el plano de los procedimientos, entre atribución causal y construcción de la intriga, y luego, en el plano de las entidades, entre las sociedades (o las civilizaciones) y los personajes del drama. En este sentido, todo cambio entra en el campo histórico como *cuasi acontecimiento*.

Esta declaración no equivale en absoluto a un retorno solapado al acontecimiento breve, objeto de la crítica de la historia de larga duración. Este acontecimiento de corto alcance, cuando no era el reflejo de la conciencia confusa y de las ilusiones de los actores, era tanto como un artefacto metodológico, incluso la expresión de una visión del mundo. A este respecto, están perfectamente justificadas las palabras de Braudel: «Afirmo contra Ranke o Karl Braudi que la historia-narración no es un método o el método objetivo por excelencia, sino una filosofía de la historia» (Prefacio..., en *Écrits*, p. 13).

Por *cuasi acontecimiento* significábamos que la extensión de la noción de acontecimiento, más allá del tiempo corto y breve, sigue siendo *correlativa* de la extensión semejante a las nociones de intriga y de personaje. Hay cuasi acontecimiento allí donde podemos distinguir, incluso muy indirecta y oblicuamente, una cuasi trama y unos cuasi personajes. El acontecimiento en historia corresponde a lo que Aristóteles llamaba *cambio de fortuna —metabole—* en su teoría formal de la construcción de la intriga. Una vez más, un acontecimiento es lo que no sólo contribuye al desarrollo de una intriga, sino que da a éste la forma dramática de un cambio de fortuna.

De este parentesco entre cuasi acontecimiento y cuasi trama resulta que la pluralidad de los tiempos históricos, preconizada por Braudel, es una expansión del rasgo cardinal del tiempo narrativo, a saber: su aptitud para combinar en proporciones variables el componente cronológico del episodio y el no cronológico de la configuración. Cada uno de los planos temporales exigido por la explicación histórica puede verse como una intensificación de esta dialéctica. Quizá se pueda afirmar que, con el acontecimiento breve, lo episódico continúa prevaleciendo dentro de las tramas, sin embargo sumamente complejos, y que la larga duración marca la precedencia de la configuración. Pero el surgimiento de una nueva cualidad

24

episódica, al término del trabajo de estructuración de la historia, resuena como una llamada: la de que algo está sucediendo incluso en las estructuras más estables. Algo les está sucediendo: en concreto, que les llega la muerte. Por eso, pese a sus reticencias, Braudel no ha podido por menos que concluir su magnífico trabajo con la escena de una muerte: no con la del Mediterráneo, sino con la de Felipe II.

CONCLUSIONES

Permítaseme hacer el balance de los resultados alcanzados al término de la segunda parte de mi estudio. Respecto a las ambiciones expuestas en el capítulo III de la primera parte, estos resultados se mantienen dentro de límites bien precisos.

En primer lugar, sólo hemos examinado uno de los dos grandes modos narrativos: la historia. Ha quedado excluido del campo de investigación cuanto se estudiará, en la tercera parte, con el título de *Relato de ficción:* desde la epopeya arcaica a la novela moderna. Por tanto, sólo hemos recorrido la mitad del camino de nuestra investigación.

La restricción de nuestros análisis a la narración histórica no ha tenido sólo como efecto dejar *fuera* otros modos narrativos; ha supuesto una amputación de la problemática interna a la propia historia. En efecto, la *pretensión de verdad,* por la que la historia, según una feliz expresión de Paul Veyne, aspira al título de narración «verídica», sólo asume toda su significación cuando se la puede oponer a la suspensión deliberada de la alternativa entre verdadero y falso, característica de la narración de ficción[78]. No niego que esta oposición entre narración «verdadera» y «semi-verdadera o semi-falsa» descanse en un criterio ingenuo de verdad, que deberá discutirse de nuevo con seriedad en la cuarta parte.

[78] Recuerdo, a este respecto, la convención de vocabulario que me esfuerzo en respetar: no considero el término *ficción* como sinónimo general de «configuración imaginada». Ésta es una operación común a la historiografía y a la narración de ficción: en este sentido, compete a *mímesis* II. En cambio, en mi vocabulario, el término ficción se define enteramente por la antítesis que crea con la narración verdadera: se inscribe, pues, en uno de los dos recorridos de la referencia de la narración y compete a *mímesis* III, cuya problemática sólo se afrontará en la cuarta parte. Como he dicho anteriormente, esta elección no carece de inconvenientes; muchos autores no distinguen entre ficción y configuración, puesto que toda configuración es fingida, no dada en los materiales ordenados por la narración. Estos autores pueden considerar, legítimamente, toda narración como una ficción en la medida en que no tienen en cuenta la totalidad del género narrativo. Al no tener que explicar la pretensión de la historia a constituir una narración verdadera, no necesitan un término diferenciador para decidir entre las dos modalidades *referenciales* entre las que se reparten torpemente las configuraciones narrativas.

A su vez, esta primera limitación entraña una segunda más grave, que concierne directamente a la relación de la narración con el *tiempo*. Como acabamos de señalar, al pasar por alto la pretensión de verdad de la historia, se ha renunciado a tematizar la propia relación de la historia con el *pasado*. En realidad, nos hemos abstenido deliberadamente de tomar partido sobre el estatuto *ontológico* del pasado histórico como *habiendo-sido*. Así, cuando hemos discutido el concepto de acontecimiento, hemos separado cuidadosamente los criterios epistemológicos asociados corrientemente a esta noción (unicidad, singularidad, distancia) de los criterios ontológicos por los que distinguimos lo que realmente ha ocurrido (suceder, hacer que ocurra, ser diferente en novedad de cualquier hecho ya sucedido) de lo que no es más que aparente. Al mismo tiempo ha quedado en suspenso la relación de la historia, como guardiana del pasado de los hombres, con el conjunto de las actitudes por las que hacemos referencia al presente y al futuro.

En consecuencia, la cuestión del tiempo histórico no se ha desarrollado en toda su amplitud. Sólo hemos examinado los aspectos del tiempo directamente implicados en las operaciones de configuración que entroncan la historia con la narración. Hasta la discusión sobre la larga duración ha permanecido dentro de los límites de una epistemología aplicada a las construcciones propias de la explicación en historia. Hemos discutido sobre las relaciones entre larga duración y acontecimiento; no nos hemos esforzado en saber lo que sucede realmente con la relación de las temporalidades múltiples distinguidas por el historiador de lo que éste llama, con recelo, el tiempo subjetivo de los filósofos, ya se entienda por esto la duración bergsoniana, el flujo absoluto de conciencia según Husserl o la historicidad según Heidegger. Una vez más, la contribución de la historiografía a este debate sólo podía esclarecerse conjuntamente con la de la narración de ficción. Eso hemos dado a entender al subordinar, en el capítulo III de la primera parte, la cuestión del tiempo refigurado por la narración a la resolución del problema de la referencia cruzada entre narración verdadera y narración de ficción. Incluso hay que sospechar que, gracias a su mayor libertad respecto a los acontecimientos realmente ocurridos en el pasado, la ficción despliega, respecto a la temporalidad, recursos de investigación prohibidos al historiador. Como diremos en la tercera parte, la ficción literaria puede producir «fábulas a propósito del tiempo» que no sean sólo «fábulas del tiempo». Por eso no es inconcebible que haya que esperar al gran rodeo por el tiempo de la ficción para pronunciarse definitivamente sobre la relación de la historia con el tiempo.

Confesar los límites de los análisis de nuestra segunda parte no obliga a minimizar la importancia de los resultados que creemos haber alcanzado. Simplemente, estos límites recuerdan que toda nuestra búsqueda se ha realizado en el plano de *mímesis* II, sin tener en cuenta la función de mediación operada por este estadio mimético entre la experiencia prenarrativa y la experiencia *refigurada* por el trabajo de la narración en todas sus formas.

Toda nuestra segunda parte consiste en la investigación de las relaciones entre la escritura de la historia y la operación de construcción de la trama, elevada por Aristóteles al rango de categoría dominante en el arte de componer obras que imitan una acción. Si, en efecto, la confrontación posterior entre narración histórica y narración de ficción debía tener un sentido, era preciso previamente cerciorarse de la pertenencia de la historia al campo narrativo definido por la citada operación configurante. Pero esta relación, a medida que se verificaba, presentaba una complejidad extraordinaria.

Para delimitarla hizo falta, en primer lugar —en los capítulos I y II—, recurrir a una estrategia antitética en la que se han enfrentado las tesis generales nomológicas y las tesis globalmente narrativistas. En el curso de esta polémica, ninguna tesis de las examinadas dejó de contribuir, a costa de una serie de *rectificaciones,* a una primera aproximación de la relación entre historia y narración. Algunas de estas rectificaciones no aparecieron en un primer momento. Así, en la primera parte del capítulo I, la defensa de la historia episódica, considerada por los historiadores franceses incompatible con la interpretación narrativa de la historia, quedó sin respuesta crítica inmediata, hasta que la precisión del concepto de trama histórica permitió, en la última parte del tercer capítulo, reintegrar la historia no episódica en el campo narrativo. Pero era preciso antes, al descartar la lectura ingenuamente narrativa de la historia, plantear el problema dentro de la situación epistemológica más desfavorable para la relación directa e inmediata entre la historia y la narración.

Si, en cambio, el modelo nomológico fue sometido sin demora a una crítica bastante aguda, al principio interna —final del capítulo I—, luego externa —capítulo II—, esta doble crítica no fue puramente negativa. Del paso por el modelo nomológico se retuvo la idea del corte epistemológico, que aleja la explicación histórica, cargada de generalizaciones en forma de ley, de la simple comprensión narrativa.

Una vez reconocido este corte epistemológico, ya no era posible adherirse a la tesis demasiado simple de que la historiografía sería una especie del género «historia narrada» (*story*). Aunque, en conjunto, la interpretación narrativista de la historia nos haya parecido más justa que la nomológica, pensamos que las tesis narrativistas, cada vez más depuradas, de las que hemos dado cuenta en la continuación del capítulo II, no hicieron cumplida justicia a la especificidad de la historia en el campo narrativo. Su defecto principal es no haber tenido en cuenta suficientemente las transformaciones que han alejado a la historiografía contemporánea de una escritura ingenuamente narrativa y no haber logrado integrar la explicación por leyes en el tejido narrativo de la historia. Y, sin embargo, la precisión de la interpretación narrativista estriba en haber percibido perfectamente que la cualidad propiamente histórica de la historia sólo se preserva por los lazos, por tenues y ocultos que sean, que continúan uniendo la explicación histórica a la comprensión narrativa, a pesar del corte epistemológico que separa la primera de la segunda.

Esta doble exigencia de hacer justicia a la especificidad de la explicación histórica *y* de preservar la pertenencia de la historia al campo narrativo llevó, en el tercer capítulo, a completar la estrategia antitética de los capítulos I y II por el método de cuestionamiento regresivo, emparentado con la fenomenología genética del último Husserl. Este método intenta explicar el carácter *indirecto* de la filiación que relaciona la historia con la comprensión narrativa, reactivando las fases de derivación, que garantizan esta filiación. En realidad, el cuestionamiento regresivo ya no depende de la epistemología propiamente dicha, y menos aún de la simple metodología a la altura del oficio de historiador. Nace de una *génesis del sentido* propia de la responsabilidad del filósofo. Sin embargo, esta génesis del sentido no sería posible si no estuviese *apuntalada* por la epistemología y la metodología de las ciencias históricas. Éstas proporcionan los *enlaces* capaces de guiar, en cada uno de los tres registros considerados, la reactivación de las fuentes narrativas de la historiografía erudita. Así, la explicación causal singular proporciona la estructura de transición entre la explicación por leyes y la comprensión por la trama. A su vez, las entidades de primer rango a las que refiere en última instancia el discurso de la historia orientan la mirada hacia modalidades de pertenencia participativa, que garantizan el parentesco entre el objeto de la historia y los personajes de la narración. Finalmente, las discordancias de ritmo entre las múltiples temporalidades, enlazadas en el devenir global de las sociedades, revelan una afinidad profunda entre los cambios históricos menos puntuales y los cambios bruscos de fortuna, que, en la narración, se consideran como acontecimientos.

Así, oficio de historiador, epistemología de las ciencias históricas y fenomenología genética suman sus recursos para reactivar este objetivo noético fundamental de la historia que, para abreviar, hemos llamado *intencionalidad histórica*.

No se ha hecho hincapié todavía en el resultado más significativo del examen crítico de la historiografía. Surge de la repercusión de este examen sobre el modelo inicial propuesto en el capítulo III de la primera parte.

Es cierto que los rasgos esenciales del modelo de base se han preservado en los análisis de nuestra segunda parte: carácter dinámico de la obra de configuración, primacía del orden sobre la sucesión, controversia entre concordancia y discordancia, esquematización por la narración de las generalidades en forma de ley, concurrencia entre sedimentación e innovación en el proceso formador de las tradiciones en el curso del desarrollo de las ciencias históricas. Pero, como habíamos indicado en su momento, del estudio que seguía a la simple confrontación entre la *distentio animi* agustiniana y el *mythos* aristotélico sólo se debía esperar que proporcionara «un esbozo que requiere todavía expansión, crítica y revisión».

De hecho, nuestro examen de la historiografía no se ha limitado a verificar la pertenencia del modelo al aplicarlo a un dominio tan amplio de composición narrativa. Un buen ejemplo de *expansión* del modelo nos lo proporciona la complejidad, sin igual, en la *Poética* de Aristóteles, de la concordancia discordante ofrecida por la narración histórica. La idea de *síntesis de lo heterogéneo,* sugerida simplemente en la primera parte, se libera totalmente de los límites que le imponían aún los «géneros» literarios y los «tipos» de trama conocidos por Aristóteles. Se puede decir que, con la historiografía, la «forma» de la concordancia discordante se despega de los «géneros» y de los «tipos» con los que aún se confunde en la *Poética*.

Por eso mismo, la expansión del modelo inicial tiende a la *crítica*, si no del modelo como tal, al menos de las interpretaciones de la explicación histórica que han permanecido demasiado próximas de este modelo. Esto ocurre siempre que la teoría de la historia sigue siendo mal distinguida de la teoría de la acción y no otorga a las circunstancias, a las fuerzas anónimas y, sobre todo, a las consecuencias no queridas, el lugar que les es debido. ¿Qué es lo que transforma las acciones en historias?, pregunta el filósofo. Precisamente los factores que escapan a la simple reconstrucción del cálculo de los agentes de la acción. Estos factores otorgan a la construcción de la trama una complejidad sin igual en el modelo reducido, regulado todavía en Aristóteles según la tragedia griega (sin olvidar, sin embargo, la epoyeya y, en un menor grado, la comedia). El modelo de explicación propuesto por Von Wright para coordinar los segmentos teleológicos y los nómicos en el interior de un modelo mixto da perfectamente la medida de la crítica a la que debe someterse un modelo puramente accional de la explicación histórica.

¿Podemos hablar de la *revisión*, por la teoría de la historia, del modelo inicial? Sí, hasta cierto punto. Prueba de ello son los conceptos de cuasi trama, de cuasi personaje y de cuasi acontecimiento que ha sido necesario construir para respetar la forma muy indirecta de filiación por la que la historiografía menos narrativa en su estilo de escritura sigue siendo tributaria de la inteligencia narrativa.

Al hablar de cuasi trama, de cuasi personaje, de cuasi acontecimiento hemos querido acercar a su punto de ruptura los conceptos iniciales elaborados bajo el signo de *mímesis* II. Recordamos cómo la trama que sostiene la gran obra de Braudel, *El Mediterráneo y el mundo mediterráneo en la época de Felipe II,* se oculta en el conjunto de la obra y cuán difícil resulta su reconstrucción. Tampoco se ha olvidado la prudencia que requiere el manejo de los nombres propios cuando se aplican a las entidades de primer rango de la historia. Finalmente, la noción de acontecimiento ha debido perder sus caracteres usuales de brevedad y de instantaneidad para igualarse a las discordancias y a las rupturas que marcan la vida de las estructuras económicas, sociales e ideológicas de una sociedad singular. El *cuasi* de las expresiones cuasi trama, cuasi personaje, cuasi acontecimiento muestra el carácter altamente *analógico* del empleo de las categorías narrativas en la historia erudita. En cualquier caso, esta analogía expresa el vínculo tenue y oculto que mantiene a la historia dentro de la esfera de la narración y así preserva su propia dimensión histórica.

PAUL RICŒUR

Ética y cultura